传世名著典藏丛书
中华传统经典解读

诠解

百家姓

李赵杨 译注

开明出版社

图书在版编目（CIP）数据

百家姓诠解 / 李赵杨译注 . -- 北京 : 开明出版社，
2017.11

（传世名著典藏丛书 / 蔡瑶主编 . 第一辑）

ISBN 978-7-5131-3400-2

Ⅰ . ①百… Ⅱ . ①李… Ⅲ . ①古汉语 - 启蒙读物

Ⅳ . ① H194.1

中国版本图书馆 CIP 数据核字 (2017) 第 223246 号

责任编辑：左文萍
装帧设计：格林文化

出　　版：开明出版社（北京市海淀区西三环北路 25 号青政大厦 6 层）
印　　制：山东泰安新华印务有限责任公司
开　　本：170mm×230mm　1/16
印　　张：27
字　　数：525.5 千
版　　次：2018 年 1 月第 1 版
印　　次：2018 年 1 月第 1 次印刷
定　　价：58.00 元

印刷、装订质量问题，出版社负责调换货。联系电话：(010) 88817647

序　言

　　上下五千年悠久而漫长的历史，积淀了中华民族独具魅力且博大精深的文化。中华文化是中华民族无数古圣先贤、风流人物、仁人志士对自然、人生、社会的思索、探求与总结，而且一路下来，薪火相传，因时损益。它不仅是中华民族智慧的凝结，更是我们道德规范、价值取向、行为准则的集中再现。千百年来，中华文化融入每一个中华儿女的血液，铸成了我们民族的品格，书写了辉煌灿烂的历史。中华文化与西方世界的文明并峙鼎立，成为人类文明的一个不可或缺的组成部分。凡此，我们称之曰"国学"，其目的在于与非中华文化相区分。中华民族之所以历经磨难而不衰，其重要一点是，源于由国学而产生的民族向心力和人文精神。可以说，中华民族之所以是中华民族，主要原因之一乃是因为其有异于其他民族的传统文化！

　　概而言之，国学包括经史子集、十家九流。它以先秦经典及诸子之学为根基，涵盖两汉经学、魏晋玄学、隋唐佛学、宋明理学和同时期的汉赋、六朝骈文、唐宋诗词、元曲与明清小说并历代史学等一套特有而完整的文化、学术体系。观其构成，足见国学之广博与深厚。可以这么说，国学是华夏文明之根，炎黄儿女之魂。

　　从大的方面来讲，一个没有自己文化的国家，可能会成为一个大国甚至富国，但绝对不会成为一个强国；也许它会强盛一时，但绝不能永远屹立于世界强国之林！而一个国家若想健康持续发展，则必然有其凝聚民众的国民精神，且这种国民精神也必然是在自身漫长的历史发展中由本国人民创造形成的。中华民族的伟大复兴，中华巨龙的跃起腾飞，离不开国学的滋养。从小处而言，继承与发扬国学对每一个中华儿女来说同样举足轻重，迫在眉睫。国学之用，在于"无用"之"大用"。一个人的成败很大程度上取决于

程度上取决于他的思维方式，而一个人思维能力的成熟亦决非先天注定，它是在一定的文化氛围中形成的。国学作为涵盖经、史、子、集的庞大知识思想体系，恰好能为我们提供一种氛围、一个平台。潜心于国学的学习，人们就会发现其蕴含的无法穷尽的智慧，并从中领略到恒久的治世之道与管理之智，也可以体悟到超脱的人生哲学与立身之术。在现今社会，崇尚国学，学习国学，更是提高个人道德水准和建构正确价值观念的重要途径。

近年来，国学热正在我们身边悄然兴起，令人欣慰。更可喜的是，很多家长开始对孩子进行国学启蒙教育，希望孩子奠定扎实的国学根基，以此帮助他们树立正确的道德观和价值观。欣喜之余，我们同时也对中国现今的文化断层现象充满了担忧。从"国学热"这个词汇本身也能看出，正是因为一定时期国学教育的缺失，才会有国学热潮的再现。我们注意到，现今的青少年对好莱坞大片趋之若鹜时却不知道屈原、司马迁为何许人；新世纪的大学生能考出令人咋舌的托福高分，但却看不懂简单的文言文。这些现象一再折射出一个信号：我们社会人群的国学知识十分匮乏。在西方大搞强势文化和学术壁垒的同时，国人偏离自己的民族文化越来越远。弘扬经典国学教育，重拾中华传统文化，已迫在眉睫。

本套"传世名著典藏"丛书的问世，也正是为弘扬国学传统文化而添砖加瓦并略尽绵薄之力。本人作为一名大学教师，从事中国文化史籍的教学与研究工作多年，对国学文化及国学教育亦可谓体悟深刻。为了完成此丛书，我们从搜集整理到评点注译，历时数载，花费了很多的心血。这套丛书集传统文化于一体，涵盖了读者应知必知的国学经典。更重要的是，丛书尽量把晦涩的传统文化知识予以通俗化、现实化的演绎，并以大量精彩案例解析深刻的文化内核，力图使国学的现实意义更易彰显，使读者阅读起来能轻松愉悦、饶有趣味。虽然整套书尚存瑕疵，但仍可以负责任地说，我们是怀着对祖国传统文化的深厚感情和治学者应有的严谨态度来完成该丛书的。希望读者能感受到我们的良苦用心。

王琪

2017年7月

前　言

　　《百家姓》、《三字经》与《千字文》并称为我国三大蒙学读物，其问世以来一直被广泛传颂。《百家姓》成书时间大约在北宋初年，据宋代学者王明清在《玉照新志》中的考证，当时社会上通行本《百家姓》是宋初钱塘江某老儒所编撰，但未署明作者的详细姓名。清代学者王相参照王明清说法，在《百家姓考略》中进一步肯定，《百家姓》的作者是"宋初钱塘老儒"，这一结论，也为历代学者所沿袭。

　　《百家姓》开篇为"赵钱孙李"，据称其中赵姓实为宋朝国姓，因为宋的开国皇帝是赵匡胤；钱则实为被宋朝收编的钱塘江吴越国国王钱俶的姓；孙则实为吴越国国王钱俶正妃的姓；李则实为江浙地区另一割据政权南唐国国王的姓。据此，后世学者把《百家姓》的成书年代定为宋初，则大致是准确的。

　　又据称，"百家姓"本系由古代"百姓"一词的演绎而来，意即"普天下的姓氏"。因为古人常常把"百"作虚词，表示"很多"的意思。唯如此，自宋初《百家姓》诞生以来，流传各代的版本虽各不一，但各本所记录的姓氏往往并不止100个姓氏，一般多在200~600个之间，个别版本则达1000多个。

　　本书采用的是明清以来流传最广的一种版本，也就是人们常提常用的《百家姓》。该版本全文568字，每四字为一组，除末尾的四个字"百家姓终"特为押韵对仗而设外，其余564个字都是姓氏，其中有单姓444个，如"赵"、"钱"、"孙"、"李";有复姓60个,如"万俟"、"司马"、"上官"、"欧阳"等。尽管这504个姓氏仅占中国姓氏的很小的一部分,但是总的来说,它收录了我国常见姓氏中的大多数,因此该书也就被宋代以来的绝大多数人所接受。

《百家姓》中每个姓都有郡望。唐代始著郡望。由于某一姓氏的姓源或发祥、聚集、变迁之地不止一处,于是一姓常常不止一个郡望,但通常以其中一个郡望为主,以区别主从及尊卑。列出姓氏的郡望也使姓氏在发展繁衍的过程中,有了一个比较清晰可寻的主流与支流脉络。宋《百家姓》中所标明的"郡望"乃沿袭唐代所形成的名门望族的地理分布。

与历代蒙学书籍相比,《百家姓》最大的特点是,能在较短篇幅以内最大限度地尽其教人识字之能。同时,该书虽然只是姓氏的一般罗列,但是编排剪裁得当,每两句都能押韵,读来朗朗上口,简洁流畅,颇富韵律美感,非常适合那些长于机械记诵而尚不能理解记诵的启蒙儿童诵读。

《百家姓》从宋代诞生以来,历代诵读之声不绝于耳。例如,南宋诗人陆游在《秋日郊居》诗云:"儿童冬学闹比邻,据案愚儒却自珍。"诗人自注说:"农家十月乃遣子弟,谓之冬字。所读《杂字》《百家姓》之类,谓之村书。"由此可知,南宋时,《百家姓》就是一种相当流行的蒙学书籍。

这以后,以《百家姓》为滥觞而衍化出来的蒙学书籍颇多,如宋代已有采真子所编的《千家编》一卷,明代又有吴沈编著的《千家姓》,清代康熙时有《康熙御制百家姓》一卷,又有丁晏《百家姓三编》一卷等,都是《百家姓》派生出的读物。

我们编写的《百家姓诠解》一书,就每个姓氏引证了相关的历史资料,通过对该姓氏的"寻根溯源",再考察其"变迁分布",继而罗列"名人荟萃",使读者最为直观地感受中华民族姓氏文化的源流和变迁。需要指出的是"名人荟萃"中的名人截止到清末,不涉及现当代。编写过程中,参考了近年来相关著作,力争减少谬误,使作品通俗易懂,雅俗共赏。由于作者学识水平有限,书中难免存在这样或那样的缺点和不足,敬请广大读者给予批评指正。

目　录

计\98　伏\99　成\99　戴\100　谈\101　宋\102　茅\103　庞\104
熊\104　纪\105　舒\106　屈\107　项\108　祝\108　董\109　梁\110

杜阮蓝闵　席季麻强　贾路娄危　江童颜郭

杜\112　阮\113　蓝\114　闵\115　席\115　季\116　麻\117　强\118
贾\119　路\120　娄\121　危\121　江\122　童\123　颜\124　郭\125

梅盛林刁　钟徐邱骆　高夏蔡田　樊胡凌霍

梅\126　盛\127　林\127　刁\128　钟\129　徐\130　邱\131　骆\132
高\133　夏\134　蔡\135　田\136　樊\137　胡\138　凌\139　霍\139

虞万支柯　昝管卢莫　经房裘缪　干解应宗

虞\141　万\142　支\142　柯\143　昝\144　管\144　卢\145　莫\146
经\147　房\147　裘\148　缪\149　干\150　解\150　应\151　宗\152

丁宣贲邓　郁单杭洪　包诸左石　崔吉钮龚

丁\153　宣\154　贲\154　邓\155　郁\156　单\157　杭\157　洪\158
包\159　诸\160　左\161　石\162　崔\162　吉\163　钮\164　龚\165

程嵇邢滑　裴陆荣翁　荀羊於惠　甄麴家封

程\166　嵇\167　邢\168　滑\169　裴\169　陆\170　荣\171　翁\172
荀\173　羊\174　於\175　惠\176　甄\177　麴\177　家\178　封\179

芮羿储靳　汲邴糜松　井段富巫　乌焦巴弓

芮\180　羿\181　储\181　靳\182　汲\183　邴\184　糜\185　松\186
井\186　段\187　富\188　巫\189　乌\189　焦\190　巴\191　弓\191

牧隗山谷　车侯宓蓬　全郗班仰　秋仲伊宫

牧\193　隗\194　山\194　谷\195　车\196　侯\197　宓\198　蓬\198
全\199　郗\200　班\200　仰\201　秋\202　仲\202　伊\203　宫\204

宁仇栾暴　甘钭厉戎　祖武符刘　景詹束龙

宁\206　仇\207　栾\208　暴\209　甘\209　钭\210　厉\211　戎\212
祖\212　武\213　符\214　刘\215　景\216　詹\217　束\218　龙\218

叶幸司韶　郜黎蓟薄　印宿白怀　蒲邰从鄂

叶\220　幸\221　司\221　韶\222　郜\223　黎\223　蓟\224　薄\225
印\226　宿\226　白\227　怀\228　蒲\229　邰\230　从\231　鄂\231

索咸籍赖　卓蔺屠蒙　池乔阴郁　胥能苍双

索\233　咸\234　籍\234　赖\235　卓\236　蔺\237　屠\237　蒙\238

池\239　乔\240　阴\241　郁\242　胥\242　能\243　苍\243　双\244

闻莘党瞿　谭贡劳逄　姬申扶堵　冉宰郦雍

闻\246　莘\247　党\247　瞿\248　谭\249　贡\250　劳\251　逄\252

姬\252　申\253　扶\254　堵\255　冉\256　宰\256　郦\257　雍\258

郗璩桑桂　濮牛寿通　边扈燕冀　郏浦尚农

郗\260　璩\260　桑\261　桂\262　濮\263　牛\263　寿\264　通\265

边\266　扈\266　燕\267　冀\268　郏\269　浦\270　尚\270　农\271

温别庄晏　柴瞿阎充　慕连茹习　宦艾鱼容

温\272　别\273　庄\273　晏\274　柴\275　瞿\276　阎\277　充\278

慕\278　连\279　茹\280　习\281　宦\281　艾\282　鱼\283　容\284

向古易慎　戈廖庚终　暨居衡步　都耿满弘

向\285　古\286　易\286　慎\287　戈\288　廖\289　庚\290　终\290

暨\291　居\292　衡\293　步\294　都\294　耿\295　满\296　弘\297

匡国文寇　广禄阙东　欧殳沃利　蔚越夔隆

匡\298　国\299　文\299　寇\300　广\301　禄\302　阙\303　东\303

欧\304　殳\305　沃\305　利\306　蔚\307　越\308　夔\308　隆\309

师巩厍聂　晁勾敖融　冷訾辛阚　那简饶空

师\310　巩\311　厍\312　聂\312　晁\313　勾\314　敖\315　融\315

冷\316　訾\317　辛\317　阚\318　那\319　简\320　饶\320　空\321

曾毋沙乜　养鞠须丰　巢关蒯相　查后荆红

曾\322　毋\323　沙\324　乜\324　养\325　鞠\326　须\326　丰\327

巢\328　关\329　蒯\329　相\330　查\331　后\332　荆\332　红\333

游竺权逯　盖益桓公　万俟司马　上官欧阳

游\335　竺\336　权\336　逯\337　盖\338　益\338　桓\339　公\340

万俟\341　司马\341　上官\342　欧阳\343

夏侯诸葛　闻人东方　赫连皇甫　尉迟公羊

夏侯\345　诸葛\346　闻人\347　东方\347　赫连\348　皇甫\349

赵钱孙李　周吴郑王　冯陈褚卫　蒋沈韩杨

1 赵 (zhào)

【寻根溯源】

赵姓来源主要有两种。一是出自嬴姓。伯益是颛顼高阳氏的裔孙，舜帝时是东夷族的首领，因助大禹治水有功，被舜赐姓嬴。伯益的裔孙造父是驾驭车马的高手，曾为周穆王驾车，建立了战功，周穆王便将赵城（今山西洪洞县北）赐给造父作为封邑。从此以后，造父的后代便以封邑为姓，世世代代以赵为姓。二是出自少数民族改姓而来。

【变迁分布】

西周末，造父的后人叔带离开西周奔赴晋国，其后裔为晋大夫，战国初，三家（韩、赵、魏）分晋，建立赵国，为"战国七雄"之一。西汉时，赵佗在今两广建立南赵国，之后在天水郡（今甘肃省通渭县西南）形成望族。五代时，涿郡（今属河北）人赵匡胤消灭群雄，建立宋朝。自宋代以后，赵姓遍布全国各地。赵姓当今在海内外也广泛分布，并以河南、山东、四川等省最为集中。

【名人荟萃】

赵雍：即赵武灵王，战国时赵国的第六位国君，积极推行"胡服骑射"政策，使赵国成为战国后期一度能与秦国抗衡的军事强国。

赵胜：战国时赵国贵族，即平原君，赵武灵王之子，战国四君子之一，战国时期广纳群贤。

赵云：三国蜀汉名将。常山真定（今河北正定南）人，勇武果敢，他曾在汉中以数十骑拒曹操大军，被刘备誉为"子龙一身都是胆也"。

赵匡胤：北宋开国皇帝，即宋太祖。涿州（今河北涿州）人。陈桥兵变，建立宋朝，杯酒释兵权，加强中央集权。

赵之谦：清代杰出的书画家、篆刻家。与任伯年、吴昌硕并称为"清末三大画家"。

2 钱（qián）

【寻根溯源】

钱姓的来源较单一，其远祖为颛顼的玄孙陆终。陆终的第三子名筏，字铿，史称筏铿。后来帝尧封筏铿于彭城（今江苏徐州），建大彭氏国，从此，他便以彭为姓而称彭铿。传说彭铿活了八百多岁，于是被后人尊称为彭祖。彭祖的后代中有叫彭孚的，在西周时任钱府上士，专管朝廷的钱币，其后人为了纪念他的事迹，就以他的官职为姓，称为钱氏。另外，清代满族和西南少数民族如哈尼族中也有姓钱的。

【变迁分布】

钱姓源起于陕西，发迹于涂州，以彭城（今江苏涂州市）为郡望。三国时期，遍布于江浙及安徽。唐宋之际，钱镠在临安（今杭州）建立吴越国。钱姓当今主要集中分布在江苏、上海、浙江、广东等地，在安徽、河北、湖北等地也有较多分布。不过，后来姓钱的人都逐渐南迁，所以时至今日，江南的吴兴、武进一带，也有许多姓钱的人。

【名人荟萃】

钱起：唐朝大诗人。吴兴（今浙江省湖州市）人。"大历十才子"之一，与郎士元齐名，世称"钱郎"。

钱选：宋末元初著名画家。浙江省吴兴人。擅长人物、花鸟、蔬果和山水。笔致柔劲，着色清丽，自成风格。

钱大昕：清代考据学家。江苏嘉定（今属上海）人。嘉庆年间，有"吴中七子"之冠。著有《唐石经考异》《经典文字考异》《元史艺文志》《潜研堂文集》等。

钱陈群：清代大臣。浙江嘉兴人。累官至右通政史。善诗，为乾隆赏识，时相唱和，与沈德潜合称"江浙两大老"，著有《香树斋集》。

3 孙(sūn)

【寻根溯源】

孙姓起源的头绪很多，主要有六大来源：一是出自芈姓。楚国令尹孙叔敖任职时，为官清廉，政绩卓著，被誉为"一代名相"。其后人为了纪念他，就以他的字中"孙"为姓氏。孙叔敖成为这支孙姓的始祖。芈姓孙氏也是黄帝后裔。二是出自姬姓，是卫国国君康叔的后代。周文王的第八子康叔封为卫国国君，史称卫康叔。卫康叔的九世孙惠孙的孙子名乙，字武仲，他以其祖父惠孙的字为姓，也有取单字"孙"为姓者。武仲就是这支孙姓的始祖。三是来源于妫姓，是舜帝的后裔。西周初年，武王追封先贤遗族，舜帝之后、妫姓之裔被封为陈国。春秋时陈国公子完为避祸逃到齐国，其五世孙书在齐国任职，因功被齐景公赐姓孙。四是来源于子姓，是商汤后裔、子姓族裔比干之后。比干被商纣王所残害后，有子孙避难隐姓，因本为望族子孙，故改为孙姓。五是出自夏侯氏改孙姓者。六是少数民族改姓。

【变迁分布】

孙姓最早在河南、山东一带活动。战国时期，在南方吴郡（今江苏苏州市）形成望族。秦汉时期，由中原向四面八方扩展。三国时期，孙坚父子在江南建立吴国。宋明时期，扩展到全国，并形成浙赣、鲁苏两大聚集中心。孙姓在当今主要集中分布在山东、河南二省，在黑龙江、辽宁、河北、安徽等地也占有较大比例。

【名人荟萃】

孙阳：即伯乐，春秋中期秦穆公之臣，善相马，也称孙阳伯乐。

孙武：春秋末期伟大的军事家，著有《孙子兵法》，提出了"知己知彼，百战不殆"的名言。

孙膑：战国时期著名的军事家，孙武的后裔，著有《孙膑兵法》。

孙权：三国时期吴国的建立者，即东吴大帝。字仲谋，吴郡富春县（今浙江富阳）人。兵法家孙武第二十二世后裔，雄才大略，骁勇无比，后人有"生子当如孙仲谋"之说。

孙思邈：唐代著名的医学家和药物学家。京北华原（今陕西耀州区）人。著有《千金药方》《千金翼方》，被誉为药王，许多人奉之为医神。

4 李(lǐ)

【寻根溯源】

李姓主要来源有两种。一是来源于嬴姓，为颛顼帝高阳氏的后裔，因曾三代世袭大理职务，故以官为氏，称理姓。商末理徵直言纣王，而遭杀身之祸。其子理利贞逃亡时，因李子充饥相救，得以生还，其后人改姓李。二是来源于赐姓或改姓。三国时，诸葛亮平哀牢夷后，赐当地少数民族李姓、赵姓、张姓、杨姓；北魏时，鲜卑族中本来的复姓叱李氏，随孝文帝入中原后，改为单姓李；此外，唐初曾有徐、安、杜、郭、麻、鲜于等16姓开国元勋因功被赐为国姓李。三是来源于他姓改李姓，如唐代许多功臣被赐李姓。

【变迁分布】

李姓形成时，族人世居今安徽涡阳一带。春秋时期的李耳是正史中立传的首个李姓人物。先秦时期，主要在中原活动。秦汉时期，向各地迁移，南入两广，西进甘肃，以后在陇西（大致在今甘肃省南部和东南部）、赵郡（今河北邯郸市）等地形成望族，并建立了中国历史上太平盛世的李氏唐朝。唐代以后，出于多种原因，李姓播迁更加频繁，分布地更为广泛。先后还有大成、西凉、凉、吴、魏、楚、后唐、南唐、大蜀、西夏、大顺等李氏政权建立。在越南、朝鲜也有李氏王朝建立。李姓当今在海内外有广泛分布，在东北三省、冀鲁豫、四川和苏皖北部分布密度最高，河南则是李姓人口第一大省。

【名人荟萃】

李耳：即老子，春秋末期思想家、哲学家，道家的创始人。著有《老子》，又称《道德经》。

李广：西汉名将。陇西成纪（今甘肃静宁西南）人。多次参加反击匈奴的战争，以英勇善战著称。在任右北平太守时，匈奴数年不敢侵扰，称之为"飞将军"。

李春：隋代造桥匠师。现今河北邢台临城人。建造赵州桥（安济桥）。赵州桥存世1400多年，堪称中国建筑史上的奇迹之一。

李世民：唐代明君、政治家、军事家，即唐太宗。陇西成纪（今甘肃天水）人，祖籍赵郡隆庆（今邢台市隆尧县）。创造了"从谏如流、道不拾遗、夜不闭户"的贞观盛世。

李白：唐代伟大的浪漫主义诗人，人称"诗仙"。祖籍陇西郡成纪县（今甘肃天水）。存世诗文千余篇，代表作有《蜀道难》《将进酒》等诗篇，有《李太白集》传世。

5 周(zhōu)

周姓主要来源有三种。一是可以追溯到远古的黄帝轩辕氏。相传黄帝时就已经有周部落存在,黄帝还有位大将军叫周昌。周部落的后代,都以周为姓。二是来源于姬姓,始祖为周文王。黄帝的玄孙后稷的后代古公亶父(周太王)率族人迁居周原(今陕西岐山一带),从此成为周族。后来周太王的曾孙姬发灭商建周。周朝灭亡后,周朝的许多王族后来都以周为姓。三是来自他姓或他族改为周姓的。

【变迁分布】

先秦时,从西北发展到中原。汉代时期,在苏皖一带发展,在"沛国(今江苏沛县)"形成望族。隋唐及以前,汝南、陈留、浔阳、临川、庐江、泰山等周氏,享誉天下。明清时期,在南方有较大发展。当今以西南及长江流域最为集中,在东北三省、陕甘宁等地也有密集分布。

【名人荟萃】

周勃:西汉名将。沛县(今江苏沛县)人。西汉时开国武侯,被刘邦赐予列侯的爵位,时称"绛侯"。

周亚夫:西汉名将、军事家。沛县(今江苏沛县)人。战功卓越,后升为宰相。他是名将绛侯周勃的次子,在历史上是非常有名的军事家,在七国之乱中,他统帅汉军,三个月平定了叛军。

周瑜:三国东吴名将。庐江舒县(今安徽庐江西南)人。相貌英俊、有"周郎"之称。与刘备联合,在赤壁以少胜多、击败曹操南犯大军,奠定了三分天下的基础。

周敦颐:北宋哲学家、文学家、理学家。道州营道(现今湖南道县)人。根据陈抟的《无极图》,著《太极图说》,理学大师朱熹曾推崇他为理学的开创人。

周邦彦:北宋著名词人,钱塘(今浙江杭州)人。创作了许多新词调,对后世影响很大,开南宋格律词派之先河。

6 吴（wú）

【寻根溯源】

吴姓来源有两个。一是来源于姬姓，是黄帝轩辕氏的直系后裔，始祖为周代始祖古公亶父的长子泰伯，泰伯主动让国，到远在东南的吴越地区（今江苏无锡一带）创业建立吴国，成为吴国的始祖，后来吴国的后人就以国为姓。二是来源于虞姓，相传周文王封仲雍的后代于虞国。金文中虞和吴字相通，于是虞人中后来便有了姓吴的。

【变迁分布】

秦汉时期，主要在江苏、浙江、江西、安徽等地发展。之后在濮阳、渤海、陈留、吴兴、汝南、长沙、武昌等地形成望族。唐代时期，在南方各省迅猛扩展。明代时期，在江浙苏皖和闽粤形成两大聚集区。当今以山东、江苏、湖南、福建、广东、四川等地分布最为密集。

【名人荟萃】

吴起：战国时期著名的军事家。卫国左氏（今山东省定陶，一说曹县东北三省）人。初为鲁将，继为魏将，后奔楚国，任令尹，主持变法，后被杀。

吴道子：唐代第一大画家，被后世尊称为"画圣"，被民间画工尊为祖师。画史尊称吴生，又名道玄。阳翟（今河南禹州）人。擅佛道、神鬼、人物、山水、鸟兽、草木、楼阁等，尤精于佛道、人物，长于壁画创作。

吴承恩：明代杰出的小说家。淮安府山阳县（今江苏省淮安市楚州区）人，是四大名著之一《西游记》的作者。

吴敬梓：清代小说家。安徽全椒人。著有《儒林外史》。

吴三桂：清朝权臣。辽东人。明末清初人物。明天启二年（1622年）武进士，崇祯年间先后任都指挥使、都督同知、总兵、中军府都督等重要职务。1644年降清，引清军入关，被封为平西王。

7 郑（zhèng）

【寻根溯源】

郑姓的来源比较单一，主要来源于姬姓，以国名为姓氏，其远祖为郑桓公。周宣王封同父异母兄弟姬友在郑，称郑桓公。郑国是春秋初期的强国，后来被韩国所灭。郑桓公的后人迁居至陈、宋之间，以国为姓，世代姓郑。

【变迁分布】

早期在中原地区活动。秦汉以后，开始向四面八方发展，并以荥阳郑氏最为显赫。宋代时期，以东南沿海、豫鄂最为密集。明代时期，以浙闽赣最多。当今主要集中在河南、浙江、福建、四川等地，台湾也有较多分布。

【名人荟萃】

郑国：战国时期著名水利专家，修建了郑国渠。韩国人（今属河南省）。秦始皇元年（前247），受命入秦游说，建议引泾水东注北洛水为渠，企图疲劳秦人，勿使伐韩。秦王采纳其议，命他主持开凿工程。工程进程中被秦察觉此意图欲杀之，他说渠凿成亦秦利，因得继续施工，终于完成。

郑和：明代航海家。云南昆阳（今昆明市晋宁）人，圣裔（穆罕默德先知后裔）。率领船队七次下西洋。

郑成功：明末清初民族英雄。福建省南安市石井镇人。郑成功一生，抗清驱荷，以赶走荷兰殖民主义者、收复祖国领土台湾的业绩载入史册，海峡两岸均立像树碑纪念。有《延平王集》行世。

郑板桥：清代书画家、文学家、官员。兴化（今属江苏）人。康熙秀才、雍正举人、乾隆元年进士。"扬州八怪"之一。历官山东范县、潍县知县，有惠政。以请赈饥民忤大吏，乞疾归。诗书画均旷世独立，人称三绝。著有《板桥全集》。

8 王（wáng）

【寻根溯源】

王姓的来源比较复杂，主要有以下几种。一是来源于姬姓，为周文王、周灵王、魏国信陵君无忌的后裔，以王族爵号为氏。二是来源于妫姓田氏，为齐王田和的后代，以王族称谓为氏，此为河南王氏。三是来源于子姓，为殷商王子比干之后，以爵号为氏，也为河南王氏。四是复姓简化而来。秦灭六国后，各国王族避难散居，至汉朝初年纷纷易姓为"王"氏。五是来源于赐姓或改姓的王姓。六是出自少数民族有王姓或改王姓。

【变迁分布】

早期以中原及华北分布为主。秦汉以后，向周边播迁。隋唐以前，已经形成太原、琅琊、北海、陈留、东海、高平等二十余个王氏望族。历史上，王姓先后建立有新、汉、郑、燕、前蜀、闽等十几个政权。宋明时期，为全国第一大姓。当今以东北三省、内蒙古、山东、冀东、苏北为分布密集区，另外，开闽王姓漂洋过海，扬帆南洋，所以在海外也有广泛分布。

【名人荟萃】

王诩：即鬼谷子，又名王禅。春秋战国时期著名的思想家、谋略家，兵家、教育家，是纵横家的鼻祖，被誉为千古奇人。他的弟子有兵家：孙膑、庞涓、尉缭子；纵横家：苏秦、张仪、毛遂和被誉为商圣的范蠡等。

王昭君：西汉宫女。南郡秭归（今湖北省兴山县）人。因"昭君出塞"而闻名，中国古代四大美女之一。

王羲之：东晋书法家，人称"书圣"。祖籍琅琊（今山东临沂），后迁居会稽（今浙江绍兴）。官至右军将军、会稽内史，人称"王右军"。人称其书法"飘若浮云，矫若惊龙"。作品有《兰亭集序》。

王维：唐代著名山水田园诗人、画家，有"天下文宗"、"诗佛"的美称。祖籍山西祁县。开元进士，累官至给事中，以尚书右丞终，世称王右丞。

王安石：北宋杰出的政治家、思想家、文学家、改革家，唐宋八大家之一。临川（今江西省东乡县）人。北宋丞相，主张改革变法。封荆国公，人称"王荆公"。

王阳明：明代著名思想家、哲学家、军事家、文学家。字伯安，号阳明子，世称阳明先生，浙江绍兴府余姚县（今浙江省余姚市）人。陆王心学之集大成者，非但精通儒家、佛家、道家，而且能够统军征战，是我国历史上罕见的全能大儒。王阳明（心学集大成者）和孔子（儒学创始人）、孟子（儒学集大成者）、朱熹（理学集大成者）并称为孔、孟、朱、王。

9 冯（féng）

冯姓主要有两种来源。一是来源于姬姓，为周文王之后，周文王的儿子毕公高有个后裔叫毕万，他的孙子有一支被封在冯城（今河南荥阳），其后人以邑为姓，世代姓冯。二是来源于归姓，是冯简子之后。春秋时郑国有个大夫叫冯简子，因封邑在冯而得姓。

【变迁分布】

先秦时期，冯氏已经有迁徙居住于今山东者；而三国以前，冯氏还有迁至今四川及湖北者，河南冯氏则分布在今内黄、宝丰、焦作、南阳、安阳等地，其中潮阳为当时的大族。晋代末期，已经迁入江苏、浙江、安徽、江西等地，并在始平（今陕西兴平东南）、杜陵（今陕西西安东南）、颍川（今河南许昌）、上党（今山西长治）、京兆（今陕西西安）、弘农（今河南灵宝）等郡县形成望族。到了汉唐时期，冯氏繁衍得很快，从原来的发源地陕西，发展到了现今河南、河北、山西及福建等地。宋代时期，以四川、河南为多。明代时期，主要在山东、浙江、广东发展，在今以广东、河北、河南为最多。

【名人荟萃】

冯谖：战国时期一位高瞻远瞩、颇具深远眼光的战略家。齐国（今属山东省）人，曾辅佐孟尝君。在孟尝君遭齐王猜忌时，游说国君，使之威名重立。通过"薛国市义"、营造"三窟"等活动，冯谖为孟尝君立下了汗马功劳，使其政治事业久盛不衰。

冯异：东汉开国名将。颍川父城（今河南宝丰东）人。"云台二十八将"之一，征西大将军，被刘秀封为阳夏侯。

冯梦龙：明朝文学家、戏曲家。南直隶苏州府长洲县（今江苏省苏州市）人。他的作品比较强调感情和行为，最有名的作品为《喻世明言》《警世通言》《醒世恒言》，合称"三言"。三言与凌濛初的《初刻拍案惊奇》《二刻拍案惊奇》合称"三言两拍"，是中国白话短篇小说的经典代表。

冯子材：晚清抗法名将。广西钦州人。咸丰间从向荣、张国梁镇压太平军，同治间累擢广西提督。中法战起，起用为广西关外军务帮办，大败法军于镇南关，攻克文渊、谅山，重创法军司令尼格里，授云南提督。甲午战争间奉调驻守镇江，官终贵州提督。治军四十余年，寒素如故。卒谥勇毅。

10 陈（chén）

【寻根溯源】

陈姓主要有三种来源。一是来源于妫姓，始祖是舜帝的后裔妫满。周武王建立周朝，追封先人圣王虞舜的后代妫满于陈（今河南省淮阳县），妫满为陈侯，称陈公满，其后代子孙，以国为姓，此为河南淮阳陈姓。二是来源于陈国公族后裔。陈国在妫满死后，其子孙以国为氏，就是陈氏。三是出自他姓或少数民族改姓。隋初白永贵改姓陈，其裔也多改陈姓；南北朝的时候，鲜卑族中有一支姓侯莫陈氏的，实行汉化政策后，改为姓陈了。

【变迁分布】

陈氏早期由中原向四处扩散。西晋末期，进入福建，陈霸先在南朝时建立陈国，长期居住中原的颍川（今河南禹州）陈氏成为望族。唐代初期，陈元光入闽为"开漳圣王"。宋明时期，则重点在南方发展。在当今尤以浙江、福建、台湾、广东等省为最集中地区，形成粤闽和浙苏两个聚集中心。

【名人荟萃】

陈胜：字涉，故又称陈涉，楚国阳城（今河南省驻马店市平舆县阳城乡）人。秦末农民义军首领，在陈郡称王，建立张楚政权。

陈平：西汉谋略家、名相。阳武（今河南原阳）人。年少时喜读书，有大志，曾为乡里分肉，甚均，父老赞之，他感慨地说："使平得宰天下，亦如此肉矣！"在楚汉相争时，曾多次出计策助刘邦。汉文帝时，曾任右丞相，后迁左丞相。

陈琳：东汉末著名文学家。广陵射阳（今江苏宝应）人。"建安七子"之一。陈琳诗、文、赋皆能。诗歌代表作为《饮马长城窟行》。

陈子昂：唐代著名诗人。梓州射洪（今属四川）人。因曾任右拾遗，后世称为陈拾遗。光宅进士，历仕武则天朝麟台正字、右拾遗。受武三思所害，冤死狱中。代表性的作品有《感遇》诗38首，《蓟丘览古赠卢居士藏用》7首和《登幽州台歌》。

陈玉成：太平天国名将。广西藤县人。是太平天国后期重要将领，骁勇善战，被封英王。

11 褚（chǔ）

【寻根溯源】

褚姓的主要来源有三种：一是以地名为氏。周代有褚地，当地居民就以褚为姓。二是以官职为姓。相传春秋时期的来宋、卫、郑等国都有一个名为褚师的官职，负责掌管城市的集市贸易。后来，担任这些官职的人的后代便以官职为姓氏，姓褚师，再后来又简化为单姓褚。三是出自他族。今彝、傈僳族有褚姓。

【变迁分布】

汉代时期，主要在河南、山东、江苏等地分布。隋唐之前，在河南郡（今河南省洛阳市）形成褚姓望族，阳翟（今河南禹州）、钱塘（今浙江杭州）褚氏名人辈出。明清以来，在东北三省、河北、上海、浙江、广东、云南等地均有分布。

【名人荟萃】

褚少孙：西汉史学家。颍川（治今河南禹州）人，寓居沛县（今属江苏）。元帝、成帝时博士，曾补写过司马迁《史记》，今《史记》中"褚先生曰"就是他的补作。

褚裒：东晋大臣。河南阳翟（今河南禹县）人。女为晋康帝皇后。永和初年，进号征北大将军、仪同三司。

褚亮：唐代大臣、诗人。杭州钱塘人。秦王李世民文学馆十八学士之一。官至通直散骑常侍，封阳翟侯。褚亮为太宗朝宫廷诗人，其诗文与虞世南齐名，卢照邻称其所作"风标特峻"。常侍从太宗征战，多有进谏。被史学家称为江左名流。卒陪葬昭陵。

褚遂良：唐代宰相，著名书法家。钱塘（今浙江杭州）人。褚遂良博通文史，精于书法，以善书由魏徵推荐给太宗，受到赏识，后任谏议大夫。他曾劝谏太宗暂停封禅，并对朝政提出过许多积极建议。褚遂良与欧阳询、虞世南、薛稷合为"初唐四大书法家"。

12 卫（wèi）

【寻根溯源】

卫姓来源主要有两种：一是来源于姬姓。周文王的第九子康叔被封于卫（今河南省淇县），接管旧殷都朝歌七族的遗民，建立了卫国。到春秋战国时，卫国被秦国兼并。卫国公族子孙就以故国名为姓，世代相传姓卫。二是来源于古代少数民族鲜卑族,有卫姓。

【变迁分布】

先秦时期,主要在河南居住。秦代时期,迁至河北北部,汉、晋时期,在山西、山东、四川、湖北等地均有分布。之后,在山西河东郡(今山西省夏县)发展成为望族,因此卫姓郡望河东。唐代以后,广泛分布在东北三省、河南、山西、陕西、江苏、上海、浙江等地。

【名人荟萃】

卫子夫:西汉皇后。平阳(今山西临汾)人。汉武帝的第二任皇后。大司马大将军卫青是她的弟弟,大司马骠骑将军霍去病是她的外甥,生有一男三女,男为戾太子刘据。

卫青:西汉大将。河东平阳(今山西临汾市)人。汉武帝时期重臣,军事家,汉武帝的大司马大将军。一生战绩显赫,被封为长平侯。卫青功成名就之后娶平阳公主为妻。

卫瓘:西晋书法家。河东安邑(今山西夏县)人。曾任三国魏镇东将军,西晋时任司空、太保等职,惠帝时被贾后所杀。出身书法世家,父卫觊长于书法。

卫富益:南宋著名学者。祖籍华亭(今上海松江)人。少有异质,识见高远,读书不务章句。传世著作有《四书考证》《易说》。

13 蒋(jiǎng)

【寻根溯源】

蒋姓的起源比较单一,主要是来自于姬姓,以国名为姓。西周初期,周公姬旦的三儿子伯龄,被封在了蒋(今属河南),他就在那里建立了蒋国,是周朝的一个小国。后来蒋国被楚国灭掉了,伯龄的后代就以故国名为姓,称蒋姓。

【变迁分布】

先秦时期,在中原地区活动。两汉时期,向四面八方播迁。东汉时期,已经迁移到浙江,并在江南发展,宜兴蒋氏、乐安蒋氏已成为望族。唐代时期,已经迁至了福建与两广。当今主要集中在江苏、浙江、福建、四川等地。

蒋琬：三国时蜀汉著名大臣。零陵湘乡（今属湖南）人。蜀汉进尚书令，迁大将军，录尚书事，后封为安阳亭侯，接替诸葛亮为丞相。

蒋芾：宋代大臣。今江苏省宜兴人。蒋俨公十六世孙。被授予起居郎兼直学士院、中书舍人，端明殿学士、签书枢密院事兼代参知政事（副宰相）升为左正议大夫、右仆射、同中书门下平章事兼枢密使（宰相）。

蒋廷锡：清代大臣。江苏常熟人。曾任礼部侍郎、户部尚书、文华殿大学士、太子太傅。

14 沈（shěn）

【寻根溯源】

沈姓的来源比较复杂。一是来源于姬姓。周文王的第十个儿子季载（周成王的叔父）因平叛有功，被封于沈国，春秋时被蔡国灭掉，子孙便以国为姓。二是来源于芈姓，是颛顼帝的后代。春秋时处长王芈旅（一作吕、侣）之子公子贞被封在沈邑（今址失考），其后代便以封邑名命姓，称沈姓。三是来源于金天氏，是少昊的后代。少昊金天氏的后代中有人建沈国，春秋时被晋国所灭，其后代便以国为氏，称沈姓。

【变迁分布】

早期在河南、湖北活动。之后，向四处播迁。东汉以后，发展至浙江。唐代以后，迁入福建、两广。当今以江苏、浙江、河南分布最密集。

【名人荟萃】

沈约：南北朝梁文学家、史学家、声律学家。吴兴武康（今浙江湖州德清）人。是《二十四史》中《宋书》的作者。

沈佺期：唐代著名诗人。相州内黄（今属河南）人。擅长七言诗，辞藻华丽，律体严谨，与宋之问齐名，并称"沈宋"。

沈括：北宋科学家、政治家。杭州钱塘（今浙江杭州）人。著有《梦溪笔谈》。

沈周：明代著名画家。长洲（今江苏苏州）人。闻名于明代中叶画坛，与文徵明、唐寅、仇英合称"明四家"。传世作品有《庐山高图》《秋林话旧图》《沧州趣图》。

15 韩（hán）

【寻根溯源】

虽然黄帝、尧帝时分别有韩流、韩终，一般仍说韩氏源自姬姓。周成王之弟姬涌为晋国之君，后至晋穆侯时，其幼子桓叔受封于曲沃，桓叔的儿子食采于韩，是为韩武子，其后代三家分晋，建立韩国，后都新郑，国亡后以国为氏。

【变迁分布】

早期由陕、晋至中原发展。之后播迁于苏、浙、川、鲁、甘、冀等地，以颍川（今河南禹州市）、南阳（今河南南阳市）为郡望。唐代以后，南迁东南各地。当今尤以河南、山东、江苏为最多。

【名人荟萃】

韩非：战国末期的思想家。韩国（今河南禹州）的诸公子之一。战国末期法家的主要代表人物。著有《韩非子》，是先秦法家学说的大成之作。

韩信：西汉著名军事家、将领。淮阴（今江苏淮安）人。与张良、萧何并称"兴汉三杰"，后为吕后所谋杀。

韩擒虎：隋朝著名大将。河南东垣（今河南新安县东）人。以具有胆略雄威著称。

韩愈：唐代著名文学家、哲学家。河内河阳（今河南孟州）人，"唐宋八大家"之首。他还是古文运动的倡导者，有"文起八代之衰"的美誉，被称为"百代文宗"。

韩世忠：南宋抗金名将。陕西省绥德县人。他与岳飞同是南宋抗金民族英雄。英勇善战，胸怀韬略，先在河北屡败金兵，后驻镇江曾以八千兵迎击金兀术，激战黄天荡，金兵闻之胆寒。为官正派，不肯依附丞相秦桧，为岳飞遭陷害而鸣不平。死后被赠为太师，追封通义郡王；孝宗时，又追封蕲王，谥号忠武，配飨高宗庙廷。

16 杨（yáng）

【寻根溯源】

杨姓来源主要有三种。一是源自姬姓。西周末年，周幽王封周宣王的小儿子尚父于杨（今山西洪洞一带），建立杨国。春秋时为晋国所灭，其后裔便以杨为姓。二是源自赐姓，诸葛亮平哀牢夷后，赐湖南、贵州的部分少数民族为赵、张、杨等姓。

三是源自他族改姓杨。

【变迁分布】

早期在陕西、河南发展，并在弘农（今河南省灵宝北）、河内（今河南省武陟县西南）等形成杨氏望族。两汉时期，南下四川、浙江。杨坚建立隋朝并统一中国。五代时期，杨行密建立吴国。明代以后，主要在两广及西南地区发展。当今主要集中分布在河南、四川、云南等省。

【名人荟萃】

杨敞：西汉丞相。华阴（今属陕西）人。行事谨小慎微，颇受霍光赏识，升至丞相职位，封为安平候。

杨坚：隋朝开国皇帝。汉族，弘农郡华阴（今陕西省华阳县）人。他统一了百年来严重分裂的中国，开创先进的选官制度，发展文化经济。使得中国成为盛世之国。被尊为"圣人可汗"。

杨炯：唐代诗人。弘农华阴（今属陕西）人。与王勃、卢照邻、骆宾王齐名，并称"初唐四杰"。

杨玉环：唐代宫廷音乐家、歌舞家，其音乐才华在历代后妃中鲜见。广西容州（今广西容县）人。唐玄宗李隆基册封其为贵妃，即杨贵妃。杨贵妃天生丽质，回眸一笑百媚生，六宫粉黛无颜色，堪称大唐第一美女，此后千余年无出其右者。中国古代四大美女之一。

杨业：北宋名将，军事家。太原（今属山西）人。北汉时，骁勇善战，屡建奇功，官至建雄军（今山西代县）节度使。北宋灭北汉后，杨业随其主刘继元降宋，宋太宗因他熟悉边事，仍任他为代州刺史，授右领军卫大将军，长驻代州（今山西代县）抵抗辽兵。公元980年，辽兵入侵雁门关，杨业父子绕背夹击，辽兵死伤惨重。公元986年，宋太宗赵光义趁辽国皇帝更换，三路出兵伐辽，杨业战死疆场。

杨万里：南宋诗人。吉州吉水（今江西省吉水县）人。一生力主抗金，与范成大、陆游、尤袤合称南宋"中兴四大诗人"。

朱秦尤许 何吕施张 孔曹严华 金魏陶姜

17 朱(zhū)

【 寻根溯源 】

朱姓来源主要有三种。一是炎帝时有古老的部族朱襄氏，以发明琴瑟、善于降妖而著称，这是朱氏最古老的来源。二是周武王封颛顼之后曹挟于邾（今山东曲阜），建立邾国，后来被楚国所灭，其后裔以邾为姓，后来去掉邾的偏旁为"朱"。此为朱姓的主源。三是尧帝的儿子丹朱之后、舜时的大臣朱虎之后，也以朱为姓。

【 变迁分布 】

秦汉时期，迁至中原与华东一带。东汉末期，又远迁至四川、福建等地。之后在吴郡、钱塘、沛国、永城、丹阳、太康、河南等郡县形成望族。唐代时期，已经远播广东。宋代时期，在江西密布，后因朱明王朝的建立而繁衍昌盛。当今以江苏、广东、浙江、河南等地最为密集。

【 名人荟萃 】

朱亥：战国魏国勇士。据说他勇气过人，力大无穷，曾经凭着手中四十斤重的铁锤，保卫了危急中的赵国。

朱买臣：西汉名臣。会稽吴（今苏州）人。以勤学著称。

朱熹：南宋著名学者。江南东路徽州府婺源县（今江西省婺源）人。理学的代表人物。

朱元璋：明朝的开国皇帝，原名朱重八。濠州钟离（今安徽凤阳）人。1368年，在南京称帝，国号大明，年号洪武，建立了全国统一的封建政权。朱元璋统治时期被称为"洪武之治"。

18 秦（qín）

秦姓来源主要有三种。一是来源于嬴姓。颛顼、伯益的后裔中有个叫非子的，被周孝王封于秦（今甘肃天水），建立了秦国。后来秦始皇灭掉其他六国，建立了天下大一统的秦帝国，秦朝灭亡后，非子的子孙便以国为姓，称秦姓。二是来源于姬姓，为周文王的后裔。周朝时，周公旦的儿子伯禽的裔孙，以鲁国公族大夫的身份食采（享用封邑的租赋）于秦（今河南范县北），后来便以邑为姓，称秦姓。三是古代大秦（古罗马）人来中国后，有的就以"秦"为姓。

【变迁分布】

早期主要在河北、河南、山东、陕西、湖北等地分布。秦汉以后，在甘肃、四川、山西等地发展，并在天水（今甘肃通渭）、太原、齐郡（今山东淄博）、河内等郡县形成望族。宋明时期，在南方发展。当今在河南、四川、广西等地有较多分布。

【名人荟萃】

秦越人：战国时名医。渤海郡郑州（今河北省任丘）人。他治病以诊脉为名，创立了望、闻、问、切"四诊法"，用"针"、"石"、"熨"等简单的医具治疗，被人们称为"扁鹊"。

秦琼：唐朝名将。字叔宝，齐州历城（今山东济南市）人。勇武威名震慑一时，是一个于万马千军中取人首级如探囊取物的传奇式人物。曾追随唐高祖李渊父子为大唐王朝的稳固南征北战，立下了汗马功劳。凌烟阁二十四功臣之一。民间与尉迟恭为传统门神。

秦观：北宋著名的词人。扬州高邮（今属江苏）人。与黄庭坚、张耒、晁补之合称"苏门四学士"。

秦桧：宋代奸相。建唐（今江苏省南京）人。以"莫须有"的谋反罪状杀害岳飞父子，为中国历史上十大奸臣之一。

秦良玉：明代著名女将。其夫石砫宣抚使马千乘死后，代领其兵，所部号"白杆军"，被封为"忠贞侯"。是古代著名巾帼英雄。

19 尤(yóu)

【寻根溯源】

尤姓来自沈姓。周文王第十子封于沈，后以国为姓。唐朝末年，沈姓者随王潮、王审知入闽，为避闽王"审"字之讳，将沈去掉三点水旁，改为尤，才开始有了尤姓。

【变迁分布】

宋代以后，主要在南方诸地分布，以吴兴郡（今浙江临安至江苏宜兴一带）为郡望。江浙一带以苏州、无锡、常州、吴县、仪征、太仓、泰兴等地较为密集，在河南、山西、福建、云南等地也有分布。

【名人荟萃】

尤叔保：宋代书画家、富翁。武进（今江苏常州）人。为人正直，以书画名世。晚年颇雄于财，其园亭池馆，为一时绝胜。

尤袤：南宋诗人、大臣。无锡（今属江苏）人。绍兴进士。任泰兴令时有政绩。累官至礼部尚书兼侍读。与杨万里、范成大、陆游并称"南宋四大家"。

尤世功、尤世威、尤世禄：明末将领。榆林卫（今陕西榆林）人。长兄世功出身武举，累官至总兵，清兵破沈阳时战死。次兄世威与清作战屡立战功，累官至左都督，李自成破西安后，被俘杀。弟世禄为宁夏总兵官，李自成攻榆林时，守城死。

尤侗：明末清初著名诗人、戏曲家。江南长州（今江苏苏州）人。曾被顺治誉为"真才子"；被康熙誉为"老名士"。康熙年间举博学鸿词科，任翰林院检讨，参与修纂《明史》，三年后辞官回乡。诗词古文俱佳。

尤渤：清朝将领。甘肃武威人。第一次鸦片战争时，担任安徽寿春镇总兵，他率部猛烈反击，击退了进犯松江府的英军，即升为江南提督。

20 许(xǔ)

【寻根溯源】

许姓来源主要有两种。一是源自姜姓，西周分封时，将炎帝的后代文叔封在许国（故城在今河南许昌），春秋时，许国成为楚国的附庸国。战国初期，被楚国灭亡，其子孙便以国为姓。二是来自尧帝时的高士许由。尧想把天下禅让给许由，许由不接受，就逃到箕山隐居起来；尧又邀请他任九州长，许由就到颍水边洗耳，表示不愿意听。许由去世后，就葬在箕山。西周初，周武王把炎帝的裔孙伯夷的后代封在了许由隐居的箕山，建立许国。战国时，许国被楚国灭掉，其后代便以国为姓。

【变迁分布】

秦汉前后，开始从中原向外迁移，并在汝南（今河南上蔡）、高阳（今山东省淄博市临淄区西北一带）形成两大望族。隋唐时期，已经远播山东、陕西、江苏、浙江、安徽、四川、湖南、云南等地。宋明时期，向东南、西南边陲远迁。当今在山东、江苏、广东、云南等地密布。

【名人荟萃】

许平君：西汉皇后。昌邑（今山东金乡）人。汉宣帝刘询结发夫妻，汉元帝母，19岁卒，为霍光妻霍显命女御医淳于氏下毒所害。

许慎：东汉经学家、文学家。汝南召陵（现河南郾城县）人。有"五经无双许叔重"之称，著有《说文解字》。

许劭：三国魏大名士。汝南平舆（今河南平舆）人。好评论人物，每月更换一名，时称汝南"月旦评"。曾评曹操为"治世之能臣，乱世之奸雄"，这句话几乎成为曹操一生的定论，"一代奸雄"也成了曹操的代名词。

许浑：唐代诗人。祖籍安州安陆，寓居润州（今江苏镇江）。晚唐最具影响力的诗人之一，七五律尤佳，后人拟之与诗圣杜甫齐名，更有"许浑千首湿，杜甫一生愁"之语。其诗作中有"山雨欲来风满楼"之句为世人传唱。

许有壬：元代著名政治家。汤阴人（今河南汤阴）。他历官七朝近五十年，官至中书参知政事、集贤殿大学士。

21 何（hé）

【寻根溯源】

何姓姓氏主要有三种来源。一是出自姬姓，为周文王的后代。黄帝是少典的儿子，本姓公孙，因居于姬水边，故改成姬姓，其后裔后稷被周王室封为始祖。战国时，周成王的弟弟唐叔虞的后代建立的韩国被秦国灭亡，其子孙避难逃到江淮一带，在河边摆渡为生。秦朝官兵搜捕韩国后裔，这些人受到盘查，紧急时，指河为姓，逃过劫难，后改河为何。二是唐代的"昭武九姓"中有何姓。隋唐时，西域阿姆河、锡尔河流域各氏族统称"昭武九姓"，即康、史、安、曹、石、米、何、火寻和戊地。三是出自赐姓。

【变迁分布】

汉晋时期，在今河南、安徽、山东、江西等地活动。西晋末期，何氏已经有迁居福建者，在庐江、东海、扶风、郫县、陈郡等地形成何姓望族。当今在南方地区分布较多，其中以四川、广东、湖南分布最为密集。

【名人荟萃】

何进：东汉大臣。南阳宛（今河南南阳）人。何皇后的异母兄，黄巾起义时拜为大将军，率军卫镇京师，以功封慎侯，及灵帝崩，皇子辩即位，以主幼宫廷内外不安，进谋诛宦官，不密，反为所害。

何休：东汉著名学者。任城樊（今山东滋阳）人。何休为人质朴多智，精通六经，对六经造诣极深。作《春秋公羊传解诂》12卷。又注《孝经》《论语》等。另作《春秋汉议》13卷，以春秋大义，驳正汉朝政事600多条，"妙得公羊本意"。官至谏议大夫。

何景明：明代著名文学家。信阳（今属河南省）人。进士，官至陕西提学副使。"前七子"之一，与李梦阳并称文坛领袖。其诗取法汉唐，一些诗作颇有现实内容。有《大复集》。

何绍基：清代书法家、诗人、画家。湖南道州（今道县）人。进士，历主山东泺源、长沙城南书院。通经史，精小学金石碑版。据大戴记考证《礼经》。书法初学颜真卿，又融汉魏而自成一家，尤长草书。

22 吕（lǚ）

【寻根溯源】

吕姓主要有三种来源。一是源自姜姓，其始祖为伯夷的后代，被封在吕国，其子孙便以国名为姓。炎帝裔孙伯夷协助大禹治水有功，夏初被封在吕（今河南南阳一带），建立吕国。春秋时，被楚国灭亡，其后代以国为姓。古时，在今河南新蔡，又有一吕国，史称东吕，其实是南阳吕国分出来的一支。春秋时，东吕被宋国灭亡，其后代也以国为姓。二是源自姬姓。商末，周文王占领春秋时期隗姓魏国之地，封其亲属（姬姓）在魏国。周武王时，又将魏国迁封在山西芮城东北三省的魏城。子孙以国为姓。春秋时，晋国大夫魏锜食采于吕邑（今山西霍县西南），子孙以吕为姓。三是来自少数民族改姓。

早期，发展在河南、安徽、山东、湖北。两汉以后，广泛分布在河北、山西、内蒙古、甘肃等地，并在河东、东平、东莱、阳翟、濮阳、略阳等郡形成吕姓望族。宋代时期，已经发展到福建、两广等地。明代时期，已经遍布全国大部分地区。当今在山东、河南等地最为密集。

【名人荟萃】

吕不韦：战国末期卫国著名商人，后为秦国丞相，政治家、思想家，卫国濮阳（今河南濮阳）人。组织人编写了《吕氏春秋》。

吕布：东汉末年名将。五原九原（今内蒙古包头西北）人，一说山西忻州人。汉末群雄之一，著名武将与割据军阀。善弓马，力大无穷，时称"飞将"，号奋威将军，封温侯，割据徐州，曾被封为徐州牧，为一代枭雄。建安三年（198年）在下邳被曹操击败并处死。

吕蒙：三国时东吴名将。汝南富陂（今安徽阜阳东南）人。文武双全的人物，以致鲁肃见他时，曾称赞其"学识渊博，非复吴下阿蒙"。先在赤壁之战中与周瑜等大破曹军，后大败关羽，夺回荆州，在东吴堪称战功赫赫。后被封南郡太守、孱陵侯。

吕洞宾：唐代传奇人物，"八仙"之一。河中府（今山西省永济市）人，一说陕西省人。曾隐居终南山等地修道，后四方云游，自称回道人。被道教全真教尊为北五祖之一。

吕蒙正：北宋宰相。河南洛阳人。吕蒙正中状元后，授将作监丞，通判升州。980年，拜左补阙，知制诰。988年，拜吕蒙正为宰相。1001年，第三次登上相位。不久，因病辞官，回归故里。真宗朝拜永熙陵，封禅泰山，过洛阳两次看望吕蒙正。卒后，谥文穆，赠中书令。

23 施（shī）

【寻根溯源】

施姓源自姬姓，为黄帝的后代。春秋时，鲁国国君本是周朝宗室，姬姓，鲁惠公的儿子公子尾，字施父，为鲁国大夫，其后人以其祖字为姓，称施姓。

【变迁分布】

早期，在山东、湖北、江苏分布，并在吴兴形成郡望。宋元以来，也多分布在江苏、浙江。在当今东北三省、北京、山西、安徽、宁夏、福建等地都有一定分布。

【名人荟萃】

施全：南宋著名义士，因刺杀秦桧不成而遭杀害。

施耐庵：明代著名文学家。祖籍是泰州海陵县或苏州吴县（今江苏苏州）。博古通今，才华横溢，举凡群经诸子，辞章诗歌，天文、地理、医卜、星象等无不精通，35岁曾中进士，后弃官归里，闭门著述，与拜他为师的罗贯中一起研究《三国演义》的创作，搜集整理关于梁山泊宋江等英雄人物的故事，最终写成"四大名著"之一的《水浒传》。

施琅：明末清初著名将领。施琅原来是郑芝龙和郑成功的部将，降清后被任命为清军同安副将，不久又被提升为同安总兵、福建水师提督，先后率师驻守同安、海澄、厦门，参与清军对郑军的进攻和招抚。

24 张（zhāng）

【寻根溯源】

张姓一支出自黄帝之后，张挥为始祖。黄帝的第五子青阳的儿子名挥，曾担任弓正一职，发明并制作了弓箭，被赐姓张，即张姓的始祖。另一支也出自黄帝的后代。春秋时，晋国有个叫解张（姬姓后裔）的贵族，其子孙以他的字为姓，世代姓张。此外，还有赐姓或改姓张的。

最早在中原地区活动。秦汉之前，已经遍布华北各地。秦汉之后，向甘肃、青海及长江流域发展。隋唐时期，已经在清河、范阳、太原、京兆、南阳等二十六个郡形成张姓望族。宋代之后，遍布全国各地。当今以山东、河南、河北、四川等省最为密集。

【 名人荟萃 】

张仪：战国政治家、外交家、纵横家、谋略家。魏国大梁（今河南开封）人。鬼谷子门生，相秦惠王，以连横之策游说六国，使六国背叛纵约以事秦。惠王卒，六国复合纵以背秦，群臣谗之，乃去秦而为魏相。

张良：秦末汉初时期杰出的军事家、政治家。字子房，传为汉初城父（今安徽亳州市城父镇）人。汉高祖刘邦的谋臣，汉王朝的开国元勋之一，"汉初三杰"（张良、韩信、萧何）之一。以出色的智谋，协助汉高祖刘邦在楚汉之争中最终夺得天下。张良及时功成身退，避免了韩信、彭越等鸟尽弓藏的下场。卒后，谥为文成侯，此后被世人尊称为谋圣。

张衡：东汉科学家、大臣。南阳西鄂（今河南南阳市石桥镇）人，我国东汉时期伟大的天文学家、数学家、发明家、地理学家、制图学家、文学家、学者，在汉朝官至尚书，为我国天文学、机械技术、地震学的发展做出了不可磨灭的贡献，发明了浑天仪和地动仪。

张仲景：东汉末年著名医学家，被称为"医圣"。南阳人。相传曾举孝廉，做过长沙太守，所以有"张长沙"之称。张仲景广泛收集医方，写出了传世巨著《伤寒杂病论》。

张九龄：唐代名相。韶州始兴（今广东韶关始兴县）人。官至平章事（丞相）。有《张燕公集》传世，诗作"海上生明月，天涯共此时"为千古绝唱。他是一位有胆识、有远见的著名政治家、文学家、诗人、名相。他忠耿尽职，秉公守则，直言敢谏，选贤任能，敢与恶势力做斗争，为"开元之治"做出了积极贡献。

张之洞：清代大臣。直隶南皮（今河北南皮）人。中国民族工业、重工业主要奠基人，为中国高等教育做出了巨大贡献。与曾国藩、李鸿章、左宗棠并称晚清"四大名臣"。并是洋务派代表人物之一，其提出的"中学为体，西学为用"，是对洋务派和早期改良派基本纲领的一个总结和概括。

25 孔（kǒng）

【寻根溯源】

孔姓来源较多。一是出自姜姓。黄帝时有史官孔甲为最早的孔氏。二是出自子姓。西周时，周武王封纣王之兄微子启于宋，宋湣公的玄孙正考父为宋国大司马，其子名嘉，字孔父，宋国上卿，史称孔父嘉，后为太宰华督所杀，其子孙外逃后以先祖字孔为姓，此为孔子的直系来源。三为姞姓孔氏，春秋时在卫国做大夫。四为姬姓孔氏，郑文公大夫孔叔之裔。五为妫姓孔氏，陈灵公大夫孔宁之裔。此外，还有外族改姓者。

【变迁分布】

早期在河南、山东活动。秦汉以后，已经远播浙江、江西、广东、湖南等地，并在会稽、鲁国、常山、南阳等郡形成望族。宋明以后，遍布于全国各地。当今以山东及江苏、辽宁等地分布最为密集。

【名人荟萃】

孔子：春秋时期大思想家、教育家，儒家思想的创始人。名丘，字仲尼，鲁国陬邑（今山东省曲阜市南辛镇）人，祖上为宋国（今河南商丘）贵族。相传曾修《诗》《书》，订《礼》《乐》，序《周易》，撰《春秋》。他一生从事传道、授业、解惑，被中国人尊称"至圣先师，万世师表"。

孔仅：西汉大臣、财政家。南阳（今河南南阳）人。为大盐铁商。先任大农令，领盐铁事，主管盐铁专卖。后任大司农。孔仅因为精通盐铁生产技术，又对朝廷有所捐赠，因而被汉武帝委以重任——掌握了当时国家经济命脉的掌管盐铁事务的"大农丞"。

孔融：东汉文学家。东汉曲阜人，孔子二十世孙。有才俊，为建安七子之一，汉献帝时为北海相，世称孔北海；立学校，表儒术，后拜大中大夫，为曹操所杀。

孔尚任：清代戏曲作家。山东曲阜人。孔子六十四代孙。时人将他与《长生殿》作者洪昇并论，称"南洪北孔"。

26 曹(cáo)

曹姓主要有三种来源。一是颛顼帝后裔陆终的第五子安，大禹时被封在曹国，其后代以国为姓。二是源自姬姓，是黄帝的后代。周武王的弟弟振铎被封于曹（今山东菏泽一带），建立曹国，春秋末曹国被宋国灭掉，其国人以曹为姓。三是由邾姓改为曹姓。周朝初，武王封曹安的后裔于邾国（今山东曲阜东南），后来邾国被宋国灭亡，其国人以邾为姓，后有改姓曹的。

【变迁分布】

早期在苏鲁一带活动。秦汉时期，已经广泛分布于河南、湖北、安徽、浙江、甘肃等地，后以谯郡（今安徽亳州）、彭城、高平、巨野等为郡望。唐宋时期，扩展至福建、两广等地。当今在全国各地广泛分布，并以四川、河北、河南分布最为密集。

【名人荟萃】

曹刿：著名的军事理论家。即曹沫（mèi），一作曹翙。生卒年不详，春秋时鲁国大夫（今山东省东平县人）。鲁庄公十年，齐攻鲁，刿求见请取信于民后战，作战时随从指挥，大败齐师，一鼓作气之典出于此。

曹参：西汉大臣。泗水沛（今江苏沛县）人。西汉开国功臣，名将，是继萧何后的汉代第二位相国。秦末随刘邦起义，汉朝建立后，协助高祖平定陈豨、英布等异姓诸侯王的叛乱。刘邦称帝后，对有功之臣论功行赏，曹参功居第二，赐爵平阳侯。

曹操：三国时杰出的政治家、军事家及文学家。字孟德，沛国谯县（今安徽亳州）人。建安十三年，他统一了中国北部。其子曹丕称帝，追尊为武帝。曹操精于兵法，著《孙子略解》《兵书接要》《孟德新书》等书。他的儿子曹丕、曹植也很有文才，与曹操并称"三曹"。

曹彬：北宋大将。真定灵寿（今属河北省）人。历任右骁卫上将军、侍中、武宁军节度使、都监、枢密使等职。

曹雪芹：清代著名文学家，著有传世名著《红楼梦》。故里有四，河北丰润，辽宁辽阳、铁岭与江西武阳，尚无确切定论。

27 严（yán）

【寻根溯源】

严氏主要有三种来源。一是尧时有严国，其后裔以国为姓。二是出自庄姓。春秋时，楚庄王的子孙"以谥为庄氏"。东汉时，汉明帝名叫刘庄，为了避讳，令庄氏都改姓严。到魏晋时期，严姓者中，有一部分又恢复了原来的庄姓，这样就出现了庄姓、严姓并存于世的情况。三是少数民族汉化的结果，现代的满族、彝族、朝鲜族中都有严姓。

【变迁分布】

秦汉时期，在今河北、山东、江苏、浙江、湖南、四川、江西均有所分布。之后扩展至西北。并在天水、冯翊、华阴等形成望族。宋元以后，广泛在大江南北分布。在当今尤以湖北、江苏、浙江分布最为密集。

【名人荟萃】

严遵：西汉哲学家。蜀郡成都（今属四川）人。好老庄，精《大易》，遵从老子有生于无的思想，认为虚无是世界的本原，隐居不仕，以卜筮为生。著《老子指归》。

严忌：西汉辞赋家。吴县人，本姓庄，东汉时因避明帝刘庄讳，改为严，后世遂称严忌。严忌少时与司马相如等俱好辞赋，以文才和善辩闻名于时。曾作《哀时令》赋，借哀叹屈原秉性忠贞、不遇明主之事，抒发自己怀才不遇的感情。

严光：东汉名士、隐士。会稽郡余姚（今属浙江）人。少曾与光武帝刘秀游学，有高名。后秀称帝，欲召光为谏议大夫，光隐姓埋名于浙江富春山，以垂钓自娱。

严嵩：明代权臣。袁州分宜（今属江西）人。进士，授编修，官至太子太师，专国政二十余载，陷害忠良颇多。其工诗古文辞，著有《钤山堂集》，刻《历官表奏》十二卷。

严复：清代著名启蒙学家、翻译家。福建福州人。译著有《天演论》。

28 华（huà）

【寻根溯源】

华姓最早可溯源到炎帝前的古部族华胥氏。华姓主要源自子姓，宋国宋戴公之孙名督，字华父，又称华督，穆公时为太宰，以后其家族在宋国执政二百余年，其家族及后人以华为姓。

早期在苏豫皖一带活动。汉唐时期，在河北、江苏、湖北等地繁衍。之后以武陵郡（今湖南常德市）为郡望。从隋朝到清朝，无锡华氏历代有名人。明清以来，在东北三省、山东、江苏、浙江、安徽、福建等地均有分布。

【名人荟萃】

华佗：东汉名医。沛国谯（今安徽亳州）人。精内、妇、儿、针灸各科，曾用麻沸散使病人麻醉，为世界医学史上最早之全身麻醉，又首创五禽戏，后为曹操所杀。

华歆：三国魏臣。平原高唐（今山东禹城西南）人。曾依孙策，后附曹操为尚书令。曹操征讨孙权时为军师，转御史大夫。文帝即位，拜相国，封安乐乡侯，为司徒。明帝时，任太尉，进封博平侯。

华镇：北宋官吏。会稽（今浙江绍兴）人。神宗进士，官至朝奉大夫，知漳州军事。平生好读书，工诗文。有《扬子法言训解》《云溪居士集》等。

华云龙：明初将领。定远（今属安徽）人。从朱元璋起兵，南征北战，立功无数。洪武三年，论功封淮安侯。

29 金 (jīn)

【寻根溯源】

金姓主要有三种来源。一是出自少昊金天氏，少昊为西方大帝，在五行学说中属金，所以少昊又有金天氏的称号，其子孙有以金为姓的。二是出自赐姓。汉武帝时，匈奴休屠王太子日磾（dī）归顺汉室，被赐姓"金"，称金日磾，其后代便以金为姓。三来自改姓。五代十国之一的吴越的开国之王叫钱镠，因镠与刘同音，为避其名讳，该国的刘姓人，皆去繁体刘字的卯头刀旁，改为金氏。

【变迁分布】

金姓早期在西北、东北三省、东南各个地区分布。随着民族融合，中原及周边地区也有较多分布。以彭城（今江苏徐州）、京兆（今陕西西安）等郡为郡望。当今主要集中在河南、浙江、江苏等省，在东北三省也有较广泛的分布。

【名人荟萃】

金日磾：西汉大臣，是我国历史上一位有远见卓识的少数民族政治家。金日磾是驻牧武威的匈奴休屠王太子，汉武帝时归汉，为功臣世族。他的子孙后代因忠孝显名，其世不衰，历130多年，为巩固西汉政权，维护民族团结，做出了重要贡献。

金圣叹：明末清初文学家、文学批评家。苏州吴县人。其评语流行甚广，主要成就在于文学批评，对《水浒传》《西厢记》《左传》等书都有评点。

金农：清代画家、诗人。钱塘（今浙江杭州）人。扬州八怪之首。布衣终身。晚寓扬州，卖书画自给。金农博学多才，嗜奇好古，收金石文字千卷。精篆刻、鉴赏，善画竹、梅、鞍马、佛像、人物、山水。尤精墨梅。所作梅花，枝多花繁，生机勃发，古雅拙朴。代表作有《东萼吐华图》《空捍如洒图》《蜡梅初绽图》等。

30 魏（wèi）

【寻根溯源】

魏姓源自姬姓。周文王第十五子毕公高的后代叫毕万，春秋时，毕万在晋国灭霍、耿、魏三国的战斗中立有大功，晋献公将魏地（今山西芮城东北三省）赐给他作邑，毕万的子孙便以封地为姓，世代姓魏。

【变迁分布】

早期发展于今河南、山东、山西等地。两汉时期，在湖南、湖北、河北、陕西、甘肃、青海等地繁衍，并形成巨鹿、任城等郡的望族。唐宋以后，在南方发展，遍及全国大部分地区。当今以四川、河北最为集中。

【名人荟萃】

魏无忌：即信陵君，战国时魏国人，魏安釐王的异母弟，博学多才，屡败秦师。战国四公子之一。

魏延：蜀汉大将。义阳（今河南省桐柏西）人。曾随刘备于蜀，以勇猛闻名，累迁为征西大将军，后被封为南郑侯。

魏征：唐代政治家、名臣。馆陶（今属河北省）人。曾任谏议大夫，敢于犯颜直谏，曾谏二百余事，为太宗所器重，其博学多才，文采飞扬，著有《群书治要》等书。以直谏敢言著称，是中国史上最负盛名的谏臣，享有崇高的声誉。

魏源：清末思想家、文学家。湖南邵阳金潭（今湖南省隆回县）人。道光进士，官内阁中书，曾任高邮知州。晚年弃官归隐，潜心佛学，法名承贯。魏源认为论学应以"经世致用"为宗旨，提出"变古愈尽，便民愈甚"的变法主张，倡导学习西方先进科学技术，总结出"师夷之长技以制夷"的新思想。与龚自珍齐名，时称"龚魏"。著有《海国图志》《古微堂诗集》和《清夜斋诗稿》。

31 陶(táo)

【寻根溯源】

陶姓主要有两种来源。一是源自唐尧的后裔。尧担任部落首领之前，以制作陶器为业，其子孙有以其职业技艺为姓的。还有一说法，尧帝初封在陶（故城在今山东定陶西南），后徙封在唐（故城今河北唐县），其后代有以其封地"陶"为姓的。二是源自虞舜的后裔。西周初年，舜的后代虞思，官至陶正（即管理陶质器物制作的官职），其子虞阏承袭父职，其子孙以其官职为姓氏，称陶姓。

【变迁分布】

唐代以前，在河北、山东、江苏、安徽、湖北、湖南、广东等地繁衍，并以丹阳（今安徽宣城）、济阳等郡为郡望。唐代以后，重点在长江中下游地区发展，逐渐扩大到其他地区。当今主要在山东、上海、江苏、浙江、四川、湖南等省密布。

【名人荟萃】

陶侃：东晋大将、大司马。本为鄱阳（今江西鄱阳）人，后徙庐江浔阳（今江西九江西）。初为县吏，渐至郡守。永嘉五年（311年），任武昌太守。建兴元年（313年），任荆州刺史。后任荆江二州刺史，都督八州诸军事。他精勤吏治，不喜饮酒、赌博，为人称道。是陶渊明的曾祖父。

陶渊明：东晋著名诗人。字元亮，后改为潜，浔阳柴桑（今江西九江市）人。出身于破落仕宦家庭。曾祖父陶侃，是东晋开国元勋，军功显著，官至大司马，都督八州军事，荆、江二州刺史、封长沙郡公。祖父陶茂、父亲陶逸都做过太守。陶渊明曾任江州祭酒，建威参军，镇军参军，彭泽县令等，后辞官回家，从此隐居。他是中国第一位田园诗人，著有《陶渊明集》。

陶弘景：南朝著名的医药家、炼丹家、文学家。南朝梁时丹阳秣陵（今江苏南京）人。人称"山中宰相"。作品有《本草经集注》《集金丹黄白方》《二牛图》等。

陶宗仪：明代文学家、书学理论家。号南村，黄岩（今属浙江台州）人。能诗工书，尤工小篆，著有书学理论《书史会要》，另有《南村辍耕录》《南村诗集》。

32 姜(jiāng)

【寻根溯源】

姜姓来源于远古的炎帝神农氏。炎帝生于姜水（今陕西岐山），以居住地姜为氏，后裔有四岳、共工，以及西周的齐、吕、申、许等国，这些族人的后裔有一部分以姜为姓。

【变迁分布】

早期活动在西北、中原及齐鲁一带。汉代初期，已经成为关东大姓，之后又西迁，并以天水、广汉等郡为郡望。唐宋时期，向闽粤发展。明清时期，向西南、东北三省迁移。当今以黑龙江、辽宁、山东最为集中。

【名人荟萃】

姜尚：周初政治家、军事家和谋略家。东海海滨人。本名吕尚，姜姓吕氏，即姜子牙，周初谋圣，先后辅佐了六位周王，因是齐国始祖而称"太公望"，俗称姜太公。西周初年，被周文王封为"太师"（武官名），被尊为"师尚父"，辅佐文王。后辅佐周武王灭商。因功封于齐，成为周代齐国的始祖。

姜维：三国时蜀汉大将。天水郡冀县（今甘肃省甘谷县东南）人。三国时期蜀汉著名军事家、军事统帅。

姜公辅：唐代宰相。钦州遵化人。因护驾，献策有功，升为谏议大夫，同中书门下平章事。后因言忤德宗，罢为太子左庶子、右庶子，再贬泉州别驾。贞元二十一年，顺宗即位，起用为吉州刺史，未及到任而卒于九日山。

姜夔：南宋著名词人、音乐家。别号白石道人，饶州鄱阳（今江西鄱阳县）人。一生布衣，靠卖字和朋友接济为生。他多才多艺，精通音律，能自度曲，其词格律严密。其作品素以空灵含蓄著称，有《白石道人歌曲》等。

戚谢邹喻　柏水窦章　云苏潘葛　奚范彭郎

33 戚(qī)

【寻根溯源】

戚姓源自姬姓。春秋时,卫武公姬和有个儿子叫惠孙,惠孙的七世孙孙林父,是卫国的大夫,以戚(今河南濮阳)为邑,其后人以邑命氏,而称戚姓。

【变迁分布】

早期在豫北和鲁西活动,之后向外迁移,在河北、河南、山东、江苏等地均有戚氏分布。历史上,以东海郡(今山东郯城)为郡望。

【名人荟萃】

戚夫人:汉高祖宠妃。下邳(今江苏邳州)人,祖籍秦末汉初定陶(今山东定陶)。曾随刘邦征战四年。她也是西汉初年的歌舞名家,她擅跳"翘袖折腰"之舞,从出土的汉画石像看来,其舞姿优美,甩袖和折腰都有相当的技巧,且花样繁复。为赵王如意之母。高祖屡欲立为储君,不果。高祖崩,被吕后杀害。

戚文秀:宋代画家。毗陵(今江苏常州)人,善画水,史称画水名家。尝画《清济灌河图》,一笔长五丈,自边际起,通贯于波浪之间,与众毫不失次序。

戚继光:明代抗倭名将、军事家、民族英雄。山东登州(今山东蓬莱)人。率军于浙、闽、粤沿海诸地抗击来犯倭寇,历十余年,大小八十余战,终于扫平倭寇之患,被誉为民族英雄,卒谥武毅。世人称其带领的军队为"戚家军"。著有《纪效新书》《练兵实纪》《止止堂集》等。

34 谢 (xiè)

【寻根溯源】

谢姓主要有两种来源。一是出自姜姓，是炎帝后裔申伯的后代。商代有炎帝的后裔孤竹君之子伯夷和叔齐兄弟二人，武王灭商后，他兄弟两人不食周粟而饿死在首阳山。伯夷的裔孙申伯，被周宣王封于谢国，国灭后，其后代子孙以国为姓。这是谢姓中最重要的一支。二是源自任姓。相传黄帝的后代有十二支，其中第七支姓任，任姓又分若干支，其中一支为谢姓。

【变迁分布】

早期在豫西南淮河上游活动。汉代以前，已经远迁山东、湖北、湖南、四川等地。汉唐时期，发展到江西、四川、云南等南方地区。东晋南朝时期，为"高门世族"，并以陈留、陈郡、下邳、会稽、冯翊等郡为郡望，宋明以来，已经遍布全国各地。在当今尤以四川、江西、广东最为集中。

【名人荟萃】

谢安：东晋宰相。浙江绍兴人，祖籍陈郡阳夏（今河南太康）。在淝水之战中打败前秦，使晋朝转危为安。为东晋赢得几十年的安静和平，战后功名太盛被皇帝猜忌，往广陵避祸，后病死。

谢玄：东晋名将、军事家、文学家。在淝水之战中起了很重要的作用。陈郡阳夏（今河南太康）人。谢奕之子，谢安之侄。21岁时为大司马桓温的部将。后经谢安荐为建武将军、兖州刺史，领广陵相，监江北诸军事。他招募北来民众中的骁勇之士，组建训练一支精锐部队，号为"北府兵"。

谢灵运：南朝著名画家、文学家。浙江会稽人（今绍兴）。原为陈郡谢氏士族。东晋名将谢玄之孙，小名"客"，人称谢客。又以袭封康乐公，称谢康公、谢康乐。著名山水诗人，中国文学史上山水诗派的开创者，由灵运始，山水诗乃成中国文学史上的一大流派。

35 邹 (zōu)

【寻根溯源】

邹姓主要有两种来源。一是出自姚姓者，为帝舜的后人。帝尧的后裔在商时建立邹国，春秋时为曹姓邾人所夺，二族先后被齐、楚所灭，其后裔均为邹氏。二是出自子姓，为微子启的后人。殷纣王庶兄微子启（子姓）被周平公封在宋国（今河南商丘一带）。到了宋愍公时，其孙考父，食采于邹邑（今山东邹城东南），其后裔以封邑为姓，称邹姓。

【变迁分布】

早期以山东为中心。汉代以后，在河北、河南、陕西、湖南等地发展，以范阳（今河北省涿州市及北京昌平、房山一带）郡为郡望。唐代以后，向东南地区发展，并以江苏、福建、江西为集中区。

【名人荟萃】

邹忌：战国齐相。是邹氏家族在战国时期的有名人物，以鼓琴游说齐威王，被任相国，封于下邳（今江苏邳州市西南），称"成侯"。劝说威王奖励群臣吏民进谏，主张革新政治，修订法律，选拔人才，奖励贤臣，处罚奸吏，并选荐得力大臣坚守四境。从此齐国渐强。

邹元标：明代名臣。江西吉水县人。累官至刑部右侍郎。后开罪魏忠贤，被迫辞官还乡。曾家居讲学三十年，与赵南星、顾宪成号为"三君子"，是东林党首领之一，著有《愿学家》等。卒，谥忠介。

邹一桂：清代大臣、画家。江苏省无锡人。进士，授翰林院编修。累官至礼部尚书。擅画花卉，学恽寿平画法，风格清秀。著有《小山文集》等。

36 喻(yù)

【寻根溯源】

汉代苍梧太守谕猛，改"谕"为"喻"，其后裔以喻为姓。宋代儒士俞樗，被皇帝赐姓喻。

【变迁分布】

从古至今，在中原、东北三省、西南均有喻姓分布。

【名人荟萃】

喻皓：北宋初建筑家。浙江杭州一带人，是一位出身卑微的建筑工匠，尤其擅长建筑多层的宝塔和楼阁。他在负责建造开封开宝寺塔时，考虑到开封地处平原，多西北风，就在建塔时使塔身略向西北倾斜，以抵抗风力。在这长期的实践中，他勤于思索并善于向别人学习，因而在木结构建造技术方面积累了丰富的经验，宋代欧阳修《归田录》曾称赞他为"国朝以来木工一人而已"。

喻时：明代大臣。河南光州（今光山县）人。嘉靖十七年（1538年）进士，仕至南京兵部侍郎，《明史》有传。著有《吴皋先生文集》《海上老人别集》。

喻昌：清代医学家。江西新建（今江西南昌）人。读书研究医术，医名卓著，冠绝一时，成为明末清初著名医家，与张路玉、吴谦齐名，号称"清初三大家"。著有《寓意草》《尚论篇》《尚论后篇》《医门法律》等。

37 柏（bǎi）

【寻根溯源】

柏姓一是源自远古时的柏皇氏，以柏木为图腾，其首领柏芝为伏羲的助手，有功于民而不居功，被尊称为柏皇，其后裔以柏为姓。二是源自以国为姓。春秋时在今河南西平有柏国，后为楚所灭，也有以国为姓者。

【变迁分布】

柏氏在河北、河南、山东、上海、江苏、内蒙古等地均有分布。

【名人荟萃】

柏良器：唐代名将。魏州（今河北大名）人。他的父亲被安禄山杀死，他立志报仇，少年从军，打了六十多场战，因功迁左武卫中郎将。镇压袁晁、方清起义。又击败淮宁节度使李希烈。封平原王。画像于凌烟阁。官至左领军卫大将军。

柏子庭：元代画家。嘉定（今属上海）人。尝讲台教于赤城，性好浪游，乞食村落。画枯木石菖蒲，题句甚多。

柏丛桂：明代治水良臣。洪武时，他上书朝廷建议筑淮堤，建槐楼40里，以防备水患。后来，明太祖采纳了柏丛桂的建议。在淮扬一带征用民工56000人，修建河堤、槐楼四十里这个宏伟的工程，大功告成后，乡人称为"柏家堰"。世代造福于民，流芳千古。

38 水(shuǐ)

【寻根溯源】

水姓源自大禹。相传大禹治水有功，其后有一支居住在浙江鄞县的，以水为姓。还有一说是，居于水边的部族，多以水为姓。

【变迁分布】

水姓主要在长江流域分布，尤其是江浙一带分布。历史上，在吴兴郡（今浙江省湖州市）形成望族。在西北以及少数民族地区也有所分布。

【名人荟萃】

水乡漠：明代官员。浙江郭县人。万历进士，授宁国知县。后调丹阳当官，为政清廉，责任心强。当地多灾害，他为生产救灾，操劳成疾，吐血而死，人们十分痛惜。

水佳胤：明代礼部侍郎。天启进士，任礼部郎。精通典故，熟谙兵法，升任建宁兵备参议。奉令平靖白莲教之乱，活捉了教主王森。又奉令平靖粤寇，以锐不可当之势，肃清了60余股贼寇。后以左迁归隐句章卒。后人为了纪念他的功德，在蓟州建造了水督庙。

水苏民：明代知名清官，曾任邵武知县，廉明清正，为政有方。

39 窦(dòu)

【寻根溯源】

窦姓源自姒姓。夏帝太康（姒姓）失国被杀，正怀身孕的王后缗从后墙的"窦"（洞穴）中逃回娘家有仍（今山东济宁市），并生下儿子少康。后少康中兴，为夏王，为纪念这次国难，赐自己的小儿子为"窦氏"。后来少康的次子龙留，留居有仍，就以窦为姓。

【变迁分布】

早期活动在河南、山东、山西。汉唐时期，活动在辽宁、河北、陕西、山东、山西等地，并以扶风（今陕西兴平东南）窦氏为望族。宋明以来，主要活动在江浙一带。

百家姓诠解

【名人荟萃】

窦太后：西汉文帝的皇后、汉景帝的母亲。清河郡观津（今河北省武邑县观津村）人。出身贫寒而天授漪媚的她备受命运垂青，由民女到宫女，最后成为辅佐文、景、武三位帝王治理大汉江山的杰出女性。

窦婴：西汉丞相。观津（今河北省衡水东）人。窦太后侄。吴、楚七国之乱时，被景帝封为大将军，守荥阳，监齐、赵兵。七国破，封魏其侯。武帝初，任丞相。推崇儒术，反对道表法里的黄老学说，为窦太后贬斥。后因罪被杀。

窦融：东汉大将。扶风平陵（今陕西省咸阳西北）人，世代仕官河西。新莽末曾从王匡镇压绿林、赤眉，拜波水将军。后归刘玄，为张掖属国都尉。刘玄败，被推行河西五郡大将军事。光武即位，遂决策归汉，授凉州牧，从破隗嚣，封安丰侯，历大司空、将作大将，行卫尉事。

窦毅：曾任定州总管。窦毅的妻子是北周文帝宇文泰第五女、北周武帝之姐襄阳长公主。窦毅第二女窦氏嫁给唐高祖李渊，生子李建成、李世民、李元霸、李元吉和女平阳公主，追封为太穆皇后。

40 章（zhāng）

【寻根溯源】

章姓出自姜姓。姜太公的孙辈有一支封在郇地，春秋时为齐所灭，其子孙以郇为姓，后又去邑旁为章姓。

【变迁分布】

早期活动在山东。汉唐时期，播迁至河北、河南、陕西、江苏、浙江、安徽等地，并以河间（今属河北）章氏为望族。宋明以来，以江苏、浙江为主要活动区域，并扩展到东南沿海、长江中游及其他地区。

【名人荟萃】

章得象：北宋宰相，以度量宏廓著称。

章惇：北宋大臣，新党重要人物。福建浦城人。为宋朝的政治人物，新旧党争的要角。嘉祐二年考取进士，可是侄子章衡却考取状元，便不就而去，而再举进士甲科，调商洛令。官至参知政事（宰相）。

章衡：北宋大臣。浦城（今福建浦城）人。宋仁宗嘉祐二年（1057年）丁酉科状元。章衡中状元后，通判湖州，值集贤院，默默十年后，改盐铁判官，同修起居注。因对三司总理财政提出建议，被贬知汝州、颍州。熙宁初年（1068年），回京任太常寺。曾任赴辽使臣，文韬武略令辽人惊叹。后因朝中同僚犯案受牵连，被免官。元祐中（1086—1094年），历知秀、襄、曹、苏州，复以待制知扬、庐、宣、颍州。章衡历事三朝，享年75岁。

41 云（yún）

【寻根溯源】

云姓主要有三种来源。一是源自黄帝时的夏官缙云氏，其后代以云为氏。二是帝喾时的火官祝融之后封于郧国（今湖北省安陆市，一说是湖北省郧县），春秋时为楚国所灭。子孙以国为氏，后简去邑旁成为云氏。三是来自他族改姓者。

【变迁分布】

古往今来，云姓在山东、河南、陕西、广东以及内蒙古的蒙古族中，均有分布，曾以琅琊（相当于今天山东省南部诸城、临沂、胶南一带）、河南（今河南省洛阳市一带）等郡为郡望。

【名人荟萃】

云海：宋末元初人，宋末进士，任陕西路总管（相当于专区长官）。抚绥有方，兵民悦服。宋亡，不仕。为云氏徙粤（今广东省）琼（今海南省）一世祖。

云景龙：宋代官员。许州（今河南省许昌）人。乾道中知慈州、莅政严明，幽枉必达。兴学劝农，谨身节用。强梗肃然，而又不为权势所屈。人心顺服，社会安定。后去官，祖饯者为之流泪。

云肇基：元代大臣。云海之子。宋末进士，于元朝至元十五年（1278年）为当朝征台，授予宣武将军（正三品）。湖广邕州安抚使，至元十七年，（1280年）奉旨任琼州安抚使，入琼抚黎。从龙公与母苟氏来琼，后代子孙称为（粤、琼）云氏二世祖。

42 苏(sū)

【寻根溯源】

苏姓源自颛顼高阳氏，为昆吾的后代。夏朝时，昆吾之子被封在有苏，史称有苏氏。周初，武王把有苏氏首领苏忿生任命为司寇，封在温地（今河南温县），建立苏国。春秋时苏国灭亡，其后代以苏为姓。

【变迁分布】

早期主要集中在中原。汉唐时期，在河北、陕西、湖北等地发展，以扶凤、武功、赵郡（今河北省石家庄市赵县、邯郸市一带）为郡望。唐代以后，向东南地区播迁，并形成眉山、铜山、芦山三大族派，并渐次发展到全国各地。当今在百家大姓中，居第四十一位，尤以河南、山西、广西、广东分布最密集。

【名人荟萃】

苏秦：战国时著名的纵横家。韩国人。是与张仪齐名的纵横家。可谓"一怒而天下惧，安居而天下息"。他出身农家，素有大志，曾随鬼谷子学习纵横捭阖之术多年。

苏定方：唐朝大将。冀州武邑（今属河北省）人，后迁居始平（今陕西兴平以南）。官至左卫大将军之职，封邢国公，加食邢州、巨鹿三百户。他从一员普通战将，靠战功累迁为禁军高级将领，并以其先后灭三国、擒三主的非凡战绩和正直的为人而深受唐太宗和唐高宗的赏识与信任，屡委以重任，是唐初的一员得力干将。

苏轼：北宋著名文学家。号东坡居士，眉州眉山（今属四川）人。与父苏洵、弟苏辙合称"三苏"。他在文学艺术方面堪称全才。其文汪洋恣肆，明白畅达，与欧阳修并称"欧苏"，为唐宋八大家之一；诗清新豪健，善用夸张比喻，在艺术表现方面独具风格，与黄庭坚并称"苏黄"；词开豪放一派，对后代很有影响，与辛弃疾并称"苏辛"；书法上，与黄庭坚、米芾、蔡襄并称"宋四家"。诗文有《东坡七集》，词有《东坡乐府》。

43 潘（pān）

【寻根溯源】

潘姓主要有三种来源。一是源自姬姓。周文王第十五子毕公高将自己的小儿子封在潘邑（今陕西西安、咸阳一带），其子孙就以邑名潘为姓。二是源自芈姓。潘崇是楚成王太子商臣的老师，他力劝商臣围攻成王，迫使成王自杀，商臣即位为穆王。穆王封潘崇为太师，掌管国事，食邑于潘，其后人也以邑为氏。三是他族改姓者。

【变迁分布】

早期在河南、陕西、湖北活动。汉唐时期，向湖南、河北、山东、甘肃等周边地区迁移，并以广宗、汉寿、冯翊、京兆、河南、荥阳等郡为郡望。唐代开始迁居东南沿海一带，并逐渐遍布全国大部分地区。当今多分布南方地区，尤以江苏、安徽、广东最为集中。

【名人荟萃】

潘璋：三国时东吴名将。东郡发干（今山东冠县东）人。吕蒙偷袭荆州后，关公父子败走麦城后，被潘璋所擒（与明代潘璋有别）。

潘岳：西晋文学家、名臣。字安仁，荥阳中牟（今属河南省）人，以"美姿容"著称，在文学方面，长于诗赋，文辞华靡，与同时代的文学家陆机齐名。

潘尼：潘岳之侄，官至太常卿，在文学上与潘岳齐名，世称"两潘"。

潘美：北宋名将。大名（今属河北省）人。潘美与宋太祖赵匡胤素厚，宋朝代周后，受到重用。在灭南汉、南唐、北汉时立下奇功，被封为韩国公。宋太宗雍熙三年（986年）攻辽，潘美因指挥失当，使名将杨业全军覆没、陷敌牺牲，而受降级处分。

44 葛（gě）

【寻根溯源】

葛姓主要有以下几种来源。一是远古时中原有葛天氏，其后人以葛为氏。二是夏代伯益之后封于葛（今河南宁陵），建立葛国，其后人以国为氏。三是出自汉时的葛庐。汉朝时的葛庐，他帮助光武帝起兵立了大功，封为下邳僮县侯，但他将封位让给弟弟，自己渡长江，居住句容，为吴中葛姓始祖。

【变迁分布】

早期在中原一带活动。汉唐时期，已经扩展到山东、江苏、安徽一带，并以顿丘、梁郡（今河南商丘）等郡为望郡。宋明以来，在河北、江苏、浙江、安徽、江西及其他地区进一步发展，尤以江浙为重心。

【名人荟萃】

葛玄：三国孙吴人，方士。丹阳（今属江苏省）人。被称为"葛仙公"，又称"太极仙翁"。

葛洪：东晋道教学者、著名炼丹家、医药学家。自号抱朴子，晋丹阳郡句容（今江苏句容）人。三国方士葛玄之侄孙，世称"小仙翁"。他曾受封为关内侯，后隐居罗浮山炼丹。著有《神仙传》《抱朴子》《肘后备急方》《西京杂记》等。

葛邲：宋代名臣。吴兴（今属浙江省）人。进士及第，官刑部尚书。绍熙年间任左丞相，论疏皆切中时弊。身居相位，能遵守法度，推荐人才。

葛云飞：清末抗英英雄。山阴天乐乡（今属杭州萧山）人。官至镇海总兵，清道光二十一年（1841年）八月十七日，在著名的定海保卫战中壮烈牺牲。

45 奚(xī)

【寻根溯源】

奚姓源自任姓。夏禹时有发明车辆并任"车正"一职的奚仲，其后人便以他的名字为氏。

【变迁分布】

早期在中原活动，尤以河南、山西、山东、安徽为多，以北海（今山东昌乐）、谯郡（今安徽亳州）等郡为郡望。明清以来，在辽宁、北京、江苏、上海、浙江、陕西、湖北等地有分布，江浙一带较多，满族中也有此姓。

【名人荟萃】

奚容箴：孔子"七十二弟子"之一。字子皙，春秋末卫国人。

奚鼐：唐代制墨专家。易水（今河北省易州）人。著名制墨专家。所制的墨不但黑而发亮，而且还有香味，在墨上印有"奚鼐"或"庚申"二字。他的弟弟、儿子因制墨著名，南唐赐他姓李。他的孙子李廷珪制的墨更好，世称"李廷珪墨"畅销各地。

奚超：徽墨的创始人。易水（今河北省易州）奚氏制墨世家之后，因避战乱携全家南逃至歙州，见这里松林茂密、溪水清澈，便定居下来，重操制墨旧业。他造出的墨"丰肌腻理，光泽如漆"。南唐时后主李煜得奚氏墨，视为珍宝。遂令其子奚廷珪为"墨务官"，并赐国姓李作为奖赏，奚氏一家从此更姓李。歙州李墨遂名扬天下，世有"黄金易得，李墨难获"之誉，全国制墨中心也南移到歙州。

奚世亮：明代抗倭勇士。黄州黄冈（今属湖北）人。嘉靖二十六年进士，授南京户部主事，以廉洁称。迁延平府同知，率众抵御倭寇入侵，又移摄兴化府，倭寇大至，守城逾月，城陷，力战而死。

46 范（fàn）

【寻根溯源】

范姓源自祁姓。尧帝的后裔刘累裔孙隰叔，在晋国担任士师一职，其子以官位士氏，其玄孙士会因功被封在范（今河南范县），时代为晋卿，以邑为姓。

【变迁分布】

早期在河南、山西、陕西、河北等地活动。汉唐时期，已经扩展到山东及长江流域，并以钱塘、汝南、代郡、河内、敦煌、南阳、高平等郡为郡望。唐宋时期，南迁东南沿海地区，而以河北、河南、江苏、四川较为集中。明代时期，则以江浙闽地区最为密集。当今在全国广泛分布，并以河南、四川、辽宁为三大密集区。

【名人荟萃】

范蠡：春秋时越国著名的政治家、军事家、谋略家。又称范伯、邸夷子皮、陶朱公。楚国宛（今河南南阳）人。精通韬略，足智多谋，拜为大夫，封上将军。又是一位富商，被后人尊称"商圣"。

范增：秦末楚王重臣，政治家、谋略家。今安徽桐城人。秦朝末期农民战争中霸王项羽的主要谋士。封历阳侯，项羽尊称他为"亚父"。后来陈平用计离间楚君臣关系，被项羽猜忌，范增辞官归里，途中病死。

范缜：南朝著名哲学家、思想家和无神论者。南乡舞阴人（今河南泌阳）。著有《神灭论》，有人曾以升官诱惑他改变观点，他不"卖论取官"。

范仲淹：北宋政治家、文学家、军事家。苏州吴县人（今江苏苏州）。唐宰相范履冰之后。曾任参知政事。他为政清廉，体恤民情，刚直不阿，力主改革，屡遭奸佞诬谤，

百家姓诠解

数度被贬。逝世后封楚国公，谥号"文正"，世称"范文正公"。著有《范文正公集》。子范纯仁哲宗时为宰相，范纯礼为尚书右丞，范纯粹为龙图阁直学士。

47 彭(péng)

【寻根溯源】

颛顼之后有陆终，陆终的第三个儿子篯铿制作鼓，鼓声"彭彭"，因而又称彭祖氏，被封在了彭（今河南原阳一带），建立彭国，商朝时被武丁所灭，其族人以彭为姓。

【变迁分布】

早期由西北向中原发展。汉唐时期，向今山东、陕西、甘肃、江西、四川、福建等地播迁，并在陇西、淮阳、宜春等地形成望族。唐代以后，在江西、福建、四川、湖南等地密布，并扩展到全国各地。当今尤以湖南、四川、湖北、江西最为密集。

【名人荟萃】

彭蒙：战国哲学家。战国时齐国的隐士，田骈之师，思想与庄子的齐是非说相近。

彭越：西汉功臣。昌邑（今山东省金乡西北）人，字仲。秦末聚众起兵。楚汉战争时，率领三万余兵归刘邦，攻占梁地（在今河南省东南部），屡断项羽粮道。不久率兵从刘邦击灭项羽于垓下（今安徽省灵璧南）。封梁王。后因被告发谋反，为刘邦所杀。

彭宣：汉代大臣。淮阳郡阳夏（今河南省太康）人。汉哀帝时官至大司马，封长平侯。

彭启丰：清代大臣、学者。江南长洲（今江苏苏州）人，清朝官吏。雍正五年进士第一，状元。历官修撰，入直南书房，乾隆间吏部、兵部侍郎，左都御史、兵部尚书，晚年主讲紫阳书院，著有《芝庭先生集》。

48 郎（láng）

【寻根溯源】

郎姓源自姬姓。春秋时，鲁懿公姬戏的孙子费伯为鲁国大夫，占领郎邑（今属山东）作为自己的封邑，其子孙以郎为氏。

【变迁分布】

主要在山东、河北、浙江、安徽、东北三省等地分布。历史上，以中山郡（今河南登封）为郡望。在北京、浙江、贵州等地也有分布，满族人中亦有郎姓。

【名人荟萃】

郎茂：隋代官员。恒山新市（今河北新乐）人。父基，齐颍川太守。茂少敏慧，七岁诵《骚》、《雅》，日千余言。官户部侍郎。工政理，为世人所称誉。著有《诸州图经集》，今佚。

郎余令：唐代画家。定州新乐（今河北新乐）人。擢进士第，官至著作佐郎。有才名，工山水，绘古帝王古贤，别有风采，时称精妙。薛稷画鹤，贺知章草书，郎余令画凤，并称"秘书省三绝"。

郎士元：唐代诗人。中山（今河北定州）人。其诗与钱起齐名，世称"钱郎"。擅长五律，著有《郎士元集》两卷。

鲁韦昌马　苗凤花方　俞任袁柳　酆鲍史唐

49 鲁（lǔ）

鲁姓主要出自姬姓，是周公旦的后代。西周武王分封时，周公被封在东方的鲁国，由于要留在都城辅佐周王，于是就派儿子伯禽去了鲁国。战国时，鲁国被楚国灭掉，其子孙就以国名为姓，世代相传。

早期主要在今山东活动。汉唐时，已遍布于河南、陕西、河北、安徽、江苏、浙江等地并以扶风郡（今陕西兴平）为郡望。宋代至今，在安徽、甘肃、福建、江西等许多地方均有分布。

鲁班：春秋时的建筑家、建筑工匠。本公输氏，名般，后人称为鲁班，鲁国人（今山东滕州）。他不仅能建筑"宫室台榭"，而且在征战频繁的年代，曾造"云梯"、"勾强"等攻城器械，被后世尊为土木工匠的祖师。

鲁仲连：战国末期学者。齐国人。不任官职，好持高节，坚持儒家道德观点，反对尊秦为帝，以义不帝秦而被传诵千古。

鲁恭：东汉名臣。扶风平陵（今陕西扶风）人。章帝时宰中牟，专以德化为理，不使刑罚，后擢侍中，直言不讳，累官至大司徒。他提倡并实施"德化为治"。鲁恭当中牟令时，以德为治，结果出现了"三异"，那就是"虫不入境，化及禽兽，童子有仁心"。

鲁肃：三国东吴名将。字子敬，临淮东城（今安徽定远）人。家富有、好施与，学问好、品行端，又有谋略。

鲁治：明代画家。吴郡（今江苏省苏州）人。善画花卉、翎毛，美轮精巧，着色天然，饶有风韵，落笔潇洒脱俗，活泼有生趣。

50 韦（wéi）

【寻根溯源】

韦姓主要有两种来源。一是源自彭姓。夏王少康将颛顼后裔大彭的族裔封于豕韦（今河南滑县），称豕韦国，后被商汤所灭，其后人以"韦"为氏。二是出自韩姓。为汉初韩信的后裔。西汉初，功臣韩信被吕后杀害，韩信的家人为免遭杀身之祸，以"韩"字的右半边"韦"为姓。

【变迁分布】

早期主要在中原活动。汉唐时期，涌现出了大量韦氏名人，籍贯集中在今河南、陕西、甘肃，形成了京兆郡（今陕西西安）韦氏望族。南朝时期，长江流域有大量韦氏分布。宋明以来，在东南、西南及其他地区播迁，在广西壮族中占有一定比例。

【名人荟萃】

韦孟：西汉名士。西汉初，楚国彭城（今江苏徐州）人。号称"邹鲁大儒"，其家族五世大儒，三代宰相。唐朝有韦氏宰相十四人，并多次与皇家联姻。

韦昭：三国东吴知名学者。吴郡云阳（今江苏丹阳）人。曾任博士祭酒，校定群书，掌管国子学。公元264年孙休亡，孙皓即位，昭封高陵亭侯，担任中书仆射、侍中，领左国史。

韦睿：南朝名将。原籍京兆杜陵（今陕西省西安东南）人，曾祖时迁至襄阳。齐末为上庸太守，南朝梁武帝时任豫州刺史、雍州刺史、护军将军等职。因其多次率军大败北魏军，被魏人称为"韦虎"。宋时为右军将军、辅国将军等职。指挥果断，谋略过人。被誉为"有光武、周瑜之风"的名将。

韦应物：唐代诗人。长安（今陕西西安）人。15岁起以三卫郎为玄宗近侍，出入宫闱，扈从游幸。玄宗退位之后，担任过滁州刺史、江州刺史、苏州刺史，故世称韦江州、韦左司或韦苏州。著有《韦江州集》《韦苏州诗集》《韦苏州集》。

51 昌（chāng）

【寻根溯源】

昌的意思是黄帝与正妃嫘祖之子，是颛顼帝的父亲。昌意在传说时代较有影响，其后裔也以昌为氏。也有说任姓之后有昌氏。

【变迁分布】

昌姓是稀有姓氏。早期，居住在中原及周围地区，并以汝南郡（今河南上蔡）为昌姓郡望。当今主要分布在江苏、上海、浙江、安徽、福建以及西南地区。

【名人荟萃】

昌义之：南朝梁时护军将军。

昌应会：明代官员。明代莆田人。嘉靖年间官汉川知县，县多水患，应会轻徭缓赋，斩尽盗贼，因得罪权贵被调往外地，百姓立生祠来纪念他。

52 马（mǎ）

【寻根溯源】

马姓源自嬴姓，形成于战国时期。皋陶裔孙造父（嬴姓），是周穆王的驾车大夫，因在平定战乱之中立下功劳，被封在赵城（今山西洪洞县北赵城），称赵氏，其后裔在战国初建立了赵国。后赵国有宗室子弟赵奢，以善于用兵著称，因功勋卓著被赵惠文王封在马服（今河北邯郸西北），称为马服君。死后便葬在封邑，其子孙最初以"马服"为氏，后改姓马。

【变迁分布】

汉唐时期，在鲁豫、江浙及西部等地分布，并以扶风、京兆、荏平、临安、西河、广陵、华阴、正平等郡为郡望。唐代以后，至福建、广东。宋代时期，则以河北、山西、山东、江苏较为集中。当今尤以河南、河北、山西、江苏最为密布，蒙古、回、满、朝鲜等少数民族中也占有一定比例。

马援：东汉大将。扶风茂陵（今陕西兴平东北三省）人。历任陇西太守、虎贲中郎将、伏波将军等。建武十七年任伏波将军，封新息侯，后在进击武陵"五溪蛮"时，病死军中。精于相马术，著有《铜马相法》。马援为扶风马家祖先，后世出过许多名人。马腾、马超、马均等为其后裔。

马融：东汉经学家、文学家。右扶风茂陵（今陕西兴平东北三省）人，马援从孙。是马氏家族史上第一位很有学问的人，对古代经典研究非常之深，学生千余人，他讲课时座在高堂，有女子奏乐，很有气派。一生注群经外，兼注《老子》《淮南子》。

马周：唐代大臣。博州茌平（今属山东省）人。深受唐太宗赏识，任监察御史，主张少兴徭赋，反对实行世封制，是当时有名的政治家。

马致远：元代时著名大戏剧家、散曲家。大都（今北京）人。与关汉卿、郑光祖、白朴并称"元曲四大家"。《汉宫秋》为其代表作。

53 苗（miáo）

【寻根溯源】

苗姓源自芈姓。春秋时楚国公族大夫伯棼的儿子贲皇因内乱而逃奔晋国，被晋君封于苗邑（今河南济源），其后人以邑为姓，称苗姓。

【变迁分布】

早期活动在河北、河南、山西、陕西、江苏、浙江等地，并以东阳郡（今浙江金华市一带）为郡望。宋明以来，在黑龙江、河北、北京、山东、安徽等地均有分布，而以山西苗氏人才最为突出。

【名人荟萃】

苗海潮：隋末农民起义军领袖。下邳（今江苏邳州）人。公元613年聚众起义，不久并入杜伏威部，抗击隋军于江淮一带，后降唐。

苗发：唐代官员，诗人。潞州壶关（今山西长治壶关县）人。生卒年均不详，约唐玄宗天宝末前后在世。历任兵部员外郎、驾部员外郎。仕终都官郎中。他常与当时名士酬答，是唐代"大历十才子"之一，但诗篇传世颇少。

苗训：宋代大臣。河中（今山西永济）人。善于天文占候术，曾在军营中预言赵匡胤陈桥兵变。累官至检校工部尚书。

苗衷：明代大臣。凤阳府定远（今属安徽）人。永乐年间进士。官至兵部尚书。有《史阁纪闻》《归回录》《雪窝稿》。

54 凤（fèng）

【寻根溯源】

凤姓源自凤鸟氏。上古少昊以凤鸟作为图腾，其中凤鸟氏为历正（官名），就是专管历法天文，以指导人们按照季节时令耕田种地和收获的官。其孙便以凤为姓。

【变迁分布】

凤姓是稀有姓氏。主要居住在中原及周围地区，以平阳（三国魏置郡，今山西临汾西南）、邰阳（汉置邰阳县，今陕西武功西南）等郡为郡望。唐代以后，在东北三省、河北、江苏也有分布。

【名人荟萃】

凤钢：汉代医药长寿专家。渔阳人。传说他常采百草花以水渍封泥之，自正月开始，到九月末止采制，埋100天，煎9次火。刚死者以药纳口中，可救活。他常服此药，至数百岁不老，后"成仙"去向不明。

凤翕如：明代官员。明朝时吴县（今属江苏苏州）人。以贡生入官。崇祯末任汉阳通判，摄县事。张献忠来攻，太守弃印而逃。他动员官兵和全城居民，奋力死守。贼不能克，退去。崇祯年间卫城卫民有功，升衡州知府。卒于官。

凤山：清代将领。光绪时任副都统，训练京畿陆军。光绪三十三年（1907年）升西安将军，仍留京供职。宣统三年（1911年）由荆州将军调广州将军，未行而武昌起义爆发。广东革命党人酝酿响应，他不听京中同僚劝阻，赴任时，被炸死。

55 花（huā）

【寻根溯源】

花姓源于华氏。古代没有"花"这个字，一律以华代替花，后来，花成为花草之花的专用词。所以，华姓也有改为花者。

【变迁分布】

最早分布在中原及周边地区，并以东平郡（今山东东平）为郡望。宋明以来，多分布在江苏、上海、安徽、湖南、四川等地。

【名人荟萃】

花云：明代将领。凤阳府怀远（今属安徽）人。貌伟而黑，骁勇绝伦。从朱元璋于临濠，将兵略地，屡建奇功，累擢行枢密院判，守太平。陈友谅来攻，城陷被执，不屈而死。吴元年追封东丘郡侯。

花润生：明代官吏。福建邵武（今属福建）人。永乐二年（1404年）进士，中第二甲九十一名，任古田知县，有政声，擢提学金事。工诗文，著作有《介轩集》。

花连布：清代将领。满洲镶黄旗人。充健锐营前锋，历官火器营鸟枪护军参领、武昌守营参将、贵州安笼镇总兵。乾隆六十年，从福康安镇压苗民，升贵州提督。次年，以深入穷追苗兵，中石坠涧死。

56 方（fāng）

【寻根溯源】

方姓主要有两种来源。一是出自姬姓。周宣王时，有一位大夫姬方叔，因功被封在洛（今河南洛阳），他的子孙便以他的字为氏，称方姓。二是源自炎帝后裔榆罔长子雷，因协助皇帝讨伐蚩尤有功，被封在方山（今河南禹州），称"方雷士"，其子孙有以方为姓者。

【变迁分布】

早期主要在陕西、河南等地活动。之后，在周边地区扩展，以河南郡为郡望。唐代以后，向东南沿海地区迁移。宋明时期，福建、安徽、浙江已经集聚大量方氏人群，并渐次扩展到全国大部分地区。当今以安徽、河南最为密集。

【名人荟萃】

方储：东汉官员、学者。丹阳歙（今安徽省歙县）人。习孟氏《易》，精图谶，善天文。章帝建初间举贤良方正，对策第一。拜议郎，转洛阳令。后加太常卿，封黟县侯。

方岳：南宋著名爱国诗人。安徽祁门（今安徽黄山祁门县）人。公元1232年参加进士考试，获第一名，廷试时忤犯权相史弥远而降为第七名，授南康军教授，后入淮东制置使赵葵幕府。著有《方秋崖先生全集》八十三卷。

方孝孺：明代大臣，著名学者。浙江宁海人，号逊志，曾以"逊志"名其书斋，蜀献王替他改为"正学"，因此世称"正学先生"。福王时追谥文正。在"靖难之役"期间，拒绝为篡位的燕王朱棣草拟即位诏书，刚直不屈，孤忠赴难，被诛十族。

方苞：清代古文大师，散文家。安徽桐城人。清代桐城派的创始人，著有《望溪先生文集》《集外文》《集外文补遗》。其中《狱中杂记》《左忠毅公逸事》被收入今中学教科书。

57 俞（yú）

【寻根溯源】

俞姓出自黄帝时的臣属跗。黄帝时有名医跗，医术高明，精于脉经，药到病除，深受赞誉。古"俞"字与"腧"字相通，又"腧"为"脉之所注"，"俞"又同痊愈之"愈"同音，故称俞跗，其后人为光大先人医术，即以物事为姓，称为俞氏。

【变迁分布】

早期活动在中原，并以河内、河间等郡望。唐代以前，已经播迁到湖北、江苏等地，宋代至今，主要分布在江苏、上海、浙江、安徽、江西、广东等南方地区，以苏浙一带最为密集。

【名人荟萃】

俞桂：宋代官吏、诗人。仁和（今浙江省杭州）人。进士及第，曾守海滨，政事之余，不废吟咏。有《渔溪诗稿》。

俞琰：宋末元初著名思想家、文学家。吴郡（今江苏省苏州）人。以辞赋闻名，于易尤精，著有《周易集说》《易图纂要》等。

俞献可：宋代官员。歙（今安徽省歙县）人。太宗端拱初进士，官吏部郎中。真宗时为广西转运使，平定抚水蛮乱。官终龙图阁待制。

俞大猷：明代抗倭名将。福建晋江人。他博读兵法，有将才，历官总兵。并曾屡率水军打败倭寇，被称为"俞家军"。他用兵先计后战，不贪近攻，将略武功居世宗朝众将之冠。

58 任(rén)

任姓来源主要有三种。一是黄帝的少子禺阳,受封于任,其后人以封邑为姓。二是风姓之任,太昊之后,其后裔春秋时为任国,战国时灭亡,其后代子孙以国名为氏,称任姓。三是出自远古的妊姓,可认为是母系氏族社会产生的古姓之一。人之所以得生,在于母亲妊娠,因而得姓。从母从女,为妊姓,后转为任姓。

【变迁分布】

早期在河北、河南、山东、山西、陕西、湖北等地活动。汉唐时期,扩展到江苏、浙江、安徽、四川、甘肃、广东等地,并以乐安、南阳、庐江、西河、渭州、河东、陈留等郡为郡望。宋明时期,已经扩展到全国大部分地区,尤以四川、山西、山东、河南较为集中。当今以河南、山东最为密集。

【名人荟萃】

任仁发:元代画家、水利家。松江青龙镇(今上海青浦)人。元灭南宋后,为宣尉掾,授青龙镇水陆巡官。后来升海道副千户,改海船上千户,转漕直沽。官至浙东道宣慰副使。善画人物,尤长画马,常与赵孟頫并提,传世作品有《张果见明皇》《二骏图》等。撰有《浙西水利议答录》。

任环:明代抗倭名将。长治(今属山西)人。嘉靖二十三年进士。历任苏州同知、按察金事、右参政。以能干出名。御倭寇,与士卒同寝食,所得全分给士卒。卒,赠光禄卿。著有《山海漫谈》。

任伯年:清代著名画家。山阴(今浙江绍兴)人。擅长画鸟、山水、人物,技法上有独到之处,所写所照,神采奕奕。与任熊、任薰合称"三任"。

59 袁(yuán)

【 寻根溯源 】

袁姓来源比较单纯，主要出自妫姓，是舜帝的后代。相传上古五帝之一的舜是颛顼的后代，因生在姚墟（今山东菏泽东北三省）而得姚姓。他又曾住在妫汭河（今山西永济南），所以后代又有妫姓。周武王分封时，舜帝的妫姓后裔，被封为陈侯，名叫陈胡满。陈胡满的后代中有个叫陈诸的，字伯爰，他的孙子涛涂便以祖父的字为姓，称爰氏。春秋时世袭陈国上卿。由于当时"爰"字和"袁、辕、榬、溒、援"等字读音相同，所以后来的子孙就分别以这6个字为姓。

【 变迁分布 】

早期在河南活动。汉唐之间，向东南、西北播迁，尤以陈郡、陈留、汝南、彭城等郡为郡望。宋明时期，已经广布大江南北，并在江苏、浙江、江西、四川形成集聚区。当今形成四川、冀豫、赣苏浙袁氏集聚区。

【 名人荟萃 】

袁盎：西汉官员。汉朝楚人。个性刚直，有才干。汉文帝时名震朝廷，因数次直谏，触犯皇帝，被调任陇西都尉，后迁徙做吴相，吴王优厚相待。他在汉武帝"七国之乱"时，因平定"七国之乱"而被封为太常，显贵异常。

袁绍：东汉末年的军阀。汝南汝阳（今河南高水西北）人，出身于"四世三公"的官僚世家。各地州牧、刺史起兵讨卓，被推为盟主。后来成为当时最大的割据势力。绍外宽而内忌，刚愎自用，拒绝谋臣沮授所献积蓄力量以图天下之策，与北方另一较大割据势力曹操争战。建安五年，双方决战于官渡，主力被曹操消灭，逃回邺城，后忧郁病卒。死后，诸子争立，均为曹操所灭。

袁枚：清代著名文学家。别号"随园老人"，钱塘（今浙江省杭州）人。乾隆四年（1739年）进士，选庶吉士，曾任溧水、江浦、江宁等地知县。辞官后定居江宁。其诗文不拘形式，自成一格，著有《小仓山房集》《随园诗话》《随园随笔》等书，为"江右三大家"之一。

60 柳(liǔ)

【寻根溯源】

柳姓主要有两种来源。一是出自姬姓，为春秋鲁国展禽的后代。周公的裔孙鲁孝公的儿子叫展，展的孙子无骇，以王父字为姓，称为展氏，传至展禽这一代，食采于柳下（今河南省濮阳县城东柳下屯镇），子孙就以柳为姓。二是出自芈姓。楚怀王（芈姓）的孙子心，秦末时被项羽推举为首领，在柳城建都，其子孙有以柳为姓的。

【变迁分布】

早期在河南、山东活动。之后，又迁于江汉、河东等地区，尤以河东解县（今山西永济）为柳氏郡望，人才辈出。唐宋以后，已经播迁至全国大部分地区，并与西南少数民族融合，尤以江浙、湖广、闽粤、巴蜀等地较为集中，苗、满、彝、蒙古、朝鲜、土家、东乡等少数民族中也有柳姓。

【名人荟萃】

柳宗元：唐朝著名文学家、哲学家。河东解（现在山西运城）人，世称"柳河东"，与唐代的韩愈，宋代的欧阳修、苏洵、苏轼、苏辙、王安石和曾巩，并称"唐宋八大家"。与韩愈齐名，并称"韩柳"，诗文皆工，尤擅长散文，峭拔矫健，寓意深刻。传世有《柳河东集》，也称《唐柳先生集》。

柳公权：唐朝著名书法家。京兆华原（今陕西铜川市耀州区）人。擅长楷书，结体劲媚，法度谨严。世称"颜筋柳骨"。所书碑刻，传世者有《送梨帖跋》《玄秘塔》《金刚经》《神策军碑》。

柳永：宋代著名词人。崇安（今福建武夷山）人，原名三变，字景庄，后改名永，排行第七，又叫柳七，官至屯田员外郎，故称"柳屯田"。婉约派是最具代表性的人物，代表作《雨霖铃》。

61 酆（fēng）

【寻根溯源】

酆姓来源纯一，源自姬姓。周文王第十七子，受封为酆侯，其后裔以国为氏，称酆姓。

【变迁分布】

酆姓是稀有姓氏。古今在山西、陕西、湖南、四川等地有零星分布。历史上，在京兆郡（今陕西西安）为郡望。当今分布较广，但人数不多。

【名人荟萃】

酆舒：春秋时人，春秋时潞国执政大臣。

酆庆：明代官员。鄞县（今浙江省）人。正统年间进士，官给事中。景泰年间，代宗废太子朱见深，另立自己的儿子朱见济为太子。他直言谏阻，言辞恳切。

酆去奢：宋代名道。衢州龙丘人。少入道，游学道术，精思忘疲。年三十余，入观修行。曾得到神人赐赠剑丹。剑乃张天师七星剑。丹以石匣藏之，一瓶贮之，倾药有斗余，如麻子，红色光明。他自服及施人，有疾皆愈。后来成仙升天而去，山下道俗观望者甚众。

62 鲍（bào）

【寻根溯源】

鲍姓源自姒姓。夏禹的后裔敬叔在齐国为大夫，食采于鲍，其子叔牙以邑为氏，称"鲍姓"。

【变迁分布】

早期在河北、山东、山西、陕西、江苏、江西等地活动，并以上党、东海、泰山、河南郡（今河南洛阳）为郡望。唐宋以来，在河北、江苏、浙江、安徽、湖北、湖南、广东、青海等地分布，以苏浙皖为多。

鲍叔牙：春秋著名的齐国大夫。颍上（今安徽省颍上县）人。官至宰相，以知人善交著称。与管仲是好朋友，推荐管仲当上了宰相，被时人誉为"管鲍之交"、"鲍子遗风"。

鲍宣：西汉大臣。渤海高城（今河北省盐山东南）人。好学明经，举孝廉为郎，官至司隶。常上书谏争，其言少而文多实。曾批评西汉末年"民有七亡而无一得"、"有七死而无一生"。

鲍照：南朝宋文学家、诗人。东海郯（今山东郯城县）人，出身寒微，一生怀才不遇，羁旅他乡，受尽坎坷。所作乐府诗多写边塞战争和征夫戍卒之情景。七言乐府对后世影响尤大。他的代表作为《拟行路难》，表现强烈的愤世激情的有《鲍参军集》。

63 史(shǐ)

【寻根溯源】

史姓来源比较复杂，一是出自黄帝时创造文字的史官仓颉，他的后代中有以官为姓的，称史姓。二是出自西周太师史佚的后代。西周初年有太史佚，为人严正，与姜太公、周公、召公并称为"四圣"。由于他终生在周朝为太史，他的子孙便以官名为氏，称史姓。三是出自隋唐时西域的史国。四是出自改姓。唐初有突厥族阿史那氏，归附唐朝后，改为史姓。

【变迁分布】

早期分布已经较为广泛。西汉时期，山东史氏异军突起，为名门大族，建康、宣城、京兆、河南与高密等郡同为史氏郡望。之后，播迁入四川、甘肃、广东、广西、贵州、云南等地，宋代时期，以四川、浙江为中心。明代时期，集中在山东、山西、江苏、浙江等地及全国大部分地区。当今尤以山东、湖南等地最为密集。

【名人荟萃】

史鱼：春秋时卫国史官，以正直著称。又称史鳅，字子鱼，名佗，卫灵公时任祝史，故史鱼也称"祝佗"，负责卫国对社稷神的祭祀。吴延陵季子过卫时，赞史鱼为"卫国君子"、乃"柱石之臣"。

史恭：西汉鲁国（今山东济北）人。汉宣帝舅公，凉州刺史，抚养、辅佐宣帝有功，宣帝为了报答史家的养育之恩，追封舅公史恭为杜陵侯。谥曰"仁"。先后封史恭长子史高为关内侯，晋爵乐陵侯；次子史曾为将陵侯；史玄为平台侯。

史可法：明末政治家，军事统帅。祥符（今河南开封）人。明末兵部尚书，抗清名将，清军围攻扬州时，拒降坚守，奋战到底，不幸牺牲。南明朝廷谥之忠靖。清高宗追谥忠正。其后人收其著作，编为《史忠正公集》。

64 唐（táng）

【寻根溯源】

唐姓主要有两种来源。一是出自祁姓，为黄帝轩辕氏之后。相传帝尧是黄帝轩辕氏的玄孙，姓祁，名放郧，尧是他的谥号。他最初被封于陶（故城在今山东定陶县），后来迁于唐（今河北省唐县），所以被称为陶唐氏。成为天子后，开始以"唐"为国号，所以又称唐尧。尧禅位给舜，舜封尧的儿子丹朱为唐侯。到周武王时，唐侯作乱被成王所灭，唐国之地就被改封给成王之弟唐叔虞，原来帝尧的后裔则迁往杜国，称唐杜氏。唐杜氏的后裔有以国为氏的，称唐姓。二是出自姬姓，唐叔虞（姬姓）的子孙。周武王时，唐侯作乱被成王所灭，唐国之地就被改封给成工之弟叔虞，称为唐叔虞。唐叔虞的子孙便以唐为姓。

【变迁分布】

早期在河北、河南、山西、陕西等地活动。汉唐时期，扩展到山东、江苏、江西、甘肃、四川、湖南、福建、广东等地，在晋阳、晋昌、北海、鲁国等郡县形成望族。宋明时期，以湖南、浙江、四川、湖北、广东、广西较为密集。当今尤以四川、湖南为多。

【名人荟萃】

唐雎：战国时代魏国著名策士。战国时期魏大夫。为人有胆有识，忠于使命，不畏强权，敢于斗争并敢于为国献身。在90岁高龄时，西说强秦使秦不敢加兵魏国。曾经在魏国灭亡后出使秦国，冒死与秦王抗争，粉碎秦王吞并安陵（魏国属国）的阴谋。

唐蒙：西汉官吏。初为番阳（今江西鄱阳东北三省）令。因说服夜郎归汉而闻名。

唐寅：明代著名画家、文学家、书法家。吴县（今江苏苏州）人，人称唐伯虎。他玩世不恭而又才气横溢，诗文擅名，与祝允明、文徵明、徐祯卿并称"江南四才子"，画名更著，与沈周、文徵明、仇英并称"吴门四家"。

费廉岑薛　雷贺倪汤　滕殷罗毕　郝邬安常

65 费(fèi)

【寻根溯源】

费姓主要有两种来源。一是源自赢姓。远古帝王颛顼的裔孙伯益,因佐大禹治水成功而封于费,又称大费。其少子若木承其后继任费君,其后裔以费为姓。二是源自姬姓。鲁桓公少子季友以费(音bì)为封邑,其后裔也以费为氏。

【变迁分布】

早期在山东及周边地区活动。之后逐渐向外扩展迁移,并以江夏郡(今属湖北)为郡望。唐宋以来,主要分布在东北三省、河南、江苏、浙江、湖北、四川等地。当今尤以江苏、浙江、上海最为集中。

【名人荟萃】

费长房:汉代方士、名医。汝南(今河南上蔡西南)人。曾为市掾。传说从壶公入山学仙,未成辞归。能医重病,鞭笞百鬼,驱使社公。一日之间,人见其在千里之外者数处,因称其有缩地术。后因失其符,为众鬼所杀。

费伯雄:清代名医。江苏武进人。费伯雄生长在世医家庭,家学渊源,先儒后医。悬壶执业不久,即以擅长治疗虚痨驰誉江南。道光年间,曾两度应召入宫廷治病,先后治疗皇太后肺痈和道光皇帝失音证,均取得显效,为此获赐匾额和联幅,称赞他是"活国手"。

费丹旭:清代著名画家。浙江湖州人。多作群像,精于布置,人物形象逼真,生动传神,所绘仕女体态轻盈,婀娜多姿,笔墨松秀,格调淡雅,有《东轩吟诗图》《姚燮纤绮图像》《果园感旧图》等传世,还著有《依旧草堂遗稿》等。

66 廉（lián）

【寻根溯源】

廉姓源自颛顼之孙伯益的儿子大廉，其后则以其名字中的廉为姓。

【变迁分布】

早期在河北、河南、山西、陕西等地活动，以河东郡为郡望。宋明至今，在辽宁、北京、天津、山东、山西、江苏等地有零星分布。

【名人荟萃】

廉洁：东周时期，卫国人，孔子的弟子。

廉颇：战国时赵国名将，惠文王时，率军大破齐兵，拜为上卿。后又多次带兵打败齐、魏等国的军队，以勇敢善战闻名于诸侯。公元前251年，廉颇又率军大破燕兵，任相邦，受封为信平君。

廉范：东汉名士。杜陵人（今陕西省长安区东南）。为人厚德，行孝重义，受业于薛汉门下。以忠义而闻名受皇帝赏识、被推荐做官。历任云中太守、蜀郡太守，为官勤政爱民，人民安居乐业，深得百姓敬仰。

67 岑（cén）

【寻根溯源】

岑姓出自姬姓。周文王将其侄渠封在岑（今陕西韩城），建立岑国，其子孙以岑为姓。

【变迁分布】

明代以前，以南阳岑氏为天下望族。明清以来，主要在浙江、广东、广西、云南等部分地区分布。

岑彭：东汉征南大将军。南阳棘阳（今河南新野）人。后归刘秀，封舞阴侯。棘阳为汉时名邑，战略要地。

岑熙：东汉大臣。南阳棘阳人（今河南新野），岑彭的玄孙。嗣细阳侯。为侍中、虎贲中郎将，以才能著称。出任魏郡（治今河北临漳）太守，招隐逸之士，参与政事，不烦扰百姓，深得民心。

岑参：唐代著名的边塞诗人。原籍南阳（今属河南新野），迁居荆州江陵（今属湖北）。官拜刺史。工于诗歌，尤其擅长七言歌行。现存诗三百六十首。对边塞风光、军旅生活以及少数民族的文化风俗有亲切的感受。风格与高适相近，后人多并称"岑高"。

岑毓英：清朝著名抗法将领、大臣。广西西林那劳（今广西百色）人。其家族本来是壮族劳寨的土司，后因清朝政府推行改土归流政策后，该家族没落。他早年从军，并累功担任重要官职。历任云南巡抚、云贵总督。

68 薛(xuē)

【寻根溯源】

薛姓主要有两种来源。一是源自任姓。黄帝的小儿子禺阳受封在任国（今属山东济宁），其后代以任为姓。禺阳的十二世孙奚仲，在夏禹时担任车正一职，被封在薛国（今山东薛城）。战国时被齐国灭亡，其后代以薛为姓。二是源自妫姓。虞舜（妫姓）的后裔孟尝君田文的父亲田婴被齐缗王封在薛（今山东薛城），田婴去世后，其子田文袭封，仍以薛为食邑。后来秦灭齐后，其子孙南迁，就以原来的封邑为氏，称薛姓。

【变迁分布】

早期在山东、山西、河南、江苏、浙江、江西、甘肃等地活动，并以河东、新蔡、沛国、高平等郡县为郡望。宋明时期，广布南方各地，以山西、浙江、江苏、陕西最为集中。在当代以山西、陕西、江苏分布较为密集。

【名人荟萃】

薛道衡：隋代诗人。河东汾阴（今山西省万荣）人。历仕北齐、北周。隋朝建立后，任内史侍郎，加开府仪同三司。炀帝时，出为番州刺史，改任司隶大夫。后为炀帝所杀。薛道衡少孤，好学。13岁时，作《国侨赞》。今存《薛司隶集》一卷。他的三个儿子薛收、薛德音、薛元敬号称"河东三凤"。

薛仁贵：唐朝名将。绛州龙门（今山西河津）人。骁勇善战，善于骑射。随李世民南征北战，屡立战功。西征"三箭定天山"，威震突厥，对巩固唐王朝的边疆做出了很大的贡献。

薛稷：唐朝书法家、画家。蒲州汾阴（今山西万荣西南）人。曾官至太子太保，礼部尚书。善画人物、花鸟，书法精美，与欧阳修、虞世南、褚遂良合称"唐初四大家"。

薛居正：北宋史学家。浚仪（今河南省开封）人。五代后唐进士，后周时官至兵部侍郎，入宋位至司空，曾监修国史。撰修《旧五代史》毕，晋平章事。著有《文惠集》等。

69 雷（léi）

【寻根溯源】

雷姓源自炎帝后裔榆罔之子。因辅佐黄帝平定蚩尤有功，受封于方山，称方雷氏，其后裔或为方氏，或为雷氏。也有他族改姓者，苗、瑶、畲、满等族，均有雷氏。

【变迁分布】

早期局限在河南。汉唐时期，扩展到陕西、安徽、湖南、江西、广东等地，并以冯翊（陕西）、豫章（江西）为郡望。宋明时期，向东南与西北迁移，在陕西、江西、湖南、福建形成中心。当今主要集中在陕西、四川、湖北三省，在河北、北京、山西、河南、江苏、上海、湖南、福建、云南等均有分布。

【名人荟萃】

雷义：东汉名臣。鄱阳（今江西省波阳）人。官至侍御史。与同郡人陈重情笃，被誉为交友的典范，人称"胶漆自谓坚，不如雷与陈。"

雷万春：唐代名将。安史之乱时，从张巡守雍丘（属今河南杞县），抵抗安禄山军，在城上面中六箭，坚守不动。最后，这位连敌人都赞美的勇将，终于与张巡同时死难，英名传流千古，备受后人的尊敬。

雷德润：元代学者。建安（今福建省建瓯）人。与其子雷机、雷洪、雷杭俱精于易理，有《周易》注解，世人称为"雷门易"。

70 贺（hè）

【寻根溯源】

贺姓主要来自姜姓，是避讳帝王名讳所改的姓氏。春秋时，齐桓公（姜姓）的曾孙庆封因内乱逃到吴国，其子孙以庆为氏。到东汉时，为避讳汉安帝父亲刘庆的名讳，将"庆"改为同义的"贺"字。

【变迁分布】

早期在东南沿海一带活动，广平（今属河北）、会稽（今属浙江）、河南（今属河南洛阳）等郡贺氏为望族。宋明时期，已经迁移到全国大部分地区，而以山西、陕西、湖南最为密集，当今仍以山西、湖南居多。

【名人荟萃】

贺循：晋代大臣。会稽山阴人（今浙江绍兴）。官至光禄大夫，他与顾荣同为支持司马睿的江南士族领袖。善属文，博览群籍，尤精《礼》传。朝廷疑滞皆咨之，辄依经礼而对，为当世儒宗。

贺若弼：隋朝著名将领。河南洛阳人。贺若弼出生在将门之家，其父贺若敦为北周将领，以武猛而闻名，任金州（今陕西省安康）刺史。北周保定五年（565年）十月，贺若敦因口出怨言，为北周晋王宇文护所不容，逼令自杀。临死前，曾嘱咐贺若弼，并用锥子把贺若弼的舌头刺出血，告诫他慎言。

贺知章：唐代著名诗人。越州永兴（今浙江萧山区）人。进士，历任国子四门博士、礼部侍郎、加集贤院学士、太子宾客兼秘书监。后因不满奸相李林甫专权而返乡为道士，隐居镜湖。一生风流倜傥，豪放不羁，好饮酒，与李白、张旭等关系密切，时称"醉中八仙"。能诗又工书法，尤善草隶，其《回乡偶书》传诵颇广。

贺岳：明代著名医学家。海盐（今属浙江）人。著有《明医会要》《医经大旨》《药性准绳》等。

71 倪(ní)

【寻根溯源】

倪姓主要出自姬姓，是黄帝的后裔。春秋时期，黄帝的后裔邾武公将儿子封在郳（今山东滕州），建立郳国（邾国的附庸），他的子孙则以国为姓，称郳姓。战国时被楚国灭掉，亡国后为了避仇，改郳为兒（儿的繁体字），后来"兒"姓加单人旁成倪姓。

【变迁分布】

早期主要在山东活动，千乘（山东高青）为其郡望。历代以来，在河北、山西、陕西、江苏、浙江、安徽、福建、湖南、江西、广西、贵州、云南等省的部分县均有分布，主要集中在苏浙沪地区。

【名人荟萃】

倪萌：汉代著名的孝子。汉代临淄（今山东淄博）人。以仁义敦厚闻名。

倪思：宋代学者、大臣。湖州归安（今浙江吴兴）人。历任礼部侍郎、礼部尚书，以直谏著称。其博学多才，著有《经锄堂杂志》《齐山甲乙稿》《兼山集》等。

倪瓒：元代画家、诗人。常州无锡（今江苏无锡）人。出身江南富豪，信奉道教，元末为避战乱，散尽家资，遁隐五湖三泖间，寄兴书画。擅山水、竹石、枯木等，画史将他与黄公望、吴镇、王蒙并称"元四家"。有《水竹居图》《容膝斋图》《渔庄秋霁图》等传世。也擅长诗，诗风自然秀拔，清隽淡雅。著《清閟阁集》。

倪灿：清初学者、史志目录学家。江苏上元（今南京）人。以举人授翰林院检讨，以有史才著称。参加纂修《明史》，撰《艺文志序》，称杰作。亦擅书法及诗，有《雁园集》。

72 汤(tāng)

【寻根溯源】

汤姓主要有两种来源。一是源自子姓，为黄帝的后裔商汤的后代。黄帝的曾孙帝喾的儿子契，为商族首领，因帮助大禹治水有功，被帝舜封在商（今河南商丘南），赐姓子。契的十四世孙，姓子，名履，又名天乙。即位后爱护民众，施行仁政，实力迅速壮大，推翻了夏桀的暴政，灭了夏，建立商。死后谥成汤。其子孙中有一支以谥号命氏，成为汤姓。二是出自子姓，商末宋国君偃之后，因避祸所改。公元前11世纪，周公平定武庚反叛后，把商旧都周围之地分封给商纣王庶兄微子启（子姓），建立宋国。传至偃，自立为王，偃之弟昌，昌生隆，改姓子，后因秦始皇焚书坑儒，隆畏祸改子姓为汤姓。

【变迁分布】

早期以中原为聚集地。汉唐时期，已经南迁江苏，甚至远迁至今越南。在北方还形成了中山、范阳等郡的望族大姓。宋明时期，南迁东南及南方各地，逐渐遍布全国各地，尤以江西、江苏、浙江、安徽最为集中。当今江苏、湖北、湖南、福建最为密集。

【名人荟萃】

汤思退：南宋大臣。处州（今浙江丽水）人。中博学宏词科，授秘书省正字。附秦桧，官至知枢密院事。隆兴元年（1163年），符离师败，力主和议，许割海、泗、唐、邓四州，为言者所论，旋贬居永州。张观等七十二人上书论其奸邪误国，请斩。忧悸而死。

汤和：明初将领。濠州（今安徽凤阳东）人。与朱元璋同乡，一同起兵。渡江后，守常州，御张士诚。统兵取浙东、福建、四川，守备西北，均有战功。洪武十八年（1385年），自请解除兵权，深得朱元璋欢心。次年，奉命在沿海筑城设防，以御寇。死后，追封东瓯王。

汤显祖：明代著名文学家、戏剧家。临川（今属江西）人。万历进士。历官南京太常博士、礼部主事、遂昌知县。后以抑豪强触怒权贵被劾，居家20余年，精研词曲与传奇，以著述为事。所著《紫钗记》《还魂记》《南柯记》《邯郸记》，合称《临川四梦》。其中尤以《还魂记》（全名《牡丹亭还魂记》）最负盛名。

73 滕（téng）

【寻根朔源】

滕姓主要有两种来源。一是源于姬姓，为黄帝（姬姓）后裔十二姓氏之一。黄帝的二十五子分别得到十二个姓，其中便有滕姓。二是源自姬姓。西周初，武王封弟弟叔绣于滕国，地在今山东滕县，战国时先后被越、宋所灭，其子孙以国为氏，称滕姓。

【变迁分布】

早期在河南、山东、江西等地分布，并在南阳郡（今河南南阳市）形成滕氏望族。宋明以来，主要分布在山东、河南、江苏、浙江、湖北、湖南以及北京、黑龙江、天津、山西、安徽等地的部分地区。

【名人荟萃】

滕胤：三国时期东吴大司马。北海郡剧县（今山东省昌乐县）人。滕胤少时有节操，刚成年就娶公主为妻。孙权称王之后，滕胤被封都亭侯。后来历任丹杨太守、吴郡太守和会稽太守。孙亮继位之后，滕胤出任太常、卫将军。

滕宗谅：北宋大臣。字子京，河南洛阳人。与范仲淹同科进士，授泰州军事判官。历任大理寺丞、掌殿中丞、尚书祠部员外郎，湖州知州、泾州知州、庆州知州。后来被贬岳州，任内重修岳阳楼。范仲淹的《岳阳楼记》一文中提到的滕子京就是他，并因此而为世人所知。

滕德懋：明代大臣。江苏苏州人。此前担任中书省掾，之后调任湖广行省左右司郎中。洪武三年，入召升为兵部尚书，之后改为户部尚书。其为人有才辩，气量大。善于奏疏。后因事免职。

74 殷（yīn）

【寻根溯源】

殷姓源自子姓。商朝自盘庚时迁都于殷，故称殷商。周武王灭纣，封纣王庶兄微子启于宋，子孙不得封者，以故国名为氏，称殷姓。此外，满、彝等少数民族也有改为殷氏的。

【变迁分布】

殷氏早期在河南一带活动。直到魏晋南北朝时，殷氏名人以陈郡长平（今河南西华）为主，并以没南郡（今河南上蔡）、颍川郡（今河南许昌一带）为郡望。唐代以后，远迁河北、天津、山东、陕西、湖北、江苏、江西、安徽的部分地区，在辽宁、山西、浙江、福建、四川等地也有分布。

殷仲文：东晋文学家、大臣。陈郡（今河南淮阳）人，东晋文学家，曾官尚书、东阳太守。擅文辞，其诗开始改变东晋玄言诗的风尚，但其玄气并未尽除。

殷仲容：唐朝著名书画家。陈郡长平（今河南西华县东北三省）人，祖父殷闻礼，唐太子舍人；父亲殷令名，唐光禄卿、上国柱，初唐书法家。世代皆工书画。官工部郎中、申州刺史。善画人物、工写貌，擅长用墨，浅深浓淡，如兼五彩，为水墨画之先驱。

殷开山：唐代名臣。京兆户（今陕西省户县）人。隋朝时为太谷长，入唐后，历任吏部尚书、兵部尚书，封勋国公。

殷树柏：清代画家。浙江省嘉兴人。擅长花卉，法宗陈淳、恽寿平，下笔恬静，清丽有韵味，尤善小幅，晚年喜写蔬果，书宗柳公权，用笔挺拔。传世作品有《冷竹寒泉图》《鸡鸣图》《三秋图》。

75 罗(luó)

【寻根溯源】

罗姓出自妘姓，为颛顼帝之孙祝融氏之后裔。祝融，名黎，为帝喾时的火官（掌管民事），后人尊为火神，因有功，能光融天下，帝喾便命曰祝融。祝融的后裔分为八姓，即己、董、彭、秃、妘、曹、斟、芈，史书称为"祝融八姓"。到了西周，有妘姓子孙被封在宜城（今湖北省宜城市），建立罗国。公元前690年，罗国被楚国所灭，其子孙便以国名"罗"为氏，史称罗氏正宗。

【变迁分布】

早期活动在长江中游一带，以后又扩展到江西、两广和西南地区，在豫章、襄阳、长沙等郡形成望族。宋明时期，已经分布在大部分省区，仍以湖北、湖南、安徽、江西为密集区。当今在四川及粤湘闽赣形成了两个罗姓居住密集区。

【名人荟萃】

罗士信：唐代军事家，即隋唐演义中的罗成。济南历城人。少年英雄，隋唐之际的一大虎将。为瓦岗军，率部征讨王世充时，重伤被俘。王世充爱惜其才，以礼待之。他耻与王世充为伍，不久，率部降唐，被拜为陕州道行军总管。后来在一次防御战中，他陷于河东军重围，城破被俘拒降，为刘黑闼河东军所杀。谥号"勇"。

罗贯中：元末明初著名小说家、戏曲家，是中国章回小说的鼻祖。山西太原人。相传他一生作过"十七史"演义，著作颇丰，现存有《三国志通俗演义》《隋唐志传》《残唐五代史演义》《三遂平妖传》等，其中代表作《三国演义》（简称）为中国"古代四大名著"之一。

罗聘：清代著名画家。江苏甘泉（今江都）人。画人物、佛像、山水、花果、竹等，无所不工。其笔调奇创，超逸不群，别具一格，为"扬州八怪"之一。其子允绍、允缵，均善画梅，人称"罗家梅派"。

76 毕(bì)

【寻根溯源】

毕姓源自姬姓。周文王第十五子高，封于毕（故址在今陕西省长安、咸阳两市之北），故称为毕公高，并建立毕国。毕公高之子毕万事晋，封于魏，其后代改姓为魏，并且成为战国时代的著名姓氏。仍居于毕国者，遂以国名为姓，称为毕姓。

【变迁分布】

早期在陕西、山西、山东活动。汉唐之间，尤以东平须昌（今山东东平）毕氏家族最为显赫，在河内、河南、东平、太原等郡形成望族。宋明至今，在黑龙江、北京、天津、河北、江苏、浙江、湖北、湖南、安徽、云南、江西、广东、广西等部分地区有分布。

【名人荟萃】

毕万：春秋晋国大夫，毕公高之后，事献公。晋灭霍、耿、魏，以魏封毕万。是魏国始创者和奠基人。

毕宏：唐朝画家。河南偃师人。历任御史，左庶子，给事中。善画山水、古松奇石。

毕昇：又作毕晟。北宋活字印刷术的发明者。淮南路蕲州蕲水县直河乡（今湖北省英山县草盘地镇五桂墩村）人，一说为浙江杭州人。初为印刷铺工人，专事手工印刷。毕昇发明了胶泥活字印刷术，被认为是世界上最早的活字印刷技术。宋朝的沈括所著的《梦溪笔谈》记载了毕昇的活字印刷术。

77 郝 (hǎo)

郝姓出自子姓,其始祖为帝乙。商朝天子帝乙(子姓)即位时,将他的儿子子期封于太原郝乡(今山西太原),其后子孙也以地为氏,称郝姓。

【变迁分布】

早期在山西、陕西、河南、安徽、河北等地活动,并以太原郡(今山西太原)为郡望。唐代以后,在东南、西南、长江以南地区有广泛分布,在河北、山西、山东、四川分布较为密集。在当今以河北、山东、山西为聚集中心。

【名人荟萃】

郝处俊:唐代大臣。安州安陆(今湖北安陆)人。其父为郝相贵,许圉师的外甥,生于隋炀帝大业三年(607年),十岁早孤,好读书,嗜《汉书》。贞观年间进士。历任甄山(汉川)县令、吏部侍郎。武则天当政时,极力反对高宗让位武则天。卒于唐高宗开曜元年(681年),年75岁。著有文集十卷《两唐书志》。

郝定:金末红袄军首领。兖州泗水(今属山东)人。他曾率军攻克滕、兖、单诸州,莱芜、新泰等十多个县,设立政权,国号汉,年号顺天。

郝懿行:清代著名学者。山东栖霞人。清嘉庆年间进士,官户部主事。清经学家、训诂学家。长于名物训诂及考据之学,对《尔雅》研究尤深。所著有《尔雅义疏》《山海经笺疏》《易说》《书说》《春秋说略》《竹书纪年校正》等书。

78 邬 (wū)

【寻根溯源】

邬姓主要有两种来源。一是春秋时期,陆终第四子求言,受封于邬(在今河南省偃师市),其子孙以受封地名为姓,称为邬氏。二是春秋时,晋国大夫祁氏家臣臧之后,食邑于邬(今山西省介休市),世称"邬臧",其子孙以邑名为姓,形成邬氏。

早期在山西、河南、山东一带活动，太原郡（今山西太原）为其郡望，颍川堂为其堂号，说明河南长葛一带为邬氏重要活动地。明清至今，在江苏、浙江、湖北、湖南、江西、四川、广东的部分地区有一定分布。

【名人荟萃】

邬单：孔门七十二弟子之一，随祀于孔庙。

邬彤：唐代书法家，人称"寒林栖鸦"，少人能及。擅写草书，曾与书法家怀素论草书，怀素自叹不如。

邬希文：清代名士。浙江余姚人，赘居吴门（今江苏苏州）。乾隆元年（1736年）应制科，芦鸿博不就。山水萧疏雅逸，性好洁，焚香鼓琴，有倪高士（瓒）风。曾经为商宝意写山水，有中冷度茗图。

79 安(ān)

【寻根溯源】

安姓一是源自姬姓，是黄帝的后代。黄帝有子昌意，昌意的次子安，住在遥远的西方，自号安息国，长时间和中原没有联系。其子孙以国为姓，称安氏。二是唐代的"昭武九姓"中有安姓。隋唐时，西域阿姆河、锡尔河流域各氏族统称"昭武九姓"，即康、史、安、曹、石、米、何、火寻和戊地。

【变迁分布】

安姓以分布在东北三省、西北的安氏最为显赫。在中原、西北、西南及东部等地有一定分布，在武陵郡（今湖南溆浦）还形成望族。当今在东北三省、华北、西北地区及满、回、朝鲜等族中均有分布。

【名人荟萃】

安金藏：唐代长安（今陕西省西安）人，为太常寺乐工。太子李旦被人诬告谋反，武后下令查处此事，金藏为洗脱太子罪名，当众引佩刀自剖其胸，肠出，并言"愿剖心以明皇嗣不反"。武后感动，不疑李旦。

安禄山：唐代叛将。营州柳城（今辽宁朝阳）人，原名轧荦山，本姓康。母为突厥人，后因其母嫁与胡人安延偃，改姓安，更名禄山。历任任平卢（治所在今辽宁朝阳）节度使，天宝三年兼范阳（治所在今北京）节度使、河北采访使，天宝十年又兼河东（治所在今山西太原）节度使。755年冬在范阳起兵反唐，举兵南下，攻下重镇洛阳。756年，于洛阳称大燕皇帝。后举兵西进，破潼关下长安，大肆杀戮。757年，因欲立安庆思为太子，被其长子安庆绪杀死。

安民：宋代著名石匠。长安（今西安一带）人。当时著名的石碑，皆出其手。其品格高尚、不畏权贵，时颁蔡京所书《元党籍碑》于各州县，安民刻碑毕才知蔡京乃当朝奸臣，遂拒刻"安民刻石"四字，拒收百两酬金，为人称颂。

安维峻：清代著名谏臣。秦安县（今属甘肃）人。光绪年（1880年）中为进士，选翰林院庶吉士，官福建道监察御史。他性情耿直，不阿权贵，后因言获罪，被革职发派张家口军台。京城时人以"陇上铁汉"四字相赠，大刀王五及京城应考文人为之送行。

80 常（cháng）

黄帝时有常先、常仪以善工程、律历而著称，其后人以常为氏。其他来源有：卫康叔支孙封邑于常，地在今山东滕州，以邑为氏；吴国也有常邑，在今江苏常州，吴王支孙所封，以邑为氏。此外，还有楚大夫恒思公之后恒氏，为避真宗赵恒名讳，于宋时改恒为常。

早期在河南、山东、江苏、浙江、山西活动。唐代以前，已经入居四川、甘肃等地，在今山东形成望族。宋明时期，逐渐迁移到全国各地，尤以河南、山西、山东、四川最为密集。当今以豫晋冀鲁、黑吉辽地区最为集中。

常惠：西汉将军。太原（今属山西）人。武帝时随苏武出使匈奴，被拘留十余年始放还，后代替苏武为典属国，通晓西域情事，昭帝拜为光禄大夫，封长罗侯，官至右将军。常惠之后又有数人封侯，太原常氏由此显赫。班固所作的《汉书》也曾特别为他列传。他为汉朝与西域的文化交流做出了很大贡献。

常璩：东晋史学家。蜀郡江原（今四川崇川）人。曾在成汉任散骑常侍等职，入晋后居建康（今江苏省南京），著有《华阳国志》，记述了远古至东晋穆帝永和三年（347

年）期间的巴蜀史事。

常遇春：明朝开国功臣。凤阳怀远（今安徽怀远县）人。明代名将。臂长善射，勇力绝人。元末从刘聚起事，至正十五年（1355年）投朱元璋，历官总管府先锋、都督、统军大元帅、中翼大元帅。病卒，追封开平王，谥忠武。一生为将未曾败北。自言能将十万军横行天下，军中有"常十万"之称，人每称他为"天下奇男子"。

乐于时傅　皮卞齐康　伍余元卜　顾孟平黄

81 乐（yuè）

【寻根溯源】

乐姓源自子姓。宋戴公之子公子衎，字乐父，其孙子夷父须称乐氏，其后裔均以祖字为姓，称乐姓。

【变迁分布】

早期主要在河北、河南活动，后又扩展到陕西、山西、湖北、江苏，并在南阳郡（今河南南阳市）形成望族。宋明以来，在浙江、安徽、江西、内蒙古、湖南、四川、贵州、福建等部分地区均有分布。

【名人荟萃】

乐毅：战国中期燕国著名军事将领。战国时赵国灵寿（今河北省灵寿县西北）人。公元前284年，他统帅燕国等五国联军攻打齐国，连下70余城，创造了中国古代战争史上以弱胜强的著名战例。他的作战指导方略和政治思想对当时和后世都有着重要影响。

乐恢：东汉名儒。京兆长陵（今陕西咸阳）人。喜好经学，为一时名儒。初仕郡，署户曹史，坐事抵罪，后复为功曹。永平中，辟司空牟融府，又辟司空第五伦府，皆不就，后征拜议郎。和帝时官至尚书仆射，针对外戚窦宪专权而上书进谏，因不被采纳，托病回乡里，后被迫服毒而死。

乐善：清代将领。伊勒忒氏。蒙古正白旗人。历官云麾使、参将等。1859年赴僧格林沁天津军营，协力防御再度北犯的英法侵略军。同年6月25日英舰侵入大沽，督率守军英勇反击，击沉敌舰多艘，毙敌数百名，取得大沽之捷，遂由河北镇总兵升为直隶提督。1860年夏，英法舰队集结于大沽口外，乐善英勇抗英而殉难。

82 于(yú)

【寻根溯源】

于姓主要有三种来源。一是出自姬姓,为周武王姬发的后代。西周初年,周武王将其第二个儿子邘封在邘国(故城在今河南省沁阳西北于邘邰镇),称于邘叔。后来,于邘叔的子孙就以国名为氏,有的姓了邘,有的则去邑旁姓于,是为河南于氏,史称于姓正宗。二是东海(今山东东南、江苏苏北地区)于公的后代。三是唐朝淳于氏为避讳皇帝李纯的名,而改姓于。

【变迁分布】

早期主要在北方发展,在今河南、山东、河北、山西、内蒙古、江苏、安徽、湖北等地活动,并在河内、河南、东海等郡形成望族。宋明时期,以山东、河南、江苏、河北等地分布密集。当今于姓遍布全国各地,而以黑龙江、辽宁、山东最为集中。

【名人荟萃】

于公:汉代官吏。东海郯(今山东省郯城北)人。曾官廷尉,为县狱吏。执法公允,凡犯法者,于公所决皆不恨。他洗雪"东海孝妇"一案,以善于决狱而成名。

于志宁:唐初大臣。京兆高陵(今属陕西)人。隋大业末为冠氏(一作清河)县长,时山东乱,弃官归里。唐高祖入关,迎谒于长春宫,授银青光禄大夫。历渭北道行军元帅府记室、天策府中郎、文学馆学士。贞观三年,进中书侍郎,加散骑常侍、行太子左庶子。十四年,兼太子詹事。

于谦:明朝大臣。浙江省钱塘(今杭州)人。成祖年间进士,曾历任监察御史、巡抚、兵部右侍郎。巡抚河南、山西期间,平反冤案,赈济灾荒,颇得民心。英宗时,蒙古瓦剌贵族也先率军来犯,英宗被俘。一些朝臣主张南逃避敌,于谦誓死保卫京师,并拥成王为帝(景帝)。打败瓦剌军。英宗被释夺回帝位。于谦被捕下狱,以"意欲谋逆"罪被判处死刑,史称"行路嗟叹,天下冤之"。有《于忠肃集》。

于成龙:清代名臣。汉军镶黄旗人,著山西永宁州(今山西离石)人。他为官清廉,爱民如子,重视教育,兴修学校,康熙赞其"天下廉吏第一",官至两江总督。

83 时(shí)

春秋时宋国有大夫名来受封于时,他的后代便以邑为氏。另外,楚国大夫申叔时的后人也以时为氏。

【变迁分布】

早期在河南、湖北活动。汉唐时期,向周边地区迁移,并在陇西郡(今属甘肃)形成望族。唐宋至今,在河北、河南、山东、江苏等地的部分地区均有时氏分布。

【名人荟萃】

时溥:唐末节度使。彭城(今江苏徐州)人。唐末一度占据徐州(今属江苏)的藩帅。

时珍:元初著名将领。泰山郡平阳(今山东新泰市天宝镇时家庄)人。时珍为人性情温和敦厚,处事明识果断,受到同乡人的爱戴和信任。

时大彬:明万历至清顺治年间人,是著名的紫砂"四大家"之一时朋的儿子,他确立了至今仍为紫砂业沿袭的用泥片和镶接那种凭空成型的高难度技术体系。据后人简要统计,其存世作品,包括见于著述的不过数十件而已。

84 傅(fù)

【寻根溯源】

傅姓的来源主要有以下几种。一是出自殷商名相傅说的后裔,以地名为氏。商高宗武丁在位时,国势衰微,于傅岩(今山西省平陆东南)找到傅说,傅说帮助武丁兴国,修政行德,使天下大治,傅说的后裔以其居地为姓,形成傅氏。二是出自姬姓,为黄帝裔孙大由之后,以邑为氏。黄帝(一说帝尧)裔孙大由封于傅邑,其子孙以邑名为姓,称为傅氏。三是出自祁姓,帝尧子丹朱之后。四是出自姚姓,为舜帝之后裔,以国名为氏。五是出自赖姓,源自为避难改姓的傅氏而来。赖氏族人为楚灵王所害,改罗、傅二氏,故有赖、罗、傅联宗之说。六是出自清代少数民族改姓傅。

【变迁分布】

早期在豫北和晋南地区活动，以后又在甘肃、宁夏、陕西、贵州等西部地区发展，这其中也包含了当地部族汉化而改为傅氏者。在唐代以前，傅氏族人向江浙发展，并在冀鲁一带的清河郡（今河北清河县至山东博兴县、临清市一带）形成望族。宋明时期，在东南沿海发展，逐步扩展到全国大部分地区，并形成了江西、浙江、山东、河北等密集分布区。当今山东、湖南、云南则形成傅氏新的聚集区。

【名人荟萃】

傅毅：东汉文学家。扶风茂陵（今陕西省兴平东北三省）人。朝廷求贤不诚，士多隐居，遂作《七激》《迪志》诗，讽世明志，后被召为兰台令史，以文显于朝廷。著有《舞赋》等作品。

傅宽：西汉大臣。北地（今甘肃省庆阳西北）人。汉高祖时开国功臣，被封阳陵侯，曾任汉丞相，显赫非常。在楚汉战争时随韩信、曹参平定齐地。汉高祖得天下后曾定元功18人，傅宽列第9位。

傅游艺：唐代大臣。卫州汲（今河南汲县西南）人。曾任武周宰相，是傅姓为相者第一人，为武则天宠臣，一年中四次提升，时人号为"四时任宦"。

傅善祥：太平天国女状元。金陵（今南京市）人。亦为癸好（丑）东试状元，仕至丞相。她是太平天国时期的女状元，也是中国历史上第一位女状元，为东王杨秀清政务上的得力助手。

85 皮(pí)

【寻根溯源】

皮姓源自姬姓。西周末期，鲁献公次子仲山甫辅佐宣王中兴，受封于樊（今河南济源），其后裔中有樊仲皮为周王卿士，故子孙便以祖名命氏，称皮姓。

【变迁分布】

皮姓是稀有姓氏。主要分布在北京、河北、湖北、湖南、云南的部分地区。历史上曾以下邳郡、天水郡（今甘肃通渭）为皮氏郡望。

【名人荟萃】

皮豹子：北魏名将。渔阳（今北京密云西南）人。少有武略。太武帝时历官征西将军，封淮阳公。后屡破京师，积功擢内都大官。皮豹子沉毅笃实，当时推为名将。

皮景和：北朝北齐将领。琅琊下邳（今江苏睢宁西北）人。北齐尚书令，武艺高强。历任侍中、通州刺史、殿中尚书、领军将军、尚书右仆射、赵州刺史、洛州刺史。武平五年（574年），以讨陈战功，进位尚书令。

皮日休：唐代文学家、散文家。今湖北天门人。咸通八年（867年）进士及第，在唐时历任苏州军事判官、著作佐郎、太常博士、毗陵副使。后参加黄巢起义，或言"陷巢贼中"，任翰林学士，起义失败后不知所踪。与陆龟蒙齐名，世称"皮陆"。诗文兼有奇朴二态，且多为同情民间疾苦之作。

86 卞(biàn)

【寻根溯源】

卞姓主要有两种来源。一是源自黄帝有子名龙苗，龙苗之孙明受封在卞（今山东泗水），史称卞明，其子孙因以为氏。二是西周时，周武王姬发封自己的弟弟、文王第六子叔振铎于曹（今山东省曹县），世称曹叔振铎，其后以曹为氏，遂成曹姓。后来叔振铎的支庶子孙中有个勇士名庄，在鲁国做官，又被封于卞邑（今山东泗水一带）。爵位为子，故时称卞庄子，又称为弁庄子。因此卞庄子的后代就以封地"卞"为姓，亦为弁氏，形成了卞姓的一支。

【变迁分布】

早期在山东、河南等地活动。南北朝时期，以济阳冤句（今山东曹县）卞氏最为显赫。宋代以来，在河北、湖北、江苏、四川、安徽的部分地区都有一定分布。

【名人荟萃】

卞和：春秋时期，楚国识玉高手。春秋时楚国荆（今湖北襄樊南漳）人，和氏璧的发现者。因献玉而闻名古今。卞和以功封为零阳侯。《史记·卷八十一》中所说的"完璧归赵"故事中的"璧"，即卞和所献之宝玉。

卞粹：西晋大臣。其兄弟六人都官至宰相，被称为"卞氏六龙"。晋代中书令，刚直不阿。后拜右丞相，封成阳子。齐王司同辅政，为侍中、中书令，晋爵为公。

卞文瑜：明代画家。长洲（今江苏苏州）人。善画山水小景。画史称他曾从董其昌学画，其法黄子久、吴镇，笔墨苍秀。有些画风格近似"苏松派"的赵左。笔致雅秀、异趣横生，作树石枝干常用中锋勾剔，显有古拙凝重之感。传世作品有《山水图》《溪山秋色图》《山楼绣佛图》《寿烟山水图》。

87 齐(qí)

【寻根溯源】

齐姓源自姜姓。西周初太公望（即姜太公）受封于齐（故城在今山东省临淄），至战国初田氏代齐，前后历时六百余年，秦灭齐后，其后裔以国为氏，称齐姓。

【变迁分布】

早期主要在山东、河南活动，并在汝南郡（今属河南）形成望族。唐宋以后，在辽宁、河北、河南、山东、江苏、浙江、江西、安徽等均有齐氏分布。如今，山东、河北及东北三省地区的齐氏较为集中。

【名人荟萃】

齐映：唐代大臣。瀛洲高阳（今属河北省）。22岁高中状元后，历任监察御史、刑部员外郎、判官等职，累官至同中书门下平章事（位同宰相），后被贬职，卒年仅48岁。

齐泰：明初兵部尚书。明初大臣。溧水（江苏省溧水）人。进士，擢兵部左侍郎。太祖临终，召授顾命，辅皇太孙，建文帝立，命与黄子澄同参国政，不久晋兵部尚书，建议削藩。"靖难"兵起，他请削燕王属籍，声罪致讨，力主伐燕。后建文军屡败，齐泰等被罢官，复受帝召还，旋遭贬。迨京师失守，齐泰奔走外郡以图兴复。被执京师，不屈而死，祸及九族。

齐召南：清代大臣、学者。浙江省天台人，乾隆元年举博学鸿词科，累官至礼部侍郎。熟于三礼，尤长于地理之学。与从兄齐周华合称"天台二齐"，其弟齐世南亦进士及第，可谓一门学者。著有《水道提纲》《历代帝王年表》等。

88 康(kāng)

【寻根溯源】

康姓主要源自姬姓。周武王灭商后，把同母幼弟姬叔封在康，故称康叔。武王死后，成王即位，因年幼，由周公摄政，三监（管理商朝旧臣封地的管叔、蔡叔和霍叔）不服，勾结武庚（商纣王后裔）和东方夷族反叛，后被周公平定。之后，便大规模地分封诸侯，把原来商都周围地区和殷民七族分封给当时素负贤名的康叔统治，并改封康叔为卫君，建立卫国，定都朝歌（今河南淇县），故又称卫康叔。康叔把卫国治理得很好，声誉日益上升，到周成王亲政时被举为司寇，权位高于其他诸侯。他死后谥号是"康"，其后便有以谥号为氏，或以封邑为氏，称康氏。史称康姓正宗。

【变迁分布】

早期主要在河南、河北、山东交界一带活动。秦代以后，向东西两边扩展，并与自西域汉化的康氏会合，在陕西形成了京兆郡的望族，在山东形成东平郡（今山东东平）望族，在浙江形成会稽郡（今浙江绍兴）的望族。宋明时期，康氏已散居各地，河南、陕西、山西、安徽等为康姓聚集区。当今以安徽、四川、陕西最为集中。

【名人荟萃】

康泰：三国时吴国的海外旅行家（航海家）。三国时东吴人，曾和朱应出使扶南等国，途中经历和传闻一百多个国家，为中国早期远行海外的旅行家之一，著有《吴时外国传》。

康昆仑：唐代琵琶演奏家。西域康国人。善弹《道调凉州》《羽调录要》等曲，号称"长安第一手"。

康子元：唐代经学大师。会稽（今属浙江省）人，官至宗正少卿。举贤能治《易经》《老庄》之学，主张改革弊政，创立新制之改革思想。

康女：明代贤士。因"三贤"闻名。据传，其父年老无子，劝父纳妾生子；母病，尝粪辨病；夫亡，誓不改嫁。

89 伍(wǔ)

【寻根溯源】

黄帝时有大臣伍胥，为伍姓之始。还有一说，源自芈姓。春秋时楚庄王的谋士伍参因功封为大夫，其后裔以伍为姓。

【变迁分布】

伍姓早期在湖北及江浙一带发展。汉唐时期，向西发展到甘肃，形成安定郡（今属甘肃）望族；向南发展到湖南，形成武陵郡望（今湖南常德）族；并向河南、山东及北方地区发展。宋明时期，在福建、江西、安徽等地扩展。当今在北京、内蒙古、江苏、浙江、湖南、重庆、江西、广东、广西、云南等部分地区均有分布。

【名人荟萃】

伍子胥：春秋时吴国大臣。名员，字子胥，春秋时楚国人。与父兄俱仕楚，后楚王听谗言杀其父兄，任员逃亡吴国佐吴伐楚报仇，吴王夫差灭越后，欲释越王勾践回国，不听任员劝谏，因信谗杀之。伍员死前预言越必灭吴，后九年越果灭吴。

伍孚：东汉末年忠臣。汝南吴房（今河南遂平）人。官越骑校尉。少有大节，为郡门下书佐。后大将军何进辟为东曹属，再迁侍中、河南尹、越骑校尉。董卓作乱，伍孚着朝服怀佩刀见董卓，欲行刺，不中，为董卓所害。后人有诗赞之曰："汉末忠臣说伍孚，冲天豪气世间无。朝堂杀贼名犹在，万古堪称大丈夫！"

伍文定：明代兵部尚书。松滋（今属湖北荆州）人。进士出身。任常州推官时，魏国公徐俌与民争田，他秉公断案，时人称为强吏。平定宁王朱宸濠叛乱，论功第一。开拓西南及与宦官斗争，卓有建树。官至兵部尚书。天启初，追谥忠襄。

90 余(yú)

【寻根溯源】

余姓源自春秋时秦国由余。春秋时，秦国上卿由余因避乱而落难于西戎。后来戎王派由余出使秦国，以示友好。秦穆公对由余礼遇有加，并重用由余，于是由余就留在秦国做官，官职上卿。他为穆公谋划征伐西戎，秦国因此成为西方霸主。由余的后代，便有以余为姓的。

【变迁分布】

早期在陕甘发展，秦汉之后向东发展，尤其在苏浙皖地区发展成为大族，在新安郡（今浙江淳安）、下邳郡（今属江苏）、吴兴郡（今浙江临安至江苏宜兴一带）等郡形成余姓望族。唐代时期，已经遍布长江中下游地区，并进入闽赣粤。宋明时期，在福建、湖北、江西、浙江聚集。在当今以四川、广东、云南、江西最为集中。

余靖：宋代谏臣。曲江（今属广东）人。以敢直言著称。在宋仁宗天圣年间，与欧阳修、王素、蔡襄并称"四谏"。范仲淹被贬时，朝野百官不敢吭声，唯有他出来为范仲淹主持公道，结果一同被贬。后任右正言，多次上书建议严赏罚，节开支。他又曾三次出使辽国，因用契丹语作诗被劾。不久又被起用，加集贤院学士，官至工部尚书，著有《五溪集》。

余端礼：南宋大臣。衢州龙游（今浙江省衢江区）人，南宋宰相。官至吏部尚书，擢同知枢密院事。与赵汝愚共赞宁宗即位，进知枢密院事兼参知政事。庆元元年（1195年），拜右丞相，二年，迁左丞相，寻出判隆兴府，改判潭州，移庆元，复为潭帅。嘉泰元年卒，年67岁。

余阙：元代官员。庐州（今安徽省合肥）人。元代监察御史（先祖为唐兀人），居河西武威（今属甘肃省），曾任都元帅，与红巾军相拒数年，著有《青阳集》。

91 元 (yuán)

【寻根溯源】

元姓有多个源头。商朝有太史元铣，卫国有大夫元咺，魏武侯之子公子元，其后人都有可能为元氏。北魏拓跋氏汉化，均改为元氏，使元氏达到历史上最为辉煌的时期。

【变迁分布】

早期的元氏主要活动在中原。北魏宗室汉化改姓元之后，在洛阳形成了元氏居住的中心区，从而形成了以河南郡（今河南洛阳）为代表的元氏望族。唐宋以来，元氏在河南、陕西、河北、山西、天津、安徽、四川、浙江等地居住，其影响则明显减弱。

【名人荟萃】

元结：唐朝时河南（今河南省洛阳市）人。天宝进士。他继承陈子昂反对六朝骈俪文风，致力于古文写作，是唐代古文运动的先驱者之一。著有《浪说》7篇、《漫记》7篇等。

元稹：唐代诗人。河南（今河南省洛阳市）人。元和元年，对策举制科第一。任左拾遗。早期反对权贵宦官，但后转而依附宦官。元稹是白居易的好友，共同提倡新乐府，两人齐名，世称"元白"；诗称"元和体"。著有《元氏长庆集》100卷，今存60卷。

所作传奇《会真记》，记张生与崔莺莺之事，为后来《西厢记》所本。终年52岁。

元好问：金代文学家。号遗山，太原秀容（今山西省忻县）人。七岁能诗。进士出身，官至尚书省左司员外郎，金亡不仕。古文继承韩柳，结构严密。诗主风骨，反对浮艳。其论诗绝句三十首在文学批评史上颇有地位。著作有《遗山集》，编有《中州集》。金庸小说中的"问世间，情是何物"正是出自他的词《摸鱼儿》。

92 卜(bǔ)

【寻根溯源】

商周时，专管占卜的官叫太卜，其属员为卜人，这种官吏在诸侯国中也存在，其后人以职业命氏。汉代匈奴、北魏鲜卑，均有以卜为氏的。

【变迁分布】

早期活动区域主要在河南、山西。汉唐时期，以山东、山西较为集中，形成了以西河郡（今山西离石）为代表的卜氏望族，并向东南江浙和北部内蒙古一带迁播。宋明以来，已经散播到福建、广东、广西、湖南、湖北、河北、辽宁、贵州、甘肃、四川等地。

【名人荟萃】

卜商：孔子的弟子。春秋末温（今河南省温县）人，晋国学者。字子夏，孔子得意门人，"孔门十哲"之一，"七十二贤"之一，人称"卜子"。以文学见称。培养了不少治世人才。著名的有春秋战国时的吴起、李悝、公羊高、谷梁赤、段干木、田子方、禽滑厘等。

卜式：西汉官员。河南（今河南省洛阳）人。以牧羊致富。武帝时，上书愿输家财之半助边，召拜中郎，派他在上林牧羊。只过了一年多，不但羊肥体壮，而且繁殖了很多小羊。武帝问他牧羊的秘诀，他说，铲除劣种，毋令败群。武帝觉得他的话颇有道理，武帝试令其治县，有政绩，赐爵关内侯。元鼎中，官至御史大夫。他以赏金悉助府库，仍布衣为皇家牧羊于山中。

卜祖学：清代医学家。浙江嘉兴人，著有《伤寒脉诀》。

93 顾(gù)

顾姓主要有两种来源。一是出自昆吾氏,夏代昆吾氏的子孙被封在顾国,夏末时被商汤攻灭,散居各地的顾国子孙便以国为姓。二是出自越王勾践的后裔。汉朝初年,越王勾践的裔孙摇,因佐诸侯灭秦有功,被封于东颐(今浙江永嘉),后来摇又封自己的儿子于会稽,人称"顾余侯"。后来顾余侯的子孙以"顾"为姓。

顾氏很早就分布在江浙一带,并围绕这个核心,主要向南方地区迁移,形成以会稽郡(今浙江绍兴)和武陵郡(今湖南常德)为代表的顾氏望族。宋明以来,已经扩展到全国,江浙二地约占当时全国顾氏的百分之八十。当今尤以江苏、浙江、上海最为集中。

顾恺之:东晋著名的画家,与曹不兴、陆探微、张僧繇合称"六朝四大家"。多才多艺,工诗赋、书法,尤精绘画,有"才绝、画绝、痴绝"之称。著有《论画》《魏晋胜流画赞》等,对中国画的发展有很大影响。

顾况:唐代诗人、画家、鉴赏家。苏州海盐恒山人(今在浙江海宁境内)。善画山水,其诗同情人民,针砭时弊,后隐居茅山,号"华阳真逸"。他一生官位不高,曾任著作郎,因作诗嘲讽得罪权贵,贬饶州司户参军。晚年隐居茅山。

顾炎武:明代著名政治家、思想家。南直隶苏州府昆山(今属江苏)人。与黄宗羲、王夫之并称为明末清初"三大儒"。明季诸生,青年时发愤为经世致用之学,并参加昆山抗清义军,败后漫游南北,曾十谒明陵,晚岁卒于曲沃。学问渊博,于国家典制、郡邑掌故、天文仪象、河漕、兵农及经史百家、音韵训诂之学,都有研究。

94 孟（mèng）

【寻根溯源】

孟姓主要有两种来源。一是源自姬姓。鲁桓公有子庆公，世代为卿大夫，号孟孙氏，著名的思想家孟子就是孟孙氏的后代。二是源自春秋时的卫国，其始祖为卫灵公之兄孟絷。

【变迁分布】

早期在河南、河北、山东的交界地带活动。汉唐时期，向陕西、浙江、云南、甘肃、湖北、湖南、四川等地扩展，并在洛阳、平陆、东海、巨鹿、武康、安平、江夏等郡县形成望族。宋明时期，已经扩展到全国各地，以河北、山东、山西、四川最为集中。当今以北方为主，形成鲁豫、东北三省两大聚集区。

【名人荟萃】

孟轲：即孟子，战国时著名思想家。名轲，字子舆，邹国（今山东邹城）人。儒家学派的重要代表人物，有"亚圣"之称。在孟母"孟母三迁"、"断机教子"的教育下，孟子日夜勤奋，深研儒学之道，学成后，周游列国，讲道德、说仁义，传布儒学以拯救时弊，一度担任过齐国卿相。由于他的"仁者无敌"的主张，不被采用，晚年，孟子离开齐国，辞官回乡，专致教育，著作有《孟子》七篇。

孟宗：三国时期东吴孝子。三国时江夏（今湖北孝昌）人，后因避孙皓字讳，改名孟仁。少年时从师南阳李肃读书，后官居吴国司空。素仁孝，事母至孝，二十四孝之一的"哭竹生笋"指的就是孟仁为其母求笋的故事。

孟浩然：唐代著名诗人。襄州襄阳（今湖北襄阳）人，世称"孟襄阳"。他与王维是盛唐时期的田园山水诗的代表人物，合称为"王孟"。

孟郊：唐代著名诗人。湖州武康（今浙江德清）人。现存诗歌500多首，以短篇的五言古诗最多，代表作有《游子吟》。有"诗囚"之称，又与贾岛齐名，人称"郊寒岛瘦"。

95 平（píng）

平姓主要有两种来源。一是源出齐国大夫晏婴。晏婴字平仲，其后人以字为氏，称平姓。二是源出战国时韩哀侯少子婼。婼有封邑在平，秦灭韩后，其后人以封邑为氏，称平姓。

【变迁分布】

平姓为稀有姓氏。早期在中原活动，并在河南郡（今河南洛阳）与河内郡（今河南武陟）形成望族，蓟县（今北京）也曾有平氏望族出现。明清以来，在江苏、浙江、安徽等地有零星分布。

【名人荟萃】

平当：西汉丞相。梁国下邑（今安徽砀山）人。汉朝时平陵人。以明经为博士。对于夏禹治水的情况很有研究，因此成帝封他为骑都尉，负责开河筑堤，防治水患。哀帝即位以后，升他为丞相，赐爵关内侯。到了第二年，又要给他升官加薪，他因为生病，拒绝了。他说："我的官位已经够高了，薪俸已经够了，给子孙留的财产太多，会使他们过奢侈生活！"

平晏：西汉大臣。平当的儿子，在朝廷做了官，称大司徒。

96 黄（huáng）

【寻根溯源】

黄姓源自颛顼帝的曾孙陆终。陆终的子孙受封于黄，建立黄国（今河南潢川一带），后来被楚国所灭，其子孙便以国为姓，称黄姓。

【变迁分布】

早期在江淮之间活动。汉唐时期，重点向南方及四周扩散，在江夏、会稽、巴东、洛阳、南阳、零陵、晋安、东阳、西郡（今甘肃省永昌一带）等形成了黄氏望族。

宋明时期，已经成为南方大姓。宋代时期，形成以赣浙、闽粤、四川、河南为中心的黄姓聚集中心；明代则以赣浙、闽粤桂为两大中心。当今主要集中在江苏、四川、湖北、湖南、江西、福建、广西、广东等地。

【名人荟萃】

黄歇：战国时期楚国公室大臣，著名的政治家。曾为楚国相国，被封为春申侯，与魏国信陵君魏无忌、赵国平原君赵胜、齐国孟尝君田文并称为"战国四公子"。

黄霸：西汉名臣。淮阳阳夏（今河南太康）人。先后任河南太守丞、廷尉、扬州刺史颖川太守等职，为政宽和。公元前55年，汉宣帝任命黄霸为丞相，并封为建成侯，总揽朝纲社稷。后世将他与龚遂作为"循吏"的代表，称为"龚黄"。

黄庭坚：北宋著名的书法家、诗人。分宁（今江西修水县）人。与张耒、晁补之、秦观合称"苏门四学士"。工诗，为江西诗派的开创人，并擅长行、草书。

和穆萧尹　姚邵湛汪　祁毛禹狄　米贝明臧

97 和(hé)

【寻根溯源】

和姓主要有两种来源。一是以官职为姓。帝尧时掌管天地之官为羲和。时有和仲、和叔，即以官职为氏。二是起源于卞氏。春秋时，楚国人卞和得宝玉，命名为"和氏璧"，后人也有以"和"为姓。

【变迁分布】

在河南、河北、山东、山西、陕西、云南等地有分布，在汝南郡（今属河南）形成望族。蒙古、满族等都有以和为氏者。

【名人荟萃】

和洽：三国时期曹魏大臣。汝南西平（今河南舞阳东南）人。东汉末，举孝廉，不就。率亲旧依刘表。后归曹操，为丞相掾属。魏国既建，为侍中、郎中令。魏文帝即位，为光禄勋，封安城亭侯。魏明帝时，进封西凌乡侯，拜太常。为官清廉有操守，最后以售田宅自给，卒谥简。

和峤：西晋大臣。西晋汝南西平（今河南西平）人，字长舆。有盛名。袭爵上蔡伯。起家太子舍人，累迁颍川太守。为政清简。以贾充荐，入为中书令。晋武帝深器之，预定灭吴大计。惠帝立，拜太子少傅，迁光禄大夫。家富性吝，杜预谓其有钱癖。卒谥简。

和岘：北宋音乐家、太常博士。浚义（今河南省开封市）人。出生于官宦世家。他自幼博览群书，喜音乐，好依声填词，是宋初著名词人，16岁登朝为著作郎。官至大常丞。他的词主题是歌颂开国皇帝宋太祖"道高尧舜垂衣治，日月并文明"的功德和"九士乐生平"的盛世。

98 穆(mù)

【寻根溯源】

穆姓源自古代帝王谥号带有"穆"字者。如宋穆公、鲁穆公、楚穆王、秦穆王等，其后代有的以穆为姓。此外，北魏时，有穆陵氏改为穆氏者。

【变迁分布】

汉唐时期，主要在河南、山西等地活动。从北朝当政的穆崇家族看，当时已经任职于江淮以北各州郡，另在今河南形成以泼南郡为代表的穆氏望族。唐宋以来，在河北、河南、山西、山东、江苏、浙江、甘肃以及东北三省地区均有分布。

【名人荟萃】

穆修：宋朝散文家。郓州（今属山东）人。他热心于古文，因他研究成绩卓著，很得当时的大文学家欧阳修赞赏。著有《穆参军文集》。

穆相：明代官员。三元人。正德进士，授沂水令。外书"六事"、内书"四知"以自勉，政绩著闻，升监察御史。抗言直谏，人称"真御史"。

穆孔晖：明朝理学家。山东堂邑（今聊城市东昌府区）人。弘治十八年（1505年）考中进士，历任翰林院检讨、南京礼部主事、翰林院侍讲学士、南京太常寺卿等官。穆孔晖是继承和传播王守仁心学最早的山东学者。他一生著述颇丰，主要是研究考据学的著作，重要的著有《读易录》《尚书困学》《大学千虑》《玄庵晚稿》。

99 萧(xiāo)

【寻根溯源】

萧姓源自子姓。商末，有微子。微子之孙大心平南宫长万有功，被宋湣公封于萧（今江苏徐州萧县），建立了萧国，为宋国的附庸国，后萧国为楚国所灭，其子孙便以国为姓，世代姓萧。

【变迁分布】

早期在河南、山东、江苏、陕西一带活动，以兰陵（今山东省枣庄、藤县一带）、广陵（今江苏扬州）等郡为郡望，这与由萧道成建立的南朝萧齐政权和萧衍建立的萧梁政权有很大关系，也形成了萧氏兴旺的高峰。唐代以后，萧氏已经涉足闽粤及岭南地区，安徽、江西、福建等为萧氏密集区。当今以四川、湖北、湖南、江西、广东最为集中。

【名人荟萃】

萧何：西汉政治家、开国功臣。沛县（今属江苏省）人。秦末随刘邦起义，他知人善任，在楚汉相争中为刘邦战胜项羽、建立汉朝起到重要作用，后因功被封为酂侯。

萧望之：西汉大臣、著名经学家。东海兰陵（今山东省苍山）人，从师后巷学诗，又从师夏侯胜学《礼》及《论语》，官至御史大夫、太子太傅等职。

萧道成：南朝齐的建立者，高帝。先世居东海兰陵（今山东省苍山县兰陵镇），南兰陵（今江苏常州）人。仕宋为中领军，后乘朝廷内乱，壮大势力，拥立顺帝刘准，自为太傅领扬州牧，升为相国，被封齐公，后废宋称帝，建立齐王朝，史称齐高帝。

萧统：南朝梁代文学家。南兰陵（今江苏常州）人，梁武帝萧衍长子。母亲为萧衍的贵嫔丁令光，又称"丁贵嫔"。于天监元年（502年）十一月被立为太子，然英年早逝，未及即位即于531年去世，死后谥号"昭明"，故后世又称"昭明太子"。主持编撰的《文选》又称《昭明文选》。

100 尹（yǐn）

【寻根溯源】

黄帝之子少昊氏，又称金天氏，为当时东夷族首领，其子殷，为工正之官，受封到尹。周初又建尹国，地在今河南宜阳，后被郑国所灭，后裔以国为氏，称尹姓。另外，商代有官职"师尹"相当于宰相，其后代以官职中的"尹"为姓。

【变迁分布】

早期主要活动在今河南、山西、陕西与山东一带。汉唐时期已经迁至河北、贵州、两广、浙江、安徽、四川、湖南、甘肃、江西等地，在天水郡（今甘肃通渭）形成望族。宋明时期，向东南方向迁移。宋代以河南、湖南、甘肃较为密集，明代形成了山东、浙江、湖南、江西的集聚区。当今以湖南、四川、湖北最为集中。

【名人荟萃】

尹勋：河南巩县人，累官至尚书令，迁汝南太守、大司农。上书为党锢解禁，并参与窦武等人诛杀宦官，后下狱，自杀。

尹继伦：北宋将领。开封浚仪人。徐河之战突袭耶律休哥军营，杀其大将皮室一人，契丹军未及反击，余众夺路溃奔，自相践踏，死伤无数，以功升长州团练使。因其面黑，辽军每每相戒当避"黑面大王"。

尹继善：清代大臣。满洲镶黄旗人，东阁大学士兼兵部尚书尹泰之子。雍正元年（1723年）进士，历官编修、云南、川陕、两江总督，文华殿大学士兼翰林院掌院学士，协理河务，参赞军务。著有《尹文端公诗集》10卷等，曾参修《江南通志》。

101 姚（yáo）

【寻根溯源】

姚姓主要有两种来源。一是出自舜帝。相传舜因生在姚墟，他的后裔子孙便以地为氏，称为姚姓。二是出自子姓，春秋时有姚国，是商族的后裔，其子孙便以国为氏，称为姚姓。

【变迁分布】

早期居住在河南、山东、江苏一带。汉唐时期，已经迁至山西、广西、四川、浙江等地，并在吴兴郡（今浙江省临安至江苏省宜兴一带）形成望族。宋时，姚姓人群已进入东南沿海地区，但河北是姚姓第一大省。明代时期，则以浙江、江苏为多，并已散布在全国大部分地区。当今仍以浙江及东南地区为多。

【名人荟萃】

姚苌：东晋末年后秦的建立者，即后秦太祖武昭皇帝。南安赤亭（今甘肃陇西西）人，羌族。十六国时期后秦政权的开国君主，公元384年—393年在位。他是羌族首领姚弋仲的第二十四子，姚襄之弟。

姚勉：南宋名臣。古天德乡（今江西宜丰县新庄镇）灵源村人。初生时，曾被弃之山野雪地，故其成年后自号"雪坡"以志不忘。宝祐元年（1253年）进士及第，廷对第一，点为状元。先后授承事郎，秘书省正字，校书郎、节度判官、太子舍人，沂靖王府教授。后来授处州通判，因病而未能赴任，当年谢世，年仅47岁。

姚鼐：清代散文家，桐城派创立者。安徽桐城人，室名惜抱轩（在今桐城中学内），世称"惜抱先生"、"姚惜抱"。乾隆进士，任礼部主事、四库全书纂修官等，年才四十，辞官南归，先后主讲于扬州梅花、江南紫阳、南京钟山等地书院四十多年。与方苞、刘大槐并称为"桐城三祖"。著有《惜抱轩全集》等,曾编选《古文辞类纂》。

102 邵(shào)

【寻根溯源】

邵姓源自姬姓。西周末年,周武王将弟弟姬奭封在召(今陕西岐山),世称召公。召公后又被封于燕,成为燕国的始祖。战国末年,秦灭燕,召公的后代散居各地,以召为姓,后又加上一个"邑"偏旁为邵,于是以邵为姓。

【变迁分布】

早期主要在河南、山东、陕西一带活动。汉唐之时,已经广布长江以南,在湖南、江西以至福建均有分布,在河北形成了以博陵郡(今属河北省)为代表的邵氏望族。宋明之时,邵氏在江苏、浙江形成密集居住区,并成为南方的重要姓氏。当今以江苏、山东、湖北、甘肃为多。

【名人荟萃】

邵雍:北宋著名哲学家。范阳(今河北省涿州)人。学问、人品均属上乘,人称"百源先生"。一生不仕,工诗,多为闲适之作。精研周易,创立象数之学。著有《皇极经世》《伊川击壤集》等。

邵兴:南宋抗金义军首领。解州安邑(今山西省运城)人。南宋初年,率众抗金,在解州神稷山结寨,屡败金兵。金人执其弟邵翼,迫使他投降,他严词以拒,击败金军。曾保卫商州(今陕西商县)十年,后被秦桧毒死。

邵宝:明代大臣。江苏省无锡人。成化进士,累官至南礼部尚书,学者称其为"二泉先生",为李东阳门人,著有《容青堂集》。

103 湛（zhàn）

【寻根溯源】

　　湛姓主要有两种来源。一是源自姒姓。上古夏朝有个斟灌氏国，是大禹的氏族中的一支建立的诸侯国，其地在今山东省寿光市东北三省四十里斟灌店。太康失国后，东夷族人寒浞又代羿称王。派遣浇率兵攻灭斟灌氏国。原斟灌氏族人为避害，便约定把原国姓斟灌二字合并，各取一半，合成一个湛字，即去"斗"去"雚"为姓，遂成湛氏。子孙沿袭，传延至今，已有四千余年。二是源自地名。古代居住在湛水、湛城的人以地命氏。湛城在今河南焦作。

【变迁分布】

　　古迄今来，在今河南、山东、江苏、浙江、湖北、福建、四川等地有零星分布，并在豫章郡（今江西南昌）形成望族。

【名人荟萃】

　　湛温：五代闽国御史大夫。五代时光州人，仕闽。王延翰时为御史大夫、国子祭酒。王审知养延禀与延翰有隙，遣使来探虚实。延翰命温往饯，且鸩之。温惧争斗，道貌岸然经高安山西岭，饮鸩自毙。国人哀之，名其岭为祭酒岭。

　　湛然：唐代佛教天台宗高僧，常州晋陵荆溪（今属江苏省宜兴）人。

　　湛若水：明代经学家，大臣。增城（今广东增城）人。学者称"甘泉先生"。明弘治十八年（1505年）进士，历官南京吏、礼、兵部尚书。湛若水是明代著名的学者，从陈宪章游，是陈白沙弟子中成就最著者。湛若水与王守仁皆以理学著名而分庭抗礼。著有《湛甘泉集》。

104 汪（wāng）

【寻根溯源】

　　汪姓主要有两种来源。一是出自商代的汪芒氏（又称汪罔氏），战国时被楚国攻灭，其后代便以汪为姓。二是出自姬姓，一为鲁成公的后代，二为西周昭王的子孙。

早期在山东、山西、陕西、浙江、安徽等地活动。汉唐时期，重点分布在长江下游地区，并在平阳郡（今属山西）、新安郡（今属浙江）形成汪氏望族。宋代时期，汪氏已经扩展到湖北、湖南、四川、广东、广西及福建等地，以浙江、安徽、江西为聚居区。当今汪姓形成以安徽为中心的分布格局。

【名人荟萃】

汪华：唐代重臣。徽州绩溪瀛洲汪村绩溪人（今安徽绩溪）。唐朝时期因功封越国公。被后人称为"古徽州第一伟人"。其死后，庙宇祭祀不断，行祠社屋遍布，被尊为徽州的地方神或地域神。在民间，被奉为"汪公大帝"、"花朝老爷"、"太阳菩萨"。

汪伯彦：南朝著名大臣、宰相。祁门城里（今安徽祁门）人。汪伯彦颇有才学，著有《春秋大义》十卷、《中兴日历》五卷、《汪伯彦文集》二十五卷。

汪琬：清代初年学者、散文家。长洲（今江苏苏州）人。与侯方域、魏禧，合称明末清初散文"三大家"。顺治十二年进士，康熙十八年举鸿博，历官户部主事、刑部郎中、编修，著有《尧峰诗文钞》。

汪士慎：清朝大画家。安徽休宁人，寓居扬州。善于写诗，精通篆刻和隶书，工画花卉，喜画梅花，笔墨清劲，对后世影响较大，是"扬州八怪"之一。

105 祁（qí）

【寻根溯源】

祁姓主要有四种来源。一源自姬姓。黄帝有子名祁豹，其子孙以祁为姓。二是帝尧为伊祁氏，其后裔中也有以祁为氏者。三是周代有掌封圻兵甲的官职"祁父"，担任"祁父"一职者，其后代也有以祁氏者。四是出自春秋时晋国公族。春秋时，晋国献公的四世孙奚封邑在祁（今山西祁县一带），奚因而又称祁奚，其后代以邑为氏，称祁姓。

【变迁分布】

早期在河南、山西一带活动。历史上，山西祁氏为名人家族，以太原郡（今山西太原）为郡望。在山东、湖北、陕西、上海、江苏、浙江、安徽以及东北三省等地也有分布。

祁顺之：唐代大臣。岐州扶风（今陕西乾县）人。唐玄宗时累任左司员外郎。天宝五年（746年），任刑部员外郎，受诏至北海斩杀太守李邕。六年，撰写《开梁公堰颂》。唐肃宗乾元二年（759年），编撰《南叟训》。

祁鹤：明代官吏。山西省安邑（今夏县）人。正德年间进士，累官至山东副使。嘉靖间镇压山西青羊山抗拒官府之民众，特受节钺。

祁寯藻：清代大臣。山西寿阳人。三代帝师。嘉庆十九年（1814年）进士，由庶吉士授编修，历官至军机大臣，左都御史，兵、户、工、礼诸部尚书，体仁阁大学士、太子太保。谥号文端。

106 毛(máo)

【寻根溯源】

毛姓源自姬姓。西周时，周武王将弟弟叔郑封于毛国（今陕西岐山一带），他的子孙便称毛氏。此外，周文王的儿子伯明（一作聃），被封在毛邑（今河南宜阳一带），爵位为伯，故世称伯明，为周成王的六卿之一，任司空，掌管建筑工程。伯明的子孙便以封地为姓，世代姓毛。

【变迁分布】

早期在河南、陕西活动。汉唐时期，广布河北、山东、山西、湖北、安徽、四川等地，并在西河、荥阳、河阳、北地等郡县形成毛氏望族。宋明时期，向东南及两广扩散，由浙赣、川湘两个中心发展为浙赣、湘鄂、甘肃三个中心。当今浙江、广西、四川的毛氏最为密集。

【名人荟萃】

毛遂：战国时期薛国（今山东枣庄）人，年轻时游赵国，身为赵公子平原君赵胜的门客，居平原君处三年未得崭露锋芒。公元前257年，也就是赵孝成王九年，他自荐出使楚国，促成楚、赵合纵，声威大振，并获得了"三寸之舌，强于百万之师"的美誉。

毛延寿：西汉画工。杜陵（今陕西西安）人。给宫女画像的时候，宫女们送点礼物给他，他就画得美一点。王昭君不愿意送礼物，所以毛延寿没有把王昭君的美貌如实地画出来，在她的画像上点上丧夫落泪痣（此事无正史可考，极有可能是杜撰）。有诗云："归来却怪丹青手，入眼平生几曾有；意态由来画不成，当时枉杀毛延寿。"（王安石《明妃曲》）。汉元帝一气之下，把毛延寿杀了。

毛亨：西汉学者。西汉鲁（郡治今山东曲阜一带）人，另一说为河间（郡治今河北献县东南）人。相传为古诗学"毛诗学"的开创者，据传他为古文经学"毛诗派"的开创者，曾作《毛诗故训传》，以授毛苌，史称"大毛公"。毛苌为西汉赵（郡治今河北邯郸西南）人，据称其诗学传自毛亨，曾任河间献王博士，史称"小毛公"。

107 禹（yǔ）

【寻根溯源】

远古时代著名的治水英雄大禹的后裔中有以禹为氏者。有的文献说，禹的后裔建有鄅国，春秋时为鲁所灭。其国人去"邑"而以禹为氏。

【变迁分布】

宋元以来主要分布在山西、江苏、甘肃、湖南、河南等地，历史上，曾以陇西郡（今属甘肃）为郡望。

【名人荟萃】

禹显：金代义胜军节度使。雁门人。以战功授义胜军节度使，兼沁州招抚副使。率领200士兵驻守襄垣。元师集步骑数千前来攻城，四次不能拔，后因内变，城破被俘，不屈而死。

禹祥：明代清廉著称的县官，仁寿县知县，处己接物，唯以不欺，居官清约如寒士。

禹之鼎：清代画家。江苏兴化人，后寄籍江都。擅山水、人物、花鸟、走兽，尤精肖像。肖像画名重一时，形象逼真，生动传神。康熙中任鸿胪序班。他以善画供奉内廷。著有《骑牛南还图》《放鹇图》《王原祁艺菊图》等传世。

108 狄（dí）

【寻根溯源】

周成王的舅父孝伯被封在狄城（今山东博兴），其后代以封邑为氏，称狄姓。

【变迁分布】

早期在山东、河北、河南一带活动。在天水、太原等地形成望族。后来向江苏、浙江、湖南等地扩展，尤以江苏较为集中。

【名人荟萃】

狄希：春秋时以制酒著称。中山（今河北省平山县）人，大约在春秋末期。他善造酒，能造千日酒，饮后醉千日。据晋张华博物志记载："刘玄石好饮酒，求饮一杯，醉眠千日。"唐朝有诗曰："青布旗夸千日酒，白头浪吼半江风。"

狄青：北宋大将。汾州西河人。智勇双全。面有刺字，善骑射，人称"面涅将军"。他出身贫寒，初为延州指挥使，勇而善谋，在宋夏战争中，立下了累累战功。朝廷中尹洙、韩琦、范仲淹等重臣都与他的关系不俗。范仲淹授以《左氏春秋》，狄青因此折节读书，精通兵法。以功升枢密副使。狄青生前，备受朝廷猜忌，导致最后郁郁而终；死后，却受到了礼遇和推崇，"帝发哀，赠中令，谥武襄"。

狄仁杰：唐时杰出的政治家、大臣，并州太原（今山西省太原南郊区）人，武则天当政时期宰相。举明经。历官并州都督府法曹、大理丞、侍御史、宁州、豫州刺史，武则天即位，任地官侍郎、同凤阁鸾台平章事，后为来俊臣诬害下狱，贬彭泽令，转魏州刺史，神功初复相，后入为内史，后又封为梁国公。在武则天当政时，以不畏权贵著称。

109 米(mǐ)

【寻根溯源】

米姓源自楚国芈姓。因芈与米同音，由楚族芈姓同音而改为米的。另一说法是，汉唐时西域康居国支庶有米国，米国之人来内地定居、其族裔以国为氏。

【变迁分布】

唐代在陇西、京兆已经形成米氏望族。宋明以来，在北京、天津、陕西、湖北、江苏、安徽、广西、云南等地的部分地区也有分布。

【名人荟萃】

米芾：宋代著名书画大家、书画理论家。祖籍山西，迁居襄阳，自称吴人，定居闰洲。因他个性怪异，举止癫狂，遇石称"兄"，膜拜不已，因而人称"米颠"。徽宗诏为书画学博士，人称"米南宫"。米芾能诗文，擅书画，精鉴别，集书画家、鉴定家、收藏家于一身，他是"宋四书家"（苏、米、黄、蔡）之一，又首屈一指。

米万钟：明代画家。原籍陕西安化，米芾后裔。徙居燕京（今北京），官太仆寺少卿，江西按察使等职。有好石之癖，善山水、花竹，书法行、草俱佳，既有南宫篆法，也有章草遗迹。与董其昌齐名，称"南董北米"。书迹流传甚多。其书运笔迅疾，沉着爽利。《书史会要》说米万钟："擅名四十年，书迹遍天下。"

米汉雯：清代画家。米万钟之孙。宛平（今北京）人。顺治时进士，康熙举鸿博，改编修，官侍讲学士。山水气势浩瀚，笔意苍劲，书、画俱仿米芾，颇得家法，号称"小米"。尤工篆刻。

110 贝(bèi)

【寻根溯源】

贝姓源自姬姓。周文王的儿子召公，其支庶有封于贝丘（今河北清河至山东博兴一带）者，其后裔遂以封邑为氏，称贝姓。还有一说，鲁康公支子，受封于巨野之浿水，建立了郥国（今河北清河），其子孙改郥为贝，作为姓氏。

【变迁分布】

汉唐时期，在北方活动，并以清河郡（今河北省清河县至山东省博兴县、临清市一带）为郡望。宋明以来，主要集中在江苏、浙江等地。

【名人荟萃】

贝义渊：著名南朝时期梁国书法家。吴兴（今浙江湖州）人。贝义渊擅书法，其字精严遒劲，笔势灵动。贝义渊特别擅长大字，所书大字带行书笔意，更为雄健。

贝琼：明朝文学家。浙江海宁殳山（今浙江海宁双山乡）人，一说崇德（今浙江桐乡）人。贝琼从杨维桢学诗，取其长而去其短；其诗论推崇盛唐而不取法宋代熙宁、元丰诸家。文章冲融和雅，诗风温厚之中自然高秀，足以领袖一时。著有《中星考》《清江贝先生集》《清江稿》《云间集》等。

贝泰：明初文官。金华人。少以文行闻，永乐举人。累官国子祭酒，前后在太学四十余年，六馆之士，翕然从化。后致仕卒。

111 明（míng）

【寻根溯源】

明姓最早可追溯到燧人氏四佐中的明由，其后代以明为姓。此外，秦国大夫百里奚之子孟明视，其后代有以"明"为姓的。

【变迁分布】

主要分布在河北、河南、山东、江苏、浙江、湖北、安徽及东北三省等地，以平原郡（今山东平原）、吴兴郡（今属浙江）为郡望。

【名人荟萃】

明亮：后魏官员。平原（今山东德州平原县）人。性情文静厚道，知识丰富，很有才能。被授以勇武将军，除阳平太守。清白爱民，颇有惠政。

明镐：北宋官吏。密州安丘（今山东安丘）人。进士出身。初为地方官。任东京、盖州（今四川成都）等地转运使。后元昊兵起，任陕西转运使，以修建城堡、训练靖边军著名于时。他以枢密院直学士、左谏议大夫知成德军入知开封府（今河南开封）。后因功升参知政事。

明玉珍：元末大夏政权建立者。随州（今湖北随州）人。农民战争爆发，明玉珍集乡兵千余人屯青山，结栅自固。后参加徐寿辉领导的西系天完红巾军，任元帅。后陈友谅杀徐寿辉自立为帝，明玉珍不服，不与相通，自称陇蜀王。之后，受刘桢等人拥立称帝。国号大夏。公元1366年，明玉珍病故，后大夏被朱元璋明军所灭。

112 臧（zāng）

【寻根溯源】

臧姓源自姬姓。春秋时鲁孝公的儿子公子彄（kōu），受封于臧邑（故地在今山东境），世袭鲁卿，其后人以臧为姓。

【变迁分布】

历史上以东海郡（今山东郯城）为郡望，在今河北、河南、山东、江苏、浙江、安徽等地均有分布，其中尤以山东、江苏最为集中。

【名人荟萃】

臧荼：西汉燕王。燕王韩广部将，跟随项羽援救被秦朝章邯包围的赵国。又随项羽入关中。汉王刘邦元年（前206年），项羽分天下为十八诸侯，立臧荼为燕王。迁燕王韩广为辽东王。之后，臧荼攻灭韩广，合并辽东，统一燕国。后归顺韩信，投降刘邦。刘邦打败项羽，臧荼和楚王韩信、韩王信、淮南王英布、梁王彭越、长沙王（前衡山王）吴芮、赵王张耳共同尊奉汉王刘邦为皇帝。

臧洪：汉末群雄之一。徐州广陵射阳（今江苏宝应东）人，为陈琳同乡。为人雄气壮节，曾为关东联军设坛盟誓，共伐董卓。袁绍非常看重臧洪，先后让他治理青州和担任东郡太守，臧洪在这些地方政绩卓越，深得百姓拥护。后因袁绍不肯出兵救张超，开始与其为敌，袁绍兴兵围之，后被袁绍所擒，慷慨赴死。

臧荣绪：南朝史学家。南朝齐东莞莒（今山东莒县）人。出生在官宦之家，幼年丧父，靠自己劳动养家，"躬自灌园，以供祭祀"。因此，后有"灌园叟"的别号。荣绪笃志好学，酷爱"五经"，自号"被褐先生"。

计伏成戴　谈宋茅庞　熊纪舒屈　项祝董梁

113 计（jì）

【寻根溯源】

计姓源自少昊。周武王封少昊氏的后裔于莒，建立莒国，起初以计斤为国都，其后人以计姓。

【变迁分布】

早期主要活动在山东，以齐郡（今山东淄博）为郡望，后在京兆郡（今陕西西安一带）成为名门大族。宋代以来，在江苏、浙江、湖南、安徽等地也有零散分布。

【名人荟萃】

计然：春秋时越国学者，一名计研。其先为晋国亡公子。本姓辛。后改姓计。他不事王侯，潜心于学，博学善计算，为范蠡师，著有《文子》（早于《淮南子》）。

计昭：三国东吴将领。三国吴武康（今浙江省德清县）人。为车骑将军，见孙皓荒暴，乃弃官隐居浙江德清禹山（在今三合乡），晋宣帝司马衷屡诏不起。计昭隐居之后，子孙繁衍。今三合乡境内东计家兜、西计家兜、计家埭等计姓均为计昭后裔。

计礼：明代书画家。天顺进士，官刑部郎中。画菊时，落笔皆用草书法。时云："林良翎毛夏昶竹，岳正葡萄计礼菊。"

114 伏(fú)

【寻根溯源】

上古时有伏羲氏被尊位为三皇之首,号称"人祖"。他的后代,有的便以伏为姓。"伏"与"宓"通,春秋时孔子有弟子宓子贱,其后人也以伏为姓。

【变迁分布】

伏氏在唐宋之前以治经史而著称,其名门分布在今山东诸城、济南、安丘等地,在太原郡(今山西太原)形成望族,在河北也有分布。当今在湖南有较多分布。

【名人荟萃】

伏胜:西汉学者,因传承《尚书》而著称。汉朝时济南人。为伏羲的后裔,文帝时求能治《尚书》者,伏生当时九十余岁,老不能行,文帝便遣太常事史掌故晁错前往求教,其中第29篇即是今之传世的《尚书》。撰有《尚书大传》。成为文学派的开山祖师。

伏湛:东汉大臣。琅琊东武(山东诸城)人。东汉光武帝宰相,后封不其侯,世袭。光武帝时以名儒旧臣被征拜为尚书,典定旧制。时大司徒邓禹西征关中,光武帝以其才任宰相而拜他为司直,行大司徒事,常留镇守,总摄群司。建武三年(27年)拜相,任大司徒,封阳都侯。任相秉节持重,颇有风范。建武五年以不能奏大臣过失而被免相。后改封不其侯迁归原籍。建武十三年复被起用,未及就职而病卒。

伏曼容:南朝宋、齐大臣。平昌安丘(今山东省安丘市西南)人。初以讲学为业。任宋官到辅国长史,南海(今广东省广州市)太守。仕齐官到武昌太守、中散大夫、临海太守等。一生治学,尤善《老子》《周易》。撰《丧服仪》《周易集解》《毛诗集解》等。父伏胤西晋司马都护,宋司空主簿。

115 成(chéng)

【寻根溯源】

成姓源自姬姓。周文王第五子叔武受封于郕(今山东宁阳一带),故又称郕武叔,其后人去邑为成氏。另外,楚君若敖之后有名将成得臣,其子以父字为成氏。

唐代以前主要活动在河北、河南、北京、山东等地，并在上谷郡（今河北保定一带）形成望族。宋明至今，在辽宁、吉林、河北、河南、山西、四川、江苏、浙江、安徽、湖北、湖南等地均有分布。

[名人荟萃]

成翊世：东汉官吏。平原（今属山东省）人。安帝初，因上书请邓后归政于安帝，而入狱。邓后被诛后，征为尚书郎。安帝末，又因上书为太子刘保废为济阴王申辩，而被罢官。顺帝时复为尚书。

成公绥：西晋文学家。东郡白马（今河南滑县）人。好音律，擅辞赋，著有《成子安集》。幼而聪敏，博涉经传，有俊才，张华颇重他，每见所作文，叹服以为绝伦。荐之太常，征为博士，历迁中书郎。

成基命：明代大臣，政治家。大名（今属河北）人。避明宣宗讳以字行。进士出身，历任司经局洗马，署国子监司业事。天启元年（1621年），因上疏请明熹宗幸学未先向内阁禀报，令其以原官还局，遂请告归。不久起官为少詹事。累官至礼部右侍郎兼太子宾客，改掌南京翰林院事。

116 戴(dài)

[寻根溯源]

戴姓主要有三种来源。一是出自子姓，为商朝微子启的后代。周初，周公旦在平定"管蔡之乱"后，封商朝末代君主帝纣之庶兄子启（子姓）于商的旧都（今河南省商丘南），建立宋国。宋国第11位君主，史佚其名，死后被谥为戴公。戴公传子宋武公司空。其子孙遂以谥号"戴"为氏，是为河南戴氏。二是出自姬姓。春秋时有戴国，为姬姓诸侯国，后被宋国所灭，其族人便以戴为姓。三是由殷姓改为戴姓。武王灭商后，有不少殷遗族以国为氏（因商首都在殷，又叫殷国），称殷氏，其后就有改姓戴的。这一支戴氏也是出自河南。

[变迁分布]

早期在豫东地区活动。汉唐时期，已经迁移到河北、山东、江苏、浙江等地，并在江南和冀鲁形成继豫东地区之后的两个密布区，在谯郡（今安徽亳州）、广陵郡（今江苏扬州）、清河郡形成戴氏望族。宋明时期，已经广布于四川、华北、西北、东南地区，尤以浙江、江西等地最为集中。当今江苏、湖北、四川分布较为密集。

【名人荟萃】

戴德、戴圣：西汉时梁（治今安徽砀山）人，又据《成安县志》为魏郡斥丘（今河北成安东南）人。家族显赫。戴德、戴圣是今文礼学"大戴学"和"小戴学"的开创者。由于二人在礼学上的重大贡献，也被后人尊称为"儒宗"。戴德和《小戴礼记》的编纂者戴圣（戴德之侄）都是西汉经学家后苍的弟子。西汉时，以研究礼仪而闻名，人称"大戴"、"小戴"。

戴表元：元代文学家。号剡源，奉化（今属浙江）人。其文章高雅，时称"东南文章，首推表元"，著有《剡源戴先生文集》。

戴震：清代思想家，哲学家。休宁隆阜（今安徽黄山屯溪区）人。乾隆二十七年（1762年）举人，乾隆三十八年被召为《四库全书》纂修官。乾隆四十年第六次会试下第，因学术成就显著，特命参加殿试，赐同进士出身。戴震治学广博，音韵、文字、历算、地理无不精通，又进而阐明义理。梁启超称之为"前清学者第一人"。

117 谈(tán)

【寻根溯源】

谈姓源自宋国子姓。东周时期，楚国灭宋，因宋国末代国君为谈君，故其后人以谈为姓。

【变迁分布】

早期在中原地区活动，之后在广平郡（今河北鸡泽）形成谈姓望族。宋明以来，主要在江苏、上海、浙江一带形成相对集中的谈氏族群。当今姓氏中，排名第二百三十六位。

【名人荟萃】

谈迁：明末清初史学家。浙江海宁（今浙江海宁西南）人。原名以训，明亡后改名迁，自称"江左遗民"。入清隐居不出，好审古今治乱，尤熟于历代典故。著有《国榷》《枣林集》《北游录》《西游录》《枣林杂俎》《枣林外索》《海昌外志》等书。

谈恺：明代官员。无锡人。官至都御史，降伏赣贼李文彪和海寇徐壁溪，平壁溪贼寇、峒寇，擒剿大罗山贼。

谈衡：清代画家，其子谈友仁也是画家。

118 宋(sòng)

【寻根溯源】

宋姓源自子姓。周武王灭商之后，殷纣王之子武庚参与"三监"之乱，被周公旦所杀。为奉商祀，封纣王之兄微子启于宋（今河南商丘一带），由微子之孙稽正式就封，宋国在战国时被齐、魏、楚所灭。其后人遂以国为氏，称宋姓。此外，五代以来，西夏、清均有他族改称宋氏者。

【变迁分布】

秦代时期，在秦、楚等地均有宋氏足迹。汉代以后，散播河南、山西、陕西、山东、浙江、安徽、江西、湖北、甘肃等地。南北朝时期，在河南（今河南洛阳）、弘农（今河南灵宝北）、京兆（今陕西西安）、扶风（今陕西兴平东南）、敦煌（今属甘肃）、乐陵（今属山东）等郡形成望族。唐宋时期，扩展到四川、湖南、福建、广西、广东等地。北宋时期，主要集聚于今陕西、河北、四川、河南等地。明代时期，则集中在山东、浙江、江西等地。宋氏在当今尤以鲁冀豫、四川、黑龙江分布最为密集。

【名人荟萃】

宋玉：又名子渊，战国后期楚国辞赋作家。战国时鄢（今襄樊宜城）人。相传他是屈原的学生。曾事楚顷襄王。好辞赋，为屈原之后辞赋家，与唐勒、景差齐名。相传所作辞赋甚多，今多亡佚。流传作品有《九辨》《风赋》《高唐赋》《登徒子好色赋》等。传说其人才高貌美，为古代四大美男之一。

宋弘：东汉名臣。京兆长安（今陕西西安）人。为人正直，做官清廉，对皇上直言敢谏。赤眉军入长安时以佯死得免，光武帝刘秀即位，拜为太中大夫，以清行称。向光武帝多进规谏。湖阳公主寡，欲嫁宋弘，弘辞以"糟糠之妻不下堂"。这就是"糟糠之妻"的由来。宋弘曾先后为汉室推荐和选拔贤能之士三十多人，有的官至相位。光武帝刘秀对他甚为信任和器重，封他为宣平侯。

宋璟：唐代贤相。邢州南和（今河北）人。进士出身，官历上党尉、凤阁舍人、御史台中丞、吏部侍郎、吏部尚书、刑部尚书等职。唐开元十七年（729年）拜尚书右丞相。授府仪同三司，晋爵广平郡开国公。历任武后、睿宗、玄宗三朝，与姚崇并为名相，时称"姚宋"，对造就开元盛世颇有贡献。

宋之问：唐代著名诗人。汾州（今山西省汾阳）人。以善五言诗与沈佺期齐名，并称"沈宋"，其诗对唐代律诗的形成和发展颇有影响，明人辑有《宋之问集》。

宋琬：清初著名诗人，清八大诗家之一。莱阳（今属山东）人。顺治时进士，官至四川按察使，为官清廉，仕途坎坷。他一生精于著作，是我国有代表性的诗人，与安徽施润章齐名，时称"南施北宋"。又与严沆、施润章、丁澎等合称为"燕台七子"。著有《安雅堂集》及《二乡亭词》。

119 茅(máo)

【寻根溯源】

茅姓源自姬姓。西周时，周公第三子封于茅，初封地在河南辉县，后迁今山东金乡一带，后被邹国所灭，其后裔以国为氏，称茅姓。

【变迁分布】

历史上，在今河南开封、山东兖州、江苏泰兴、浙江吴兴、安徽定远等地有分布。南北朝时期，在东海郡（今江苏镇江）形成望族。

【名人荟萃】

茅坤：明代散文家、藏书家。号鹿门，归安（今浙江吴兴）人。好谈兵，自负有文武才能。编选《唐宋八大家文抄》，对韩愈、欧阳修和苏轼尤为推崇。茅坤与王慎中、唐顺之、归有光等，同被称为"唐宋派"。著有《白华楼藏稿》，刻本罕见。行世者有《茅鹿门集》。

茅元仪：明末儒将。归安（今浙江吴兴）人。文学家茅坤之孙。自幼喜读兵农之道，成年熟悉用兵方略、九边关塞，曾任经略辽东的兵部右侍郎杨镐幕僚，后为兵部尚书孙承宗所重用。崇祯二年（1629年）因战功升任副总兵，治舟师戍守觉华岛，获罪遣戍漳浦，忧愤国事，郁郁而死。茅元仪汇集兵家、术数之书2000余种，历时15年辑成《武备志》，《武备志》网罗历代军事著作，附大量插图，尤具资料价值。

茅鸿儒：清代文士。又名兆儒，钱塘（今浙江杭州）人。工诗词，善书、画。画山水花鸟有文人气。著有《东篱草堂诗钞》。

120 庞(páng)

【寻根溯源】

庞姓源自姬姓。周文王之子毕公高受封于庞，其子孙以其封邑为氏，称庞姓。

【变迁分布】

唐代以前，在今河南开封、山东金乡、河南偃师、湖北襄樊、甘肃陇西及高台、河南洛阳、内蒙古准噶尔、山西太原、安徽寿春等地均有分布，并在始平郡（今陕西兴平）、谯国郡（今安徽亳县）形成望族。唐代以来，在今山东东明、成武，湖北江陵、浠水，陕西延安，辽东，云南永平，浙江天台，广东广州，山东汶上，四川南充，江苏常熟，河北任丘等地也有分布。

【名人荟萃】

庞涓：战国时魏国将领。早年与孙膑同学兵法，涓后仕魏惠王，自认为能力不及孙膑，乃阴谋断其髌骨（即膝盖骨），后被孙膑设计杀于马陵道（今山东范县西南）。

庞统：三国时期蜀军师。襄阳（今湖北襄樊）人，东汉末刘备谋士，初与诸葛亮齐名，号称"凤雏"。从刘备入蜀，谋策居多，为刘备军师中郎将，后在进军雒县途中，中流矢而死，年仅36岁。

庞师古：唐末朱温部将。曹州南华（今山东菏泽西北）人，初从黄巢，后事朱温。唐昭宗光华二年（899年）冬，唐武安军节度使马殷，派李琼攻连州，城破后，庞师古自杀。

庞安时：北宋医学家。蕲州蕲水（今湖北浠水）人。庞安时出身于世医家庭，少从父学医，年未二十即通黄帝扁鹊医书。医术精湛，为人治病，十愈八九，能急病人之急，行医不谋私利，被誉为"北宋医王"。著有《难经辨》《伤寒总病论》《本草补遗》等。

121 熊(xióng)

【寻根溯源】

熊姓源自黄帝。相传黄帝生于寿丘，长于姬水，居轩辕之丘（今河南新郑），国号有熊，故称有熊氏，其后人有的以熊为姓。另一说为楚国的先祖鬻熊，其后裔也有以熊为姓者。

早期在河南、陕西、湖北、安徽活动。秦汉以后，东至江浙，西抵川东，在云南、江西、广西亦有分布，并在江陵郡（今属湖北）、豫章郡（今江西南昌）形成郡内望族。宋代时期，以江西、福建、湖南三地的熊氏最为密集。明代时期，集居于湖南、福建两地。在当今以湖北、江西、四川、湖南、贵州的熊氏数量最多。

【名人荟萃】

熊安生：北朝经学家，北学代表人物之一。长乐阜城（今河北省阜城东）人。通五经，精"三礼"，北齐时任国子博士。后入北周，为宫露门学博士。不久即去世。

熊朋来：元朝文学家、音乐家。豫章（今江西南昌）人。宋咸淳时进士。入元后，官至福清州（今福建福清）判官。能文，又通音律，尤善鼓瑟，著有《五经说》《瑟谱》。

熊应周：北宋著名画家。金陵（今江苏南京）人。善画山水，仿小米（米友仁）笔法兼工花鸟。他曾画有遥山、山居、云山、禽竹等图。

熊文灿：明代大臣。永宁卫（今四川省叙永）人。累官至兵部尚书。

122 纪（jǐ）

【寻根溯源】

纪姓源自姜姓。西周初年，追念先圣先王的功德，封炎帝的一个后代于纪，建立了纪国，地点在今山东寿光纪台一带。春秋时纪国被齐国所灭，纪国王族子孙就以国名为姓。

【变迁分布】

唐代以前，在今山东诸城、江苏南京、甘肃天水等地有分布，并在平阳郡（今山西临汾）形成望族。唐代以来，分布在山东泰安、河南鹿邑、山东临邑、河北献县、湖南衡山、江西抚州等地。

【名人荟萃】

纪信：西汉汉高祖义将。秦末汉初时刘邦的部将。先从刘邦起兵，为部曲长。前204年，纪信在荥阳城被围时假扮作刘邦的模样而让刘邦逃脱，自己也因此被俘，后被项羽处死。

纪僧猛：南齐文学家。建康（今江苏南京）人。纪僧真的弟弟。为镇蛮护军，晋熙太守。兄弟皆有风姿举止，并善隶书。纪僧猛又能飞白书，作《飞白赋》。

纪昀：清代著名学者、大臣。字晓岚，河间（今属河北）人。乾隆进士，授编修。官至协办大学士，加太子太保，他贯通儒籍，旁及百家，任《四库全书》总纂，主持编纂工作20余年，一生精力，备注于此。著有《阅微草堂笔记》等书7种。因其"敏而好学可为文，授之以政无不达"（嘉庆帝御赐碑文），故卒后谥号文达，乡里世称"文达公"。

123 舒(shū)

【 寻根溯源 】

舒姓源自唐尧时大理官皋陶。西周时，皋陶的后裔被封在舒（今安徽庐江县西），建立舒国，其国君世称舒子，春秋时被楚所灭，其国君族人以舒为姓。也有史书载舒氏为黄帝之后任姓的后裔。

【 变迁分布 】

舒氏在江西九江，浙江宁波、奉化，江西进贤、抚州，湖北通山，内蒙古及东北三省等地有分布，并在京兆（今陕西西安）、钜鹿（今河北平乡）、庐江（今属安徽）形成郡内望族。今河北固安、山东平邑、山西太原、内蒙古乌海、湖北监利、四川合江、江西崇仁、云南河口、广东澄海等多有此姓。

【 名人荟萃 】

舒邵：东汉名士。字仲应（一作仲膺），陈留（今河南南阳）人，与兄长舒伯膺俱为东汉末年名士。他曾为伯膺复仇杀人，事发后，兄弟争死，并得免刑，海内称"义"。后出任袁术的沛相。时天旱岁大荒，士民冻馁，江、淮间相食殆尽。袁术以米十万斛与之为军粮，舒邵却将其悉散以给饥民。袁术闻之大怒，陈兵将斩之。舒邵说："知当必死，故为之耳。宁可以一人之命，救百姓于涂炭。"袁术深受感动，下马牵之曰："仲应，足下独欲享天下重名，不与吾共之邪？"后晋升邵为阜陵长。

舒元舆：唐代官员、诗人。婺州（浙江金华）东阳人。进士出身，初仕即以干练知名。宰相裴度荐为兴元书记，所作文橄豪健，一时推许。元舆负才，锐意进取。太和五年上疏自荐，反复八万言，文辞精粹，出入今古，获文宗李昂嘉许。以擅文敢谏著称。官至御史中丞，以本官兼刑、兵两部侍郎，同平章事。甘露之变，为仇士良所害。诗六首，编为一卷。

舒璘: 南宋官吏、学者。奉化(今属浙江)人。进士出身,徽州教授,时称"第一教官"。官终宜州通判。谥文靖,著有《舒文靖集》。

124 屈(qū)

【寻根溯源】

屈姓源自芈姓。春秋时楚武王的儿子瑕任楚国莫敖,受封于屈,地点在湖北秭归一带,其后代以屈为姓。

【变迁分布】

历史上,在今湖北、辽宁锦州、陕西户县、广东番禺等地有分布,并在临海郡(今浙江临海)、临淮郡(今江苏盱眙)形成望族。当今主要在山东鱼台,湖北京山,浙江临海,四川成都、泸县等地分布。

【名人荟萃】

屈原: 战国时期著名的爱国诗人。名平,字原,战国末期楚国丹阳(今湖北秭归)人。楚武王熊通之子屈瑕的后代。屈原虽忠事楚怀王,却屡遭排挤,怀王死后又因顷襄王听信谗言而被流放,最终投汨罗江而死。屈原是中国最伟大的浪漫主义诗人之一,也是我国已知最早的著名诗人,世界文化名人。他创立了"楚辞"这种文体,也开创了"香草美人"的传统。代表作品有《离骚》《九歌》等。

屈突通: 隋唐时期名将,凌烟阁二十四功臣之一。长安(今陕西西安)人。隋炀帝南巡江都,委其镇守长安。高祖起兵入关,兵败被俘,后降唐,任兵部尚书,封蒋国公。后随李世民,镇守洛阳,后回朝拜为工部尚书。玄武门之变后,复为检校行台仆射,镇守洛阳。贞观元年(627年),改封洛州都督,进左光禄大夫。不久病故,赠尚书左仆射,谥曰忠。

屈复: 清代诗人。蒲城县罕井镇(今属陕西)人,后迁县城北关。19岁时童子试第一名。不久出游晋、豫、苏、浙各地,又历经闽、粤等处,并四至京师。乾隆元年(1736年)曾被举博学鸿词科,不肯应试。72岁时尚在北京蒲城会馆撰书,终生未归故乡。世称"关西夫子"。著有《弱水集》等。

125 项（xiàng）

【寻根溯源】

项姓主要有两种来源。一是出自芈姓，是楚国王族的后裔。春秋时，楚国公子燕被封于项城（今河南省项城市），建立项国，后被齐国所灭，其子孙便以国名"项"命姓，称项姓。二是出自姬姓，源自周代的项国。其地在今河南项城一带。项国是周朝的同姓（姬姓）诸侯国，公元前647年被楚国所灭，项国国君的子孙便以国名为姓，称项姓。

【变迁分布】

历史上，主要在河南周口，江苏宿迁，浙江丽水、武义、嘉兴、钱塘、杭州以及江西吉水等地分布，并以辽西郡（今河北乐亭一带）为郡望。当今在今北京、河北、山东、山西、内蒙古、江西、广西、云南等部分地区有分布，而以浙江、湖北、湖南、贵州为多。

【名人荟萃】

项橐：春秋时鲁国神童。相传他七岁时与孔子辩难，使孔子窘困，孔子把他当作老师一般请教，被后人称为"圣人之师"。

项羽：古代杰出军事家，秦末农民起义领袖。名籍，字羽，下相（今江苏宿迁市南郊）人。楚贵族出身。击败秦军主力后，自立为西楚霸王，在楚汉战争中败给刘邦，后突围至乌江，自刎而死。

项斯：唐代诗人。浙江仙居县人。项斯是台州第一位进士，也是台州第一位走向全国的诗人。他的诗在《全唐诗》中就收录了一卷计88首，被列为唐朝百家之一。

126 祝（zhù）

【寻根溯源】

祝姓源自黄帝有熊氏。周武王封黄帝之后于祝（今山东临沂一带），其后裔以祝为氏。另一说为上古时负责祭祀仪式时致祷词的官为祝史，其子孙以职官为氏，称祝姓。

【变迁分布】

历史上，主要在陕西兴平、浙江丽水、海盐、海宁、嘉兴、辽宁辽阳、江苏苏州、陕西西安、四川双流、河南固始等地分布，并以太原郡（今山西太原）为郡望。当今在江苏、上海、浙江、湖北有较多分布。

【名人荟萃】

祝英台：东晋会稽上虞人（今浙江上虞），小字九娘。女扮男装，与会稽梁山伯同游学三年。后梁山伯知其为女儿身，欲娶为妻，而英台已许配他人，梁山伯遂郁悒而终。次年，英台出嫁过山伯墓，其临墓恸哭，墓地忽裂，遂与山伯同穴。宰相谢安上奏朝廷，封为义妇冢。

祝钦明：唐代大臣。京兆始平（今陕西省兴平）人。中六经科选，为太子率更令。中宗复位，擢国子祭酒同中书门下三品（位同宰相），历刑部、礼部尚书，后以崇文馆学士卒。

祝梦熊：宋代大臣。衢州江山（今属浙江省）人。进士出身，官至监察御史。因得罪权臣韩侂胄，被贬职。后被农民起义军所杀。

祝允明：明代文学家、书画家。字希哲，号枝山，长洲（今江苏省苏州）人。因右手有六指，自号"枝指生"。举人出身，曾任广东兴宁知县，应天通判。他家学渊源，能诗文，工书法，特别是其狂草颇受世人赞誉，流传有"唐伯虎的画，祝枝山的字"之说。祝枝山所书写的"六体书诗赋卷"、"草书杜甫诗卷"、"古诗十九首"、"草书唐人诗卷"及"草书诗翰卷"等都是传世墨迹的精品。与唐伯虎、徐真卿、文徵明并称"吴中四才子"。著有《前闻记》《九朝野记》《苏材小纂》等。

127 董 (dǒng)

【寻根溯源】

董姓主要有两种来源。一是黄帝轩辕氏的后裔。相传黄帝的己姓子孙中有个叫叔安的，被封于鬷（又作蓼，在今河南唐河县），称为鬷叔安。鬷叔安的儿子董父，为帝舜驯养龙，被舜赐姓为董，封之于鬷川（今山东定陶县），他的后代便以董为姓。二是出自以官为姓。周朝有大夫辛有，其二子在晋国任职太史，董督（考察并收

【变迁分布】

早期在河南、山西、陕西及甘肃南部活动。秦汉以后，已经南达广东、江西，西至四川、东至山东、北到河北，并在陇西郡（今属甘肃）、济阳郡（今山东定陶）形成郡内望族。宋代时期，在江西、河北、山东、河南形成若干个中心。明代时期，以浙江、山东董氏较为密集。当今在辽宁、河北、河南、山西、山东、浙江、湖北、四川、云南均有密集分布。

【名人荟萃】

董仲舒：西汉思想家，儒学家，哲学家。广川郡（今河北景县）人。汉武帝举贤良文学之士，他对以"天人三策"，提出"罢黜百家，独尊儒术"的建议，为汉武帝采纳，开此后两千余年封建社会以儒学为正统的先声。他的著作汇集于《春秋繁露》一书。

董贤：西汉宠臣。云阳（今陕西淳化）人。西汉大司马。他22岁时就被哀帝宠幸，官至大司马，操纵朝政，其家族在当朝显赫一时。

董宣：东汉官吏。圉县（今河南杞县南）人，东汉时以秉公执法，廉洁奉公著称于世，有"卧虎"和"强项令"之称。

128 梁（liáng）

【寻根溯源】

梁姓来源比较复杂，一是出自嬴姓，为伯益的后裔。伯益三十五世大骆生非子。非子的曾孙有秦仲，秦仲的小儿子康封于夏阳梁山（在今陕西韩城南），建立梁国，为伯爵，史称梁康伯。春秋时，被秦国所灭，其后代以梁为姓。二是出自姬姓，东周时平王的儿子被封在南梁（今河南汝州一带），其子孙以国为姓。三是以封邑作姓氏的。四为战国初年魏国大梁人的后代。五为北魏少数民族改姓梁的。

【变迁分布】

秦汉时期，主要分布在河北、河南、陕西、山西、山东、江苏等地。西晋末，已经南下福建、广东，后在安定郡（今宁夏固原）、扶风郡（今属陕西）、天水郡（今甘肃通渭）、河南郡（今河南洛阳）形成郡内望族。宋代时期，在鲁豫、粤湘、陕西、闽浙形成梁姓聚集区。明代时期，则以广西、山西最为集中。梁姓当今已遍及全国各地，尤以山东、湖北、广东、广西、四川最为集中。

【名人荟萃】

梁冀：东汉权臣。安定（今甘肃泾川）人。出身世家大族，先祖时曾协助汉光武帝刘秀建立东汉，其父亲为梁商，有一妹，是汉顺帝的皇后。永和元年（136年）成为河南尹。因质帝当面称梁冀为"跋扈的将军"，次年即被他所毒杀，另立十五岁的桓帝。此后他更加专擅朝政，结党营私，且大封梁氏一门为侯为官。

梁鸿：汉代学者。扶风平陵（今陕西咸阳市西北）人。因他的父亲梁让在王莽擅权专政时期做过城门校尉，故可推测他生于西汉末年。他是我国历史上知名度甚高的大士。"举案齐眉"讲的就是他与妻子孟光的故事。

梁竦：东汉文学家。安定乌氏（今宁夏六盘山东侧）人。出身世代豪贵，梁统之子。少学《易经》，二十岁即能授人。以读书著述为娱，作《七序》数篇。班固见之，称道说："孔子著《春秋》而乱臣贼子惧，梁竦作《七序》而窃位素餐者惭。"

杜阮蓝闵　席季麻强　贾路娄危　江童颜郭

129 杜(dù)

【寻根溯源】

杜姓源自祁姓,帝尧的后代。4000多年前帝尧初居山东定陶,后迁河北唐县,故号陶唐氏,祁氏。由于帝尧的丰功伟绩,才使陶唐氏耀眼于后人的史书之中。舜封尧子丹朱为唐侯。西周时,周成王灭掉唐国后,将唐国国君迁到杜城,称杜伯。周宣王时,杜国又被灭掉,杜伯也被杀害。杜伯的子孙大多投奔其他诸侯,而留在杜城的就以杜为姓了。

【变迁分布】

早期在山西、山东、陕西、河南、湖北、四川等地活动。以后,在今河南、四川、山西、陕西、安徽、浙江、湖北、江苏、河北、山东等地均有杜氏密集区。南北朝时期,在京兆郡(今陕西西安)、襄阳郡(今湖北襄樊)、濮阳郡(今居河南)等地形成郡姓望族。宋代时期,主要集聚在河北、四川、山东、浙江等地。明代时期,则以山西、四川、河北、山东最为集中。当今杜姓已经散播全国各地,以辽宁、河北、河南、山东、四川最为密集。

【名人荟萃】

杜诗:东汉官员、水排发明家。河南汲县(今河南卫辉)人。光武帝时,为侍御史。建武七年(31年),任南阳太守时,创造水排(水力鼓风机),以水为动力铸造农具,见效大又省力,比欧洲同类产品早了1100年,他还主持修治陂池,广开田池,使郡内富庶起来。因此被当地尊称为"杜母"。

杜如晦:唐代名臣。京兆杜陵(今陕西西安长安区)人。太宗时,与房玄龄共掌朝政,曾订定各种典章制度,合称"房杜"。他是李世民夺取政权、开创贞观之治中的主要谋臣之一，深受李世民的重用。凌烟阁二十四功臣之一，唐初名相。

杜甫：唐代著名诗人。巩县（今河南巩义）人。其曾祖父（杜审言父亲）起由襄阳（今属湖北）迁居巩县（今河南巩义）。盛唐时期伟大的现实主义诗人。他忧国忧民，人格高尚，诗艺精湛，他在中国古典诗歌中的影响非常深远，被后世尊称为"诗圣"，他的诗也被称为"诗史"。杜甫与李白合称"大李杜"。

杜牧：唐代著名诗人、文学家。号樊川居士，京兆万年（今陕西西安）人。进士出身，官至中书舍人。以七言绝句著称。擅长文赋，其《阿房宫赋》为后世传诵。杜牧人称"小杜"，以别于杜甫。与李商隐并称"小李杜"。因晚年居长安南樊川别墅，故后世称"杜樊川"，著有《樊川文集》。

130 阮（ruǎn）

【寻根溯源】

阮姓源自偃姓，为舜时名臣皋陶的后代。皋陶的后裔封于阮（今甘肃泾川一带），建立阮国。殷商末年为周文王所灭，其子孙以国为氏，称阮姓。

【变迁分布】

唐代以前，在大江南北分布，但均以"陈留尉氏"为籍，因而陈留郡（今河南开封）为阮氏郡望。唐代以后，在今福建莆田、安徽滁县、安徽桐城、河南洛阳、安徽怀宁、江苏仪征等地均有分布。当今主要分布在河北、湖北、浙江、安徽、福建、广东、台湾等省。

【名人荟萃】

阮籍：三国魏国名士。字嗣宗，陈留尉氏（今河南尉氏）人。曾任步兵校尉，世称阮步兵。崇奉老庄之学，政治上则采取谨慎避祸的态度。与嵇康、刘伶等七人为友，常集于竹林之下肆意酣畅，世称"竹林七贤"。著有《阮嗣宗集》。他有八十余首《咏怀诗》，颇为有名。

阮咸：三国魏晋间名士。陈留尉氏（今河南尉氏）人，阮籍之侄，"竹林七贤"之一。他精通音律，善弹琵琶，曾为散骑侍郎。

阮元：清代学者。江苏仪征人。乾隆进士，嘉庆、道光名臣。历任户、兵、工部侍郎，浙、闽、赣诸省巡抚，两广、云贵总督，体仁阁大学士。倡修《清史》《儒林》《文苑传》，以提倡学术为己任。他是著作家、刊刻家、思想家，在经史、数学、天算、舆地、编纂、金石、校勘等方面都有着非常高的造诣，被尊为一代文宗。

131 蓝(lán)

【寻根溯源】

蓝姓源自嬴姓。战国梁惠王封秦子向于蓝（今陕西蓝田），称为蓝君。其子孙以地为氏，称蓝姓。另说源自芈姓，楚大夫亹为蓝县（今湖北荆门）尹，为楚昭王时贤臣，其子孙以蓝为姓。

【变迁分布】

历史上，主要在今山东即墨、安徽定远、福建崇安、广东潮州、福建漳浦、广西金田、河北新河等地分布。早期由陕西向河南迁移，并在汝南郡形成望族。当今在吉林、河北、湖北、湖南、江苏、上海、浙江、四川、广西、云南、贵州等地均有分布。

【名人荟萃】

蓝玉：明代将领。定远（今属安徽）人。明初大将，骁勇善战，常遇春妻弟，隶属常遇春麾下，每战皆先登陷阵，屡立战功，封为凉国公，以功历永昌侯进凉国公，后恃功骄横，所为多不法，终以"谋反"罪族诛，其案牵连致死者达一万五千人，史称蓝狱，坐累列侯功臣、文武大吏以至偏裨将士2万余人。

蓝瑛：明末清初画家。浙江钱塘（今杭州）人。擅画山水，笔墨秀润。后漫游南北，风格变为苍老坚劲，兼工人物、花鸟、兰竹，骨力峭劲，各具意态，世人称他为"浙派殿军"，为武林画派创始人。其孙蓝深、蓝涛俱为名画家，得其祖传而善画山水。

蓝鼎元：清代学者。漳浦县赤岭人。清代知名学者和经世之材，是一位对台湾历史有很大影响的官吏。康熙六十年（1721年），蓝鼎元随蓝廷珍出师入台，平台后又在台湾住了一年多。他出入军府，筹划军机，处理政务，著书立说，提出了很多治理台湾的策略，蓝廷珍的文稿书檄多出自他手。因而被誉为"筹台之宗匠"。

132 闵(mǐn)

闵姓源自姬姓，黄帝的后裔。周武王之弟周公旦受封于鲁，国都在今山东曲阜。春秋时，鲁国有君死后谥号为"闵"，史称鲁闵公。其子孙以先祖谥号为氏，称闵姓。

【变迁分布】

历史上，主要在山东寿光、山西太原、河南沁阳、浙江吴兴等地分布，以太原郡（今山西太原）为郡望。当今主要分布在江苏、安徽、四川等南方地区。

【名人荟萃】

闵本：元代大臣。河内（今河南武陟）人。性刚正敏给，而刻志于学。早岁得推择为礼部令史，元御史大夫不花奇闵本之才，辟以为掾，平反冤狱，甚有声。擢御史台照磨。顷之，迁枢密院都事，拜监察御史，迁中书左司都事，五转为吏部尚书，移刑、户二部，皆以能见称。

闵逊：元末名士。乌程人（今浙江吴兴）。张士诚起兵逐鹿，以"国宾先生"礼聘。逊拒不受，隐于金盖山。再三相逼，闵逊伪装疯癫而去，云游天下三十余年。

闵如霖：明代名宦。号午塘，乌程人（今浙江吴兴）。闵珪从孙。太学士。嘉靖三十年任国子祭酒。官至礼部尚书。著有《午塘先生集》十六卷、《师望》、《修南城门记》。

133 席(xí)

【寻根溯源】

席姓源自姬姓，系出籍氏。春秋时晋国大夫籍谈的后代，为避项羽名籍之讳，改姓席或姓谈。

【变迁分布】

历史上，主要在河南洛阳、四川遂宁、云南姚安、陕西西安、湖南东安、广东三水及东北三省地区分布，并在安定郡（今甘肃固原）形成郡姓望族。当今在山西、江苏、上海、湖北、湖南、四川、青海、贵州等地有分布。

【名人荟萃】

席豫：唐代大臣、诗人。襄阳（今湖北襄阳）人，后来迁徙到河南。聪颖过人，经学文章为当时长安城中佼佼者。十六岁时，即进士及第，补襄邑尉，后来做了郑州刺史。天宝年间担任礼部尚书的职位，后来被封为襄阳县子。席豫清心寡欲，做官的时候不为贵权所改变自己的原则。皇帝在元阁吟诗，大臣们都来附和，皇帝因为席豫的诗对的最为工整，所以把他称为"诗人冕冠"。死后谥号为文。

席旦：宋代大臣、诗人。河南人，七岁能作诗，元丰年间中进士，他曾上书谈论当时时局，并对战守提出实际可行计划，神宗看了以后，认为切中时弊，采纳了他的意见，从此一帆风顺，官做到吏部侍郎，显谟阁直学士，曾先后两度任成都知府，颇有政声，加升述古殿大学士。

席书：明代大臣。四川省蓬溪县吉祥乡人。进士，授任山东郯县知县。官至礼部尚书，自此世宗倚为亲信，眷顾隆异，虽辅臣不敢望。嘉靖六年（1527年）二月初五日进武英殿大学士致仕，赐第京师。卒后，赠太傅，谥文襄。著有《大礼集议》。

134 季（jì）

【寻根溯源】

季姓主要有三种来源。一是源自芈姓。颛顼之后有陆终氏，陆终有子，依次为矶、惠连、来言、安、季连。季连的子孙，有的便以季为姓。二是源自姬姓。春秋时鲁桓公之子季友拥立僖公，出任国相，其后代便以季姓。三是吴国公子季札之后，也有为季氏者。

【变迁分布】

早期在山东、河北、湖北、江苏等地居住，并在渤海郡（今河北沧浪）、寿春（今安徽寿县）、鲁国（今山东曲阜）形成季氏望族。宋代以来，在浙江龙泉、泰兴、江苏江阴、河北固安、沧州、北京、山东平邑、龙口、湖北老河口、湖南芷江、江西崇仁、四川合川、广东澄海、云南河口等地有零星分布。在当今尤以浙江、江苏较为集中。

季布: 西汉楚人, 以任侠名。楚汉战争时为项羽部将, 数围困刘邦。汉朝建立后, 被刘邦追捕缉拿, 后得赦免, 累官至河东守。以 "一诺千金" 著称。

季复: 宋代官吏、学者。名复或作几复, 抚州临川 (今属江西) 人。与弟季中复有文名, 其平生笃于学问, 博览群书, 为文师韩愈、欧阳修。为政有惠德, 得民称颂, 官至朝奉郎知渠州。

季陵: 宋代学者、官吏。处州龙泉 (今属浙江) 人。政和间三迁太学博士。南宋时迁中书舍人, 曾被罢官, 后复官右文殿修撰等。

135 麻 (má)

麻姓主要有两种来源。一是源自芈姓。楚大夫以麻为食邑, 其地在今湖北麻城, 其子孙以邑为氏, 称麻姓。二是源自熊姓, 为楚国公族后代。先秦时, 楚国公族熊婴因事离国。到了齐国, 于是改姓麻, 称为麻婴, 其后代便以麻为姓。

历史上, 在河北、山东、山西、陕西、湖北有零星分布, 并在上谷郡 (今河北保定) 形成郡内望族。当今也主要在河北、内蒙古等北方地区有分布。

麻九畴: 金代文人、医家。初名文纯, 易州 (今河北易县) 人, 一说莫州 (今河北任丘) 人。有神童之称, 通晓经典, 为文精密奇健。他勤奋好学, 博通五经, 尤精于春秋, 正大三年赐进士及第, 官至应奉翰林文字。没过多久因病辞官。晚好医方, 与名医张从正游, 尽传其学。天兴元年卒于战乱。他所作之文章精密奇健, 诗词工致豪壮, 颇为赵秉文所赏。著有《知几文集》。

麻贵: 明朝著名军事将领。回族, 大同右卫 (今山西朔州右玉县) 人。其父麻禄, 曾在嘉靖年间担任过大同参将。嘉靖中, 随父征瓦剌, 累立战功。以都指挥佥事, 充宣府游击将军。历任大同总兵官, 宁夏总兵官。后来赴朝鲜击倭寇, 数战有功, 升右都督。万历三十八年 (1610年), 奉命镇辽东, 败蒙古泰宁等三卫的侵袭, 后因病退职。山西麻氏家族多将才, 与铁岭李氏被誉为 "东李西麻"。

麻勒吉：清代文臣。瓜尔佳氏，满洲正黄旗人。先世居苏完，有达邦阿者，当太祖时来归，麻勒吉其曾孙也。顺治九年（1652年），满、汉分榜，麻勒吉以翻译举人举会试第一，殿试一甲第一，授修撰，世祖器之。顺治十年，谕麻勒吉兼通满、汉文，气度老成，擢弘文院侍讲学士。

136 强（qiáng）

【寻根溯源】

强姓出自姜姓，是上古炎帝的后代。春秋时，齐国公族中有个叫公孙疆的，因为古代疆与强的写法很相近，于是公孙疆的后代改疆为强，作为姓氏。郑国大夫强鉏即公孙强裔孙，其后自此皆姓强。

【变迁分布】

古今强氏在河北、河南、陕西、上海、浙江等地均有居住，在舟阳郡（今属湖北）、天水郡（今属甘肃）还形成了望族。

【名人荟萃】

强至：北宋学者。钱塘（今浙江杭州）人。当时深受宰相韩琦赏识的学者，他为文简异而不徇俗，曾做到祠部郎的高官。到了他的第二代，强家的荣耀达于巅峰，5个儿子相继登第，并且都做到显官，老大强献明当到工部架阁，老二强浚明高拜尚书郎，老三强渊明做到翰林学士，老四强伟明和老五强陟明，则历次外任都有治绩，真可以说是一门的荣华富贵，光彩异常。

强渊明：宋代大臣。杭州钱塘（今浙江杭州）人。历任中书舍人、大司成、翰林学士。大观三年（1109年），蔡京罢相，以龙图阁直学士知永兴军，徙郑、越二州。召为礼部尚书，复拜学士，进承旨。翰林广直庐，帝书"摛文堂"榜赐之。兼太子宾客。因病改延康殿学士、提举醴泉观兼侍读、监修国史。卒，赠金紫光禄大夫、资政殿学士，谥曰文宪。

强珍：明朝中期大臣。沧州（今属河北）人。成化二年（1466年）进士。除泾县知县。请减额赋，民德之。擢御史。官至大理少卿。

137 贾(jiǎ)

贾姓主要有两种来源。一是源自姬姓，周康王封唐叔虞的小儿子公明于贾，称为贾伯。春秋时被晋国所灭，其后裔便以贾为姓。二是出自狐偃的后代。晋文公灭贾国后，将贾地赏给狐偃的儿子，他的子孙便以贾为姓。

【变迁分布】

早期主要在黄河以北的河南、陕西、山西、山东一带活动。南北朝时期，向南发展到苏浙皖赣地区，并在武威郡（今属甘肃）形成望族。宋代时期，主要集中在河北、河南、四川等地。明代时期，在山西、山东、河北形成密集区。当今人口数量以河北、河南、山西、四川为多。

【名人荟萃】

贾谊：西汉政论家、文学家。洛阳（今河南洛阳）人。官至太中大夫。后因遭群臣忌恨，被贬为长沙王的太傅。后被召回长安，为梁怀王太傅。梁怀王坠马而死后，贾谊深自歉疚，33岁忧伤而死。著作有散文《过秦论》《论积贮疏》《陈政事疏》等；有辞赋《吊屈原赋》《鵩鸟赋》最著名。

贾充：曹魏及西晋时期大臣。平阳襄陵（今山西襄汾东北三省）人。豫州刺史贾逵之子。深受司马氏统治者的信任，西晋开国元勋，晋初丞相。公元268年，贾充主持修订的《晋律》完成，为我国古代第一部儒家化的法典。

贾思勰：北魏农学家。益都（今山东寿光）人。曾经做过高阳郡（今山东临淄）太守。是古代杰出的农学家，著有《齐名要术》。

贾岛：唐代著名诗人。河北道幽州范阳县（今河北涿州）人。早年出家为僧。据说在洛阳时，因有命令禁止和尚午后外出，贾岛作诗发牢骚，被韩愈发现其才华。后受教于韩愈，并还俗参加科举，但累举不中第。唐文宗时被排挤，贬为长江主簿。唐武宗时由普州司仓参军改任司户，未任病逝。"推敲"的典故源自于他。

138 路 (lù)

【寻根溯源】

路姓主要有两种来源。一是源自高辛氏，为帝喾的后代。帝喾高辛氏之孙玄元因功被帝尧封为路中侯，其后代以路为氏。二是出自姜姓，为炎帝后裔。黄帝封炎帝庶子于潞地（今山西长治一带），其后以封地为氏，后去三点水为路姓。

【变迁分布】

唐代以前，主要在今河北钜鹿、山西离石、河南尉氏、江苏南京、山东冠县、河北馆陶、陕西富平、山东莘县、河北临西等地区分布，并在阳平郡（今山东冠县）形成郡内望族。宋代以来，在河南开封、河北冀县、湖南祁阳、河北曲周、山西陵川、陕西西安、甘肃靖远、山东诸城、江苏武进、山西长子等地均有分布。

【名人荟萃】

路温舒：西汉文士、著名的司法官。钜鹿（今属河北）人。起初学习律令，当过县狱吏、郡决曹史；后来又学习《春秋》经义，举孝廉。宣帝即位后，他上书反对酷刑，主张尚德缓刑，官至临淮太守。其文以《尚德缓刑书》较著名。

路博德：西汉名将。西河平州（今山西离石）人。以右北平太守从霍去病征伐匈奴有功，汉武帝封其为邳离侯。后又征伐南越立下大功。太初元年，因儿子犯大逆不道罪，被革去爵位，降为强弩都尉。

路嗣恭：唐代大臣。京兆三原（今属陕西省）人。任神乌令时，唐玄宗认为其治绩为天下最，可嗣汉时鲁恭，故赐现名，历迁渭南令、朔方节度留后、检校刑部尚书、江西观察使，以善于治理财赋著称。后拜兵部尚书、东都留守。

路振：宋代大臣、学者。永州祁阳（今属湖南省）人。五岁通《孝经》《论语》。后进士及第，曾任太常博士。文辞为名家所称道，著有《九国志》。

139 娄(lóu)

娄姓源自姒姓。周武王灭商之后，将夏禹之后东楼公封于杞（今河南杞县）。春秋时期东迁于今山东诸城一带的娄邑。其子孙均以娄为姓。

【变迁分布】

唐代以前，主要在河南、山东、山西、浙江分布，在山西、浙江形成两个中心，并在东阳郡（今浙江金华）形成郡内望族。宋代以来，在河北、河南、江苏、浙江、江西、湖南、湖北、山东等地均有分布，在浙江温州、绍兴、嘉定、嘉兴等地分布最为集中。

【名人荟萃】

娄师德：唐朝大臣、名将。郑州原武（今河南原阳）人。曾任监察御史，应诏从军，功吐蕃，八战八捷。后官至同凤阁鸾台平章事（宰相），掌管朝政，总管边要达30年之久。为人宽厚，能容人。他的弟弟当了代州刺史，要赴任时，他问："荣宠已极时，你怎样避免别人的嫉妒呢？"他弟弟说："如果有人吐唾沫在我脸上，我抹掉就算了。"他说："不要抹掉，要心平气和地让唾沫自己干掉。"卒后赠凉州都督，谥曰贞。

娄谅：明代著名理学家。江西上饶人。明景泰年间举人，官至成都训导。著名政治家、哲学家王守仁（阳明）少时曾拜他为师。并得到"圣人可学而致之"的启迪。

娄妃：原名娄素珍，明代女诗人、书法家。江西上饶人。博学多才且颇有政治见地。宁王朱宸濠的嫡配妻子。宁王起兵谋反，娄妃屡谏不听。兵败被杀。临终前叹曰："昔商纣听妇人之言而亡，吾不听妇人之言而死。后悔晚矣！"兵部郎中娄忱长女，也是著名理学家娄谅的孙女。

140 危(wēi)

【寻根溯源】

危姓源自夏禹时的三苗部族。夏禹之时，南方有三苗部族联合舜子丹朱与禹大战，三苗战败后被迁于三危山，其后裔有的以危为姓。

【变迁分布】

早期在江淮活动，之后在汝南郡（今属河南）形成望族。宋代以来，分布在江西抚州、乐安、南丰，浙江金溪、临海，福建昭武，河南信阳等地。

【名人荟萃】

危稹：南宋文学家、诗人。自号巽斋，抚州临川（今属江西）人。宋代著作郎兼屯田郎官，出知潮州，又知漳州。他因为文章出色而被洪迈、杨万里所赏识，被荐为秘书郎。后因触怒当朝宰相，被贬出知潮漳二郡，俱有名绩。著有《巽斋集》。

危素：元末明初史学家、书法家、文学家。金溪（今江西金溪）人。唐朝抚州刺史危全讽的后代。元朝至正元年，出任经筵检讨，负责主编宋、辽、金三部历史，并注释《而雅》。他由国子助教升迁翰林编修、太常博士、兵部员外郎、监察御史、工部侍郎、大司农丞、礼部尚书。至正二十年（1360年）拜参知政事。明初为翰林侍讲学士，与宋濂同修元史，并兼弘文馆学士，著有《危学士集》。

141 江（jiāng）

【寻根溯源】

江姓源自嬴姓，为大禹的贤臣伯益的后代。舜帝时，伯益因辅佐大禹治水有功，被赐以嬴姓。西周时，伯益的后裔受封于江，建立江国。春秋时，江国为楚国所灭，其子孙便以国为姓，称江姓。

【变迁分布】

早期在河南、山东、湖北发展，在淮阳郡（今属河南）、济阳郡（今河南兰考）形成郡内望族，湖北江陵也成为江氏的活动中心。南北朝以后，江氏大量南迁，在今江苏、浙江形成江氏集聚区。宋代时期，江氏主要集中在江西、福建、浙江、安徽、河南等地。明代时期，在江苏、浙江、安徽、福建、江西分布密集。当今海内外均有分布，以浙江、安徽、广西三地最为集中。

【名人荟萃】

江充：本名江齐。西汉赵国邯郸（今河北邯郸）人。通晓医术。他身材魁梧，容貌英俊，穿的服饰轻细靡丽，谈吐也很出色。汉武帝不禁赞叹："燕赵多奇士，果然不假。"而后任命江充为直指绣衣使者。就这样，江充脱颖而出，一跃成为汉武帝身边的近臣。他负责监督贵戚和近臣的言行。任职期间，他行事果决，铁面无私，对皇亲国戚也不徇私情。

江淹：南朝梁时文学家。济阳考城（今河南民权）人。历仕南朝宋、齐、梁三代，梁时官至金紫光禄大夫，封醴陵侯，以文章见称于世，世称江郎，晚年诗文无佳句，时人谓之才尽，遂有"江郎才尽"之典故。

江革：南朝大臣。济阳考城（今河南民权）人。幼而敏聪，早有才思，六岁便解属文。年十六丧母，以孝闻初仕南齐。入梁为御史中丞，敢于弹劾权贵，以廉洁见称。

142 童（tóng）

【寻根溯源】

童姓主要有两种来源。一是源自颛顼之子老童，是黄帝的后代。黄帝之孙叫颛顼，颛顼有个儿子叫老童。老童天生一副好嗓子，说话唱歌时，嗓音就像钟磬一样洪亮清越，又有音韵。他的后世子孙就以祖上名字中的"童"字命姓，称童姓。二是出自胥氏。春秋时期，晋国大夫胥童，与周朝的权臣栾书、中行偃积怨很深。后来栾书、中行偃受宠于厉公，胥童便被杀害，他的后人为避仇杀，以祖父名字为姓，改"胥"为"童"，称童姓。

【变迁分布】

秦汉前后，主要在黄河及其北方地区活动，并在雁门郡（今山西代县）形成郡内望族。隋唐以来，在今山东诸城、沂水，浙江宁波、兰溪、绍兴、钱塘，广西桂林，江苏南京，福建连城以及湖南宁乡、平江等地均有分布。当今主要在辽宁、河南、湖北、江苏、上海、浙江、安徽、四川、重庆、江西、福建等地分布。

【名人荟萃】

童恢：东汉官员。东汉琅琊姑幕（今山东省诸城）人。早年在州郡当过下等官员，奉公廉洁，为人称道。司徒杨赐对此十分赏识。后来杨赐推荐他担任不其县令。童恢到任后，忠于职守，勤于政事，深入民众。很有政绩，后来被升为丹阳郡（今安徽省宣城）太守，死于任上。

童翊：东汉名士。东汉琅琊姑幕（今山东省诸城）人。童恢之弟，名高于恢。在乡里为百姓做好事，品德也高，他人还在世，人们就为他树碑立传，可见受人们尊敬的程度。

童贯：北宋权宦。开封人。当时称蔡京为"公相"，称他为"媪相"。受徽宗宠信，因镇压方腊起义军，进封太师。宣和四年，攻辽失败，乞金兵代取燕京，以百万贯赎燕京等空城而回，侈言恢复之功；七年，金兵南下，他由太原逃至开封，随徽宗南逃；钦宗即位后，被人弹劾，诏其数十大罪，诛死。《宋史》列为"奸臣"，童贯是中国历史上掌控军权最大、获得爵位最高、唯一一位被册封为王的宦官，第一位代表国家出使的宦官。

143 颜(yán)

【寻根溯源】

颜姓主要有两种来源。一是源自姬姓。西周鲁国开国之君伯禽，其支庶有被封于颜邑，其后代以颜为姓。孔子的母亲便是颜氏家族之人。二是源自曹姓。周武王封颛顼陆终之后于邾。邾子挟的五世孙夷父字颜，又称邾颜公，其后人有的以颜为姓。

【变迁分布】

颜氏早期主要在山东活动，并在琅琊郡（今山东临沂）、鲁郡（今山东曲阜）形成望族。汉唐时期，在河北、陕西及其他地方也有颜氏分布。宋代以来，除山东曲阜外，在江西永新、吉安，湖南岳阳，山西忻县，河北博野，江苏吴县、苏州、涂州，浙江慈溪，福建龙溪、漳州，广东连平等地均有颜氏名门。

【名人荟萃】

颜回：春秋时鲁国贤人。字子渊，春秋时期鲁国人。为孔子得意门人，于弟子中最贤，在孔门诸弟子中，孔子对他称赞最多，不仅赞其"好学"，而且还以"仁人"相许。32岁英年早逝，后世称其为"复圣"。

颜延之：南朝宋文学家。祖籍琅琊临沂（今山东临沂）人。曾祖颜含，右光禄大夫。祖颜约，零陵太守。父颜显，护军司马。少孤贫，居陋室，好读书，无所不览，文章之美，冠绝当时，与谢灵运并称"颜谢"。

颜之推：南北朝时文学家。琅琊临沂（今属山东省）人。南北朝时，曾任散骑侍郎，平原太守，御史上士。隋开皇中，被太子召为学士，极为礼遇，不久病逝。著有《颜氏家训》一书，阐述立身治家的方法，问世以后，起到深远的影响，被推为我国家训专著的鼻祖。

颜真卿：唐代大臣、杰出书法家。京兆万年（今陕西西安）人，祖籍唐琅琊临沂（今山东临沂）。颜真卿善正、草书，笔力沉着雄浑，为世所宝，称为"颜体"。他创立的"颜体"楷书与赵孟頫、柳公权、欧阳询并称"楷书四大家"。和柳公权并称："颜筋柳骨"。官至刑部尚书，封鲁郡公，世称颜鲁公。

144 郭（guō）

【寻根溯源】

郭姓源自姬姓，为黄帝的后裔。西周时，周武王封文王弟虢仲于西虢，虢叔于东虢，合成"二虢"。因"虢"与"郭"同音，后来西虢改称郭，作为国号，而王室中有人就以郭为姓。

【变迁分布】

早期在今陕西、河南、山西、山东一带分布。秦汉以后，四处扩散，东南至苏浙，西南至四川，西至甘青一带，在太原郡（今山西太原）、冯翊郡（今陕西韩城）、华阳（今属陕西）、昌乐（今属山东）以及河内郡（今河南沁阳）、颍川郡（今河南长葛）、广平郡（今河北任县）、敦煌郡（今属甘肃）、中山郡（今河北唐县）等形成了多个郭氏望族。宋代以来，已经遍布各地，其中宋朝集中分布在四川、河南、山西、甘肃等地；明朝集中分布在山西、江西以及山东、浙江、河北等地。今在河北、河南、山东、湖北较为密集。

【名人荟萃】

郭隗：战国时期燕国谋臣。战国时燕国（今河北定兴）人。他为燕昭王招贤纳士出计献策，让燕昭王"筑台而师之"，为燕国招来许多奇人异士，终于使得燕国富强。

郭伋：东汉官员。扶风茂陵（今陕西兴平）人。初为渔阳都尉，王莽时，任上谷太守，官至太中大夫。为人十分讲究信用。

郭璞：东晋文学家、训诂学家。河东闻喜（今山西闻喜）人。博学多才，代表作为《游仙诗》，著有《江赋》等著作。并注释《尔雅》《穆天子传》《山海经》《楚辞》等典籍，为后世注疏家所推重。

郭守敬：元代杰出的天文学家、水利学家和数学家。顺德邢台（今河北邢台）人。主持编制了《授时历》，施行达360年，为中国历史上施行最久的历法。

梅盛林刁　钟徐邱骆　高夏蔡田　樊胡凌霍

145 梅（méi）

【寻根溯源】

梅姓源自子姓，为商汤后裔。商王太丁封弟弟于梅地（今安徽省亳州东南），为伯爵，世称梅伯。商纣王时，梅伯因批评纣王被杀，其子孙以梅为姓。

【变迁分布】

早期在中原活动。秦汉以后，在汝南郡（今属河南）形成望族，之后扩散到苏浙一带。宋代以后，在安徽宣城出现梅氏名门，并在江苏南京、扬州，浙江吴兴、浦江，湖北麻城、四川繁城，河南夏邑、南阳等地繁衍。当今分布在辽宁、天津、北京、湖北、浙江、江苏、安徽、四川、广东等地。

【名人荟萃】

梅尧臣：北宋文学家。宣州宣城（今属安徽省）人，宣城古称宛陵，世称"宛陵先生"。赐进士出身，为国子监直讲，累迁尚书都员外郎，世称"梅都官"。其诗平淡朴素，含蓄深刻，多反映现实生活和民生疾苦，以矫宋初空洞靡丽之诗风。因与苏舜钦齐名，人称"苏梅"。著有《宛陵先生文集》。

梅鼎祚：明代著名曲作家。安徽宣城人。以古学自任，诗文博雅，王世贞称其诗文为当时之冠。拒绝仕途，著述颇丰。著有《才鬼记》《青泥莲花记》《历代文纪》《古乐苑》《宛雅》等。

梅文鼎：清朝天文学家、数学家。宣城（今属安徽）人。为清代"历算第一名家"和"开山之祖"。一生著作八十余种，富于科学价值。著有《明史历志拟稿》《历学疑问》《古今历法通考》《勿庵历算书目》等。

146 盛（shèng）

盛姓源自姬姓。西周武王之叔姬奭辅助武王有功，人称召公奭，其子孙以祖名为氏，称奭氏。西汉时，为避元帝刘奭之讳而改称盛氏。又一说是，西周同姓诸侯有封于盛（今山东泰安）者，盛国被齐所灭，其族人以国为氏，称盛氏。

【变迁分布】

早期在河南、山东等地活动。汉唐时期，在河南者形成以汝南郡（今河南上蔡）为首的盛氏望族。宋代以来，在江苏武进、太仓、吴江，河南郑州、商丘，陕西潼关，广东饶平，浙江宁波，湖南长沙，江西永新，辽宁开原等地均有盛氏分布。当今尤以江苏、浙江、湖南为多。

【名人荟萃】

盛览：西汉辞赋家。字长通，汉武帝牂牁郡（今贵州福泉一带）人。据传，汉武帝时，著名的辞赋家司马相如通西南夷，他曾去成都拜司马相如为师，学习辞赋，后被称为"牂牁名士"。

盛吉：东汉官吏。会稽郡（今江浙地区）人。官廷尉，每至冬节，囚犯当断，妻夜秉烛，吉持册笔。夫妻相向垂泣而决断。视事二十年，天下称有恩无怨。

盛度：宋代著名的政治家、军事家、外交家。铜陵县石洞者（今安徽）人。其"幼小读书，敏而好学"，曾任翰林学士、兵部郎中、参知政事、知枢密院事等。天圣年间，宋仁宗赐给其牡丹一棵，盛度将此牡丹带回铜陵，世世栽培，直至如今。这牡丹现仍每年一开百余朵。以疾致仕，卒溢文肃。

147 林（lín）

【寻根溯源】

林姓主要有三种来源。一是出自子姓，为商代末期贵族比干的后代。比干被商纣王杀害以后，齐王妃陈氏怀孕，避乱于长林山，生子坚，就以地名为姓，周武王灭商后就赐坚姓林。二是出自姬姓，东周平王的儿子姬开，字林，其子孙以他的字为姓。三是少数民族改姓。

【变迁分布】

秦汉以前主要活动在河北、河南、山东等地，并在济南、西河形成林氏的两个集中区。秦汉以后，开始向山西、陕西、甘肃、江苏、四川、福建等地发展，还在南安郡（今甘肃陇西）、下邳郡（今江苏睢宁）、晋安郡（今福建福州）形成望族。唐宋时期，在南方诸省有较大发展。宋朝时期，以福建、浙江、广东分布最密。明朝时期，在今福建、广东、浙江、江西、江苏、广西等地有较大发展。当今以闽粤台地区最为集中。

【名人荟萃】

林逋：北宋著名诗人。故宅在奉化大脉岙口（今浙江奉化）。一说杭州钱塘（今浙江杭州）人。浙江大里黄贤村（一说杭州钱塘）人。幼时刻苦好学，通晓经史百家。书载性孤高自好，喜恬淡，勿趋荣利。长大后，曾漫游江淮间，后隐居杭州西湖，结庐孤山。常驾小舟遍游西湖诸寺庙，与高僧诗友相往还。宋仁宗赐谥"和靖先生"。

林鸿：明代诗人。字子羽，福建福清县城宏（横）街人。洪武初年，以《龙池春晓》和《孤雁》两诗得到明太祖赏识，荐授将乐训导，洪武七年（1374年）拜礼部精膳司员外郎。年未四十自免归。善作诗，诗法盛唐，为"闽中十才子"之首。

林则徐：清代政治家，思想家和诗人。福建侯官（今福建省福州）人，字元抚。主张与西方通商，但严禁鸦片，其主要功绩是虎门销烟。官至一品，曾任江苏巡抚、两广总督、湖广总督、陕甘总督和云贵总督，两次受命为钦差大臣；因其主张严禁鸦片、抵抗西方的侵略、坚持维护国家主权和民族利益深受中国人及全世界的敬仰。

148 刁(diāo)

【寻根溯源】

刁姓主要有两种来源。一是出自姬姓，以国为氏。周文王时，有同姓国雕国，其国人多姓雕氏，后简称刁。二是源自姜姓，为春秋时齐国大夫竖刁之后。春秋齐国大夫竖刁为齐桓公宠臣，曾与管仲一起辅佐齐桓公建立霸业。管仲去世后，竖刁专权。他的后代子孙便以祖上名字为姓，称为刁姓。

汉唐时期，主要在河北、河南、山东、江苏、浙江及安徽等地活动，形成了渤海饶安（今河北盐山）刁氏望族。宋代至今，在江苏、山西、广东、云南、江西、天津、北京等地均有刁氏分布，尤以河北、山东、湖南、贵州分布较多。

【名人荟萃】

刁闲：大工商业主。西汉初齐（治今山东淄博市临淄）人。今学者将其列为中国古代23巨商之一。刁闲致富之道很特别。齐国人一向瞧不起奴婢，但刁闲特别善待他们，用他们去做鱼盐买卖并经营商业，以此致富，家产数千万，成为巨富。

刁韪：东汉大臣。彭城（今江苏省徐州）人。桓帝时为侍御史，与陈蕃相重，被陷以朋党禁锢。后复拜议郎，迁尚书，出为鲁、东海二郡相。性耿直，有明略，所在称神。

刁通：元代将领。山阴（今江苏省淮安）人。弱冠授从征冯翊校尉。世祖至元中，从丞相伯颜作战，武艺绝伦，功居多。阿术元帅及力通领都下军，克樊城，定镇江、淮南一带。升征东招讨使，佩金符，移镇扬州，命世袭其职。

149 钟（zhōng）

【寻根溯源】

钟姓源自子姓。春秋时期宋桓公之子公子敖在晋任职，敖之孙伯宗因得罪执政的郤氏而被害，伯宗之子州犁奔楚任太宰，并以钟离为封邑，其后人称钟氏或钟离氏。

【变迁分布】

早期在江淮与江汉之间活动。南北朝时期，以颍川郡（今河南许昌）为郡望，唐代时期，已经分布到山西、安徽、四川、广东等地。宋朝时期，主要集中在江西、湖南、湖北、江苏等地分布。明代时期，钟氏密集区在江西、广东、浙江。当今以江西、广东、四川最为密集。

【名人荟萃】

钟子期：春秋时期弹琴高手。名徽，字子期，春秋楚国（今湖北汉阳）人。精音律。相传钟子期是一个樵夫，俞伯牙在汉江边鼓琴，钟子期感叹说："巍巍乎若高山，荡荡乎若流水。"两人就成了至交。钟子期死后，俞伯牙认为世上已无知音，终身不再鼓琴。

钟繇：三国时期曹魏大臣，著名书法家。字元常，颍川长社（今河南长葛东）人。官至太傅，魏文帝时与当时的名士华歆、王朗并为三公。在书法方面颇有造诣，据传是楷书（小楷）的创始人，与书法家王羲之并称为"钟王"。

钟嵘：南朝文学批评家。颍川长社（今河南长葛东）人。曾任参军、记室一类的小官。梁武帝天监十二年（513年）以后，仿汉代"九品论人，七略裁士"的著作先例，写成诗歌评论专著《诗品》。以五言诗为主，全书将两汉至梁作家122人，分为上、中、下三品进行评论，故名为《诗品》。

钟绍京：唐代宰相、书法家、藏书家。唐代兴国清德乡（今江西省兴国县）人。三国魏国太傅、著名书法家钟繇的第17代世孙，又是江南第一个宰相。历史上把钟姓这两个著名书法家，钟繇称"大钟"，钟绍京称"小钟"。

150 徐（xú）

【寻根溯源】

徐姓来源较为单一，源自嬴姓，始祖是伯益的儿子若木。颛顼后裔伯益辅佐大禹治水有功，被舜帝赐为嬴姓，夏禹时，其少子若木被封于徐（今徐州一带），建立了徐国。春秋时，被吴国所灭，其子孙便以国为姓，称徐姓。

【变迁分布】

早期主要在苏鲁豫皖交界的江淮地区活动。唐代以前，已经扩展到四川、广西、浙江、湖北以及陕西、甘肃、山西、河北等地区，并在东海郡（今山东郯城）、高平郡（今山东巨野）、东莞郡（今山东沂水）、琅琊郡（今山东胶县）、濮阳郡（今属河南）等形成郡内望族。宋代时期，密集区在今江西、浙江、山东、江苏等地。明代时期，则以浙江、江苏、江西最为密集。当今以江苏、浙江、四川、广东的涂氏数量最多。

【名人荟萃】

徐伯：西汉水利专家。齐郡（今山东临淄）人。汉武帝元光年间主持漕渠开凿工程，修成全长300余里的水渠，使关东至长安的漕运时间省去一半，沿渠万余顷农田得到灌溉。徐伯的主要功绩在于兴修水利，发展农业生产。

徐渭：明代文学家、书画家、军事家。绍兴府山阴（今浙江绍兴）人。其诗歌奇恣，文亦纵横，自称书法第一，而长于行草，有《徐文长全集》遗世。民间也普遍流传他的故事传说，内容主要是他年轻时如何聪明，后来如何捉弄官宦等。

徐霞客：明代地理学家、旅行家和探险家。号霞客，南直隶江阴（今江苏江阴市）人。崇祯时，他历时55天，游历了今衡阳市所辖的衡东、衡山、南岳、衡阳、衡南、常宁、祁东、耒阳各县（市）区，三进衡州府，饱览了衡州境内的秀美山水和人文大观，留下了描述衡州山川形胜、风土人情的衡游日记。著有《徐霞客游记》。

151 邱（qiū）

【寻根溯源】

邱姓主要有四种来源。一是出自姜姓，为姜太公的后裔。西周初年，太师吕尚（姜姓，吕氏，名望）因辅佐武王灭商有功，被封于齐，建齐国，都营丘（今山东淄博市东北三省旧临淄），号称齐太公，俗称姜太公。其子孙中有以地为氏的，称为丘氏。史称丘姓正宗。二是出自姒姓。夏帝少康时，封其小儿子曲烈于鄫（今河南省柘城县北），至周灵王时，为莒国所灭，其子孙去邑为曾氏，其后分支中就有以丘为氏。此为曾、丘联宗之说。三是出自妫姓，以地为氏。春秋时，陈国（开国君主是胡公满）有宛丘，邾国（传为颛顼后裔挟所建，曹姓）有弱丘，居者皆以"丘"为氏。四是出自他族改姓。如汉代少数民族乌桓族有丘氏。南北朝时，北魏孝文帝迁都洛阳后，有鲜卑族复姓丘林氏、丘敦氏改为汉字单姓丘。这几支以丘为姓的宗族，后来大多数都改了邱姓。满清入关以前，这个家族大多是以"丘"（古时的"丘"与"邱"通用）为姓的。一直到清雍正皇帝时，才由于避讳孔子（名丘，字仲尼）的名号，而下令把"丘"一律改为"邱"姓，表示对至圣先师的崇高敬意。因此，丘、邱本同源。民国初，近代诗人邱逢甲倡议复丘姓本字，他首先将本人姓名写作丘逢甲，闽、粤邱姓族人也纷纷响应改邱为丘，但仍有不少邱姓人继续沿用邱字。结果现在的邱姓人士随处可见，而以丘为姓的人反而不多了。邱、丘实则为一个姓氏。

【变迁分布】

早期在山东一带活动。秦汉以后，迁至河南、陕西、山西、江苏、浙江、四川甚至远播福建。在河南郡（今洛阳）、扶风郡（今属陕西）、吴兴郡（今属浙江）形成郡姓望族。宋代时期，则集中分布在福建、湖南、江苏、浙江等地。明代时期，已经遍布各地，尤以江西、福建、江苏最为集中。当代在四川、湖南、广东分布最为密集。

【名人荟萃】

邱迟：南朝梁时文学家。字希范，吴兴乌程（今浙江湖州市）人，灵鞠之子。初仕齐，官殿中郎。入梁，官司空（一作司徒）从事中郎。邱迟能诗，工骈文，辞采逸丽。钟嵘说"邱诗点缀映媚，似落花依草，故当浅于江淹，而秀于任昉"（《诗品》）。但他最负盛名的不是诗，而是骈文《与陈伯之书》，劝伯之自魏归梁，是当时骈文中的优秀之作。

邱处机：原名丘处机，后因避孔子的名讳，将丘写成邱。元代道教全真道道祖。登州栖霞人（今属山东）人。他19岁时在宁海拜王重阳为师而出家为全真道士。丹阳子马钰、长真子谭处端、长生子刘处玄、长春子邱处机、玉阳子王处一、广宁子郝大通、清静散人孙不二（马钰之妻），合称"全真七子"。王重阳死后，他潜修于龙门山，形成龙门道派，被成吉思汗召见于雪山，尊为神仙。

邱濬：明代著名学者、政治家和经济学家。出生在海南岛琼山，府城镇下田村人。他为官40年，历任编修、侍讲学士、翰林学士、国子监祭酒、礼部侍郎、尚书、纂修《宪宗实录》总裁官、文渊阁大学士、户部尚书兼武英殿大学士等职。是一位从边陲海南岛到京城的布衣卿相，史称"海南四大才子"之一。同海瑞被誉为"海南双璧"。著有《大学衍义补》等。

152 骆 (luò)

【寻根溯源】

骆姓源自姜姓。将天宫后裔有公子骆，其子孙以王父之字为氏，称骆姓。

【变迁分布】

早期在河南、山东活动，在内黄郡（今属河南）形成郡望。唐代时期，浙江、陕西、湖南等地已经有骆氏居住。宋代以来，骆氏主要散居南方，在浙江临安、诸暨，江苏淮安、句容、江都，湖南江华，广西花县，四川资中等地有分布。

【名人荟萃】

骆牙：南朝陈将领。临安（今属浙江）人。梁文帝任吴兴太守时，其为将帅，勇冠三军。文帝即位后，封为临安县侯，累迁散骑常侍，入直殿省。

骆宾王：唐代著名诗人。婺州义乌（今属浙江）人。唐初诗人，与王勃、杨炯、卢照

邻合称 "初唐四杰"。又与富嘉谟并称 "富骆"。高宗时官至侍御史。因故下狱,获释后出任临海丞,所以也称他骆临海。徐敬业起兵反对武则天,他撰写檄文,武则天见后大加赞赏。徐失败后,他不知所终。辑有《骆临海全集》。

骆秉章:清代大臣。四川总督、协办大学士。广东花县人,在祖父一辈迁来佛山,家住禅城东华里。官至四川总督,又以 "老成硕望,宣力弥勤" 就职协办大学士兼四川总督,同治六年(1867年)十一月病逝于任上,终年74岁。他是中国近代史上较有影响的人物之一。

153 高(gāo)

【寻根溯源】

高姓源自姜姓。姜太公的裔孙齐文公有子名高,史称公子高,公子高的孙子傒平定内乱并辅佐齐桓公当政,桓公因此赐其以祖父字为氏,称为高傒,其子孙因以为氏。另外,齐桓公之后有公子祁,字子高,其子孙也有以祖字为氏。还有高句丽国、女真、满等族改为高姓者。

【变迁分布】

早期主要在河北、山东以及北方居住。秦汉时期,向中原、甘陕、辽宁等地扩散,后在渤海郡(在今河北省、辽宁省的渤海海湾沿岸一带)、渔阳郡(今北京密云西南一带)、辽东郡(今辽宁辽阳)、河南郡(今河南洛阳)形成高氏望族。江南一带的高氏在广陵郡(今江苏扬州)形成望族。隋唐以后,向东南和西南方向播迁。宋代时期,则形成以安徽、河北、陕西、河南、四川等地为中心的高氏集中区。明代时期,则以山东、江苏高氏数量最多。当今以山东、江苏、安徽最为密集。

【名人荟萃】

高适:唐代著名边塞诗人。沧州(今河北省景县)人。与岑参齐名,并称为 "高岑"。其 "边塞诗" 以描写边塞风光、士兵生活、人民疾苦为内容。代表作有《燕歌行》。世称 "高常侍"。作品收录于《高常侍集》。

高翔:清代著名画家。今江苏扬州人。是清代 "扬州八怪" 之一。擅长山水,画梅风格疏秀,亦能画像。

高鹗:清代文学家。字兰墅,一字云士。汉军镶黄旗人,祖籍铁岭(今属辽宁),先世清初即寓居北京。《红楼梦》后四十回的续写者。因酷爱小说《红楼梦》,别号 "红楼外史"。

154 夏（xià）

【寻根溯源】

夏姓主要有三种来源。一是出自姒姓，其中一支以国为姓，是夏朝王族的后裔。相传帝尧时，鲧的妻子有莘氏女志因梦里吃了薏苡而生禹，故帝尧便赐禹以姒为姓。后来，禹治水有功，舜封他于夏（今河南登封市东），后来还把帝位传给了他。夏禹死后，其子启继位，建立了夏朝。后因夏帝桀暴虐无道而被商汤推翻，夏王族便以国为氏，称为夏姓。二是出自姒姓，为夏侯氏的后代。公元前11世纪周朝初年分封诸侯，夏禹的后裔东楼公受封于杞（今河南省杞县），为杞侯。至简公时，被楚国所灭。简公之弟佗（本姒姓）出奔鲁国，鲁悼公因其为夏禹的后裔，给予采地为侯，称为夏侯（复姓），其后裔以夏为姓，称夏姓。三是出自妫姓，为西周陈国王族的后裔。西周初年，周武王追封帝舜之后妫满于陈，建立陈国，建都宛丘，以奉帝舜之宗祀。史称胡公满、陈胡公。春秋时，陈宣公杵臼时，有庶子名子西，字子夏。其孙征舒以王父（祖父）之字为氏，称为夏征舒，其后便有夏姓。

【变迁分布】

早期在河南、山东、山西、安徽等地活动。南北朝时期，向苏浙地区发展。夏氏的望族有：以会稽郡为代表的苏浙夏氏，以谯郡为代表的豫皖夏氏，以高阳郡为代表的河北夏氏，以鲁郡为代表的山东夏氏。隋唐以后，夏氏已经遍布全国各地。宋朝时期，以江西、山西、河南、浙江最为密集。明朝时期，以江苏、浙江、江西最为密集。当今山东、江苏、浙江、安徽、湖北、江西、四川为夏氏主要分布区。

【名人荟萃】

夏黄公：西汉隐士。又称黄石公，原来姓崔名广，字少通，鄞（今浙江省宁波）人。曾避秦乱隐居商山，与隐士绮里季、东园公、甪里先生并称为"商山四皓"。汉高祖曾召夏黄公入廷为官，辅佐太子（即后来的汉惠帝刘盈）。传说张良年轻时曾得到黄石公的指点。张良在圯桥替黄石公"三次进履"，得黄石公送的一部《太公兵法》。

夏圭：南宋杰出的画家。钱塘（今浙江省杭州）人，早年工人物画，后以山水画著称。并与马远同时，号称"马夏"。画风洒脱，糅合李唐、范宽与米芾的画法，用秃笔带水作大斧劈皴，构图多作半边或一角之景，时称"夏半边"。

夏寅：明代学者。松江华亭（今属上海市）人。官至浙江参政。其有"君子三惜"说名世：此生不学，一可惜；此时闲过，二可惜；此身一败，三可惜。

155 蔡(cài)

【寻根溯源】

蔡姓主要有两个来源。一是出自姞姓，为黄帝的直系后裔。黄帝二十五子，得姓者十四人，为十二姓：姬、酉、祁、己、滕、任、荀、葴、僖、姞、儇、依。其中有姞姓。蔡姓是姞姓的支系，在姞部落担任祭祀的职责，地位很高，逐渐发展成为国。商朝时，蔡国位于今河南中牟县北，后来又迁至河南郑州东郊祭城（蔡、祭古时通用）。周灭了商，蔡国也跟着灭亡，子孙以国为姓，称蔡姓。二是出自姬姓，周文王的后裔。周武王灭商后，将文王的第五子叔度封于蔡（故址在今河南上蔡西南），他与管叔、霍叔一起监管殷的遗民，称为"三监"。武王死后，周成王年纪太小，周公旦（武王的弟弟，又称周公）因此临朝摄政。管叔、叔度对此不满，联合武庚（商纣王之子）及东方夷族进行叛乱，周公奉命兴师讨伐，平定叛乱后，处死了武庚与管叔，并将叔度放逐。叔度之子胡，政绩卓著，成王改封胡于蔡，称为蔡仲。蔡仲也被后人尊为蔡姓的得姓始祖。蔡国传二十三代，被楚国攻灭，子孙以国为姓氏，称蔡姓。

【变迁分布】

早期在中原与江淮地区播迁。秦汉时期，在江汉地区居住，后在陈留郡（今河南开封以东地区）形成蔡氏望族。唐代时期，已经西播甘宁，南下闽浙，遍布全国大部分地区。宋代时期，形成以福建和河南、山东为代表的蔡氏两大密集分布区。明代时期，在浙江、江苏、江西、福建有较多分布。当代尤以江苏、浙江、广东最为集中。

【名人荟萃】

蔡伦：东汉造纸术的发明者，东汉宦官。桂阳（今湖南省郴州）人。改进了造纸术，发明了"蔡侯纸"，被后世传为我国造纸术的发明人。

蔡邕：东汉时著名文学家、书法家。陈留圉（今河南省杞县南）人。他博学多才，通经史、音律、天文，善散文辞赋，又工隶书，曾创"飞白"书，且善画，是东汉四大画家之一。汉献帝时曾拜左中郎将，故后人也称他"蔡中郎"。后汉三国时期著名才女蔡琰（蔡文姬）之父。

蔡文姬：东汉时著名女诗人。蔡邕之女。她天生丽质，博学有才辨，且通音律，有"才女"之称。其入胡的故事家喻户晓，其作品《胡笳十八拍》尤为著名。

156 田 (tián)

【寻根溯源】

田姓主要有两种来源。一是出自妫姓，为妫满（谥号陈胡公）的后裔。周初，舜帝之后妫满被封于陈国（今河南淮阳一带），其后有妫完，为避祸去陈赴齐（今山东淄博），改姓田。还有一说，春秋时，妫完被齐桓公封在田地，便以封地为姓，后取代了齐国的政权。二是出自黄姓所改，为明朝黄子澄的后代。明初有辅佐惠帝的黄子澄，因上削藩之策而激怒诸侯，被杀。其子黄子经为避祸改为田终，迁居今湖北咸宁一带，后世子孙也以田为姓。

【变迁分布】

早期在山东活动，之后在河北、河南、山西、江苏等地扩展。汉唐之间，在北平郡（今河北遵化东）、雁门郡（今山西代县）、太原郡（今属山西）、河南郡（今河南洛阳）、京兆郡（今陕西西安）、天水郡（今属甘肃）、平凉郡（今属甘肃）形成多个田氏望族。宋代时期，形成了湖南、河北、山东的田氏密集区。明代时期，则以河北、山西、山东田氏为多。当今分布在全国各个地区，尤以河南、四川最为集中。

【名人荟萃】

田忌：战国时期齐国名将。齐国人。妫姓，田氏（亦作陈氏），名忌，字期，又曰期思，封于徐州（今山东滕州南）。因以"下对上、上对中、中对下"的完美战术赛过齐王，因而被人赞不绝口，名亦留青史。

田文：战国时期齐国名臣。战国时齐国贵族，山东滕州人。他轻财下士，门客三千，因封于薛（今山东滕县东南），又称薛公，为"战国四君子"之一。

田单：战国时期齐国名将。临淄（今属山东淄博）人。乐毅伐齐，齐国岌岌可危，只存二城，田单用火牛阵大败乐毅而复国。成为最早采用火攻战术者。

田蚡：西汉丞相。长陵（今陕西省咸阳市）人，是孝景王皇后王娡的胞弟，同母异父弟，汉武帝的舅舅。有口才，善阿谀，是个势利小人。武帝即位时，封为武安侯，曾任太尉及丞相。每次奏事，多称合帝意，权重一时。

157 樊(fán)

樊姓主要有两种来源。一是出自子姓，是成汤的后代，史称子姓樊氏。成汤王的后裔子孙，在商中期以后，形成了陶、施、樊、繁、锜、几和终葵七大族，其中有樊姓，子孙一直沿袭下来。商朝灭亡之后，周武王把商的遗民七族，划归齐国管辖，故战国前后，樊姓多在齐、鲁一带。孔子的弟子樊迟，便是商人七族中樊姓的后人。二是源自姬姓，周文王的后代。西周时，周文王的儿子虞仲有孙名仲山甫，他同召伯虎、申伯、南仲、尹吉甫等大臣一起，辅佐周宣王南征北战，使周人统治的疆域扩大，号称"宣王中兴"。由于仲山甫功勋卓著，宣王封他为樊(今河南济源)侯，他的子孙便以樊为姓。

早期在河南、山东、山西、陕西等地播迁。汉唐时期，在苏皖等地扩展，并在上党郡(今山西沁水以东)、南阳郡(今属河南)形成两个樊氏望族。南阳樊氏在新野、唐河均有分布。山西樊氏则分布在大同、临猗、永济等地。西安还形成了樊氏富商群体。江苏樊氏则分布在淮安、涂州、沛县等地。河南的尉氏、沁阳，安徽的亳州，湖北的安陆等地均有分布。宋代至今，在今河北、河南、山东、山西、陕西、甘肃、江苏、湖北、四川、湖南、广东以及广西、贵州、云南等地，均有樊氏分布。

樊哙：西汉名将。沛县(今江苏省沛县)人。西汉开国元勋，大将军，左丞相，著名军事统师。随刘邦起兵，屡立战功，被封为武阳侯。为吕后妹夫，深得汉高祖刘邦和吕后信任。后随刘邦平定臧荼、卢绾、陈豨、韩信等，为大汉开国皇帝汉高祖刘邦第一心腹，楚汉时期仅次于项羽的第二猛将。封舞阳侯，谥武侯。

樊莹：明代大臣。常山(今属浙江)人。历任山东道监察御史、云南巡按、松江知府、河南按察使、应天知府、南京工部右侍郎、都察院左副都御史等职。惩贪官、精吏治、赈济灾民，不遗余力，为民爱戴。官至南京刑部尚书。

樊圻：清代画家。字会公，江宁(今江苏省南京)人。擅画山水、花卉、人物。为"金陵八家"之一。北京故宫博物院藏有其《柳溪渔乐图》。

158 胡(hú)

【寻根溯源】

胡姓主要有两种来源。一是出自妫姓,以胡公满(即妫满)的谥号为姓。西周初年,帝舜(妫姓)的后人胡公满受封于陈国(今河南淮阳一带)。胡公满本姓妫,名满,胡公乃是他在西周所得的谥号。春秋末,陈国被楚国所灭,其后人便以其先祖的谥号为姓,称胡姓。二是出自西周的两个胡国。一为姬姓胡国(今属河南),是西周初分封的周朝同姓诸侯国,史称胡子国,其后代以胡为姓。另一为归姓胡国。尧时有归夷族,商代建立胡国,后被周武王所灭,春秋时,其族人迁居今安徽阜阳一带,也称胡子国,其后代也以胡为姓。

【变迁分布】

早期在江淮与江汉地区活动。秦汉以后,已经分播各地,在安定郡(今宁夏固原)、新蔡郡(今属河南)、淮阳郡(今属河南)、吉州(今江西吉安)形成胡氏望族。宋代时期,在江苏、浙江、江西、湖南等地最为密集。明代时期,则以江西、浙江、安徽为主,南方诸省人数较多。当今在南方的湖北、江西、四川最为密集。

【名人荟萃】

胡三省:元代史学家。台州宁海(今浙江宁海)人。南宋理宗宝祐年间进士。历任县令、府学教授等职。后隐居不仕。开始专心著述《资治通鉴广注》。临安(今浙江杭州)失陷后,手稿在流亡新昌(今广东台山)途中散失。宋亡后,重新撰写。元世祖至元二十二年(1285年)完成《资治通鉴音注》294卷,并对史事有所评论。

胡渭:清代经学家、地理学家。德清(今属浙江)人。曾与阎若璩等帮助徐乾学修《大清一统志》。撰《易图明辨》,考定宋儒所谓"河图"、"洛书"之误。所著《禹贡锥指》,是研究中国古代地理沿革的重要参考书。另有《洪范正论》、《大学翼真》等。

胡雪岩:清代著名商人,人称"红顶商人"。字雪岩,徽州绩溪(今安徽黄山市)人。富可敌国的晚清著名企业家,政治家,著名徽商。操纵江浙商业,资金最高达二千万两以上,人称"为官须看《曾国藩》,为商必读《胡雪岩》"。

159 凌（líng）

凌姓源自姬姓。卫康叔的支裔有在周朝担任掌管冰块的职官，官名为"凌人"，其子孙便以先祖官职为氏，称凌姓。

【变迁分布】

早期在中原活动。秦汉以后，在河间郡（今河北献县）形成凌姓望族。唐宋以来，主要分布在南方诸省，如江苏泰州、太仓、扬州，浙江乌程、杭州、吴兴，安徽泾县、休宁、贵池，江西彭泽，湖南耒阳、平江，广东梅县、信宜、番禺等地。

【名人荟萃】

凌策：北宋大臣。宣州泾县（今属安徽）人。宋太宗雍熙二年（985年）进士。释褐广安军判官，后历知数州。真宗大中祥符四年（1011年），迁江南转运使（《续资治通鉴长编》卷七六）。五年，召拜右谏议大夫、集贤殿学士、知益州。还，命知通进银台司兼门下封驳事，拜给事中，权御史中丞。天禧元年（1017年），迁工部侍郎。

凌濛初：明代文学家、小说家和雕版印书家。浙江乌程（今浙江湖州）人，其著作《初刻拍案惊奇》与《二刻拍案惊奇》与冯梦龙所著《古今小说》（喻世明言）《警世通言》《醒世恒言》合称"三言两拍"，是中国古典短篇小说的代表。

凌云翰：明代诗人。号柘轩，钱塘（今浙江杭州）人。著有《关山霁月图》。著有《柘轩集》四卷，《四库总目》行于世。

160 霍（huò）

【寻根溯源】

霍姓源自姬姓。周武王封其弟叔处于霍（今山西霍县），史称霍叔处。虽然叔处因参与"三监之乱"而被降为庶人，但其族裔仍居于霍邑。春秋时期晋献公灭霍之后，其子孙以邑为氏，称霍姓。

【变迁分布】

秦汉时期，在山西活动，并在河东平阳（今山西临汾）出现了霍去病、霍光家族，在西汉政坛上居于举足轻重的地位，此后又形成了太原郡（今山西太原）霍氏郡望。宋代以前，在河北临漳、曲周，北京大兴，湖北枝江也有霍氏名门分布。宋代以后，在河北、陕西、江苏，尤其是广州仍有较多分布。当今在辽宁、天津、山东、陕西、江苏、湖北、湖南、广东、四川等地均有分布。

【名人荟萃】

霍去病：西汉大将，杰出军事家。河东郡平阳县（今山西临汾西南）人。是名将卫青的外甥，任大司马骠骑将军。霍去病多次率军与匈奴交战，匈奴被他所率汉军杀得节节败退，霍去病也留下了"封狼居胥"的佳话。惜英年早逝，在为他举行葬礼时，满朝文武和平民百姓从长安城内一直排到墓地为他送行，场面之宏大，历史少有。

霍光：西汉大臣。河东平阳（今山西临汾）人。霍去病的弟弟，是一位封侯拜相的文官（大司马），他曾辅佐汉代的三朝皇帝处理国家大事，二十几年未曾有过差错。可以说，霍家兄弟是汉朝社稷的两位大功臣。是汉昭帝的辅政大臣，为汉室的安定和中兴建立了功勋，成为西汉历史发展中的重要政治人物。

霍韬：明代礼部尚书。南海县石头乡（今属广东佛山禅城区）霍族人。正德进士，读书西樵山，经史精治，嘉庆年间官至尚书。力主清娼籍，散僧尼，毁淫词，兴社学。为人刚正不阿，见义勇为，坚贞不屈。死后被封为太子太保（从二品），谥号文敏，并由皇帝御赐墓葬。

虞万支柯　昝管卢莫　经房裘缪　干解应宗

161 虞(yú)

【寻根溯源】

虞姓主要有两种来源。一是源自妫姓,系舜的后代。舜将王位传给大禹后,禹封舜子商均于虞(今河南虞城),号有虞氏,虞国灭亡后,其子孙就以虞为姓。二是源自姬姓。周朝建立后,武王把舜的后裔封于陈,另将二伯仲雍的后代封于虞,其后人也以虞为姓。

【变迁分布】

早期活动在中原。汉代以后,在陈留郡(今河南开封东)形成虞氏望族。唐代以前,已经播迁到今山东巨野、郯城,浙江绍兴、余姚、富春,湖南长沙等地,尤其是浙江余姚即当时的会稽郡,成为虞氏较为集中的地区。宋代以后,分播在山西、江苏、浙江、四川、江西等地。当今其播迁的范围更加广泛,但江浙依然是分布最为密集的地区。

【名人荟萃】

虞翻:三国时期东吴学者、官员。会稽馀姚(今浙江余姚)人。他本是会稽太守王朗部下功曹,后投奔孙策,自此仕于东吴。他于经学颇有造诣,尤其精通《易》学。

虞世南:唐初政治家、书法家、文学家。越州余姚(今属浙江省)人。官至秘书监,封永兴县子,故世称"虞永兴",享年81岁,赐礼部尚书。"凌烟阁二十四功臣"之一,唐太宗称他德行、忠直、博学、文辞、书翰为五绝。

虞策:宋代大臣。杭州钱塘(今浙江杭州)人。登进士第,调台州推官、知乌程县、通判蕲州。历任监察御史、户部侍郎、刑部尚书、户部尚书、枢密直学士、龙图阁学士,66岁逝世,赠左正议大夫。

162 万(wàn)

【寻根溯源】

万姓主要有三种来源。一是出自姬姓。春秋时，芮国的芮伯万当了周王朝的司徒，但后因芮伯万宠姬太多，便被母亲芮姜赶出国去，住在魏城（今山西省芮城），其子孙以祖父的字"万"为姓。二也是出自姬姓，以祖字为氏。春秋时，晋国有大夫毕万，乃毕公高之后，因辅佐晋献公有功，受封于魏（今山西省芮城北，原为西周分封的诸侯国，公元前661年被晋献公功火，把他封给了毕万），又称魏万，其子孙以祖父的字"万"为姓。三是出自他族改姓。

【变迁分布】

早期活动在河北、河南、山东、山西、陕西等地。秦汉以后，在河南郡（今河南洛阳）、扶风郡（今陕西兴平）形成望族。唐代以后，已经向东南、西南及中南全面扩展。宋代时期，以江西、浙江最为集中。明代时期，以湖北、浙江、江西最为密集。当今以江苏、四川、江西三地最为密集。

【名人荟萃】

万脩：即万修，东汉茂陵人。东汉名将，光武帝时历任信都令、偏将军等职，因功封槐里侯，为"云台二十八将"之一。

万斯大：清代经学家。浙江鄞县（今浙江宁波）人。他一生精于经学，对《春秋》《三礼》尤有研究。为万斯同之兄。

万斯同：清代著名史学家。浙江鄞县（今浙江宁波）人。师事黄宗羲。博通诸史，尤精明史。他讲求志节，坚决不愿在清朝为官。康熙间，应邀以布衣参修《明史》五百卷，皆其手定。

163 支(zhī)

【寻根溯源】

支姓主要有两种来源。一说是尧舜时代有支父，其子孙以支为姓。二说是秦汉时西域（今新疆一带）有月支国，西晋时月支国单于（国王）来中原后，留居中原并汉化，以支为姓。

在河北、山东、四川、江苏、上海等地有支氏分布。历史上，支氏以琅琊郡（今山东诸城）、阳郡（今陕西式功）为郡望。现今宁夏、江西有比较多的支氏分布。

【名人荟萃】

支雄：月支人，是石勒的八骑和十八骑之一，为后赵的龙骧大将军、大司空等。

支叔才：唐代知名的文士，因孝敬老人被人赞扬。

支大可：明代文官，昆山人，进士。品格清高，做过湖广巡抚的官。

164 柯（kē）

【寻根溯源】

柯姓源自姬姓。周文王之兄泰伯奔吴，并在今苏浙地区建立吴国。吴国有吴王柯卢，其子孙就以柯为姓。另外，还有以地为氏说，即春秋之时，郑、卫之地名有带"柯"字者，其后代有人以柯为姓。

【变迁分布】

早期活动在今河南、山东、江苏、浙江一带，并在济阳郡（即今河南、山东交界的豫东地区）形成郡姓望族。唐末，中原士民南迁闽粤，柯氏也在其中之列。宋代以来，在山东、河南、湖北、江苏、浙江、安徽、福建、广东、云南等地均有分布。

【名人荟萃】

柯九思：元代著名书画家。台州仙居（今浙江仙居县）人，江浙行省儒学提举柯谦之子。柯九思从小受苍山秀灵之气熏陶，长大后，柯九思才华横溢，艺冠画坛。官至奎章阁鉴书博士（正五品），专门负责宫廷所藏的金石书画的鉴定。皇帝对柯九思颇信任。后因朝中官僚的妒忌及文宗去世，柯九思束装南归。

柯维骐：明代史学家。专心研究宋代历史。合《宋史》《辽史》《金史》为一书，以宋朝为正统，附以辽、金，积20年之力撰成《宋史新编》。对元人所修宋史的错误和疏漏，多有补正。

柯琴：清代医家。原籍浙江慈溪人，后迁居虞山（江苏常熟）。博学多闻，能诗善文，不涉仕途，矢志医学。读《内经》《伤寒论》颇具心得。著医书及整理注释之典籍颇丰。撰著包括《伤寒论注》四卷,《伤寒论翼》两卷,《伤寒附翼》两卷。此书批诸家之谬,悟仲景之旨,堪称历代注疏《伤寒论》的上乘之作。

165 昝(zǎn)

【寻根溯源】

昝姓源自商相昝单。咎,上古时有多种含义,后专指灾祸,因不吉利,在咎字的口中加一横,成为昝姓,其后代以此为姓。另外,也有他族改姓而来者。

【变迁分布】

早期居住在河南、山西等地,以太原郡(今山西太原)为郡望。此后,有少量昝氏分布在河北、天津、山东、江苏。

【名人荟萃】

昝殷: 唐代医学家。撰《产宝》一书,后增辑成《经效产宝》三卷,是现存最早的妇产科专著。另著有《食医心鉴》三卷,为营养学专著。

昝居润: 宋代文士。博州高唐(今河北高唐县)人,笔记文章做得特别好,为人明白事理而且聪明,又爱帮人,所以出名。在枢密院任小吏时,以谨勉著称。官至义武军节度使。在任数年,以患风痹诏还京师。卒,赠太师。

昝学易: 明代孝子。万历年间举人。本性至孝,为照料80多岁的父亲,几次任官不受。他因恐父亲年老一人睡床不暖,就与父亲同床共枕共被睡了8年,直到父亲去世。最后授他金溪知县,未上任卒。

166 管(guǎn)

【寻根溯源】

管姓主要有两种来源。一是出自姬姓。周文王之子叔鲜封于管(今河南郑州),建立管国,史称管叔鲜。后管叔因作乱被杀,其后代便以封地为姓。二是来源于春秋时政治家管仲的后代。

【 变迁分布 】

早期在河南、山东、山西等地活动。在平原郡（今山东平原）、晋阳郡（今山西太原）形成郡姓望族。唐代时期，已经遍布大江南北。清代以前，已经在今山东临朐、江苏南京、常州、浙江龙泉，湖北黄陂等地形成管氏名门。当今主要在河南、山东、安徽、江苏、湖南、湖北、江西、陕西、甘肃及东北三省等地分布。

【 名人荟萃 】

管仲：春秋时著名军事家、政治家，齐国相国。颍上（今属安徽）人，史称管子。经鲍叔牙力荐，为齐国上卿（即丞相），被称为"春秋第一相"，辅佐齐桓公成为春秋时期的第一霸主。有《管子》一书传世。

管宁：三国名士。北海郡朱虚（今山东省临朐）人。管仲后人，自幼好学，饱读经书，一生不慕名利。管宁一生讲学，居辽东。三国时，魏国多次征召，委以太中大夫、太尉、光禄勋等重职，宁固辞不受。后人称他为一代"高士"。管宁故乡的人们为怀念他，褒扬他的高风亮节，特建管宁祠，筑管宁冢。

管师仁：宋代大臣。龙泉（今属浙江）人，熙宁进士。知建昌军，有善政，擢右正言。后累迁工部侍郎、吏部尚书、同知枢密院事。

167 卢 (lú)

【 寻根溯源 】

卢姓源自姜姓。姜太公因辅佐武王灭商有功受封于齐。历经十代，春秋时齐文公有子名高，高的孙子傒为齐国正卿，因迎立桓公有功而食邑于卢（今山东长清），其子孙以卢为氏。另外还有"卢蒲"、"伏卢氏"、"卢浦氏"等复姓改为单姓者。

【 变迁分布 】

早期发展于山东、河北、河南、湖北等地。南北朝时期，"范阳卢氏"成为当时最为显赫的大姓之一、备受尊崇。除范阳郡（今河北涿州市）外，河南郡（今河南洛阳）、河间郡（今河北献县）等均为卢氏郡望。唐代时期，卢氏随中原士民两次南迁闽粤。宋代时期，在山东、河南、浙江最为密集。明代时期，江苏、浙江、江西为卢氏聚集最为集中的三个地区。当今在广东以及河北、河南、湖北、四川、广西有较多分布。

【名人荟萃】

卢群：唐代官员。范阳（今北京城西南）人。唐代兵部郎中，以劲正闻，官至郑滑节度使，卢氏为范阳名门望族之一。

卢纶：唐代诗人。河中蒲（今山西省永济）人。所作诗歌多送别酬答之作，少数反映边塞军士生活，为"大历十才子"之一，遗有《卢纶集》。

卢承庆：唐代大臣。幽州范阳（今河北涿州）人，封范阳定公。唐高宗年间任宰相。

卢照邻：唐代著名诗人。幽州范阳（今河北涿州）人。被誉为"初唐四杰"之一，所作诗多忧苦愤激之词，以《长安古意》最为有名。

168 莫（mò）

【寻根溯源】

莫姓主要有两种来源。一是源自高阳氏，颛顼之后。颛顼造鄚城，此地人以城名为姓，后来去掉邑偏旁为"莫"，称莫姓。二是源自芈姓。楚国有莫敖之官，其后人以祖上官职为氏，简称莫氏。

【变迁分布】

早期居住在河北、河南、湖北，之后以钜鹿郡（今河北平乡）为郡姓望族。北魏时期，有镇守山西边关的莫含、莫题家族。宋代以后，主要在南方的江苏宜兴、无锡，浙江归安，广西南丹、桂林、平南，贵州独山等地繁衍。

【名人荟萃】

莫含：东汉左将军，穆帝很赏识他的才能，经常让他参与讨论军事机密、国家大事。后来被封为关中侯。雁门繁畤（今属山西）人。

莫休符：唐代官吏、学者。广东封开县（今属广东肇庆）人。历官银青光禄大夫、检校左散骑常侍、融州刺史、御史大夫。晚年辞官退居桂林。于唐光化二年（899年）写成《桂林风土记》，将所见所闻录入书中，是一部有关桂林历史地理和风俗人情最早的风物志。

莫如足：明代大臣。广州府新会（今属广东）人。嘉靖年间进士。由庶吉士擢御史，曾经弹劾仇鸾，有直声。官至大理左丞，数伸冤狱。

莫骏：明代官吏。广西平乐（今属广西桂林市平乐县）人。举人出身，官至南京户部员外郎。做官二十余年，人称廉洁。

169 经（jīng）

【寻根溯源】

经姓源自京氏所改，为郑武公的后代。春秋时郑武公有子共叔段，受封于京，简称京叔段，段的后代子孙就以京为氏。至汉代时，有太守京房为奸臣所害，其家人为避仇而改京为经氏。

【变迁分布】

早期主要在北方分布，如河南、山西等地，在荥阳郡（今属河南）、平阳郡（今山西临汾）形成郡姓望族。宋代以来，在浙江等南方地区也有分布。

【名人荟萃】

经承辅：明代高士。江都（今江苏扬州）人。明朝文士，个性温文儒雅，品格高尚，孝行很好。少年时父丧，为孝敬母亲，一辈子不做官。隐居于平山之麓，与世隔绝，以田园自居，栽梅种竹，耕读教育孩子，并抚养弟弟长大成人，年70无疾而终。

经文岱：清朝将领，清末咸丰年间带兵打仗而载入史册。

经元善：清代慈善家。家中很富裕，性情善良，喜欢施舍别人。光绪八、九年的时候，直隶发生水灾。他从上海来到天津从事救济活动，募款达几百万。先后获得清朝奖励十几次。

170 房（fáng）

【寻根溯源】

房姓源自陶唐氏，为尧帝的后代。舜继位以后，封尧之子丹朱于房（其地在今河南遂平县），为房邑侯。其子陵，袭封后以封地为姓，史称房陵，其后人遂为房姓。

【变迁分布】

早期活动在河北、河南、山东，以清河郡（今河北省清河县至山东省博兴县、临清市一带）为郡望。从南北朝直到唐代，清河房氏在当时朝中举足轻重，其余主要分布在今山东淄博、临清、崂山、兖州、武城等地。宋代以来，在北京、河南、湖北、陕西、安徽等地也有分布。

【名人荟萃】

房玄龄：唐初良相、杰出谋臣。房玄龄是秦王李世民最得力的谋士。他参与玄武门之变，与杜如晦、长孙无忌、尉迟敬德、侯君集五人并功第一。唐太宗李世民时官至司空，仍综理朝政。贞观二十二年（648年）病逝。后世以他和杜如晦为良相的典范，合称"房杜"。

房融：唐代大臣、翻译家。洛阳人。尝与天竺沙门般刺、密谛等人共译《首楞严经》，此经始流传东土。

房琯：唐代名相。河南缑氏（今河南省偃师缑氏镇）人。房融之子。唐玄宗、肃宗两朝宰相。官至正议大夫、同凤阁鸾台平章事。与诗人孟浩然、王维、储光羲、李颀、綦毋潜、高适、陶翰、贾至等相善；与杜甫为"布衣"之交。

171 裘（qiú）

【寻根溯源】

裘姓主要有以下几种来源。一是源自姬姓。春秋时，卫国公族有被封于裘邑（今河南省东北三省部），称为裘侯，其后人以邑为氏。二是以职官为姓。周朝有掌管制造皮制品的官职"裘"，其后人遂以职官为氏。三是由仇姓避免仇杀而改为裘姓。

【变迁分布】

早期活动在河南、河北及辽宁东部，并以渤海郡（今河北省、辽宁省之间的渤海湾一带）为郡姓望族。当今在辽宁、河北、北京、山西、江苏、浙江、江西、福建等地有零星分布，以江浙较为集中。

【名人荟萃】

裘万顷：宋代著名诗人。新建（今属江西南昌）人。进士。对待父母很孝顺，学问也很大。做过江西抚干。

裘曰修：清代大臣。新建（今属江西南昌）人。乾隆年间进士，历官礼、刑、工三部尚书，多有政绩，在政治上很有作为，他最大的政绩是治水。

裘行简：清代大臣。江西新建（今属江西南昌）人。乾隆四十年，赐举人，授内阁中书，充军机章京，迁侍读。四十九年，从大学士阿桂剿甘肃石峰堡乱匪，复从察治河南睢州河工。五十年，出为山西宁武知府，调平阳，因亲老，自请改京秩，补户部员外郎，仍直军机。累迁太仆寺少卿。嘉庆时，官至总督。

172 缪（miào）

【寻根溯源】

缪姓源自嬴姓。春秋时，秦穆公为"五霸"之一。古代"穆"、"缪"同音通用，穆公死后，其子孙有以"缪"为姓的。

【变迁分布】

由今陕西逐渐东迁。南北朝时期，在今山东枣庄、苍山等地集聚，并以兰陵郡（今山东枣庄、藤县一带）为郡望。宋代以来，在河南、山东、江苏、浙江、安徽、湖南、云南、广东等地分布，尤以苏皖地区分布较为密集。

【名人荟萃】

缪袭：三国魏国文学家。东海兰陵（今山东苍山兰陵镇）人。他撰述很多，其中《魏鼓吹曲》12首大多为歌颂曹操功业的作品。

缪希雅：明代医学家。海虞（今江苏常熟）人精通医术。著有《本草经疏》《本草诸方》等书。

缪彤：清代文士。江苏省吴县（今江苏省苏州）人。在乡里以循规蹈矩闻名，被乡人荐为遵循封建道德规范的楷模。他热衷于科举考试，渴望中试夺魁，先后五次北上应试，终于在康熙六年（1667年）丁未科成为清代第十二位状元，授翰林院修撰。康熙九年会试同考官，不久任侍讲学士。后畏仕途之艰难，以家丧辞官回归故里。从此脱离宦海，不问时事，以教书为业，创办"三畏书院"，为乡里培育人才。跟从他学习的人很多。成为从事教书约五十年的"状元先生"，堪称学者类型的状元。

173 干（gān）

【寻根溯源】

干姓源自子姓。春秋时，宋国公族有大夫干犨，其子孙以祖字干为姓。

【变迁分布】

早期发展于河南、江苏等地。之后在颍川郡（今河南长葛）形成郡姓望族。当今在湖北、江苏等南方地区有少量分布。

【名人荟萃】

干将：著名冶金匠，春秋末年吴国（今苏皖两省长江以南部分）人。工于铸剑。吴王曾命他铸造宝剑。三年，铸成雌雄各一，雄为干将，称为"吴干之剑"。

干宝：晋代著名文学家。祖籍河南新蔡人。卓学博览，好阴阳五行术数。元帝时，被朝廷召为著作郎，编修国史。他著作的《晋记》，直而能婉，评为良史。他编著的《搜神记》被评为"鬼之董狐"。此外，他还著有《春秋左氏义外传》和《注周易周官》等数十篇。

干桂：明代御史，顺天（今北京、河北部分地区）人，正德年间中进士，官至督御史，政治严明，所官之处，豪强不敢妄为，威风收敛。

174 解（xiè）

【寻根溯源】

解姓源自姬姓。晋国开国君主唐叔虞（周武王姬发的儿子）的儿子良，食采于解邑（今山西解县）。晋国大夫解扬、解猎即其后人，其子孙以封邑为氏，称解姓。

【变迁分布】

早期活动在山西，并在平阳郡（今山西临汾）形成郡姓望族。之后在今河北永年、大名、定兴，河南沁阳、宁陵，山东济阳，山西交城、代县，陕西延安，江西吉水，江苏扬州等地均有分布，当今主要在吉林、河北、北京、辽宁、山西、江苏、四川、云南等地分布。

解琬：唐代官员。魏州元城（今属河北）人。官御史大夫，兼持节朔方行军大总管，守边二十余年，务农习战，为长治久安之计。

解缙：明代著名学者，明代第二位内阁首辅。江西吉安吉水县人。他才思敏捷，19岁中进士，为明太祖朱元璋所器重。后因上"万言书"批评朝政，被罢官八年之久。永乐初，任翰林学士，主编《永乐大典》，这是世界上最完备的一部百科全书。解缙以才高好直言为人所忌，屡遭贬黜，终以"无人臣礼"下狱被杀，谥号文毅。著有《文毅集》。

解学龙：字言卿，号石帆，扬州兴化（今江苏兴化）人。明万历四十一年（1613年）进士，历任太子太保、都察院副都御史（都堂）、江西巡抚，反对阉党魏忠贤专政，支持东林党的主张。南明时，官刑部尚书南明弘光元年（1645年）五月初九日，南京城破，投江殉国。著有《五垣谏草》《抚江奏牍》《用兵纪》等。

175 应（yīng）

【寻根溯源】

应姓源自姬姓。周武王的第四个儿子被封在应（今河南平顶山），建立应国，称应侯。其子孙以应为姓。

【变迁分布】

早期在今河南一带活动。之后在汝南郡（今属河南）形成郡姓望族。自东汉至两晋，汝南南顿（今河南项城）应氏名人辈出。宋代以来，在今浙江定海、永康、奉化、钱塘、鄞县以及辽宁等地有分布。当今百家大姓中，排列第二百四十七位，主要分布在浙江、安徽、上海等地，其中浙江分布最多。

【名人荟萃】

应场：三国魏文学家。为汝南南顿（今河南项城市）人，应珣之子。曹操征之为丞相掾，后为五官中郎将文学。曹丕称其才学足以著书，为"建安七子"之一。著有《应德琏集》。

应孟明：宋代太府卿兼吏部侍郎。浙江永康（今浙江省金华市永康市）人。宋隆兴元年（1163年）进士。历任乐平县丞、大理寺丞、福建提举常平、按察使、户部侍郎、吏部侍郎等职。

应大猷：明代大臣。仙居（今浙江省台州市仙居县）人。正德九年进士。曾任南刑部主事，参与平定宸濠之乱。后历广东参政、金都御史、吏部右侍郎、官至刑部尚书。

卒年95。曾巡抚云南、四川、山东，所至均有政绩。

176 宗（zōng）

【寻根溯源】

宗姓主要有两种来源。一是源自姬姓。周公族有大夫宗伯，掌管宗室之事，因其官职世袭，其子孙便以官职为氏。二是源自偃姓。春秋时宗子封于宗国（今安徽舒城一带），其后代也以宗为氏。

【变迁分布】

早期居住在今河南、陕西、安徽等地。汉代以后，在京兆郡（今陕西西安）形成郡姓望族。南北朝至唐代，"南阳宗氏"一支担任朝廷要职。宋代以来，在北京、河北、河南、江苏、浙江、湖北等地均有分布。

【名人荟萃】

宗慈：东汉名士，"八顾"之一。南阳安众（今属河南南阳）人。举孝廉，九辟公府，有道征，不就。后为脩武令。时，太守出自权豪，多取货赂，慈遂弃官去。征拜议郎，未到，道疾卒。南阳群士皆重其义行。

宗希华：南朝儒学大师，有"荆楚儒学宗师"之称。

宗臣：明代文学家。兴化（今属江苏泰州兴化）人。南宋末年著名抗金名将宗泽后人。嘉靖二十九年（1550年）进士，由刑部主事调吏部，历任吏部稽勋员外郎、福建参议、福建提学副使，卒官。诗文主张复古，与李攀龙等齐名，为"嘉靖七子"（后七子）之一，散文《报刘一丈书》，对当时官场丑态有所揭露，著有《宗子相集》。

宗元鼎：清代诗人。江都（今属江苏）人。工诗善画，与兄元观、弟元豫、侄之瑾、之瑜时称"广陵五宗"。康熙十八年（1679年），抵京贡太学部考第一，铨注州同知，后未及仕而卒。

丁宣贲邓　郁单杭洪　包诸左石　崔吉钮龚

177 丁(dīng)

【寻根溯源】

丁姓来源复杂,其主支源自姜姓。西周时,姜太公受封于齐,其子伋死后谥为齐丁公,其子孙便以谥号为氏。另外,出自商代诸侯丁侯的后代。丁侯为殷商诸侯,周武王讨伐殷纣时丁侯因不从而被周所灭,其祖孙散居各地,部族仍以丁为氏。

【变迁分布】

早期从山东地区向四周扩展。汉唐之间,在今河南开封以东,形成以"济阳郡"为代表的丁氏望族。三国以后,在东南地区有了较大发展,在河南、陕西、湖北、江西等地也有丁氏分布。唐代时期,从河南固始向闽粤的移民中也有丁氏。宋代时期,丁氏在河南、江苏、湖南等地最为密集。明代时期,丁氏的分布中心在浙江、江苏与江西一带。当今在江苏分布最为密集,山东、浙江、安徽、湖北、湖南、福建、江西也有较多分布。

【名人荟萃】

丁谓:北宋大臣。苏州长洲(今江苏省苏州)人,真宗时任右谏议大夫、权三司使,后升至宰相,被封为晋国公。其修复京城的故事被尊为古代"运筹学"运用的典范。

丁宝桢:清代大臣。贵州平远(今贵州省织金)人。清末山东巡抚,后任四川总督。山东机器局、四川机器局为其所筹建,今存其《丁文诚公奏稿》。

丁汝昌:清代北洋水师提督,爱国军事家。安徽省庐江人。甲午战争爆发后,在与日军的威海卫一役中,拒降而自杀身亡。

178 宣（xuān）

【寻根溯源】

宣姓有以下几种来源。一是源自姬姓。周厉王的儿子姬静，死后，谥号为"宣王"，史称"周宣王"。其支庶后裔子孙中有以先祖谥号为姓氏者，称宣氏；鲁桓公姬允五世孙叔孙侨如，死后，被追谥为"宣"，史称宣伯。在叔孙侨如的后裔子孙中，有以先祖的谥号为姓氏者，称宣氏。二是源自子姓。春秋时期，宋国国君子力在执政期间以知人善用著称。他临死前，不传君位给儿子与夷，而传位给弟弟子和，并说："父死子继，兄死弟及，天下通义也。"他去世后，周平王追加给他一个非常好的封号"宣"，史称宋宣公。在宋宣公的子孙后代中，有取先祖谥号为姓氏者，称宣氏。

【变迁分布】

早期居住在河南、陕西、山东等地。汉代以后，在东郡（今河南濮阳）、始平郡（今陕西兴平）形成郡姓望族。之后，重点在东南沿海地区播迁，在浙江嘉兴、诸暨、宁波等地均有分布。

【名人荟萃】

宣秉：东汉御史中丞。东汉初冯翊云阳（今陕西淳化县西北）人。廉洁奉公，深受光武帝的信赖，位至三公。

宣亨：宋代画家。宋汴（今河南开封）人。宣和（1119－1125年）间久在画院。承平时入蜀，终普州兵官。精花鸟。

宣嗣宗：明代中书舍人。嘉定（今属上海）人。永乐三年（1405年）诏郡县举楷书士，嗣宗既命，从中书舍人书诰勅；无几，简从事翰林，诸学士皆重之。宣德（1426－1435年）初为吏部员外郎。

179 贲（bēn）

【寻根溯源】

贲姓源自春秋鲁国县贲父，其子孙以贲为氏。鲁国有一个贵族叫县贲父，其后裔子孙以先祖名字为姓氏，称贲氏，世代相传至今，史称贲氏正宗。一说是出自苗族，即苗姓始祖晋国大夫苗贲皇，其子孙有以贲为姓者。

【变迁分布】

早期居住在今山东、安徽一带。之后在宣城郡（今属安徽）形成郡姓望族。宋代以后，又朝北发展，在今吉林梨树、德惠等县还有贲氏分布。当今贲氏在辽宁、湖北、安徽、广西、甘肃等地仍有少量分布。

【名人荟萃】

贲赫：西汉将军。汉高祖刘邦打天下建立汉朝后，将有功劳的开国大臣封为诸侯王，但有些诸侯王受封后，自己养了些军队，又造刘邦的反。贲赫因事得罪了英布，他担心受到诛杀，就逃到长安，将英布的反叛阴谋和盘托出，英布得知消息，迅即公开反叛，并杀了贲赫全族。于是，汉高祖就以贲赫为将军，率兵讨伐叛军。贲赫就帮刘邦平息这些叛乱，被封为期思侯。

贲嵩：汉代名士。汝南郡（今属河南）人，以操守清高纯洁而知名，为时人所敬重。

贲亨：元代将领。宣武年间的将领，处州路管军万户。出生入死，因为军功，升到大将军。

180 邓（dèng）

【寻根溯源】

邓姓主要有以下几种来源。一是源自姒姓。夏王仲康封其支庶于邓（今河南孟州一带）。商武丁时灭邓，其子孙以国为氏。二是商王室的后代。商武丁时封其叔曼季于邓（今河南邓州）。春秋时被楚国所灭，其子孙以邓为氏。此外，他族改姓者亦占有一定比例。

【变迁分布】

早期主要在河南、湖北等地活动。汉代以后，扩展到陕西、江苏、四川、广东等地，并在南阳郡（今属河南）形成郡姓望族。唐代以后，向四面扩展。宋朝时期，主要集中分布在湖南、江西、四川、福建等地。明代时期，在湖南、江西、福建、广东、广西、四川等地较为密集。在当今主要在湖北、湖南、四川、广东、江西、云南、广西等南方地区分布。

邓通：西汉富豪。蜀郡南安（今属四川省）人。西汉文帝的宠臣。西汉时蜀中以邓氏钱遍天下而闻名，为邓氏家族第四十二世祖。

邓禹：东汉名将。南阳（今河南新野）人。跟从光武帝刘秀破王匡、刘均等军，名震关西。天下平定，功勋显赫，封高密侯。后绘图云台，居二十八将之首，为邓氏家族的第四十七世祖。

邓世昌：清代海军名将、爱国将领。广东省番禺人。在1894年的黄海战役中，率致远舰奋勇作战，在弹尽、舰伤之际，加速猛撞日舰吉野号未果，因中鱼雷，全舰官兵壮烈殉国。

邓廷桢：清代名将。江宁（今江苏省南京）人。历任两广总督、闽浙总督，曾率军阻击英舰于厦门，后受投降派诬陷，与林则徐一同被充军伊犁，三年后被重新起用，著有《双砚斋诗钞》。

181 郁（yù）

【寻根溯源】

郁姓源自古郁国，后为吴大夫的采邑，其后代以郁为姓。另有一说，郁氏为春秋时鲁国宰相郁黄（贡）之后。

【变迁分布】

早期居住在今河南、山东、安徽一带。汉代以后，在黎阳郡（今河南浚县）形成郡姓望族。宋代以来，主要在东南地区聚居，在江苏海门，浙江绍兴、嘉兴、富阳，安徽凤阳等地均有分布。

【名人荟萃】

郁继善：宋代名医。精于医术，为时所重。

郁新：明代大臣。临淮（安徽凤阳）人。洪武年间（1368—1398年）以人才征，官至户部尚书，长于综理，规划甚备。

郁采：明代官员。正德年间进士，授刑部主事，后迁任裕州同知，时遇战乱灾荒，盗贼四起攻打裕州，他率领州民抵抗，连战数日后城陷，巷战而死。

182 单(shàn)

单姓源自姬姓。周成王封小儿子姬臻于单(今河南济源西南),建立单国,史称单伯。单伯的二十余代均为周卿士,其子孙便以封地为姓,称单姓。

【变迁分布】

早期主要在河南活动。汉唐时期,已经散播于西至甘肃,东至山东及东南地区的广大区域。在山阳郡(今山东金乡)、南安郡(今甘肃陇西一带)形成郡姓望族。宋代以来,在河北、天津、湖北、浙江、山东、江西等地均有分布。

【名人荟萃】

单超:东汉宦官。东汉专权朝政的首要宦官之一,河南(今河南洛阳)人。桓帝初为中常侍,与宦官徐璜、具瑗、唐衡共谋诛灭外戚梁冀兄弟,以功封新丰侯,为"五侯"之一,食邑二万户。后官拜车骑将军。

单煦:宋代大臣,以廉政干练而著称。宋朝平原人(今属山东德州)。中进士后,知洛阳县。勤政为民,成绩显著,升任昌仆知州,累官光禄大夫。煦友爱,他15岁时,兄单熙殴人致死,他劝兄逃跑,愿自己顶罪代死。当平原知县伍刚查明原因后,十分感动,免了单煦的死刑。

单懋谦:清代大臣。襄阳(今属湖北襄阳)人。清代同治年间文渊阁大学士(正一品,即宰相)。祖父秉鉴,因行孝,有美名。道光进士,官至工部尚书后拜文渊阁大学士,兼管兵部。督广东、江西学政时,革除陈规陋习,主考三次,识拔英才,尚书郑敦谨和湖广总督张之洞均为他所发现。在襄阳时,曾在鹿门书院讲课,收入资助贫苦高才生。其旧居在襄阳古城北街,保存完好。

183 杭(háng)

【寻根溯源】

杭姓源自姒姓。相传夏禹治水时来到会稽(今浙江绍兴)大会天下诸侯。治水大业完成后,那里留下很多船只,他把这些船只交给他的一个儿子管理,于是封其国为余航(今浙江余杭)。后来,其子孙就将"航"去舟加木写成"杭",并自称为杭氏。

【变迁分布】

早期起源地在余杭郡（今浙江省境内）和丹阳郡（今安徽宣城一带），即在今浙江、安徽一带。当今则主要在东南地区和东北三省地区分布。

【名人荟萃】

杭徐：东汉丹阳（今属安徽省宣城）人。字伯徐。初任宣城长，政绩卓著，境内无盗贼。后升为中郎将，攻破泰山守敌，封东乡侯。官至长沙太守。

杭景：汉代人，祖孙都注意修养身心，谨慎行事，爱帮助孤寡贫穷的人。后来杭景的儿子杭华官至睢阳太守，世人都认为是他们善行的报答。

杭淮：明代著名中丞。廉明平恕，以志节著称，与其兄杭济并负诗名。

杭世骏：清代著名学者。仁和（今浙江杭州）人。雍正年间举人。博览群书，擅长诗文，乾隆元年（1736年）举博学鸿词，授编修，官至御史。曾校勘武英殿《十三经》《二十四史》，纂修《三礼义疏》。

184 洪（hóng）

【寻根溯源】

洪姓源自上古炎帝神农氏之后，共工的后代。共工从黄帝时起就担任了治理天下水利的官职，被人们尊为水神。颛顼帝时，共工起兵争天下，后失败，因避仇改洪姓。传说他失败后一怒之下撞倒了西北方支撑天地的不周山。因此被逐出中原，共工氏为了不让自己的后代子孙忘记自己是水神，因此在姓的旁边加上三点水，因此称洪姓。又一说是春秋时卫国大夫弘演的后代，本姓弘，至唐高宗时，为避高宗之子李弘之讳，而改为洪氏。

【变迁分布】

早期活动在中原，之后散居四方，并在宣城郡（今属安徽）、豫章郡（今属江西）敦煌郡（今属甘肃）形成洪氏望族。宋代以来，在我国大部分地区均有分布。

【名人荟萃】

洪适：南宋金石学家、诗人、词人。字景伯，饶州鄱阳（今江西省鄱阳县）人。洪皓长子，累官至尚书右仆射、同中书门下平章事兼枢密使，封魏国公，卒谥文惠。他与弟弟洪遵、洪迈皆以文学负盛名，有"鄱阳英气钟三秀"之称。他与欧阳修、赵明诚并称宋代"金石三大家"。

洪亮吉：清代文学家。江苏阳湖（今江苏常州）人。进士出身，官编修。精研经史、音韵及舆地学，诗文亦佳，著作颇丰。幼丧父，靠教书养母。曾绘《机声灯影图》，怀念母亲的辛劳与教诲。

洪秀全：清末太平天国首领。广东花县（今广东省广州花都区）人。太平天国创建者及思想指导者，称"天王"。道光年间屡应科举不中，遂吸取早期基督教义中的平等思想，创立拜上帝会，撰《原道救世歌》以布教，主张建立远古"天下为公"盛世。

185 包(bāo)

【寻根溯源】

包姓来源主要有四种。一是出自风姓，为上古传说中的部落酋长太昊（伏羲）的后代。太昊创制八卦，教民捕鱼、畜牧，以充庖厨，故又名庖牺或庖羲。据《路史》载："包羲氏后有包氏。"二是出自芈姓，为春秋时楚国大夫申包胥之后。申包胥是楚君蚡冒的后裔，为楚爱国大臣，吴国军队将灭楚，包胥到秦都城请求援兵相助，大哭七天七夜，秦王深受感动而出兵，终于拯救了楚国，使国都转危为安。其子孙以先祖名字为氏，称为包氏。三是出自鲍姓，据《后汉书》载，丹阳包氏，本为鲍氏，为避王莽之乱，改鲍为包，成为包姓的一支。四是出自蒙古族包姓，成吉思汗直系后代，黄金家族，孛儿只斤氏，蒙古族第一大姓。

【变迁分布】

早期在河南、湖北一带居住。南北朝时期，在丹阳郡（今安徽宣城一带）、上党郡（今山西长治一带）形成郡姓望族。宋代以来，在今黑龙江、内蒙古、陕西、湖北、江苏、浙江、安徽、江西、云南、四川等地均有分布。

【名人荟萃】

包融：唐代诗人。与于休烈、贺朝、万齐融为"文词之友"。开元初，与贺知章、张旭、张若虚皆有名，号"吴中四士"。张九龄引为怀州司马，迁集贤直学士、大理司直。子包何、包佶，世称"二包"，各有集。包融诗今存八首。

包恢：宋代大臣。字宏父，宋建昌南城（今属江西）人。刑部尚书。包恢生于书香门第，其父包扬、伯父包约、叔父包逊一起先求学于陆九渊，后又从朱熹游学。著有《敝帚集》，已佚。

包拯：宋代名臣。字希仁，宋庐州合肥（今安徽合肥）人。天圣朝进士。累迁监察御史，建议练兵选将、充实边备。奉使契丹还，历任三司户部判官，京东、陕西、河北路转运使。入朝担任三司户部副使，请求朝廷准许解盐通商买卖。改知谏院，多次论劾权幸大臣。授龙图阁直学士、河北都转运使，移知瀛、扬诸州，再召入朝，历权知开封府、权御史中丞、三司使等职。嘉裕六年（1061年），任枢密副使。后卒于位，谥号"孝肃"。包拯做官以断狱英明刚直而著称于世。知庐州时，执法不避亲党。被后人视为清官的榜样，称为"包青天"。

186 诸(zhū)

【寻根溯源】

诸姓主要有两种来源。一是源自姬姓，以邑名为氏。春秋时期鲁国宗族大夫被封在诸邑（今山东省诸城南），他的后代子孙便以封邑"诸"为姓。二是源自姒姓，为越王的后代。汉代初年，东南有越王后裔建立的闽越国，国王为无诸，无诸的后代就以他的名字"诸"为氏。

【变迁分布】

早期在东部沿海地区活动。汉代以后，在琅琊郡（今山东诸城）形成郡姓望族。宋代以来，在今江苏昆山、浙江安吉、秀水、绍兴、湖南零陵等地有分布。

【名人荟萃】

诸稽郢：据《史记》作柘稽，春秋时越国五大夫之一，善言辞。勾践三年（前494年），吴王夫差为报先王阖闾携李兵败之仇，倾兵伐越。勾践率师迎战，大败，困守会稽山上，大夫文种献乞和之策。勾践遂派诸稽郢去吴营谈判求和。行成于吴而返。《国语·越语》有载。

诸燮：明朝政治军事人物。字子相，浙江余姚人。嘉靖年间进士，历仕兵部主事，邵武同知，俱有惠政。曾镇守山海关，"忠贞为国"。精于理学。后因触怒寻访边关的宦官，贬官作茶陵同知。辞官回乡后，在余姚泗门沙堰头筑一书屋，称作"东山别业"，讲学著述研读于此。所受教的弟子逾百人。

诸锦：清代学者。字襄七，浙江秀水人。生于清圣祖康熙二十五年，卒于高宗乾隆三十四年，年84岁。雍正二年（1724年）进士。选金华府教授，乾隆元年，举博学鸿词，召试一等三名，授编修。官至左春坊左赞善。辑浙中耆旧诗为《国朝风雅》十二册，自著有《绛跗阁诗》十一卷，及《毛诗说》二卷，《通论》一卷等。

187 左(zuǒ)

【寻根溯源】

左姓源出颇多。一是出自有熊氏，为楚王室的后代。楚王鬻熊有后代倚相，为楚左史（即史官），受楚威王信赖，其后代就以左为氏。此外齐、鲁、宋、卫等国公族大夫有左公子，他们的后代均以左为氏。

【变迁分布】

早期在河南、山东等地分布。汉代以后，在济阳郡（今河南开封以东）形成郡姓望族。唐宋以来，在山东广饶、临清、费县，江苏常州，安徽庐江、桐城、合肥，湖南湘阴、醴陵，江西永新，河南获嘉等地均有分布。

【名人荟萃】

左丘明：春秋著名的史学家。相传曾著《春秋左氏传》（或称《左氏春秋》，简称《左传》），多以史实解释《春秋》，既是重要的儒家经典，又是我国第一部完整的编年体史书，在文学上也有很高的成就。又著《国语》，为我国最早的国别史。

左雄：东汉大臣、学者。南郡涅阳（今河南省镇平）人，举孝廉，迁冀州刺史。对豪族"贪猾"者敢于揭发检举。后历议郎、尚书，累迁至尚书令（位同宰相）。他崇经术，修太学，使太学极盛一时。

左思：西晋文学家。字太冲，临淄（今山东省淄博东北三省）人。其怀才不遇，仅官至秘书郎。所作诗文借古抒情，多愤世不平之作。十年构思方写成《三都赋》，士人竞相传写，一时竟弄得"洛阳纸贵"。

左宗棠：清代大臣。湖南湘阴人。著名湘军代表人物，清朝后期著名大臣，后破格赐赐进士，官至东阁大学士、军机大臣，封二等恪靖侯。经历并参与了镇压太平天国运动，开展洋务运动，镇压陕甘回民起义，收复新疆的等重大历史事件。

188 石(shí)

【寻根溯源】

石姓的来源主要有三种。一是来源于姬姓，为春秋时卫国贤臣石蜡的后代。二是出自子姓。宋国大夫公子段，字子实，其子孙后代以石为姓。三是来源于他族加入或他姓改姓石的。

【变迁分布】

早期在河南北部与河北南部一带活动。战国时期，已经远播湖北。唐代以前，主要在河北、河南、山东、山西、江苏等地分布，并在武威郡（今属甘肃）形成石氏望族。石氏有两支称帝者，今山西榆社的石勒家族建立了"五胡十六国"之一的"后赵"，山西太原的石敬瑭建立了"五代十国"的"后晋"。宋代以来，在我国大部分地区都有分布。

【名人荟萃】

石申：战国时魏国天文学家、占星家。著有《天文》8卷，西汉以后此书被尊为《石氏星经》。著名的《甘石星经》，为后人托名甘德、石申。

石崇：西晋大将。青州（今山东省潍坊市）人，曾为荆州刺史，以劫夺客商而积财产无数。与贵戚王恺、羊琇等争为侈靡。八王之乱时，为赵王司马伦所杀。

石勒：东晋末十六国后赵政权的建立者，即赵明帝。上党武乡（今山西榆社北）人，羯族。是世界历史上的唯一一个从奴隶到皇帝的人。

石敬瑭：即后晋高祖，五代后晋王朝的建立者。太原沙陀族人。石敬瑭年轻时朴实稳重，寡言笑，喜兵书，重李牧、周亚夫之行事，隶属李克用义子李嗣源帐下。当时正值后梁朱温与李克用、李存勖父子争雄，石敬瑭冲锋陷阵，战功卓著。

189 崔(cuī)

【寻根溯源】

崔姓来源比较单一，主要出自西周时期的齐国。齐国开国国君姜尚的孙子叫季子，本应该继承君位，却把君位谦让给了弟弟，自己则到封地崔邑去了，他的后人便以封地为姓。

【变迁分布】

早期活动于今山东一带，汉晋以后称盛于今河北、河南，并以清河郡（今属山东）、博陵郡（今河北蠡县）为崔氏两大郡望，在当时的士族门第中位居首位。唐代以后，崔氏由北向南扩展。但宋代崔氏仍以河北、陕西、河南最为集中；明代则以江苏、山东、山西、河北最为密集。当今其分布以山东、河南最多，黑龙江、辽宁、江苏、河北、山西、吉林也有较多分布。

【名人荟萃】

崔广：汉初名士，号夏黄公。与东园公、绮里季、用里先生同隐居商山（今陕西省商洛市境内），四人须眉皆白，故称"四皓"。

崔骃：东汉文史学家。涿郡安平（今属河北省安平县）人。自幼聪明过人，13岁便精通《诗》《易》《春秋》。少游太学，与班固、傅毅齐名，曾为府掾，后改主簿，著有《达旨》等，有"儒家之林大才子"之称。其子崔瑗，官至济北相。为著名书法家，工章草，其书"点画精微，神变无碍"，人称"草贤"，著有《草书势》。

崔护：唐代诗人。博陵安平（今属河北）人。官至岭南节度使。其诗《题都城南庄》，有名句"人面桃花相映红"传诵。

崔白：北宋著名画家。凤阳（今属安徽）人。擅画花竹、禽鸟，尤工秋荷凫雁。其笔法劲利如铁丝，设色较淡，改变了宋初以来画院流行的浓艳细密之画风。

190 吉(jí)

【寻根溯源】

吉姓主要有两种来源。一是源自姞姓。黄帝裔孙伯儵赐姓姞，封于南燕（今河南延津），其子孙去掉女字旁为吉姓。二是源自姬姓。周宣王卿士尹吉甫，文武全才，其子孙以先祖字"吉"为氏，称吉姓。

【变迁分布】

早期在今河南一带活动。汉唐时期，在冯翊郡（今陕西泾阳、蒲城一带）形成吉姓望族。唐宋以来，在今陕西西安、洋县、华县，河南辉县、孟津、扶沟、鄢城，广西桂平活动，现广西、内蒙古、东北三省均有分布。

吉中孚：唐代大臣。鄱阳（今江西鄱阳县）人。"大历十才子"之一。官至翰林学士、户部侍郎。

吉梦熊：清代大臣。江苏省丹阳市导墅镇人。乾隆十七年（1752年）考中进士，并选点为翰林。在朝历任御史、太仆寺卿等京官，弹劾不避权贵，声誉满天下。后升为顺天府尹，治绩卓著，并两次出任福建省主考官。由于他为人耿直，学识渊博，被调入直上书房，曾教读诸皇子达三十余年。在编纂《四库全书》时，选任为全书总校阅；乾隆四十九年，被邀参与朝廷举办的千叟宴。后以通政使告老还乡。

吉士瑛：清代文士。江苏丹阳人。字伯英，是吉梦兰的儿子，与父合称"父子翰林"。嘉庆七年（1802年）中进士，并选拔为翰林。后调任词林典故协修官，后外调，先后任山东新城、冠县知事。精工书法，擅长颜体。

191 钮(niǔ)

【寻根溯源】

钮姓源自以职业技艺为氏。春秋时吴国有钮宣义，其先祖为从事钮柄制作的"百工"之长，其子孙故以职业技艺为氏，为钮姓。

【变迁分布】

钮氏人数比较少，主要集中分布在浙江一带。南北朝时期，以吴兴郡（今浙江省临安至江苏省宜兴一带）为郡望。当今在浙江及华北地区有少量分布。

【名人荟萃】

钮克让：元代文官，治理百姓出于善心，深受百姓赞誉，而被记入史书。

钮衍：明代官员。常熟（今属江苏）人。授德安知府，以清白廉正而著称。有人用妖术害民，钮衍查实后诛之，郡人称快。官至广东参政。

钮福保：清代官员。乌程（今浙江吴兴县）人。道光十八年（1838年）状元。在朝为官，以主持试事为主。多次出任典试官，以公平选拔，认真取士著称于世。

192 龚(gōng)

龚姓主要有四种来源。一是源自姜姓。炎帝族系的共工氏为当时较为强大的部族,共工之子为句龙,为黄帝时的管理土地之职的土正,其子孙便在共上加龙,遂成龚氏。二是源自偃姓。尧舜时掌管刑法和司法之职的皋陶之后,商周时在今河南辉县建有共国,西周末为卫国所灭,其子孙以共为氏。三是源自姬姓。卫国公族姬和以共为封邑,史称共伯和,周厉王被赶出王室后,他代行朝政,并扶立周宣王执政,共伯和的子孙中也以共为氏。其中二、三支共氏,有的为避仇而改共为龚。四是西南少数民族改为汉姓时,有的为龚氏。

【变迁分布】

龚姓早期活动在中原一带,但因来源复杂,很快在西至陕甘,东至苏皖,西南至四川,以及河北、山西、山东等地发展。唐代以前,在武陵郡(今属湖南)形成郡姓望族,以渤海郡(今东北三省地区)龚姓最为发达,而称祠堂堂号为"渤海堂"。宋代时期,已经在河北、江苏、安徽、江西、湖南、福建形成龚氏的密集分布区。明代时期,分布在江苏、江西、浙江、福建的龚氏较为集中。当今在山东、江苏、浙江、湖北、湖南、四川、江西等地有广泛分布。

【名人荟萃】

龚遂:西汉官员。山阳郡南平阳县(今山东省邹城)人。是见于史籍记载的第一位龚姓名人。西汉时任渤海太守,敢于谏诤。渤海临郡饥荒时,曾开仓借粮。后世把他和黄霸作为封建"循吏"代表,称为"龚黄"。

龚舍:西汉大臣。武原(今江苏省邳州市)人。任谏议大夫。重节义,拒不仕王莽新政,与龚胜一同归乡,二人并称"楚两龚"。

龚宗元:宋代官吏。昆山(今属江苏)人,祖籍福建邵武。进士,授仁和县主簿。官至员外郎,德高望重,受人敬慕,与程道、程之奇并称"三老"。

龚自珍:清代著名的思想家、文学家。仁和(今浙江省杭州)人。博览群书,通晓经学、文字学、历史、地理等各方面学识。为今文经学派的重要人物。道光年间举为进士,官至礼部主事。当林则徐赴广东查禁鸦片时,他曾预见英国可能侵犯,建议加强战备。其诗、文有较高成就。著作辑成《龚自珍全集》。

程嵇邢滑　裴陆荣翁　荀羊於惠　甄麴家封

193 程(chéng)

【寻根溯源】

程姓源自颛顼帝的孙子重和黎。重、黎的后裔在西周时被封在程邑(今河南洛阳东)，史称程伯，其后代以程为姓。又一说源自姬姓。周文王少子荀侯的后裔、晋国大夫荀欢食采于程，其后代也以程为姓。

【变迁分布】

早期在今河南、河北、山西、陕西一带分布。秦汉以后，在广平郡(今河北鸡泽)、河南郡(今河南洛阳)、安定郡(今宁夏固原)形成程氏望族。唐宋时期，已经扩展到全国大部分地区。宋代时期，以河南、河北、湖北、安徽、四川、江西最为集中。明代时期，则以河南、山西、湖北、安徽、浙江、江西、福建、四川最为密集。当今河南、山东、陕西、湖北、安徽、四川，有较多分布。

【名人荟萃】

程婴：春秋时期晋国著名的忠义之士。与公孙杵臼设计营救赵氏孤儿，报仇雪恨后自杀殉友。

程昱：三国谋士。东郡东阿(今属山东省)人。三国时期曹操的主要谋士，智勇兼备，有胆有识。曹操称其："程昱之胆，过于贲、育。"

程异：唐代大臣。京兆长安(今陕西省西安)人。唐宪宗时任宰相，理财家。"安史之乱"后助唐王朝筹措大量资金，用以平淮西军阀吴元济之乱。

程琳：北宋大臣。博野(今河北省蠡县)人。北宋宰相。在与各民族交往中举措得当，为民族矛盾的缓和和边疆的稳定起了很大作用。

程颐：北宋著名理学家。洛阳伊川(今河南省洛阳)人。与程颢一起被世人称为"二程"。又因他们都是河南洛阳人，其学派被称为"洛学"。其学说后为大理学家朱熹继承和发展，创立了程朱理学体系，世称"程朱理学"。

194 嵇（jī）

嵇姓主要有两种来源。一是源自姒姓。大禹生前曾在会稽山召集诸侯"会计治国之道"，禹死后葬在会稽山，并设立宗庙祭祀。夏朝君主少康即位，将王子季杼封于会稽，其后遂称会稽氏，后因迁居嵇山，于是改称嵇氏。二是出自北方少数民族所改。南北朝时，北魏鲜卑族有复姓统稽氏、纥奚氏，迁徙定居中原后，改为汉姓嵇，遂成嵇氏。

【变迁分布】

早期在浙江一带活动。之后向河南、江苏、安徽等地扩展。汉唐时期，以谯郡（今安徽亳县）为郡望。宋代以来，在今河南、江苏、上海、安徽等地有一定分布。

【名人荟萃】

嵇康：三国曹魏著名文学家、思想家、音乐家、名士。会稽人，后徙迁谯郡（今安徽省宿县西南）铚县。博学多闻，有奇才，崇尚老庄，常修养性服食之事，为"竹林七贤"之一。工诗文，善鼓琴，精乐理。他善于写四言诗，风格清俊。后遭钟会诬陷，为司马昭所杀，年40。

嵇绍：晋代大臣。谯国铚（今安徽宿州）人。嵇康之子。事母孝敬。山涛荐诸武帝，征为秘书郎。官至侍中，因舍身保卫晋惠帝而身亡。元帝时谥忠穆。

嵇曾筠：清代大臣、水利专家。江南无锡县（今江苏省无锡市）人。康熙四十五年（1706年）进士，历官河南巡抚、兵部侍郎、河南副总河、河道总督、文华殿大学士、吏部尚书、浙江巡抚、总督。有《防河奏议》《师善堂集》。曾筠在官，视国事如家事。知人善任，恭慎廉明，治河尤著绩。

嵇璜：清代水利专家。江南无锡县（今江苏省无锡市）人。嵇曾筠之子，父子皆长于治河。雍正八年（1730年）进士，历官乾隆间南河、东河河道总督、工部尚书，晚年加太子太保，为上书房总师傅，以治河有功著称。

195 邢（xíng）

【寻根溯源】

邢姓主要源自姬姓。西周时周公旦的第四个儿子封于邢，春秋时被卫国所灭，其子孙以国为氏，称邢姓。

【变迁分布】

早期在今河北、河南一带居住。秦汉以后，在河间郡（今河北省河间西南）形成郡姓望族，这时的邢氏名门多在今河北的任丘、雄县、献县一带分布。唐宋以来，在今河北昌黎、安新，河南原阳、开封、杞县、长葛、浚县，山西临汾、万荣、应县，山东菏泽、临清、定陶，安徽当涂、巢县，湖北黄梅，甘肃武都，贵州贵阳，海南文昌，江苏江阴，浙江嵊县等地都有所分布。

【名人荟萃】

邢焕：宋代大臣。开封祥符（今属河南省）人。其女为康王赵构之正妻。高宗即位后，封其女为皇后，其官历任枢密都承旨，庆远节度使。

邢抱扑：辽国大臣。应州（今山西省应县）人。历官政事舍人、翰林学士、户部尚书、翰林学士承旨等职，后拜参知政事，按察诸道守令。屡决滞狱，以平民冤。官终南院枢密使。其弟邢抱质，亦同朝任高官。

邢侗：明代书法家。临邑（今属山东省）人。万历进士，官至陕西行省太仆卿。善画能诗文，尤以书法著名。其字为海内所珍，与董其昌、朱万钟、张瑞图并称。著有《来禽馆集》。

邢增捷：明代医药学家。绍兴府新昌（今属浙江省）人。屡试不第，弃儒学医，处方多灵验。著有《医案新法》《本草辑要》《伤寒指掌详解》《脉诀删补》。

邢澍：清代官吏、史学家。甘肃阶州（治所在今甘肃陇南市武都区）人。乾隆五十五年进士。官至江西南安知府。好古博闻，精考碑版，工行楷。与孙星衍同撰《寰宇访碑录》，另有《关右经籍考》《两汉希姓录》《金石文字辨异》等。

196 滑(huá)

【寻根溯源】

滑姓源流较纯正，源出有一，源自姬姓，以国名为氏。周王封同姓于滑邑，称滑国，是周朝分封的同姓小国，其地在今河南偃师，其君为伯爵，称滑伯。滑后被晋国所灭，其子孙遂以国为氏，称滑姓。

【变迁分布】

早期居住在河南一带。之后向四处播迁。汉代以后，在下邳郡（今江苏邳州市）形成郡姓望族。当今主要在山西、安徽、河北、上海、北京等地分布。

【名人荟萃】

滑涣：唐代大臣。唐宪宗时独揽朝政。他内结宦官，干预国事，后来遭李吉甫诛杀，抄出家财数千万，一下使默默无闻的滑氏，自此为世人所知。

滑寿：明代著名医学家。祖籍襄城（今河南襄城县），后迁仪真（今江苏仪征市），又迁余姚（今浙江余姚市）。他不仅精通《素问》《难经》，而且融通张仲景、刘守真、李明之三家学说，所以给人治病有"奇验"，他还著有《读伤寒论抄》等医书多种。"所至人争延，以得诊视决生死为无憾。"他更以"无问贫富皆往治，报不报弗较也"的崇高医德，受到时人的赞誉。

197 裴(péi)

【寻根溯源】

裴姓主要有三种来源。一是源自嬴姓，为伯益之后。伯益的后裔有个叫飞廉的，他的裔孙被封于蕲邑（今山西省闻喜县东），称为蕲氏，至六世孙为蕲陵，他在周僖王时被封为解邑（山西省蕲猗西南）君，他就去掉邑字，改加衣字，表示已经离开了蕲邑，称为裴姓。二是来自周朝秦国，以城邑为姓。秦国先公非子被周孝王封于秦，史称秦非子。秦非子的后代中有人被封为侯爵，并被封为裴乡（今山西省闻喜县的裴城）的首领，称裴乡侯，这位贵族被称为裴君。他的后世子孙便以封邑为姓，称裴姓。三是来自春秋时晋国，以地名为姓。晋平公将颛顼的一个裔孙封到裴中

（今陕西省岐山县北）那个地方做首领，这位首领被称为裴君。他的后代遂以"裴"为姓，称裴姓。

【变迁分布】

早期居住在山西、河南，秦汉以后在河东闻喜形成裴氏望族。汉唐之间，河东（今属山西）裴氏人才济济，尤其是南北朝时期，裴氏多居高位。移居东南地区的裴氏尽管已经世居多年，依然号称"河东裴氏"。唐宋以来，在江苏涂州，河南洛阳、济源、偃师、光山，山西夏县、稷山、闻喜、曲沃、原平，陕西西安、渭南、子洲，河北魏县、滦县，四川成都、中阆、双流，以及辽宁、内蒙古、广东等地均有裴氏分布。

【名人荟萃】

裴楷：西晋时期重要的朝臣。河东郡闻喜（今山西闻喜县）人。仪容俊爽，如行玉山上，光彩照人，时称"玉人"，博涉群书，尤精《老子》《易经》。官至中书令。

裴度：唐代杰出政治家，大臣。河东闻喜（今山西闻喜东北三省）人。唐宪宗时宰相，他力主消除藩镇。元和十二年，督师破蔡州，唐代藩镇叛乱的局面暂告结束。有"名震四夷"、"天下莫不思其风烈"的赞美。

裴松之：东晋史学家。河东闻喜（今山西闻喜）人。著有《三国志注》。

裴行俭：唐代名臣。降州闻喜（今山西闻喜）人。高宗时官至礼部尚书，兼右卫大将军，封闻喜县公。高宗立武昭仪（见武则天），行俭私下和长孙无忌、褚遂良议论，贬为西州都督府长史。麟德二年（665年）拜安西大都护。他善于识拔人才，军中提拔的将领如程务挺、王方翼、郭待封等，都成为一代名将。著有文集20卷和《选谱》。子裴光庭，开元晚期宰相。

198 陆（lù）

【寻根溯源】

陆姓来源主要有三种。一是传说中颛顼帝的后代。二是西周宣王的儿子，被封于陆乡，其子孙以陆为姓。三是出自春秋时期的陆浑国，陆浑国被晋国灭掉后，其遗民便以国为姓。

【变迁分布】

早期在今陕西、河南、山东、甘肃等地活动，汉唐时期在湖北、江苏、安徽、江西、河北等地已广泛分布，并在河南郡（今河南洛阳）、吴郡（今浙江吴兴）、颍川郡（今河南禹州）、平原郡（今山东平原）、河内郡（今河南沁阳）等地形成郡姓望族。宋代，在浙江、江西、江苏、福建等地最为密集，明代时形成浙西、广东两大陆姓密集区。当今以江苏、广西、浙江、广东、上海等地最为密集。

【名人荟萃】

陆逊：三国时期杰出的政治家，军事家，吴国名将。本名陆议，字伯言，吴郡吴县（今江苏苏州）人。东吴大帝孙权兄长沙桓王孙策之婿。善谋略，出谋击败关羽，后水攻大败刘备，因战功显赫而官至丞相。在东吴出将入相。晚年因卷入立嗣之争、力保太子孙和而累受孙权责罚，忧愤而死。

陆机：西晋文学家，书法家。吴郡吴县（今江苏苏州）人。陆逊之孙。与其弟陆云合称"二陆"。曾历任平原内史、祭酒、著作郎等职，世称"陆平原"。官至河北大都督。后死于"八王之乱"，被夷三族。他"少有奇才，文章冠世"（《晋书·陆机传》），与弟陆云俱为西晋时期著名文学家，被誉为"太康之英"。

陆龟蒙：唐代农学家，文学家。别号甫里先生，长洲（今江苏省苏州）人。与皮日休并称"皮陆"。曾任湖州、苏州刺史幕僚，后隐居松江甫里，一边赋诗论撰，一边从事农业。编著有《甫里先生文集》等。

陆游：南宋著名爱国诗人。越州山阴（今浙江绍兴）人。曾在朝廷任官，在政治上坚决抗金，主张充实军备。晚年退居家乡，收复中原的信念始终不变。著有《关山月》《书愤》《农家叹》《示儿》传世名作。

陆九渊：南宋著名哲学家、教育家。抚州金溪（今属江西）人。与当时著名的理学家朱熹齐名，史称"朱陆"。陆九渊是中国"心学"的创始人。明代王阳明发展其学说，成为中国哲学史上著名的"陆王学派"，对近代中国理学产生深远影响。被后人称为"陆子"。

199 荣（róng）

【寻根溯源】

荣姓主要有两种来源。一是出自以国为姓。黄帝之臣荣将因铸造了十二口编钟，得以演奏《咸池》之乐，故受封为诸侯，建立荣国，其后代以国为姓。二是出自姬姓，周成王卿士荣伯因封于荣，其后代以封邑为姓。

【变迁分布】

早期主要分布于山东及北方诸省，并以上谷郡（今河北怀来东南）为郡望。唐代以前，在天津蓟县、山东济宁有分布。明清时期，在江西吉水、海南、内蒙古以及东北三省有分布。当今在河北、北京、山东、江苏以及东北三省有分布，在广东、云南、四川、湖北也有少量分布。

【名人荟萃】

荣瑄：明朝名士，荣琇的弟弟，早孤，与兄荣琇因孝敬母亲而闻名。

荣禄：清末大臣，政治家，慈禧太后的宠臣。瓜尔佳氏，满洲正白旗人，出身于世代军官家庭，以荫生晋工部员外郎，后任内务府大臣，工部尚书，出为西安将军。因为受到慈禧太后的青睐，留京任步军统领，总理衙门大臣，兵部尚书。辛酉政变前后为慈禧太后和恭亲王奕䜣所赏识。官至总管内务府大臣。死后，谥"文忠"。编有《武毅公事略》，著有《荣文忠公集》《荣禄存札》。

荣庆：清末大臣、洋务派代表人物。蒙古正黄旗人。他为人"持躬谨慎"，稳健随和。历任侍读学士，山东学政，擢刑部、礼部、户部尚书，军机大臣，清崇实录馆总裁等职。

200 翁（wēng）

【寻根溯源】

翁姓来源于姬姓。周昭王的小儿子食采于翁，因以为氏。相传少子出生后双手握拳，周昭王亲手掰开后，见其左手掌纹似篆文"公"字，右手掌纹似"羽"字，于是封邑命名为翁。

【变迁分布】

主要分布在东南地区，以钱塘（今浙江省杭州市）为郡望。在江苏常熟，浙江淳安、余姚、鄞县，福建福州、同安、福清、莆田、闽县，广东澄海、潮州，湖南醴陵等地均有分布。

【名人荟萃】

翁肃：宋代官员，官至朝散大夫，与翁彦约、翁彦深、翁彦国三兄弟及翁延庆、翁蒙之同姓同乡同朝，皆居高官，时称"六桂同芳"。

翁方纲：清代书法家、文学家、金石学家。晚号苏斋。直隶大兴（今属北京）人。官至内阁学士。精通金石、谱录、书画、辞章之学，书法与同时的刘墉、梁同书、王文治齐名。论诗创"肌理说"，著有《粤东金石略》《苏米斋兰亭考》《复初斋诗文集》等。

翁同龢：清代著名政治家，书法家。江苏常熟人。晚清政坛的重要人物。先后担任同治、光绪两代帝师。历任户部、工部尚书，军机大臣兼总理各国事务衙门大臣。光绪戊戌政变，罢官归里。晚年沉浸汉隶，为同、光书家第一。卒后追谥文恭。

201 荀（xún）

【寻根溯源】

荀姓主要有四种来源。一是起源于远古时期，是轩辕氏部落首领黄帝的后代。相传，黄帝有25子，分姓12姓，荀就是12姓之一。二是源自黄帝时的大臣荀始，荀始是个手巧心灵的艺师，他专门负责制作大小官员的官帽。其后代子孙以祖父名字命氏，称荀氏。三是源自姬姓，以国名为氏。周文王的第十七个儿子被封于古郇国（今山西省临猗县，一说在今山西省新绛县），建立姬姓郇国，为伯爵，史称郇伯，又称郇叔。春秋时被晋国武公所灭，其后代子孙遂以国名"郇"为氏，后去邑旁加草头为荀姓。四是出自春秋时晋国公族，为隰叔之后。荀本为姬姓诸侯国，被晋国所灭，成为荀邑（在今山西省晋平县西）。隰叔被封于荀，为荀侯，其后裔以封地为姓，称荀氏。

【变迁分布】

早期活动于山西、河南一带，广泛分布在中原及周边地区，以河内郡（今河南沁阳）为郡望。汉晋以后，在颍川郡（今河南禹州）形成荀氏大族。分布于江浙一带的荀氏也以颍阳为籍。宋代之后，以河南洛阳等地的荀氏较为密集。

【名人荟萃】

荀况：战国时著名思想家，文学家，政治家，儒家代表人物之一，当时人们尊称他为荀卿，著有《荀子》32篇，历史上十分著名的思想家韩非、李斯都是他的学生。他提出了"性恶"论和"制天命而用之"的人定胜天的思想，反对迷信，是儒家学说的继承者和发展者。

荀淑：东汉桓帝朗陵侯相，品行高洁，博学多识，有"神君"之称。战国荀卿第十一世孙，有八子（俭、缇、靖、焘、汪、爽、肃、敷），个个富有才名，当时被人称为"荀氏八龙"。其中第六个儿子荀爽，若论才学，则数第一。当时有"荀氏八龙，慈明无双"的评赞。

荀彧：三国时谋士。颍川颍阴（今河南许昌）人。曹操帐下首席谋臣，杰出的战略家，被曹操称赞为"吾之子房"。官至侍中，守尚书令。因其任尚书令，居中持重达十数年，被人敬称他为"荀令君"。

荀攸：三国时期曹操的首席军师，杰出战术家。豫州颍川颍阴县（今河南许昌）人。曹操的五谋臣之一，荀彧之侄，被曹操称为"谋主"。官至尚书令。

202 羊（yáng）

【寻根溯源】

羊姓源自姬姓。春秋时，晋靖侯的儿子公子伯侨的孙子名突，晋献公时，封为羊舌大夫，其子孙为羊舌氏。春秋后期，羊舌氏被其他晋卿攻灭，有子孙逃到国外，改姓羊，称为羊氏。

【变迁分布】

早期分布在山西、山东等北方地区。南北朝时期，太山（今山东泰安东南）钜平羊氏家族最为著名，京兆郡（今陕西长安）形成羊氏郡望。唐代以前，已经分布在江浙皖等地，宋明时期，分布在河南、安徽。羊姓为当今稀有姓氏。

【名人荟萃】

羊续：东汉灵帝时名臣，历官南阳太守，为政清廉，其悬鱼拒贿被传为佳话。成语"羊续悬鱼"脍炙人口，清廉佳话久盛不衰。羊续三子之中，长子羊秘，京兆太守；次子羊衜，上党太守；三子羊耽，官太常。羊续还与曹魏权臣司马氏家族关系密切。

羊陟：汉末清流领袖，任冀州刺史，也因生活俭朴，被士人敬为"天下清苦羊嗣祖"，仰若"泰山北斗"。

羊侃：南朝梁末的著名大将。泰山梁父（今山东泰安县东南）人。因率领部众南归梁朝，被授予徐州刺史，封高昌县侯。忠于梁王朝，其军事才能卓越，在保卫建康的战斗中起了重要作用。

羊可立：明代官吏。河南汝阳人。曾制定《盐法条例》，官至太常卿。

203 於(yū)

　　於姓主要有四种来源。一是源于姬姓，出自黄帝的臣子於则，属于以先祖名字为氏。黄帝大臣则发明鞋（履）而结束了人类赤足的历史，他因此而受封于於地（今河南内乡），故称於则。在於则的后裔子孙中，有以先祖封邑名称为姓氏者，称於氏。二是源于姬姓，出自西周时期官吏於官，属于以官职称谓为氏。於官，亦称圉人、围人，是西周时期设置的官位，是一种专门负责掌管在禁宫之内饲养畜禽的官吏，以供王族食用或祭祀之用。在於官的后裔子孙中，有以先祖官职称谓为姓氏者，称於氏或圉氏。三是源于地名，出自春秋时期齐国於丘，属于以居邑名称为氏。於丘，是春秋初、中期齐国的一个邑名，位置在今山东省潍坊市南部，其居地住民有以居邑名称为姓氏者，称於丘氏，这在史籍《万姓统谱》中有记载："於丘，其先家於丘，因氏。"於丘氏族人后大多省文简化为单姓於氏、丘氏两支，世代相传至今。该支於氏、丘氏、於丘氏同宗同源。四是源于妫姓，出自战国时期齐国陈仲子，属于以居邑名称为氏。战国时期，齐国有一个以廉洁闻名的学士，他就是陈仲。陈仲，本名陈定，又作田仲，是田齐政权的贵族子弟。他是一位饱学之士，荀子曾把他列为春秋战国六大家代表人物之一，孟子称之为"齐之世擘"。汉《列女传》、晋《列士传》以及司马迁、陶渊明、张说等曾将他的清廉事迹写入史书或诗歌中，使他的清名流传至今。在陈仲子的后裔子孙中，有以先祖居邑名称为姓氏者，称於陵氏，后省文简化为单姓於氏。

　　於氏比较罕见，谱书载其郡望为广陵郡（今江苏扬州）、京兆郡（今陕西长安）。在河南、四川、江苏、陕西有少量分布。

　　於清言：南宋著名画家。宋晋陵（今江苏武进）人。嘉定年间专画荷花草虫，独步一郡，谥号"荷"。著名南宋画家。著有《图绘宝鉴》《毗陵志》《画史会要》《历化画史传》等。

　　於竹屋：明代著名画家。他以擅长画墨竹而闻名于世。著有《画史会要》《明画录》。

於伦：明代著名大臣。明朝时期的右通政，曾辑上古至明朝用智之事为一书，命名《智品》。

於仲完：明代著名官吏。明朝洪武年间的永新知县，那时南乡龙仁和为乱，带兵的将军要把南乡人杀光，好报他的战功。於仲完坚决反对。南乡人很感激他，生了男孩多用"仲完"为儿子起名，以示感其恩德，永远纪念。

204 惠（huì）

【寻根溯源】

惠姓出自姬姓。东周王朝时期，第五位君主名姬阆，在位于公元前676年至公元前652年，逝世后谥号为"惠"，史称周惠王。周惠王的后裔子孙中，有以先祖谥号为姓氏者，称为惠姓。

【变迁分布】

早期在今陕西、河南等地活动，并在扶风（今属陕西）形成郡姓望族。宋代以来，在江苏吴县、无锡、苏州，河南长垣，陕西西安等地均有一定分布。

【名人荟萃】

惠施：战国时政治家、辩客和哲学家，与庄周为友，是名家代表之一。宋国（今河南商丘市）人。主张"合同异"说，认为一切差别、对立是相对的。庄子称"惠施多方，其书五车"，著有《惠子》一篇。

惠生：后魏高僧。孝明帝时，奉太后命与敦煌人宋云往西域求典，遂至印度而还，得大乘经典一百七十部，著有《使西域记》。

惠栋：清代经学家。江苏元和人。祖父周惕。他生在经学世家，家学渊厚。随其父至广东提督学政任所，父卒归里，课徒著述，终身不仕。其学沿顾炎武，一生治经以汉儒为宗，以昌明汉学为己任，尤精于汉代《易》学。《清史稿·儒林传》说："清二百余年谈汉儒之学者，必以东吴惠氏为首。惠氏三世传经，周惕其创始者也。"

205 甄（zhēn）

【寻根溯源】

甄姓主要有三种来源。一是源自以官名为姓。上古的时候，舜帝品德高尚，处处以身作则。他听说东夷部落的烧陶技术落后。于是就到东夷部落去烧陶。在舜的指点之下，东夷部落很快掌握了烧陶的主要技术，而且成了著名的陶器产地。由于经济的发展，东夷部落的所在地很快发展成为一个城邑，这就是甄城。舜的子孙有的留在甄城做甄官，掌管制陶业。后来甄官的后代便以这一官名为姓，称为甄姓。二是以封地为姓。上古部落首领皋陶的儿子仲甄在夏朝做官，后来被分封到甄，他的子孙于是根据祖先的封地和字，将自己的姓氏定做甄。三是出自他族改姓甄氏。南北朝时，北魏鲜卑族有三字姓的郁都甄氏，入中原后改为甄氏。

【变迁分布】

早期，居住在山东、河北等地。汉唐之间，以中山郡（今属河北）为郡望，主要居住在河北定县、无极。宋代以来，在山东、河南、河北、广东、湖北等地有少量分布。

【名人荟萃】

甄琛：后魏侍中。无极（今河北省无极县）人。为官清廉，被称为"清白将军"。

甄鸾：北周数学家。无极（今河北省无极县）人。司隶校尉、汉中太守。信佛教，擅长于精算，制天和历法，于天和元年起被采用颁行。曾注释不少古算书，著有《五经算术》。

甄权：隋唐年间医学家。许州扶沟（今河南省扶沟）人。因为母亲生病，与弟甄立言，精究医术，专习方书，遂为名医。当年甄权逝世，享年103岁。他一生著述很多，绘有《明堂人形图》，在当时流传广泛，唐代名医孙思邈即根据其所绘图形重新绘制修订为《人体经络俞穴彩图》（已佚）。

206 麹（qū）

【寻根溯源】

麹姓主要有两种来源。一是来自以官职为姓。麹，是酿酒的主要原料。西周时，有官职名为"麹人"，即负责酿制酒类的官员，其子孙，以祖上官职为姓，称麹姓。二是源自改姓。汉代的鞠氏之后鞠谭生避难于"温中"（今河南西平），改姓麹氏。

【变迁分布】

麴氏以汝南郡（今属河南）为郡望。但是两晋南北朝时，主要在今甘肃兰州、酒泉、榆中等地分布较多。北朝至唐有高昌国王室为麴氏，入唐后内附为官。宋代以后，在云南也有分布。当今河北、四川、北京还有一定分布。

【名人荟萃】

麴义：东汉末年军阀袁绍部下的将领。凉州（今属甘肃）人。屡建战功，曾在凉州与羌人交战，率领着袁绍的精锐部队。后来由于自恃功高而骄纵，被袁绍所杀。

麴允：西晋末年官员。金城（今甘肃兰州）人。出身凉州豪族。协助晋室收复长安，让晋愍帝于长安登位。后屡次成功保卫长安。但最终都无法助愍帝复兴西晋，只能与愍帝一同被俘往汉赵都城平阳，后自杀。

麴嘉：北朝至唐代高昌王。麴嘉为高昌王马儒的右长史。公元497年（太和二十一年），部众杀了马儒，拥立麴嘉为王，麴氏始得高昌。之后的高昌王有麴伯雅、麴文泰。

麴智湛：唐代官员，西州刺史。

207 家（jiā）

【寻根溯源】

家姓主要有两种来源。一是源自姬姓。周孝王之子家父，西周幽王时在朝中做官，称周大夫。家父忠诚正直，后世子孙以他为荣，就取家字为姓，世代相传。二是源自以祖字为姓。春秋时，鲁国庄公的孙子名驹，字子家，其子孙取祖字为姓。

【变迁分布】

早期居住在山东、陕西。汉代以后，以京兆郡（今陕西西安）为郡望。宋代以来，在四川眉山、河北肥乡、台湾屏东、北京与上海均有此姓氏。

【名人荟萃】

家定国：宋代文学家。眉山（今属四川）人。皇祐间进士及第，除雅州名山县尉。后知渠州。定国长于诗文，曾与苏轼、苏辙唱和，体格清懿。著有古律诗三十卷、杂文十卷，今已佚。

家勤国：宋代学者。眉山（今属四川）人。庆历、嘉祐间与从兄安国、定国同从刘巨游，与苏轼、苏辙为同门友。愤怨王安石久废《春秋》学，著有《春秋新义》。

家愿：宋代大臣。眉山（今属四川）人。家勤国的儿子。绍圣进士。元符三年（1100年）为乐至令，应诏上书，极论时政，其大要开言路以闻直谏，详听言以观事实，从宽厚以尽人才等。

208 封（fēng）

【寻根溯源】

封姓主要有两种来源。一是源自姜姓。炎帝裔孙名钜，曾为黄帝之师。夏朝时，封钜的后代于封父（今河南省封丘县西封父亭），为诸侯国，后人曾经称他为封父，实际上是以地名为人名。周代，封父之国灭亡，其国人分为两姓，一为封父姓；一为封姓，称为封氏。二是出自他族改姓封者。北魏时，有鲜卑族代北复姓是贲氏改姓封，其后世子孙亦称封氏。望族居于渤海郡（治所今河北省沧县）。

【变迁分布】

早期主要活动在中原地区。汉唐之间，在渤海郡（今河北省、辽宁省的渤海湾沿岸一带）形成郡姓望族，主要在今河北景县、南皮等地居住。在山西大同、临猗等地也有分布。

【名人荟萃】

封孚：后燕大臣。渤海蓨（今河北景县）人。被称为"君子"的刚直谋臣。祖父封悛，振威将军。父封放，世吏部尚书。封孚年幼聪敏，有君子之称。后燕慕容宝时，累升至吏部尚书。后归南燕慕容德，遂委以重任，参与机密。

封延伯：南齐名士。渤海（今属河北、辽宁）人。颇有学问与操行，有高士（超世俗的人）风度。官至梁郡太守。

封常清：唐朝名将。蒲州猗氏（今山西省猗氏）人。战功赫赫。自幼家中清贫但受祖父影响喜爱读书。曾两次入朝为官。安史之乱时，因出师不利被处斩。

芮羿储靳　汲邴糜松　井段富巫　乌焦巴弓

209 芮(ruì)

【寻根溯源】

芮姓源自姬姓。周武王封宗室于芮(今陕西大荔,一说在甘肃华亭),为伯爵,西周时芮伯世代为卿士,成王时为司徒。春秋时,芮国被秦所灭,其后裔以国为氏,称芮姓。

【变迁分布】

早期在陕西、河南居住。汉唐时期扩散到今山东、河北、天津一带,并在平原郡(今山东平原县)、扶风郡(今陕西兴平)形成郡姓望族。在东南地区也有一定分布。

【名人荟萃】

芮烨:宋代名士。字国器,一字仲蒙,乌程(今浙江省湖州)人。陆游称赞"落笔龙蛇仲蒙帖"。弟芮辉字国瑞,兄弟二人,潜心于学,同科登第,雍容儒雅,时称"二芮"。

芮善:明代官员。直隶武进(今江苏省武进)人。洪武三十年(1397年),中春榜进士二甲第一名。精通《易经》《春秋》等。且性情淳厚,历任中书舍人、司经洗马、襄府右长史等。

芮城:清代学者。江苏溧阳人。他博通经书,文章在当时风靡一时,后来隐居著书,40多年不进城市,著有《礼记通志》《纲目分注补遗》等。

210 羿(yì)

羿姓源自有穷氏,以人名为氏。相传,夏代著名的弓箭手后羿是夏代有穷氏部落的首领。他当了部落首领后,不断积蓄力量,曾经篡夏朝第五代君主相的地位而自立。但是他喜欢狩猎,不理民事,在位不久被家臣杀死。他的后代都以他的名为姓,称为羿氏。

【变迁分布】

有关羿姓的资料较罕见,但在山东、河南均有"后羿射日"的传说。羿姓以济阳郡(今河南开封附近)为郡望。当今在辽宁、湖北、北京、山西、安徽、台湾还可以见到这一古老姓氏。

【名人荟萃】

羿:传说是夏代有穷国的君主,善于射箭。亦称"后羿"、"夷羿"。在伊放勋(尧)时代,天上有十个太阳,烧得草木、庄稼枯焦,伊放勋请来了后羿,一连射下九个太阳,从此地上气候适宜,万物得以生长。后得西王母长生不老药,其妻嫦娥偷服,便奔月而去。

羿忠:明代名臣,洪武初年为遂宁知县,有优异的政绩。

211 储(chǔ)

【寻根溯源】

储姓有两个主要来源。一是源自上古有储国,国人以地名为氏。相传上古时有储国,储国人的后代以国号地名"储"为姓,称储氏。二是源出以祖(王父)名字为氏。春秋时期,齐国有大夫字储子,曾与孟子相交。储子的后代很昌盛,其支孙以祖字"储"为氏,可证储氏家族的渊源是在齐、鲁一带,是今天储姓的来源。

【变迁分布】

早期活动在北方,在山东、山西聚集,并在河东郡(今山西夏县)形成郡姓望族。宋代以来,在江苏、湖南等地有分布,尤其在江苏宜兴有较多聚集。

储光羲：唐代官史。祖籍山东，迁居江苏丹阳。出身官宦之家，勤学聪慧。开元十四年（726年）他20岁左右中进士，授翰林，历任县尉、监察御史等。他以山水田园诗著称于时，诗风质朴、古雅，富有民歌风韵。后人常将其与王维、孟浩然、韦应物、柳宗元并称。

储嗣宗：唐代诗人。润州延陵（今江苏丹阳）人。储光羲曾孙。大中十三年（1859年）登进士第，尝任校书郎。与诗人顾非熊善，颇有诗名。嗣宗推崇王维诗，其诗亦多绘写山水景致之篇。

储巏：明臣。泰州（今属江苏）人。成化进士。官太仆卿。正德中，历左佥都御史、户部左右侍郎。刘瑾数侮大臣，独对巏敬称为先生。善诗文，好推引名士。因愤瑾所为，托病辞官归。后官至吏部左侍郎。

储麟趾：清代大臣。江南荆溪（今江苏宜兴）人。乾隆初年进士，历官贵州道监察御史、太仆寺卿、宗人府府丞。乾隆中，上疏批评乾隆帝刚愎自用、武断，王公大臣拱手无用。以伉直称于时。后以病归家。

212 靳(jìn)

靳姓主要有三种来源。一是源自芈姓。战国时候，楚国有个大夫尚，为人随和，受楚怀王和王后的宠爱。后来尚被分封到靳（今湖南省宋乡县一带），采食于靳水，称为靳尚。靳尚死后，其子孙以封地作为姓氏，称靳氏。二是出自少数民族姓，五胡十六国时，匈奴族有靳氏。有靳准自立为王。靳准的子孙中，后融入汉族，世代称靳氏。三是他姓改姓。明末覆国，为避祸改国姓朱氏而随母舅姓靳而来。

早期在江汉地区和中原地区活动。汉唐时期，在西河郡（今山西）形成郡姓望族。宋代以来，主要分布在北方地区，如山东高唐、邹县、济宁，山西曲沃、长治，河北涂水、滦县，河南获嘉、沁阳、尉氏以及天津等地。

靳裁之：宋代文士，精通儒家学说，曾为南宋经学家胡安国的老师。

靳学颜：明代官员。济宁（今山东省济宁）人。明嘉靖十四年进士，授南阳推官，入为太仆卿，巡抚山西。改吏部右侍郎。以首相高拱专政，谢病归。

靳辅：清代官员。辽阳（今辽宁辽阳）人。官职是"河道总督"，他熟知水利，对古代水利工程潜心钻研，吸取前人经验，指导民众治水修渠，深受百姓爱戴。后来写出一部《治河书》，是中国治水历史的总结，是水利史上的重大贡献。

213 汲（jí）

【寻根溯源】

汲姓主要有两个来源。一是源自姬姓。黄帝之后，文王姬昌的后裔，以地名为姓。春秋时，周文王之后康叔被封于卫，其后代有卫宣公，太子居于汲（今河南省卫辉市），称太子汲，其后代支庶子孙遂姓汲氏。二是源自出自姜姓。源于春秋，以封地为姓，为齐宣公的后代。春秋时期，齐宣公的支孙中有受封于汲（今河南省卫辉市）的，他的后世子孙便以封地名为姓，称汲氏。

【变迁分布】

早期主要在河南、山东一带分布，以清河郡（今属河北）为郡望。当今在河北五莲、山东沂水、云南镇雄、安徽淮南、河南鹿邑以及北京、东北三省有少量分布。

【名人荟萃】

汲黯：西汉大臣。濮阳（今河南省濮阳）人。景帝时以父任为太子洗马（官名、太子出行，则为前导）。武帝初为谒者，出为东海太守，有治绩。召为主爵都尉，列于九卿。好直谏廷诤，武帝称为"社稷之臣"。主张与匈奴和亲。后犯小罪免官，居田园数年，召拜淮阳太守，卒于任上。

汲桑：西晋著名的农民起义军首领。茌平（今山东省茌平）人。汲桑本为牧民首领。晋永兴二年（305年），成都王司马颖的旧将公师藩等在清河鄃（今山东平原）起兵，汲桑联合了羯族部落酋长石勒率牧民响应。公师藩败后，汲桑与石勒回到茌平牧区。晋永嘉元年（307年），汲桑再次起事，自称大将军，以石勒为扫虏将军，释放囚徒，攻占邺城（今河北临漳），杀新蔡王司马腾。后败，不久，被依附于东燕王司马腾的流民所杀害。

汲固：后魏官吏。梁城（今安徽寿县附近）人。后魏孝文帝（471－499年）时兖州从事，兖州刺史李式因事入狱，时式子宪刚满月，式谓众曰："今无程婴、许曰此类人也？"固曰："古今岂殊？"遂藏宪。搜捕时，汲以婢子代之，自抱宪逃往他乡，获赦后方归。兖州刺史为表彰其节义，任其为主簿。

214 邴（bǐng）

【寻根溯源】

邴姓主要有三种来源。一是源自以封地名为姓，是晋大夫邴豫的后代。邴（今河南成武县东）是春秋时的一个城邑。晋国大夫邴豫的封地就在邴，他的后代遂用祖先的封地"邴"作为自己的姓氏。后来也有的省文去掉邑字旁，以"丙"为姓，称丙氏。在古代，丙和邴是通用的，故邴也作丙，邴、丙姓同源。二是源自以封地为姓，是齐大夫邴鹥的后代。邴，又名祊，是春秋时祭祀泰山的一个城邑。在今山东费县东。齐大夫邴鹥的封地就在那里。他的子孙后代，就以邴为姓，称邴氏。三是出自赐姓，汉代名将都御李陵之后。南北朝时，李广的后代归顺魏国，魏帝在邴殿接见了他们，赐姓丙氏，因而姓丙。在古代，丙和邴是通用的，所以李广的后代也称邴氏。

【变迁分布】

早期在今山东、河南等地活动，后来在鲁国郡（今山东曲阜）形成邴氏望族。当今已极其少见。

【名人荟萃】

邴汉：西汉末年名士。琅琊（今属山东）人。是以清行而见称的名士，曾官至京兆尹及太中大夫，王莽秉政之时，他不屑与"汉贼"同流合污，而乞骸骨归经秀里，保全了自己的声誉。

邴舟：西汉名士。邴汉之侄。具有清操之行，邴舟养老自修，以"为官不过六百石"而不肯折腰。据说，他的名望超过了邴汉。

邴原：东汉名士。北海朱虚（今山东省临朐东南）人。有勇略雄气，黄巾军起义，避居辽东，曾先后依附孔融、公孙度，后归曹操，官至丞相征事、五官将长史。死于随曹操征吴中。史评："躬履清蹈。"

215 糜（mí）

糜姓主要有两种来源。一是源于芈姓，出自春秋时期楚国大夫的受封地，属于以封邑名称为氏。春秋战国时，楚国大夫受封于南郡糜亭（今河南汝南），称糜君。在糜君的后裔子孙中，有以先祖封邑名称为姓氏者，称糜氏。二是源于姒姓，出自夏王朝时期古糜子国，属于以国名为氏。古糜子国（糜子国）源起于夏王朝时期的大禹后裔的诸侯国，商王朝时期沿袭。夏朝有同姓诸侯，专门负责种植豆、黍之类的农作物（其中有"糜子"，为主要作物），在当时是很先进的生产活动，因为每年都有可靠的收成，因此，种糜的族人富裕而昌盛，后得封为糜子国，国人以其职业为姓氏，世代称糜氏。

【变迁分布】

早期活动在湖北一带，并渐渐向山东、河南扩展，在汝南郡（今河南省上蔡）、东海郡（今山东临沂）形成郡姓望族。当今在江苏等东南地区也有少量分布。

【名人荟萃】

糜信：三国经学家，吴国人，官乐平太守。著有《春秋谷梁传注》十二卷、《春秋说要》十卷、《春秋汉议》等。

糜竺：三国时期蜀汉官吏。东海朐人县（今江苏省连云港市）人。与孙乾、简雍同为蜀汉最高待遇的老臣子。糜竺世代经商，资产以亿计。后来徐州牧陶谦聘用他为别驾从事。等到陶谦去世之后，糜竺奉陶谦的遗命，迎接刘备继任徐州牧。糜竺的妹妹嫁与刘备，就是那个长坂坡将阿斗托付给赵云后，投井自尽的糜夫人。

糜芳：三国时期蜀汉官吏、后为东吴官吏。东海朐人县（今江苏省连云港市）人，糜竺之弟。本为徐州牧陶谦部下，后随兄长糜竺一同投奔刘备。刘备称汉中王时，糜芳为南郡太守，与荆州守将关羽不和。后糜芳因未完成供给军资的任务而被关羽责骂，心中不安，在孙权的引诱下与将军傅士仁一同投降东吴，此后在吴国任将军之职。背叛了关羽，导致身败名裂。关羽也因为他的背叛而兵败人亡。

216 松(sōng)

【寻根溯源】

松姓有三种来源。一是源自秦代，以事件标志为姓。秦始皇东巡泰山，避雨于松树下，因此而封松树为五大夫。那时随秦始皇上山的官员，有些都还没有得过皇帝的封号，就沾松树的光，也跟着以松为姓，世代相传。在此后，就有居于泰山的人便以"五大夫松"的"松"字为姓氏，称松姓。二是出自清代满族改姓。清兵入关后，有满族旗人改汉姓松氏。如武英殿大学士松筠，原为蒙古正蓝旗人，玛拉特氏。三是公姓改为松姓。因为公姓称呼时有些不方便，因此有人就将公姓改成了松姓。

【变迁分布】

这类姓氏在汉族中主要见于古代，在山东分布，以东莞郡（今山东莒县）为郡望，泰山堂为堂号。明清时，满族与蒙古族以松为名者偶有所见。当今分布不详。

【名人荟萃】

松冕：明朝清官。兄松晟早亡，事寡嫂如母。官职为长芦盐官，管理盐务，这个官职历来被人认为是肥差，但松冕为清正廉洁，有政声。

松筠：清代大臣。官至武英殿大学士，曾任军机大臣，兵部、礼部尚书。廉直坦易，脱略文法，不随时俯仰，屡起屡蹶。他一生疾恶如仇，在和珅面前从来不屈服，所以就被久留边远地区任职，"在藏凡五年"。他笃信佛教，尤其喜欢拜佛，每次入寺院，总要留些书法，著有《品节录》《绥服记略》《伊犁总统事略》等书。

松寿：清末大臣。任山东按察使、江宁布政使、江西巡抚、工部右侍郎、兵部尚书、察哈尔都统、闽浙总督等职。居官二十年，从不追逐功名，而是律己以廉，临下以宽，为时论所美。

217 井(jǐng)

【寻根溯源】

井姓主要有两种来源。一是来自姬姓。周大夫井利之后，以先祖字为氏。二是出自姜姓。姜太公之后有井伯，其后代以先祖字为氏。

【变迁分布】

早期居住在山东、陕西、河南等地。汉唐时，在扶风郡（今陕西兴平）、南阳郡（今河南南阳市）形成井姓望族。当今在陕西眉县、蒲城，山东东平等地有一定分布。则以辽宁、陕西井氏最多。

【名人荟萃】

井在：清代官吏。顺天文安（今属河北）人。约清圣祖康熙初前后在世。顺治十六年（1659年）进士，授山西平阳府推官，精敏独任，吏民惮之。尤擅决狱。改补永安知县，曾捕大猾李宗唐。以忧归，服除，再补兴县知县。以伉直不事上官罢归。归后，日以诗文自娱，子弟少隽所陶冶者数十人。《晚晴簃诗汇》选其诗，并言其诗平淡有致。

218 段(duàn)

【寻根溯源】

段姓来源主要有三种。一是来源于姬姓，春秋时郑庄公之弟叔段，先封于京，号称为"京城大叔"，后来郑庄公与共叔段之间发生争斗，共叔段失败后，逃至共（今河南辉县），史称共叔段。其子孙便以祖父的字为姓，称段氏。二是源自于复姓段干。三是来源于辽西鲜卑族。

【变迁分布】

早期在中原地区活动，之后逐渐向河北、山东、辽宁、陕西、甘肃扩散。汉唐时期，以武威郡（今属甘肃）、京兆郡（今陕西西安）、扶风郡（今属陕西）为郡望，以今陕甘为主要聚集区。与此同时向东南地区播迁。宋代时期，以山西、河南、江西、湖南最为集中。明代时期，则以山西、云南、甘肃段氏人口最多。当今在四川、陕西、河北以及云南、安徽、湖北等地有广泛分布。

【名人荟萃】

段文昌：唐代大臣。临淄（今山东省淄博）人。唐穆宗时为相，治尚宽静。文宗时拜御史大夫，封邹平郡公。

段思平：五代时南方大理第一世王。大理喜睑（今云南省喜洲）人。其家族世代为南诏武将。

段成己：金代著名文学家。绛州稷山（今属山西省）人。与其兄段克己均为当时享誉文坛、较有影响的人物。

219 富(fù)

【寻根溯源】

富姓主要有两种来源：一是源自姬姓。春秋时，周襄王有姬姓大夫名富辰，是周天子的亲戚，在朝中身居高位，很有权势，直言敢谏，不避亲贵，为人称道。其子孙有以先祖字为姓者，称富氏。二是出自姜姓。春秋时鲁国有公族大夫终甥，字富父，其子孙也以先祖字为氏，后简化为单姓富。

【变迁分布】

早期居住在今河南、山东。汉唐时期，已在齐郡（今山东淄博）形成富氏郡望。宋代以后，在河南、陕西、浙江和东北三省地区有零散分布。

【名人荟萃】

富玖：五代画家，工画佛道，有《弥勒内院图》《白衣观音》《文殊地藏》《慈恩法师》等像传于世。

富弼：北宋宰相。洛阳（今河南省洛阳东）人。庆历二年（1042年）为知制诰。辽重兵压境，富弼奉命出使辽，拒绝割地要求，以增加岁币而还。至和二年（1055年），与文彦博同时被任为宰相，曾劝神宗"二十年口不言兵"。嘉祐六年（1061年），以母丧罢相。英宗即位，召为枢密使，因足疾解职，进封郑国公。

富恕：元代著名诗人，画家。吴江（今江苏省苏州）人。好学，工诗，善画。尝绘《仙山访隐图》一卷，遂昌郑元祐为之记。

220 巫 (wū)

【寻根溯源】

巫姓源自以职业技能作为姓氏。上古时期沟通人与神及自然者为巫。黄帝的大臣巫彭善占卜，又通医术，是中医的发明者。古代以巫为业者，其后代以职业为氏，并尊巫彭为祖。

【变迁分布】

早期，分散居住在中原及周边地区。汉唐之间，在平阳郡（今山西临汾）形成郡姓望族。当今在全国各省均有零散分布，江苏句容古今都有巫氏居住。

【名人荟萃】

巫子期：春秋时鲁人，孔子七十二贤中鼎鼎大名的弟子，流传于青史之事迹，为尝宰单父，以星出以星入，日夜不处以身亲之，而单父治，后转封东阿侯。

巫罗俊：唐代官吏。巫罗俊从小刻苦认真学文习武，且无私无畏，爱打抱不平，互助互爱，真做好事，爱憎分明。于是，他少年有知识、有殊勇、有抱负，而得"文韬武略的少年"的名声。

巫子秀：明代名士，以英勇绝伦而著称。其出知新喻县时，以孝友廉正而被老百姓誉为"青天"。巫氏的名气，也因而在南方各地响亮异常。

221 乌 (wū)

【寻根溯源】

乌姓源自少昊金天氏。黄帝之后少昊以乌名官，有乌鸟氏，主持山陵之事，其后代以乌为氏。汉代以后，有他族改姓乌氏者。

【变迁分布】

早期，散居在山东、河南、陕西等地。汉唐之间，在颍川郡（今河南长葛）、汝南郡（今河南汝南）等形成郡姓望族。唐宋以来，在今河北、甘肃、陕西、浙江等地有一定分布。

【名人荟萃】

乌承玼：唐代功臣。张掖（今甘肃省境内）人。唐玄宗开元年间，与族兄乌承恩皆为平虏先锋，因战功卓著，号称"辕门二龙"。

乌从善：明代官吏。山东博平（今属山东省茌平县）人。进士，由太常博士历刑科给事中、礼科右、户科左、兵科都给事中，终礼科都给事中。被诬陷回乡，行囊空空。在乡下，布衣蔬食，出入徒步，以讲学为事。人名其里曰"孝友庄"，旌其居曰"清诒堂"。《博平县志》有传，并收录其《博陵书院条约》和《重修城隍庙记》两篇文章。

乌竹芳：清代官吏。山东博平（今属山东省茌平县）人。嘉庆九年（1804年）举人，历任福建寿宁、诏安、安溪等县知县，勤于政事，不辞劳瘁，审理狱案，公平决断，民众久冤得伸，备受赞扬。后升任知署永春直隶州知州。

222 焦（jiāo）

【寻根溯源】

焦姓源自姜姓。周武王封炎帝神农氏之后于焦（今河南陕县），后被晋国所灭，其后裔以国为氏，称焦姓。另有他族改姓为焦者。

【变迁分布】

早期，活动在中原地区。汉唐时，在河南、山西、甘肃、河北、陕西等地分布，并在中山郡（河北正定）、广平郡（今河北永年）、冯翊郡（今陕西大荔）等郡形成郡姓望族。清代以前，在今河南许昌、泌阳，河北柏乡，山东章丘，陕西三原，江苏扬州、南京等地均有焦氏名人家族出现。现在广泛分布于全国，尤以江西为多。

【名人荟萃】

焦先：三国时魏国隐士。河东郡（治所在今山西省夏县）人。隐居荒野河边草庐中，见人不语，冬夏不穿衣，睡不铺席，满身污垢，数天吃一顿饭，相传活了一百多年。

焦遗：十六国时西秦大臣。南安（今甘肃省陇西）人。曾为太子太师，后迁安南将军、广宁太守等职。南安诸羌族人曾推举其为主代秦，被其拒绝。

焦赞：北宋将领。坚州砂河（今山西省繁峙县砂河镇）人。北宋后期富弼部下，也是抵抗辽军的北宋将领。在杨家将演义中，焦赞是追随杨延昭的猛将，同孟良并称，抗辽有战功，久镇瓦桥关（河北雄县一带），也就是镇雄州（雄县），名望颇高。他和孟良等是杨家将的左右臂，是一位名闻河北的抗辽勇将。

焦循：清代经学家、数学家、戏曲理论家。甘泉（今江苏省扬州）人。嘉庆举人。出身治《易》世家。他以数学原理及音韵训诂整理《易经》。著有《雕菰楼易学三书》《孟子正义》《论语道释》《剧说》《释弧》《释轮》《加减乘除释》。

223 巴 (bā)

【寻根溯源】

巴姓源自姬姓，巴国的后代。东周时期，有巴国（在今重庆），开始被封的国君是子爵。春秋时为楚国的附庸国，巴国灭亡之后，其子孙以国为氏。在今山东也有巴氏，为伏羲之后。清朝时满族、蒙古族以巴为名者较多，清亡后其后代也有以巴为姓氏者。

【变迁分布】

巴姓主要分布于边远的地区，如四川、重庆、东北三省、内蒙古。但早期也有在中原居留者，在高平郡（今山东金乡一带）形成巴氏望族。

【名人荟萃】

巴蔓子：战国时期大将。官至将军。极其重视为人臣子的忠义气节。

巴泰：清朝大臣。以善战著称，因功封一等子爵。官至中和殿大学士。

巴慰祖：清代篆刻家。歙（今安徽省歙县）人。官候补中书。通文艺，精古今文字。他有《四香堂摹印》《百寿图印谱》留传。

224 弓 (gōng)

【寻根溯源】

弓姓源自姬姓。黄帝之后少昊第五子挥发明弓矢，被封于张，其后代便为弓氏和张氏。后来主管制造弓弩的官叫弓正。其子孙后代也以弓为姓，称弓氏或以"弓正"为氏。又一说，春秋时，鲁国大夫叔弓的后代以祖字为氏，称弓姓。

【变迁分布】

弓姓主要在今河南、山东、山西等地活动，以太原郡（今属山西省）为郡望。当今弓氏有少量分布。

【名人荟萃】

弓翊：三国时官吏。官博陵太守，后裔繁衍甚多，其中很多人步入仕途。

弓元：明代官吏。进士第，官至御史，廉政清洁，有操守，政绩显著。

牧隗山谷　车侯宓蓬　全郗班仰　秋仲伊宫

225 牧 (mù)

【寻根溯源】

黄帝时有辅政之相力牧，其后代有称为牧氏。另一说是春秋时期卫国有大夫封在牧地（今河南新乡一带），其后代也有以牧为氏者。

【变迁分布】

牧姓为极少见的姓氏，以弘农郡（今河南灵宝）为郡望，在河南、浙江等地有零散分布。

【名人荟萃】

牧皮：春秋时儒生。鲁国人。孔子的弟子。以狂妄著称。

牧仲：又名牧中。春秋时期鲁国有名的贤人。与同样是名贤的乐正求关系很好。他们都是孟献子的好朋友。

牧相：明代官员。余姚（今属浙江省）人。官广西参议。与理学大家王阳明同时是王华门下的得意学生，他尤受王华的器重，弘治年间，牧相进士及第，被授为南京兵科给事中，直言，敢于犯上。以疏请罢礼部尚书崔志瑞等而享有盛名。到了正德初年，他又因清查御马监，向皇帝力陈昌滥之弊以及中官李棠矫诏旨营私利之罪，而受杖罢归。

226 隗(wěi)

【寻根溯源】

炎黄之前的古帝有"大隗氏"，春秋时期杂居中原的狄人为其后裔，以隗为姓。

【变迁分布】

隗姓是极少见的姓氏。以余杭郡（今属浙江）是其郡望。当今甘肃、陕西、安徽、四川、浙江有零散分布。

【名人荟萃】

隗状：一作隗林，秦朝丞相，是秦始皇统一中国后第一任丞相。

隗嚣：东汉名将。天水成纪（今甘肃秦安）人。王莽末期，据陇西起兵，初附刘玄，任御史大夫；旋归光武，封西州上将军。

隗炤：晋代术士。他精通周易，临终时他对妻子说："五年之后的春天，有一个姓龚的人会来，他欠我钱。"到了五年后的春天，果然有一个姓龚的人到来，占卜后说："我不欠你钱，你的丈夫自己有钱，他知道你会渐渐贫困，所以把钱藏起来以便日后供你使用。一共有五百斤金子，放在青色的缸里，在屋子的东面，离墙壁一丈，地下九尺处。"隗炤的妻子依言挖掘，果然得到了金子。

227 山(shān)

【寻根溯源】

山姓源自炎帝的后裔烈山氏，其子孙有以山为氏。又一说是，周朝时有掌管山林的官职山师，其子孙以祖职官为氏。

【变迁分布】

山姓为极少见的姓氏。在河内郡（今河南沁阳）、河南郡（今河南洛阳）形成郡望。历史上的山氏多在今河南、江苏等地分布。

山涛：西晋大臣。官至吏部尚书。为"竹林七贤"之一。山氏名人，惟山涛最为有名，名望、地位、学术和事迹莫出其右者。山涛的老姑奶奶（即其父山曜[宛句令]的姑奶奶）山氏夫人为魏粟邑令张先生张汪之妻，山氏夫人的姑娘张春华为司马懿的正室夫人，后尊为晋宣穆皇后，是司马师、司马昭的亲生母亲。

山简：西晋大将。河内怀县（今河南省武陟西）人。其父是山涛。简因镇守襄阳时饮酒优游而闻名于古今。简初仕为太子舍人，官至镇南将军，镇襄阳。当时王威不振，四方动乱，天下分崩。简在镇不理政务，终日饮酒游乐，大醉而归。当时有儿歌一首："山公出何许，往至高阳池。日夕倒载归，酩酊无所知。时时能骑马，倒著白接篱。举鞭问葛强，何如并州（今属山西）儿？"著名诗人杜审言、李白、孟浩然、王维都有诗提及山简优游酒醉习家池之事。

山康：唐代高僧，十五岁学佛，遍游四方。相传，他云游睦州时，人们曾看见佛从他口中出来，后赐好广道大师。

228 谷(gǔ)

【寻根溯源】

谷姓为颛顼、虞舜之后，赐为嬴姓，秦国始祖非子居于秦谷（今甘肃天水西南），其后代有人以谷为姓。也有说由"郤"氏去邑而为谷氏。另外，又一说源自姜姓。春秋时齐国公子尾孙辈封于夹谷（在今山东），其后代以谷为姓。

【变迁分布】

谷姓早期在西北居住，后来在上谷郡（今河北省怀来县东南）形成郡望。当今在河南、河北、江苏、浙江、山东、辽宁、湖南、云南等地均有分布。

【名人荟萃】

谷永：西汉大臣。长安（今属陕西西安）人。少时为长安小吏，博学经书，工于笔札。元帝时被举为太常丞。后历任光禄大夫、凉州刺史、太中大夫等职，官至大司农。今存文二十余篇，多为奏议、对策。

谷郎：西汉大臣。桂阳耒阳（今属湖南）人。幼失母，事继母如亲母。官太中大夫，后因安抚南州叛乱立下大功，升九真太守。

谷倚：唐代文学家。魏郡（今河北省临漳）人。曾任太原主簿。以文词著名，与富嘉谟、吴少微并称"北京三杰"。

谷景通：明代官吏。顺天府房山（今属北京）人。任阳城知县期间，廉洁贞介，为政纪律严明，后因事杖责小吏，为上峰所扼制，愤忧而卒，民皆惜之。

谷应泰：清初官吏、史学家。直隶丰润（今属河北）人。顺治进士，历官户部主事、员外郎、浙江提督学政佥事。曾招揽文人助其写成《明史纪事本末》，因所据资料准确，又未遇文字狱之害，故有一定价值。另著有《筑益堂集》。

229 车(chē)

【寻根溯源】

黄帝有臣车区，为主管车舆的职官，其后代以车为氏。汉代丞相田千秋因德高望重，年事已高，汉昭帝特准坐车出入宫廷，号称"车丞相"，其子孙改田为车。

【变迁分布】

历史上，车姓在陕西、山西、湖南、甘肃、广东、新疆等地有分布，以在京兆郡（今陕西西安）形成郡望。当今在河南、山东、四川、安徽、吉林、辽宁等地均有分布。

【名人荟萃】

车顺：车千秋子，西汉大臣。昭帝元凤四年（前77年）嗣侯。官云中太守。

车济：东晋官吏。敦煌（今属甘肃省）人。果毅有胆量，任金城令时，金城被石虎将麻秋所攻陷，他宁死不降而被杀。

车路头：北魏大臣。代（今山西省大同北）人。官至散骑常侍，赐爵金乡公，后改宣城公。每至评狱，常献宽恕之议，以此见重于朝。

车似庆：宋代学者。台州黄岩（今属浙江省）人。潜心理学，隐居乐道，年已耄，读书犹至夜半。释经评史，榷古商今，迥出新意，自成一家之言。有《五经论》、《闲居录》等。

车大任：明代官吏。湖广邵阳（今属湖南省）人。万历进士，历南丰知县，官至浙江参政，所在有嘉誉。著有《萤囊阁正续集》。其子车以遵，工诗，著有《高露堂集》。

230 侯(hóu)

侯姓主要有五种来源。一是来自黄帝的史官仓颉。传说仓颉发明了汉字，称史皇氏，但他最初称侯冈氏，他的后裔在由陕西向河南的东迁过程中，有的以侯为氏。二是来自姒姓。大禹的后裔有的封于侯（在今河南偃师），他们的子孙便以国为氏。三是来自姬姓。郑国庄公之弟共叔段，因谋叛而逃到共城，他死后，庄公赐他的儿子共仲为侯氏。晋国哀侯、潘侯被晋武公所杀，他们的子孙远居他乡而以侯为氏。四是来自芈姓。楚公族中有侯氏。五是外族改姓侯氏者。

【变迁分布】

侯姓早期以中原为核心，在山东、陕西、山西等地也有分布。秦汉以后，在河北形成上谷郡（今河北省怀来县东南）侯氏望族，在河南形成河南郡（今河南洛阳）侯氏望族，在今江苏形成丹徒侯氏望族，在今宁夏和陕西形成北地山水（今陕西旬邑）侯氏望族。唐宋时期，侯氏在东南及南方地区有较大扩展，在山西、河南、湖南、陕西有较多分布。明朝，则集中在陕西、山西、浙江以及山东、河南、甘肃、江苏、河北等地。当今在湖南、安徽、河南有较多分布。

【名人荟萃】

侯嬴：战国时魏国人。初为大梁（今河南省开封）夷门的守门小吏，直到七十岁才被信陵君迎为上客，为协助信陵君救赵，起了关键作用。前257年，秦急攻赵，围邯郸（今河北省邯郸），赵请救于魏。魏王命将军晋鄙领兵十万救赵，中途停兵不进。他献计窃得兵符，夺权代将，救赵却秦。

侯君集：唐代大将。豳州三水（今陕西省旬邑土桥镇侯家村）人。自少年时代就勇武，为人称颂，隋末被李世民引入幕府，因作战有功，累迁左虞侯、车骑将军。唐高祖武德九年（626年）玄武门之变间，他曾为李世民出谋划策。贞观年间，任左卫将军、礼部尚书等职，先封潞国公，后封陈国公，凌烟阁二十四功臣之一。

侯恂：明代大臣。商丘（河南省商丘市睢阳区）人。任兵部侍郎等职，万历进士，后来朝廷发生政变，下狱。李自成攻破北京后，对于明朝留下的三品以上的官员，只用了他一个人。

231 宓 (mì)

【寻根溯源】

宓姓源流纯正，来源单一，源自上古的伏（宓）羲氏，与伏姓的源流是一样的，在古代，因宓（fú古音伏，今多读mì，谐音蜜）字和伏字通用，伏姓也叫宓姓，其后子孙称宓姓。伏羲，古代的时候作宓羲，又作庖羲，包牺、伏戏，亦称牺皇、皇羲、太昊，史记中称伏栖。他的后代有宓（伏）和包两个姓。所以说伏姓和宓姓实际上是一个姓。如汉代人伏生，也叫作宓生。

【变迁分布】

宓姓是古老和罕见的姓氏。早期，活动在河南、山东，并在平昌郡（今山东安丘一带）形成宓氏望族。如今，在浙江、湖北、山东、北京等地偶有所见。

【名人荟萃】

宓妃：上古时期伏羲的女儿，溺死于洛水，相传为洛水之神。

宓不齐：春秋时期鲁国单父侯，也称为宓（fú音伏）子贱，有些古书也称伏子贱、伏不齐，是孔子的学生。曾经担任过单父宰，当时他鸣琴而不下堂治，但是一样把单父治理得很好。孔子很喜欢听音乐，觉得音乐能调和人心，使国君和百姓和睦共处。而宓不齐正是个弹琴的好手，据说他当官时，弹琴来感化人们，使天下太平。所以孔子非常喜欢这个学生，称他为君子，说："宓不齐雄才大略，能够辅佐霸主。"后来宓不齐被朝廷追封为单平侯。

宓宏谟：清朝官员，根据《重修台湾省通志》中记载，他于1755年上任台湾府经历，隶属于台湾道台湾府，为台湾清治时期的地方官员，官职品等则为正七品以下，该官职主要从事台湾府府内典簿奏章的收发与校注，也分掌章奏文书。

232 蓬 (péng)

【寻根溯源】

蓬姓源自姬姓。周成王封支子于蓬州（今山东蓬莱），其后人因以为氏，称蓬姓。

蓬姓是古今罕见的姓氏，其郡望为长乐郡（今河北冀州市一带），主要在山东、河北分布。当今在河南方城、浙江江山、上海嘉定、吉林长白、黑龙江爱晖等地有零散分布。

【名人荟萃】

蓬萌：东汉著名隐士。在当地担任亭长的职位。因为家里贫困，于是到长安做生意，到了长安以后，听说王莽为了专权，将自己的儿子都杀掉了。于是他对眼前的社会失去了信心。他对亲友说："三纲已经不存在了，我再不离去也要受到灾难了。"于是他将亭长的衣服帽子挂在城门，就带着家人渡海而去。一直到光武中兴的时候，人们才知道他编庐隐居在崂山，他在那里认真修炼，感化了那里的人。朝廷知道他的去向后，多次召他做官，他都没有答应。

233 全(quán)

【寻根溯源】

周朝管理财宝的职官称为"泉府"（泉即货币），相当于中央银行的行长。古汉语"全"与"泉"相通，他们的后人便以先人职官为氏，称全姓。

【变迁分布】

全姓早期居住在今陕西一带，后在京兆郡（今陕西长安）形成郡姓望族。唐代以前，在江、浙等东南沿海地区有一定的分布。宋代以来，在浙江、湖南、广东、辽宁等地均有分布。

【名人荟萃】

全元起：南朝时医学家。全氏医术高明，当时有"得元起则生，舍之则死"之誉。

全大城：明代孝子。他的父亲重病数月，他衣不解带，日夜服侍。后来他的祖母患目盲，大城日夜以舌舐眼，得以复明。

全祖望：清代学者。雍正举人，乾隆年间举鸿博。他为人有风节，治学严谨，涉猎广泛，著有《校水经注》《句余土音》《鲒琦亭集》等。

234 郗(xī)

【寻根溯源】

郗姓源流单纯,来源于姬姓。是黄帝的后裔,以邑名为氏。黄帝之子玄嚣,其后代有叫苏忿生的,周武王时官至司寇,负责诉讼事宜,有清正之声。苏忿生支庶子受封于郗邑(今河南省泌阳县),其后人于是以封邑命姓,称为郗姓。

【变迁分布】

郗姓早期居住在河南的豫北一带,之后向山东、山西扩展,在今山东金乡一带的高平郡形成郗氏望族。而山西平定,至今依然为郗氏居住区。

【名人荟萃】

郗虑:三国魏官吏,曾任光禄勋、御史大夫,因受学于郑玄,故学识过人。

郗鉴:东晋将领、军事家。东汉御史大夫郗虑的玄孙。以儒雅著名,不应州命。时逢饥荒,州中之士因平日佩服他的人品德行,于是就给予资助。郗鉴就把这些朋友赠送的东西,分给乡亲孤老,有很多人因得到他的接济而活了过来。任龙骧将军、兖州刺史、徐州刺史等职,官至太尉,封南昌县公。

郗超:东晋大臣。郗超的祖父是东晋名臣郗鉴,父亲是郗愔。郗愔信道教,而郗超则信佛。郗愔好聚敛,积钱数千万,曾开库任郗超所取。郗超生性好施予,一日之内,将钱全部散与亲故。早期在抚军大将军会稽王司马昱拜任抚军掾。后被桓温召为"征西大将军掾"。后来,升为中书侍郎,执掌朝廷机要。

235 班(bān)

【寻根溯源】

班姓源自芈姓。春秋时楚国公族斗谷于菟的后代。斗谷于菟就是楚国的令尹子文。子文生下来不久,就被弃于野外,有老虎用虎乳喂他。楚国方言把虎称为于菟,把乳汁称为谷,所以命名为谷于菟,字子文。文,就是老虎身上的斑纹之意,所以子文的后代改姓班,也有姓班的。

班姓早期活动于江汉地区。汉唐时期，居住在山西、陕西，并在扶风郡（今陕西省兴平市）形成了班氏郡望。当今在全国各地有零散分布。

【名人荟萃】

班固：东汉历史学家、文学家。扶风安陵（今陕西省咸阳东北三省）人。班彪的儿子。明帝任命他为兰台令史，后来被迁为郎，典校秘书。潜心二十余年，修成《汉书》，当世重之，迁玄武司马，撰《白虎通德论》，征匈奴为中护军，兵败受牵连，死狱中，善辞赋，著有《两都赋》等。

班超：东汉名将。扶风安陵（今陕西省咸阳东北三省）人。班彪的儿子，班固的弟弟。班彪死后，家境贫困，班超为了养活母亲只好为官府抄书。曾投笔叹息道："大丈夫无他志略，当校傅介子、张骞立功异域以取侯封。安能久侍笔墨乎？"明帝永平十六年（73年），他率领着三十六人出使西域，使得西域五十余城获得安宁。班超在西域呆了31年。被任命为西域都护，封为定远侯。实现了他的愿望。年老后，回到洛阳，拜为射声校尉。同年病逝，终年70岁。

班昭：东汉史学家，也是我国第一位女历史学家。扶风安陵（今陕西省咸阳东北三省）人。出生于一个"家有藏书，内足于财"的显贵人家。其父班彪，长兄班固，是著名的史学家、文学家；次兄班超，乃立功西域的一代名将。家庭的熏陶，加上自身的聪颖努力，使她成为一个博学广识的学者。帝数次召她入宫，为皇后贵人之师，号曹大家。著有《东征赋》《女诫》。整理并续成重要的史学巨著《汉书》。

236 仰（yǎng）

【寻根溯源】

仰姓源自上古虞舜为帝时的大臣仰延之后。仰延精通音乐，当时瑟为八弦，他改造为二十五弦，是一项大发明。仰延的后人，以祖上的字为姓，称仰姓。

【变迁分布】

仰姓是极少见的姓氏。在汝南郡（今河南汝南）形成郡望，以钱塘（今属浙江）为堂号。从历史名人书籍看，主要分布于江、浙地区。

【名人荟萃】

仰延：上古舜帝时的大臣，精通音乐，将当时八弦瑟，改造增为二十五弦。这是一大发明。

仰仁谦：宋代廉吏。有楹联说他："抚宇劳心，百姓改观新政令；廉静寡欲，四方共仰大风声。"

仰瞻：明代官吏。字宗泰，苏州葑门外仰家庄（今江苏苏州市）人。明朝著名刑官，任大理丞时，以执法严明，而得后世景仰。

237 秋（qiū）

【寻根溯源】

秋姓主要有两种来源。一是起源于上古，相传为黄帝后裔少昊的后代。少昊是帝喾之子，黄帝裔玄孙。少昊后裔至春秋时，有鲁国大夫仲孙湫，其裔孙有个叫胡的，世称湫胡，在陈国当卿士，其支庶子孙以祖父之字去水为秋姓，称为秋氏。二是来自以职官为姓，源于西周。西周时置司寇，当时称为秋官，后代便以官名为姓，称秋氏。

【变迁分布】

秋姓是极少见的姓氏。迁移情况不详，以天水郡（今属甘肃）为郡望，在今浙江山阴有秋氏居住。

【名人荟萃】

秋胡：春秋时鲁国人。他娶妻五日后就去陈国做官，五年才回来。到家之前，见到路旁有一个妇人在采桑，秋胡上前赠予金饰，妇人不顾而去。到家后，秋胡将金子奉给母亲。等他妻子到时，才发现就是采桑的那个妇人。其妻忍无可忍，数以不孝不义之罪，东走投河而死。

秋瑾：清末女革命家、诗人。祖籍浙江山阴（今浙江省绍兴），生于福建闽县（今福建省福州）人，自号鉴湖女侠。通经史，工诗词，善骑射击剑。

238 仲（zhòng）

【寻根溯源】

仲姓主要有四种来源。一是出自上古高辛氏。为黄帝的后裔，以人名为氏。黄帝有曾孙，号高辛氏，有"八才子"，号称"八元"，与颛顼之子"八恺"齐名，高辛氏的"八元"中，有仲堪、仲熊两兄弟的后代子孙，以祖上的名字的"仲"字为姓，称仲氏。二是源自任姓。商朝开国君王汤的佐相仲虺的后代。仲虺，本奚仲之后，辅佐汤治理天下，立有殊勋。仲虺之后以祖字命姓，称仲姓。周朝樊侯仲山甫即其后。三是源自姬姓。春秋时鲁国公子庆公，字公仲，因乱鲁而遭谴责。庆公死后，其子孙有避仇者，以其字为姓，称仲氏。四是源自子姓，以祖字为姓。春秋时宋国君主宋庄公之后。宋庄公的儿子字子仲，子仲的子孙以"仲"为姓，称仲氏。

【变迁分布】

早期活动于河南、山东等地。汉唐时期，在四川、陕西也有仲氏的踪迹，并在中山郡（今属河北）与乐安郡（今山东省高青、博兴、广饶一带）形成仲氏望族。宋代以来，在江苏、浙江、山东、安徽等地均有分布。当今其中以江苏、辽宁分布比较多。

【名人荟萃】

仲由：春秋时鲁国人，字子路，孔子的得意弟子，他直率勇敢，仕卫为邑宰。以政事见称。性格爽直率真，有勇力才艺，敢于批评孔子。

仲长统：东汉哲学家。山阳郡高平（今山东省微山县两城镇）人。好学，敢直言，官至尚书郎。他提出"人事为本，天道为末"的论点，否认"天命"，著有《昌言》一书。

仲子陵：唐代官吏。幼年读书峨眉山神水阁，勤学励志，精研《礼记》等著作。大历中朝廷举贤良，被录取，任太常博士。每议论礼法，众儒不能驳，闻名朝廷。曾受命主持贵州贡举，考选人才。后官至刑部司门员外郎。

239 伊 (yī)

【寻根朔源】

伊姓主要有三种来源。一是来自伊祁氏，出自远古帝王唐尧，属于以居邑名称为氏。相传，古帝唐尧生于伊祁山（今河北省顺平），他出生时，寄养于伊侯长孺家，因此称他为伊祁氏，其子孙便以伊为姓氏。二是来自姒姓。商朝大臣伊尹之后，属于以居邑名称为氏。商王朝的开国贤臣伊尹，姒姓，是夏禹的后代。他曾居于伊川（今河南省伊川），因此以其居住地伊水为姓氏。伊尹后来辅佐成汤建立了商王朝。三是来自他族改姓伊氏者。

【变迁分布】

伊姓早期在中原活动。汉唐时期，在今山东、山西均发现有伊氏踪迹，在陈留郡（今河南开封）形成郡望，堂号亦称"陈留堂"。宋代以来，在今山东、河北、天津、北京、江苏、浙江、福建、广东及东北三省地区均有伊氏分布，其中河北数量最多。

【名人荟萃】

伊尹：商朝大臣、伊姓始祖，辅佐商汤，佐商灭夏，综理国事，连保汤、外丙、中壬三朝，佐四代五王，是上古有名的贤相。

伊盆生：后魏将领。代（今山西省代县）人。初为统军，骁勇有胆略，累立战功。明帝时，历洛州刺史、西道别将、行岐州刺史。为当时名将。任西道都督，战死。

伊慎：唐代将领。兖州（今山东省滋阳）人。以善射补折冲都尉，嗣为大将，封南充郡王。贞元末官至奉义节度，拜检校右仆射，兼右卫上将军。谥曰壮缪。以武毅通文理，砚席楷隶，师心自得。

伊恒：明代大臣。吴（今江苏省苏州）人，徙金陵（今江苏省南京）。官尚宝少卿。为人谦恭，时称为长者。

伊秉绶：清代书法家。乾隆进士，官至扬州知府。何绍基写诗称颂其书法说："丈人八分出二篆，使墨如漆楮如筒。行草也无唐后法，悬崖溜雨如荒藓。"著有《留春草堂诗集》。

240 宫（gōng）

【寻根溯源】

周朝有负责掌管宫门的官员，其后代以官职为氏，后来有的以宫为姓。另有一说，周初分封的小国中有国名郒（其地在今山西平陆），郒国被晋国灭掉后，其族人以国为氏，后将"郒"去邑为"宫"，改姓宫。

【变迁分布】

宫姓早期居住在河南、山西，在山西形成了太原郡（今山西太原）、河东郡（今山西夏县）两个宫氏望族。宋代以来，在当今天山东、安徽、北京、辽宁等地有一定分布。

【名人荟萃】

宫继兰：明代大臣。崇祯进士。授工部吏司主事，署员外郎事协理六科，统视夏镇河道，山东兖州府知府。告养归，起广东罗定兵备道，按察副使兼布政使。

宫梦仁：清代大臣。江苏泰州人。康熙进士，授翰林院庶吉士，贵州道监察御史，河南督理粮储道布政使参议，湖广按察使，湖北驿盐道参议，提督山东学政，按察使副使，大理寺少卿，通政使，都察院副都御史，福建巡抚、提督军务。

宫玉华：清代官员。道光举人，经魁，拣选知县。子四：庚尧、丁辰、庚荣、桂荣。因为泰州宫氏一族在明清两朝入选三个翰林，五代中了七个进士，因此有"两朝三翰林，五世七进士"的美誉；泰州宫氏祠堂又有楹联云"三世两营台，五代七进士"，说的都是泰州宫氏一族的辉煌业绩。

宁仇栾暴　甘钭厉戎　祖武符刘　景詹束龙

241 宁（nìng）

【寻根溯源】

宁姓源自姬姓。上古周朝时，卫国有位公族叫卫成公，卫武公将其儿子姬季亹（wěi）封于宁邑（今属河南）。他的子孙便以封地名为姓，称宁氏，世代相传姓宁。

【变迁分布】

宁姓早期主要在河南北部居住。汉代以前，在山东、山西、湖北等地活动。汉唐之间，在齐郡（今山东临淄一带）形成宁氏望族，有的已远播广西。宋代以来，在安徽、甘肃、河南、山东、河北、湖南、广西、北京、辽宁等地均有宁氏分布。

【名人荟萃】

宁俞：卫国大夫，就是大名鼎鼎的卫武子，贤明忠勤，于卫文公有道之时，无事可见，当卫成公无道之日，却不避艰险，被孔夫子极口赞美为"邦有道则智，邦无道则愚，其智可及也，其愚不可及也"。

宁戚：春秋齐国大臣。早年怀经世济民之才而不得志。齐桓公二十八年（前685年）拜为大夫。后长期任齐国大司田，为齐桓公主要辅佐者之一。

宁成：西汉官吏。南阳穰县（今河南省邓州市）人。他任济南都尉时，执法严厉。后来任关都尉时，出入关的人都哀叹"宁见乳虎，无直宁成之怒"。后辞官回乡经营，大富大贵，家族昌盛。

宁完我：清代大臣。辽东辽阳（今属辽宁省）人。顺治元年（1644年）起用为学士，不久擢弘文院大学士。曾三次任会试主考官，充《明史》《清太宗实录》总裁官。十年授议政大臣，次年因争权夺利，排陷陈名夏致死。后以年老休退。

242 仇(qiú)

仇姓主要有三种来源。一是出自九吾姓。仇姓源出殷末三公之一的九吾氏。夏代时，九吾氏为诸侯，商代立国号为"九"，商朝末年，纣王杀九侯。其族人避居各地，不少人加入人字为仇姓。二是源于子姓。春秋时宋国大夫仇牧之后，其子孙以祖字为氏。仇姓为春秋时宋国大夫仇牧之后。仇牧为在蒙泽（在今河南省商丘东北三省）被杀的宋缗公报仇而讨伐宋万。宋万在自家宅门外与仇牧展开一场恶斗，仇牧被宋万摔死。仇牧的后代便以他的名字仇为姓，称仇氏。此支仇氏望出南阳郡（今河南省南阳市一带）。三是出自侯姓所改。南北朝后魏时，有中山人侯洛齐，本为侯姓，后为仇氏养子，故改仇姓。太武帝时，他以平凉州功高，拜为内都大官，其后渐成望族，成为中原仇姓一支。此支仇氏望族居平阳郡（今山西省临汾市西南）。

仇姓最早居住在今河南东部地区。仇牧为护君而遭杀害后，为避免被斩草除根，仇氏四散他乡。汉唐之间，在平阳郡（今山西临汾）形成仇氏望族，以南阳为堂号。宋代以来，在河南、河北、山东、安徽、甘肃、天津、上海、湖南、江苏等地均有一定分布。

仇览：汉桓帝延熹年间河南考城人，高节懿行，备受后世景仰。

仇博：宋代名人。他聪颖博学，13岁时作的《至乐堂记》，得到文坛领袖苏轼的称赞，叹曰"后生可畏"。

仇远：元代儒学教授、诗人、词人。钱塘（今浙江省杭州）人。著有诗集《金渊集》、诗文集《山村遗集》等，与白斑齐名。

仇英：明朝著名画家。号十洲，太仓（今属江苏省）人。提起"仇十洲"（仇英）的大名，只要对国画略有涉及的人，就没有不知道的。他是中国画坛上的"明代四大家"之一，善于临摹宋、元名笔。其笔下的人物、鸟兽、山水、楼观、旗辇、车容之类，无一不秀雅鲜丽。他画的仕女，神采生动，被誉为明时"工笔之杰"。因此，数百年来仇十洲的每一幅作品，人们几乎都奉为瑰宝，争相收藏。

仇兆鳌：明末清著名学者。甬江（今浙江省宁波城区）人。代表作有《四书说约》

《杜诗详注》《周易参同契》集注和《悟真篇》集注。《杜诗详注》是他以二十多年的时间编著成的书，他对这部书，用力甚勤。其网岁之广，引证之博，几乎包括了他以前的一切著作，是一部具有集注集评性质的鸿篇巨制。

243 栾（luán）

【寻根溯源】

栾姓源自姬姓。西周晋靖侯的孙子宾，食邑于栾，又叫栾宾。栾邑在今河北栾城一带，栾宾的子孙便以邑为氏，称栾姓。

【变迁分布】

栾姓早期活动于中原。汉代以后，分布在山东、河南、山西等地，之后在西河郡（今山西、陕西两省之间的黄河沿岸一带）、魏郡（今河北省南部邯郸市以南以及河南省北部安阳市一带）形成栾氏郡望。宋代以来，分布在山东的福山、蓬莱，江苏的南京、泰兴、高邮以及河南封丘等地。

【名人荟萃】

栾书：春秋时期的晋国名将，才能卓越的军事家、政治家、战略指挥家。他才能卓越，从谏如流，颇识大体，却又口蜜腹剑，包藏祸心，为保卫自己的权威与利益而不择手段，最终激化国内诸多矛盾，导致晋国内乱爆发，最终被晋悼公废黜。

栾布：西汉政治人物。汉梁（今安徽省砀山县）人。少年的时候受雇于酒家，后来被抢去做了奴隶。后来成为梁王大夫。因为彭越收尸、据理力争而被汉高祖看重，汉景帝时吴楚七国之乱，栾布以击齐之功，封鄃侯，出任燕相。中元五年逝世，燕、齐都为他立社，号栾公社。

栾崇吉：宋代良吏。开封封丘（今河南省开封）人。明习文法，为官清廉，勤于政事，以政绩突出而闻名。

244 暴(bào)

暴姓来源单纯,出自姬姓,以国名为氏。东周时,有王族大夫辛被封在暴邑(今河南省郑州北),建立了暴国,因为他的爵位是公爵,所以称暴辛公。春秋时暴国并入郑国,暴国人以原国名为姓,称暴姓。

【变迁分布】

早期居住在今河南、河北一带。汉代以后,在魏郡(今河南、河北相交的地区)形成暴氏望族。暴氏在今河南浚县、新郑以及山西长治有一定分布。

【名人荟萃】

暴胜之:西汉御史大夫。能干而心胸广阔,治理地方很有办法,抵制盗贼有方,精明强干又能解决问题,威震州郡。荐人从不疑人,并加以信任,颇有知人之誉,人们都誉他像伯乐识别千里马一样,能识别人才。

暴显:北齐大将军。马上功夫极好,骑马射箭百发百中。又勇敢善战,立下许多战功,被朝廷任为骠骑大将军。后来又封为定阳王。

暴昭:明代名臣。潞州(今山西省长治)人。洪武年间由国子生授大理司寺务,曾任刑部右侍郎、左都御史、刑部尚书,"耿介有峻节,以清俭知名"。建文初年充任北平采访使,得知燕王朱棣欲起兵谋反的消息,密报建文帝,请预先做好准备。燕王反,他掌管平燕布政司,驻守真定。筹谋燕之计,后终被篡位成功的燕王诛杀。

245 甘(gān)

【寻根溯源】

甘姓主要有两种来源。一是源自夏代古甘国。商王武丁有一贤臣甘盘,甘盘来自于甘国,甘盘之后以甘为姓。二是春秋时周襄王的弟弟王子带封邑于甘(今河南洛阳南),又称甘昭公,其后裔以邑为氏,称甘姓。

【变迁分布】

最早在今陕西、河南活动。汉代以前，已经迁移到山东、安徽等地。汉唐之间，已经北迁河北、西至甘肃，南至江苏、四川等地，并在渤海郡（今河北省、辽宁省之间的渤海湾一带）形成甘氏望族。宋代以后，在河南、安徽、江苏、江西等地有一定分布。当今在四川、湖南、福建、江西、广西、湖北等南方地区分布较多。

【名人荟萃】

甘德：战国时天文学家。战国时楚国人（一说是齐国人）。我国著名天文学家。经过长期的天象观测，甘德与石申各自写出一部天文学著作。后人把这两部著作结合起来，称为《甘石星经》，是现存世界上最早的天文学著作。

甘罗：战国时秦国大臣。楚国下蔡（今安徽省凤台）人。战国时期著名小神童，出身于当时秦国的名门，是秦武王左相甘茂的孙子，年12岁事秦相吕不韦从政，做事胸有成竹，善于言辩，为秦国使于赵国，赵王不但躬亲郊迎，而且在甘罗的伶牙俐齿之下，心甘情愿地割五城以事秦。甘罗回到秦国之后，就被高拜为上卿。

甘凤池：清代著名武术家。江苏省江宁人。先后拜黄百家、一念和尚为师，精内外家拳，善导引之术。江湖人称"江南大侠"，著有《花拳总讲法》。甘凤池是位名震四方的江湖大侠，一生行侠仗义、行医济世。

246 钭 （dǒu）

【寻根溯源】

钭姓来源单纯，主要出自姜姓，为炎帝之后，以器皿为氏。战国时，田和篡齐后，将原来齐国的国君康公放逐到海上，生活十分艰苦，居洞穴，食野菜，以青铜酒器钭作釜锅，用以烹煮食物。因此，其支庶子孙后来便以青铜酒器钭为姓，称为钭氏。又说，"钭"、"斗"同音，故二者可以互用。

【变迁分布】

钭姓为极罕见的姓氏。汉唐时，在辽西郡（今河北东亭以东、辽宁大凌河以西地区）形成郡望，说明在当今河北有分布。当今在浙江余姚、开化，台湾等地有零散分布。

【名人荟萃】

钭滔：北宋著名大臣。五代十国末期任吴越政权的处州刺史，至北宋朝初期继续担任处州刺史。钭滔在任期间，为官清正廉明，有惠政于民，受到当地百姓的爱戴。不久，吴越国并归于大宋王朝，宋朝廷对钭滔的政绩予以了表彰。

247 厉（lì）

【寻根溯源】

厉姓源自姜姓。西周时，周宣王姬静执政时，齐国君主姜无忌去世，谥号为"厉"，史称齐厉公。齐厉公的直庶子孙以谥号为姓，称厉姓。

【变迁分布】

早期在山东居住。汉代以后，在南阳郡（今河南南阳）形成厉姓郡望。宋明以来，在河北、北京以及江苏、浙江等地均有零散分布。

【名人荟萃】

厉文才：唐代著名大臣。厉文才于唐武德九年（626年）登进士第，是金华第一个文武进士，他的学、才、能皆出类拔萃，以"靖寇安民"有功，深得唐太宗嘉许。

厉仲芳：宋朝将官，他文武双全，在朝廷的武学考试中得第一名。他发明制造了一种叫"九牛弩"的战车，上面有射箭的机关，非常适合实战，后来被人利用来大败金兵。

厉仲祥：宋光宗绍熙元年（1190年）中状元，右科第一，官至两淮安抚史，左领卫中郎将，他的刚毅好学，深得著名思想家、文学家、爱国诗人永康人陈亮（癸丑科状元）看重，便把小女许配给他，婿翁均为状元，历史上极为少见。

厉蠲：宋代进士，子厉汪进士，孙厉模进士，曾孙厉文翁进士，连续四代的"祖孙进士"，厉汪封西外宗正臣，赠太师。

厉鹗：清代文学家，浙西词派中坚人物。康熙五十九年（1720年）举人，屡试进士不第。家贫，性孤峭。乾隆初举鸿博，报罢。性耽闻静，爱山水，尤工诗馀，擅南宋诸家之胜。著有《宋诗纪事》《樊榭山房集》等。

248 戎（róng）

【寻根溯源】

戎姓主要有三种来源。一是来自子姓。宋微子之后有戎氏，二是来自姜姓，以封国国名为氏。周朝时有戎国，为齐国附庸。戎国灭亡之后，其公族后裔以国名为姓，称戎氏。三是以官职为氏。周朝时有戎右为官职之名，其子孙以官职为氏。

【变迁分布】

早期，活动于河南、山东、河北。汉代以后，向南发展，在湖北江陵郡（今湖北江陵县及川东一带）形成戎姓望族。当今在浙江慈溪和上虞，以及上海、安徽、四川、江西、台湾等地有一定分布。

【名人荟萃】

戎赐：西汉功臣。辅助汉高祖刘邦开创天下时的功臣，定三秦、破项籍，都有他的功劳。刘邦统一天下后，升任其为都尉，又封柳丘侯。

戎昱：唐代官吏。至德年间以文学登进士，卫伯玉辟为从事。当时，京兆寅李鸾欲将女许配给他为妻，但要他改姓李。古时视改姓如亡命，所以他坚决拒绝这样做。德宗初年历任辰、楚二州刺史。

戎宪：明代孝子。他年幼丧母，事父甚孝。父卒，叔无子，他迎养叔叔如同侍奉父亲一样。人们问他为何如此孝敬，他说："叔与父同气，不孝敬叔，如同不孝敬我父也。"

戎洵：明代清官。百姓将他当作青天大老爷，烧香火供奉他。他为官清正廉明，不怕权贵，执法严正，办案负责，为百姓平冤屈，惩治了胡作非为的豪强。

249 祖（zǔ）

【寻根溯源】

祖姓源自子姓。商王中有祖甲、祖乙、祖辛、祖丁、祖庚，他们的子孙便以先祖的祖字为氏，称祖姓。

早期在中原地区居住。汉唐之间，已经北移至河北、天津、北京一带，形成以范阳郡（今河北涿州市及北京昌平、房山一带）为郡望的祖氏名家。南北朝时期，祖氏名人辈出。宋代以后，则扩展到东北三省地区。明清之际，在辽阳形成祖氏望族。总而言之，祖姓是一个北方姓氏，但是现在东南地区及台湾已经存在。

【名人荟萃】

祖逖：晋代将领。著名北伐大将，勤奋好学，留有闻鸡起舞的佳话。任豫州刺史，自请统兵北伐，征为奋威将军，连战连胜，最后攻破石勒，收复黄河以南全为晋土。在豫州刺史任内，勤政爱民，死时，豫州人民痛哭流涕，如丧父母。

祖约：晋代将领。东晋人，祖逖之弟，为成皋令，字士少。随逖过江南来。祖逖去世，祖约以侍中出代祖逖为平西将军、豫州刺史，继统其部曲。祖约既是朝廷命官，又是各自所统流民之帅。

祖冲之：南北朝时期著名的科学家。数学、天文和机械制造方面都有很大成就。在前人研究的基础上，他第一个把圆周率计算到小数点后第七位3.1415926到3.1415927之间，这在当时世界上是最精密的。他还提出密率值的计算，比欧洲早了一千多年。数学著作有《缀术》和《九章术义注》，均失传。

祖大寿：明末清初将领。明末为前锋总兵，持将军印，隶袁崇焕，守锦州。因崇焕入狱，率部毁山海关东走，朝野震惊。后督兵守大凌河，为清军久围，粮弹尽，乞降。后屡负约，再败而降。任总兵，致书招降甥吴三桂，从入关灭明。

250 武(wǔ)

【寻根溯源】

武姓来源比较复杂，主要有四种。一是源自姬姓。周平王少子武之后。二是源自以国名为氏。夏朝臣子武罗被封武罗国，后国亡，其后子孙以国名为氏，称武姓。三是源自子姓。为商王武丁之后，以其祖名字为氏。四是源自以邑名为氏。汉朝有武强王梁，封地在今河北省武强县，其后代因封地"武强"简为武氏。

【变迁分布】

早期于中原地区活动。汉唐之间，已经扩散到山东、江苏、山西等地，并在太原郡（今山西太原）、沛郡（所在今安徽淮北市相山区）形成武氏郡望。宋代时期，武氏已经发展到全国各地，其中在山西、河北、湖北、河南、湖南分布最为集中。明代时期，山西、山东、河北、河南、陕西、江苏也有较多的武氏分布。当今其中河南、河北、辽宁、山西的武氏分布最为密集。

【名人荟萃】

武士彟：唐代大臣。武则天之父。以经营木材致富，随李渊征战有功，被封官爵。高宗时，以皇后之父身份受封周国公，被赐太原王。

武则天：唐代著名的女皇。唐高宗李治的皇后，唐中宗李显、唐睿宗李旦之母，高宗去世后，武则天相继废掉两个儿子中宗和睿宗，公元690年建周代唐，在位21年，改国号为"周"，史称"武周"。她是中国历史上唯一一位女皇帝，籍贯并州文水（今山西省文水东），生于利州（今四川省广元市）。

武元衡：唐代大臣。建中进士，官至宰相，帝评之曰"是真宰相器"。因刚直不阿，触犯权贵，被刺客暗杀。

武之望：明代名医。其医术有独到之处，曾参王肯堂之《证治准绳》，编有《济阴纲目》，另著有《济阳纲目》。

251 符（fú）

【寻根溯源】

符姓来源单纯，源自姬姓，周族始祖后稷的后代，以官名为氏。在古代，符是传达命令、调遣军队的凭证。战国时，鲁国末年君主鲁顷公的孙子名雅，他在秦国担任掌管符信玺印的符玺令，其后人便先祖官职为氏。

【变迁分布】

早期在山东、陕西、河南一带活动。汉唐时期，在琅琊郡（今山东）形成符氏望族。从符氏名人分布看，今河南淮阳即宛丘符氏在唐代占有较多分布。宋代以来，分布于湖南、江西、浙江、广东、海南等南方地区比较多。

【名人荟萃】

符璘：唐代军事将领。初官军副诏授特进试太子詹事兼御史中丞，封义阳郡王。复加左散骑常侍兼御史大夫入勤特拜辅国大将军，行左神策军将军知军事。卒年65赠刑部尚书越州都督，与父亲符令奇忠勋彪炳，俱载史册，在《唐书》里是为数不多的父子忠义同入正史的人物。

符令奇：唐代大将军，封义阳郡王，封琅琊郡王，死后追赠户部尚书。

符彦卿：五代及北宋初期将领。他出身武将世家，祖父乃吴王符楚，父亲是秦王符存审（李存审，为李克用养子，赐姓李）是中华名将，符存审曾任宣武节度使、蕃汉马步军都总管中书令。他的大哥符彦超曾任安远军节度使，卒赠太尉，二哥符彦饶曾任忠正军节度使，兄弟九人均为镇守一方的军事将领。在这样的家庭环境中，他13岁就能骑射，25岁当了吉州刺史，因破兵于嘉山，累官天雄节度使，拜太傅，由淮阳王进封魏王。其有三个女儿为后，母仪天下。

252 刘（liú）

【寻根溯源】

刘姓来源主要有两种：一是来源于祁姓，尧的子孙中有个叫刘累的，曾为夏帝孔甲养龙，后因饲养不善，逃到河南，其子孙便以刘为姓。二是来源于姬姓，为西周王季之子刘邑的后代。

【变迁分布】

最早在中原地区活动。由于汉王朝长达四百余年的统治，再加之刘氏宗室分封到各地，因此刘氏在汉代已经遍布全国各地，并在彭城郡、沛郡（今安徽、河南等地）、弘农郡（今河南灵宝市东北三省）、河间郡（今河北河间市）、梁郡（今安徽寿县城区）、南阳郡（今河南南阳）、顿丘郡（今属河南）、中山郡（今河北定州市）、河南郡（今河南洛阳）、东平郡（所在今山东东平东）、广陵郡（今江苏扬州市）、长沙郡（今湖南长沙）、竟陵郡（今湖北潜江西北）、临淮郡（今属江苏）、丹阳郡（今安徽宣城）、广平郡（今河北鸡泽县）、高密国（今山东高密市）、尉氏县（今河南开封市）十八个地方形成著名望族。到了宋代，已经形成三大块刘氏密集区，即赣浙闽、冀豫鲁、川湘。到了明代，稍稍发生了变化，在赣浙苏、鲁冀晋陕、湘鄂形成新的刘氏人口密集区。当今其中分布于四川、河南、山东、河北以及湖南、辽宁、湖北、黑龙江、安徽等地刘氏人口最为密集。

【名人荟萃】

刘邦：西汉王朝的开国之君，即汉高祖，汉民族和汉文化伟大的开拓者之一，中国历史上杰出的政治家、战略家、卓越的军事家和指挥家。沛县（今属江苏省）人。

刘彻：西汉皇帝，即汉武帝。汉世宗孝武皇帝刘彻，是我国古代伟大的政治家、战略家。刘彻是汉景帝刘启的第十子、汉太宗文帝刘恒的孙子、汉太祖刘邦的重孙子。7岁时被册立为皇太子，16岁登基，在位五十四年（前141年–前87年），汉武帝在位期间开拓汉朝最大版图，功业辉煌。葬于茂陵，谥号"孝武"，庙号世宗。

刘勰：南朝梁文学理论批评家，著有《文心雕龙》，发展了前人进步的文学理论批评，体系比较完整，是中国古代文学理论批评的巨著。山东莒县（今山东省日照市莒县）人。

刘备：三国时蜀汉的建立者，三国时期军事家，政治家。涿县（今河北涿州）人，汉中山靖王刘胜的裔孙。东汉末年曾投靠公孙瓒、曹操、袁绍、刘表等人。后得诸葛亮辅佐，取得荆州与西蜀。公元221年称帝，建都成都，国号汉，与曹魏、孙吴呈鼎足之势。

刘禹锡：唐朝文学家，哲学家。彭城（今江苏徐州）人。自称是汉中山靖王后裔，曾任监察御史，是王叔文政治改革集团的一员。唐代中晚期著名诗人，有"诗豪"之称。

刘基：明代功臣。字伯温，元末明初青田（今浙江文成县）人。辅佐朱元璋平定天下，官御史中丞，弘文馆学士。封诚意伯。民间传说其神机妙算，常与诸葛亮相提并论。

253 景（jǐng）

【寻根溯源】

景姓主要有两种来源。一是源自芈姓，楚国公族中以景为氏者颇多。二是源自姜姓，春秋时齐景公之后，以谥号为氏。

【变迁分布】

早期活动于山东、湖北、河南。唐代以前，在陕西、四川等地有一定分布，在晋阳郡（今属山西）形成郡姓望族。宋代以来，慢慢发展到北京、河北、山西、山东、陕西、江苏、河南等地，以北方为主。

【名人荟萃】

景阳：战国时楚将。齐、魏、韩三国攻燕，燕使太子求救于楚，楚王命景阳为将救燕。景阳不赴燕而迁攻魏之丘，取之以与宋，三国恐惧，乃罢兵，燕国得解围。景阳这种战略，被载于《战国策》。

景丹：东汉功臣。冯翊栎阳（今陕西西安临潼区）人，名列汉光武中兴时云台"二十八将"的大功臣。能文能武，不但学问好，也很有谋略，曾为光武帝击破王郎等，又与吴汉等人大败五校于栎阳，战功彪炳，被封为栎阳侯。

景廷宾：清末农民起义首领。义和团失败后，他领导家乡的农民继续进行反对帝国主义的斗争，附近人民纷起响应。在巨鹿县厦头寺自称"龙团大元帅"，竖起"官逼民反"、"扫清灭洋"大旗。起义失败后被俘牺牲。

254 詹（zhān）

【寻根溯源】

詹姓源起久远而又头绪繁杂，主要有三种：一是来源于姬姓，为周文王的后代。周宣王封庶子于詹，称詹侯，建立詹国，其子孙以国为氏。二是黄帝后代中德高望重的詹氏后代。三是源自以官职为姓，古代负责占卜的官叫詹尹，其后人便有以官职命姓者，称詹姓。

【变迁分布】

早期的詹氏分布情况不详，但最早居住在中原地区，或者说在先秦诸国中均有詹氏分布，应该是可以肯定的。汉唐之间，在今河北献县一带形成了詹氏名门望族居住区。宋明时期，分布于福建、浙江、安徽、江西以及河北、辽宁。当今在我国大部分地区均有分布。

【名人荟萃】

詹何：战国时哲学家、道家学派人物，擅长术数。楚国隐者，有隐士高风，隐居河间，隐钓不仕。我国先秦（战国）时期伟大的思想家、哲学家和文学家庄子的弟子，善术数，传说坐于家中，能知门外牛之毛色及以白布裹角。

詹渊：宋代官吏。进士出身，授临江户曹掾。决狱清明，民有冤屈，皆找其审决，时有"宁为户曹非，不愿他官直"之语。累迁监车辂院。

詹珪：明代官吏。正德进士。嘉靖初为建宁县知府，有惠政，民为其树"遗爱碑"于名宦祠。官终贵州副使。

詹希原：明朝大书法家，人称"国朝第一"。

255 束(shù)

【寻根溯源】

束源流纯正,源出唯一。束姓源于妫姓,出自妫姓,由疎氏所改。汉代疎广的曾孙疎孟达时,他对王莽把持朝政、独揽大权非常不满。在王莽立"新朝"之后,疎孟达便携族人避难逃至东海郡沙鹿山(今河北省大名)一带隐居,去足改姓束,始有束氏。

【变迁分布】

束姓为极少见的姓氏。汉唐时期,在河北大名有分布,在河南形成以南阳郡为代表的束氏望族。当今在江苏丹阳有分布。

【名人荟萃】

束广:西汉大臣。明《春秋》,宣帝时征为博士,为太子太傅,居五岁,以老辞。宣帝与太子赠遗甚厚,而他尽散送诸故旧,不治田产,或劝学子孙计,他说:"贤而多财,则损其志,愚而多财,则益其过。"著有《疎氏春秋》,见《儒林传》,《艺文志》未载。

束清:明朝清官。性廉正,明洪武初年任万载知县,清廉而俭约,遇到有人交不起租赋,他甚至变卖自己的衣物代人交,深受百姓爱戴。"民右逋租自鬻衣带以代偿,其爱民如此。"

束允泰:民族大资本家束云章之父,清末举人,浙江名宦。兄弟众多,其排行第五,人俗称束老五。光绪丙子科举人,皇封七品正堂,历任浙江桐庐、钱江等县知县多年,多建树、有政声,不但为官清廉,且精诗文书法,写得一手好字,是晚清有名的书法家。桐庐、钱塘任知县时被老百姓称为"束青天"。

256 龙(lóng)

【寻根溯源】

龙姓的来源因多涉及神话,故不可详考,主要有四种来源。一是源自董姓。黄帝、颛顼之后有陆终,陆终之后有廖叔安,他的儿子为帝舜豢养龙,被封于董而号豢龙氏。董为夏商时的古国，其地在今山西闻喜县。其后代就以龙为姓。二是源自刘姓。帝尧之后有刘累，为夏代孔甲帝养龙，号称御龙氏，他的后代中也有以龙为氏者。三是黄帝臣有龙行，舜帝臣龙任纳言之职，他们的子孙中均有以龙为氏者。四是他族以龙为氏者。

【变迁分布】

龙姓的来源极其复杂，起源的时间较早，分布的范围比较宽广，所以一开始均为散点式分布。汉唐时期，在武陵郡（湖南溆浦县）、天水郡（今甘肃通渭）、武阳郡（今河北大名东北三省）、太原郡（今山西太原）、武昌郡（今湖北武昌）形成龙氏望族，其分布涉及今湖南、湖北、贵州、甘肃、河北、山西等地。宋代时期，龙氏密集分布于四川、江西、安徽、河南、浙江等地。明代时期，以江西、湖南、湖北、广西分布最为集中。当今以湖南、四川分布最为密集。

【名人荟萃】

龙且：秦末楚汉争霸时期西楚国大将，西楚霸王项羽帐前第一猛将，少时随项梁项羽起兵反秦，与项羽情若兄弟，后每战皆亲身奋勇杀敌，深得霸王项羽信任，任西楚国大司马，统帅楚国精锐骑士，后在齐国由于轻敌误中韩信水淹之计导致大军溃败，虽率亲兵奋力而战然大势已去，最后力战而死。

龙镯：宋代官吏。乾德年间州太守，有惠政，深得民心，当地百姓绘《来鹤图》颂其德。

龙起雷：明代大臣。他是贵州侗族中的第一位进士。历官江西清江县知县、燕京苑平知县、南京大理寺（明朝中央审判机关）少卿等。为官清廉，刚正不阿，曾弹劾首辅（内阁大臣）赵志皋等人，因得罪当权派被废除大理寺卿官职。从此还乡，"淡泊自安，无所请属"。他与龙起春、龙起渊等文行并有声，时称"三龙"。《黔诗纪略》录其诗二首。

龙启瑞：清代官员。道光年间状元，授翰林院修撰。历任江西学政、江西布政使，著有《小学高注补正》《经德堂诗文集》等。

叶幸司韶　郜黎蓟薄　印宿白怀　蒲邰从鄂

257 叶（yè）

【寻根溯源】

叶姓来源主要有两种。一是出自芈姓，为颛顼帝的后裔。春秋时，沈诸梁因有功，被楚昭王封在叶地，其子孙便以封地为姓。二是我国古代少数民族中也有叶姓的。

【变迁分布】

早期，活动于河南、湖北等地。汉唐之间，迁移至湖南、山西、山东、安徽、浙江等地，并在南阳郡（今河南南阳）、下邳郡（今江苏邳州）形成了叶氏望族。宋代，叶氏已经广泛分布于全国，并形成以浙江、福建、江西、江苏为主干的叶氏分布密集区。明代，叶氏的分布重心依然在南方的浙闽赣地区。当今在广东、浙江、四川以及江西、湖北、安徽有密集分布。

【名人荟萃】

叶望：汉代大臣。汉末时为光禄大夫，灵帝时弃官归隐，人称"楼舟先生"。建安二年（197年）由青州渡江而南下，侨居丹阳之句容（今江苏省句容），为叶氏南迁之始祖。

叶梦得：宋代大臣，著名词人。进士及第，累官翰林学士，户部尚书，尚书左丞等。

叶颙：宋代宰相。进士，累官南海主簿，吏部侍郎，尚书左仆射兼枢密使，首荐汪应辰、王十朋等，高宗嘉纳。卒谥正简，颙为人清介，自初仕至宰相，服食，不改其旧。为官清廉受世人景仰，"一门八进士"美谈传颂至今，《宋史》专门为其作传。

叶适：南宋著名哲学家、思想家，永嘉学派的集大成者。官至礼部侍郎，著有《习学记言》《水心先生文集》等。

258 幸（xìng）

因其先人受国君宠幸，于是以幸为氏，称幸姓。

【变迁分布】

幸姓为极少见的姓氏，来源也不是十分清楚。汉唐时期，在雁门郡（今山西代县西北）形成幸氏郡望，说明在山西北部的幸氏有一定名望。古今在江西、湖南偶见幸氏族人的足迹。

【名人荟萃】

幸成：西汉大臣。

幸灵：晋代医术高明的术士。善卜筮，为人治病，驱鬼解难，深得乡里敬重。宋代有刚正的部州通判幸元龙。

幸南容：唐代学者，教育家。进士，官至太常卿、国子监祭酒、太子宾客赠渤海郡开国子谥。对文学、史学、哲学都有研究。

幸元龙：南宋臣子。庆元中进士，理宗朝，任朝奉郎，通判郢州。

259 司（sī）

【寻根溯源】

炎帝神农氏时有司巫，负责占卜，其后代以职官为氏。西周时期，程伯林父为司马，卫灵公之子公子郢之孙为卫国司寇，他们的后代以官为氏，即司马、司寇，以后又省称为单姓"司"。另外，春秋郑国有大夫名司成，其后人以祖字为姓，为司氏的一支。

【变迁分布】

早期在中原地区活动，后在顿丘郡（今属河南）形成司姓望族，说明在今河南与河北交界的地区曾经为司氏名门望族生活之地。司氏分布的线索不多，但都集中在冀鲁豫交界地区，古今分布涉及河南内黄、河北大名及武安等地。

司居敬：元代官吏。生活简朴，为人耿直，至元末为邹县尹。他勤政爱民，常到各地查询民情。他离职后，县民为他刻石，歌颂他的功德。

司允德：元代孝子。自幼失父，伺候母亲以孝见称。他勤奋读书，由太学生累官翰林国史院修撰。母卒筑庐墓侧守孝，有鸣鹤百余只，翔舞上空，久而始去。后立瑞鹤亭于墓侧，以资纪念。

司九经：清朝将军，官至宣化总兵。一辈子骑马打仗，征川、滇、塞北及西藏，为朝廷平定边疆，过着艰苦的军旅生活，受人赞扬。

260 韶 (sháo)

【寻根溯源】

韶姓主要有两种来源。一是出自有虞氏，以乐曲名为氏。上古舜为部落首领时，他的乐官作了一首名叫《韶》的曲子，优美动听。《论语》中记载，孔子曾在齐国听了《韶》乐，"三月不知肉味"。舜臣乐官的后代子孙以其祖上所作曲名为姓，称韶姓。二是以地名为氏。今广东省的曲江、乐昌、仁化、乳源、翁源、英德六县，自隋代以来，称为韶州，当地先民以地为姓氏而姓韶。

【变迁分布】

韶姓是极少见的姓氏。以太原郡（今山西省太原）为郡望，说明山西太原曾经是韶氏聚集地。分布情况不详。

【名人荟萃】

韶护：明代官员。在洪武年间做朝廷的官。那时明朝刚取得天下，好些事情都有待人们从头做起。韶护为官，非常用心尽力，力求办好办快，当时人们都赞扬他，朝廷于是升了他的官职。后以勤恪敏达、事无凝滞而由户部主事改任星山典史，继又擢升为按察佥事。

261 郜 (gào)

【寻根溯源】

郜姓源流纯正，源出有一，源自姬姓，以国名为姓。周文王的第十一个儿子受封于郜（今山东省成武县东南），称郜侯，建立郜国。春秋时郜国被宋国所灭，郜君的子孙就以原来的国名为姓，称郜氏。

【变迁分布】

郜是古代一个小国，其地在今山东成武县境内。郜国灭亡以后，郜氏向周边扩散。汉唐之间，在京兆郡（今陕西西安一带）形成郜氏的望族。当今郜氏在河南、山东、江苏等地有一定分布。

【名人荟萃】

郜知章：元朝著名诗人、学者。元朝诗坛上有所谓的"王郜"之说。"王郜"是指王祠能和郜知章。事实上，郜知章不仅是一位诗人，同时他还是一位精研儒学的学者。

郜光先：明代大臣。任延绥右副督御史，以功升大司马。万历时官至兵部尚书兼左副都御史，加太子少保，总督陕西三边军务。

郜琏：清代旅游家。好鼓琴，悦耳动听。又好游山水；他游遍了全国，曾三次登上泰山。著有许多游记，其中以《芭蕉》一书最为著名，传至日本，备受珍重。

郜煜：清代著名学者。进士出身，官至中书科。著有《易经理解》。

262 黎 (lí)

【寻根溯源】

黎姓主要有三种来源。一是源自祝融九黎。黄帝时候，南方九黎部族在与中原部族的交战中，他们有的留居中原，有的迁居江汉之间。留驻中原者所建立的黎国为商所灭。西周初年，武王又复建祝融之黎，春秋时被赤狄所灭，黎君送奔卫国。后又复建黎国于今山西黎城，春秋末又被晋所灭，其子孙以国为氏而姓黎。二是源自子姓。商武丁灭祝融之黎而封其子于黎（其地在今山西省长治一带），商末为武王所灭，其后人也以国为氏而姓黎。三是他族改姓者。

【变迁分布】

早期活动在今山西、河南、湖北一带，后在京兆郡（今陕西西安）形成黎氏望族。宋代时期，分布在湖南、四川、江西的黎姓较多。明代时期，则在江西、广东以及湖南、四川、湖北形成黎氏密集区。当今仍以广东、湖南以及广西、安徽、江西、四川等南方地区为黎氏重点分布区。

【名人荟萃】

黎明：宋代名士，以孝友信义之高品受人赞赏。

黎公真：元代官吏。任甘泉令，有仁政，深受百姓拥戴，时民画其像于学舍，以表思念。

黎民怀：明代著名诗画家，擅长诗、书、画，时称"三绝"。

黎简：清代著名书画家，擅长画山水，画法得"元代四大家"之妙。

黎庶昌：清末外交家、散文家。历任驻英、法、德、日四国参赞，又为出使日本大臣。著有《拙尊园丛稿》，编有《续古文辞类纂》。

263 蓟(jì)

【寻根溯源】

蓟姓主要有两种来源。一是出自姬姓，轩辕氏黄帝的后裔，以封地国名为氏。周武王姬昌击败纣王，灭了商朝，建立周朝，周武王立国后，敬仰先贤的功德，封黄帝之后于蓟（今北京市）做诸侯，称于蓟侯，建立蓟国，后为燕国所灭。原蓟国君主族人便以国名为姓，称蓟氏，世代相传，遂成蓟姓，是为蓟氏的正宗。二是出自以地名为氏。古代范阳这个地方就是蓟，自唐代以来，在范阳地区（今北京市），就有了"蓟州"这一地名出现，当地人因此就以地为姓氏。"蓟"是一种草本植物，形状跟芙蓉十分相似。另有一说是以蓟这种植物为氏。

【变迁分布】

早期在京津冀交界之地活动，后来在内黄（今豫东北三省地区）形成蓟氏望族。当今主要在江苏武进、湖北钟祥、湖南攸县、山西汾阳等地分布。

【名人荟萃】

蓟子训：汉代名士。汉代时候一些人相信佛家的道理，也有一些人相信道家的宣扬，当然儒家思想较丰富了。而蓟子训是善于宣扬自己有神技异术的一位名士，当时京城里许多人深信他的道术，而且蓟子训又善于待客，家里一办筵席就有几十桌客人，都享受酒脯佳肴的款待。客人都是社会名流官场要人，人们都以到他家做客为荣耀，都宣扬他的神异本领，所以蓟子训的大名在京师以及北方地区妇孺皆知。

264 薄(bó)

【寻根溯源】

薄姓主要有三种来源。一是出自姜姓。是炎帝后裔。二是出自子姓。是商汤后裔。三是源于少数民族的薄姓。

【变迁分布】

早期在河南东部、山东西南部一带活动。汉唐之间，向北扩展，并在山西北部雁门郡（今山西代县西北）形成望族。今在山西、山东、江苏、安徽等部分地区有所分布。

【名人荟萃】

薄姬：即薄太后，汉高祖刘邦的嫔妃。刘邦的第四子刘恒之母。刘恒即皇位后，尊其母为太后娘娘。娘娘怀文帝后，却遭恶妇吕后的极端仇视，汉高祖刘邦也听信吕后谗言，将薄姬诬贬于荒野，逃到河曲黄河孤岛上避难，此岛故名娘娘滩。相传娘娘来到此岛后，到附近另一黄河岛上生了汉文帝刘恒，此岛故名太子滩。经过两千余年的沧桑岁月变化，汉娘娘英名至今留存在黄河滩上。

薄绍之：南朝宋人。官至给事中。善书，风格秀异。尤工行、草，行草偶傥，时与越羊欣并称为"羊薄"。梁代学者袁昂作《古今书评》，称"薄绍之书，字势蹉跎，如舞女低腰，仙人啸树，乃至挥毫振纸，有疾闪飞动之势"。

薄珏：明代兵器制作专家。崇祯年间，流寇欲劫掳安庆，巡抚张国维调薄珏入城制造铜炮，防御流寇，又制造了千里望远镜，以观察流寇的远近，后又制作水车，水镜、地雷、地弩、火铳等兵器，当流寇进犯安庆府时，城内兵民固守，发挥了各种武器的作用，大败流寇。著有《浑天仪图说》《格物测地论》等。

265 印（yìn）

【寻根溯源】

印姓源流纯正，源出有一。出自姬姓，以祖字为氏。周宣王公元前806年封王子友于郑，建立郑国，为伯爵。至郑穆公有儿子睔（gǔn），字子印，其子孙在郑国为卿大夫，以祖字为姓，为印氏。郑大夫印段，字子石，即子印之孙，其后人世代沿袭为印姓。印姓最早的先祖是黄帝。

【变迁分布】

早期居住在河南。汉代之后，在今陕西大荔一带的冯翊郡形成印氏望族。如今广西、重庆、浙江等部分地区依然有一定分布。

【名人荟萃】

印宝：明朝地方官，做事果断干练。地方上许多事情难以公断，而印宝去了以后，办事有原则，又精通世故，一一办妥，故以干练勤事著称。

印应雷：宋代将领。抗元名将，是位堪称楷模的清官。宋朝时在温州当地方官，当时地才有人作乱，印应雷假借宴请，将兵乱平息了，没让百姓受战乱之灾，因此出了名。

印宪曾：清代官吏。印光任之子，进士及第后，历任浙江宁绍台道等职。他的孙子印鸿经，中进士后还被点了翰林。他们所交结的是姚鼐、袁枚等一代文坛巨子。此时，上海印姓科甲不绝，文采风流，处于全盛时期。

266 宿（sù）

【寻根溯源】

宿姓主要有三种来源。一是出自风姓，是上古伏羲氏的后代，以国名为氏。周武王灭商建立周朝后，追封前代圣王的后人，其中远古伏羲氏的后人被封于宿（今山东省东平县东），并建立宿国。其公族后代遂以国名为姓，称宿姓，为当今宿氏的正宗。二是源自赐姓。后魏时，有叫刘子义的，因对后魏有功，被赐为宿氏。三是来自少数民族改姓。北魏时，鲜卑族有宿六斤氏，入中原后逐渐接受汉文化，宿六斤氏也按照汉人单姓的习惯将姓氏改为宿氏。

【 变迁分布 】

早期居住在今山东东平一带，并在东平形成宿氏望族。之后在山西、河南以及东北三省地区有一定分布。

【 名人荟萃 】

宿仓舒：汉代官员。出身贫寒，因饥荒，自卖给颍川王氏，后累官上党太守。在寻找父母途中，忽遇母亲，于是随母回到老家。母亲去世，他也悲恸而死。

宿详：汉代雁门太守。

宿石：后魏吏部尚书。自幼聪明能干，为人忠义。他13岁时就在朝中做官，受到大小官员的赞扬。后来被王室看中，将他选为驸马，娶了上谷公主，升做吏部尚书，并被封为太原王。

宿进：明代官员。正德年间官至刑部员外郎。他为人忠耿，疾恶如仇。当时刘瑾专权，他曾三次弹劾，没有结果，后来刘瑾图谋不轨，张永参奏，才把刘瑾处死。这时，宿进除了弹劾依附刘瑾的大臣王敞等人外，并建议对因反对刘瑾而死的人要从优抚恤，揭发刘瑾罪行的人要给予奖励，因此得罪了武帝，被廷杖革职。据载，宿进的后代因为宿的读音与"粟"字相同，改为粟姓。

267 白（bái）

【 寻根溯源 】

白姓来源比较复杂。一是炎帝有臣名白阜，其后人以白为氏。二是来自姜姓。春秋时秦穆公以百里奚、蹇叔为谋臣，完成了称霸西戎的业绩。蹇叔为齐国贵族，他的两个儿子西乞术和白乙丙同为秦国名将。白乙丙的后代便以祖字为氏。三是来自芈姓。春秋后期楚平王太子建的儿子胜，被楚惠王封于白邑，史称白公胜，其子孙以邑为氏。四是来自嬴姓。春秋时秦文公之子公白的后代以祖字为氏。五是来自他族改姓者。

【变迁分布】

早期活动在陕西、山东、河南、湖北等地。汉代之后,甘肃、青海、新疆地区白氏渐渐发展壮大。唐代之前,已经在南阳郡(今河南南阳)、太原郡(今山西太原)形成了白氏望族。宋代之后,白氏向南扩展,在陕西、四川以及山东、山西、河南、安徽形成白氏重点分布区。明代时期,分布在山西白氏最多,分布在江苏、河北、陕西等地的白氏也比较多。当今在山西、陕西、四川最为密集,在东南地区相对较少。

【名人荟萃】

白圭:中国古代商界的代表人物,著《商经》八十卷刊行于世,天下商人皆效法,并尊其为商人的"祖师爷";周天子赐白圭"华夏第一商人",宋真宗敕封"商圣"。

白起:战国时期秦国名将,被封为武安君。秦国时大战将,善用兵,一生南征北战,百战百胜,为秦统一中国立下大功,受封"武安君",世称"常胜将军",又称"战神"。

白居易:唐代著名诗人。贞元进士,历任秘书省校书郎、左拾遗及左赞善大夫。在文学上他积极倡导现实主义和朴素文风。所著《与元九书》诗论,为中国文学批评史上的重要文献。诗文朴实无华,广为流传。

白行简:白居易弟,当时有名文学家。他长于辞赋,但未有流传下来,现存传奇小说《李娃传》是他的代表作。

白朴:元代著名的戏曲家。"元曲四大家"之一。所作杂剧今知有16种,现存《墙头马上》《梧桐雨》《东墙记》3种,都是描写爱情的作品,其中前2种最有名。

268 怀(huái)

【寻根溯源】

怀姓主要有四种来源。一是出自姬姓,是周文王姬昌的后代,以邑名为氏。西周初,周武王封文王子叔虞于怀邑(今河南省武陟县),后又把居住在晋国的夏遗民"怀姓九宗"封赐叔虞。叔虞的子孙,有的就以原封邑怀为姓,称怀氏。二是出自子姓,以邑名为氏。春秋时宋国始祖微子启的后人以怀为氏。三是出自芈姓,战国时楚怀王的后人有怀氏。怀姓为楚国大族之一。刘邦建立汉朝后,曾下令把楚国昭、屈、景、怀、田五姓公族迁于关中。四是出自无怀氏的后代。上古中原地区有个部落叫无怀氏。那里民风淳朴，人民安居乐业，"鸡犬之声相闻，老死不相往来"，是古代理想中的社会。据说，怀姓就是无怀氏的后人。

【变迁分布】

最早在河内地区（今河南省焦作一带）居住。汉代以后，在河内郡形成郡姓望族。之后在湖南、江苏、山东等地均有少量怀氏分布，东北三省地区也有汉化而来的怀氏分布。

【名人荟萃】

怀叙：三国时期孙吴大臣。孙吴尚书，有显著政绩。

怀素：唐代著名书法家、僧人。自幼出家为僧，法号怀素，书史上称他为"零陵僧"或"释长沙"。怀素是中国历史上杰出的书法家，他的草书称为"狂草"，用笔圆劲有力，使转如环，奔放流畅，一气呵成，和张旭齐名。后世有"张颠素狂"或"颠张醉素"之称。

怀应聘：清代文士。好文学，文章诗词都好，写了一部好书叫《冰斋文集》，刊发流传后人而知名。

怀塔布：清代大臣。满族，叶赫那拉氏；满洲正蓝旗人，著名军机大臣。

269 蒲（pú）

【寻根溯源】

蒲姓源自舜帝有虞氏。夏代时封帝舜的后裔于蒲，后建立了蒲国，在今山西隰县，其子孙以国为氏，称蒲姓。

【变迁分布】

早期活动于今山西。汉代以后，在河东郡（今山西夏县）形成蒲氏望族。之后，在山西、山东、四川、河南、安徽等地有分布，当今蒲氏在四川、云南、浙江均有一定分布，其中四川的成都、梓潼、广安、金堂、阆中、平昌、新井等地有蒲氏聚集。

【名人荟萃】

蒲元：三国时期蜀汉大臣。是一个铸造刀的能人。相传那时的西南民族很善于铸造刀，蒲元就是其中的一位佼佼者，打造的刀子锋利无比。

蒲国宝：宋朝状元。对宋朝很忠诚，进入元朝以后不再做官。对经史很有研究。

蒲宗瑞：明代有名的县令。做官的时候爱民如子，留下了很好的口碑。

蒲松龄：明末清初文士。字留仙，一字剑臣，号柳泉居士，世称"聊斋先生"，今山东省淄博市淄川区洪山镇蒲家庄人。19岁应童子试，接连考取县、府、道三个第一，名震一时。补博士弟子员。以后屡试不第，直至71岁时才成岁贡生。创作出著名的文言文短篇小说集《聊斋志异》。

270 邰(tái)

【寻根溯源】

邰姓主要有两种来源。一是源于姜姓，是周族始祖弃的后代，以国名为氏。邰姓始于尧舜时期，邰氏的始祖就是上古时期有大功于民族进化的贤人后稷，他是帝尧的农官，因治理农业有功，尧就封他为邰国的国君，子孙就以邰为姓氏。二是他族改邰氏者。南北朝时，北魏鲜卑族有大利稽氏，入中原后改为邰氏。

【变迁分布】

早期在今陕西武功一带居住。汉唐时期，在平卢郡（今山东益都一带）形成郡姓望族。今江苏东台等地有分布。

【名人荟萃】

邰仁五公：明代将领。中泰公后，朱元璋大将，克衢州，九江，封皇陵守备，陇中节度使等职。

邰格之：明代制墨家。安徽休宁人，墨工出生，是休宁墨派的创始人，亦是成套丛墨——集锦墨的创始人。

邰茂质：明代著名孝子。其母怕雷，每逢雷雨，茂质便以身护母。其母去世后，每遇雷雨，便赴母墓护之，雷止才归家，茂质闻雷护母，后为"二十四孝"之一。

271 从(cóng)

【寻根溯源】

从姓源自姬姓，以国名为氏。周平王封幼子于从（又作枞、纵），其后代便以从为氏。

【变迁分布】

早期在枞阳活动，即今安徽省枞阳一带，之后在东莞郡（今山东沂水县）形成望族。在今山东沂水县周围均有分布。宋代以来，在今安徽、江苏等地有极少量分布。

【名人荟萃】

从一：明代将领。本名从一彪。明洪武十七年（1374年）恩赐诰命一道钦除清浪卫世袭指挥佥事封武略将军，洪武三十一年调除安陆卫指挥佥事，子从德，孙从忠皆世袭安陆卫指挥同知。

从贞：明代官吏。从忠之子，从一之曾孙，宣德八年（1433年）袭安陆卫指挥同知，居官清俭，萧然若寒士，管领漕运，尤爱惜士卒，小孩子都歌颂他。

从所向：明代官吏。任江西广信府玉山县知县，后升南京刑部主事，清廉恬退，为人仁义，有仁声。

272 鄂(è)

【寻根溯源】

鄂姓主要有三种来源。一是源自姞姓，以国名为姓。黄帝的姞姓子孙封在鄂国，封地在今河南省南阳市北，夏商时为诸侯国。商末，鄂侯在朝中为大臣，与西伯姬昌、九侯并列为三公。商纣看中了九侯的女儿，娶为妃子。但九侯的女儿性情端庄，不愿陪伴纣王做那些荒淫无耻的勾当，纣王一怒之下，杀死了九侯父女，还把九侯做成肉酱。鄂侯见九侯死得冤枉，便同纣王据理力争，结果也被杀死。后来鄂侯的子孙后代以国名为姓，称为鄂姓。二是源自芈姓。周夷王时，楚君熊渠自称楚王，并封三个儿子为王，其中二儿子熊挚被封于鄂国，封地在今湖北省鄂城，称鄂王。他的后代子孙遂以鄂为姓，称鄂姓。三是来自他族改为鄂姓者。

【变迁分布】

早期活动于河南、湖北。汉唐之间，在武昌郡（今湖北武昌）形成鄂氏望族。清代以来，有满族改为汉姓鄂氏，使鄂氏在东北三省、南方地区均有少量分布。

【名人荟萃】

鄂千秋：汉朝开国功臣，刘邦立国后嘉奖功臣，鄂千秋不思高官厚禄，首举萧何有万世之功，当封第一，刘邦听其言，又封鄂千秋为安平侯。

鄂恒：清代官吏。任陕西知府，著有《求是山房集》。

鄂尔泰：清代大臣。满洲镶蓝旗人。康熙举人，授侍卫。雍正时任云南、贵州、广西三省总督，平定诸苗，前后数十战。世宗尝说自信不如信鄂尔泰之专，鄂授保和殿大学士、军机大臣。

鄂穆图：清代大臣。保和殿大学士、军机大臣。尝燕马通读书，好为诗，开满洲文学之先河，著有《北海集》。

索咸籍赖　卓蔺屠蒙　池乔阴鬱　胥能苍双

273 索(suǒ)

【寻根溯源】

索姓来源主要有两种。一是出自子姓。商殷的七公族之一，汤王后代。商朝灭亡后，周朝建立。周武王把周公旦的长子伯禽封在鲁（今山东境内），建立鲁国，并且把殷商七族中的六族迁徙到鲁国，这六姓分别为徐、条、萧、索、长勺和尾勺。周武王灭纣索氏出了不少力，后来定居在鲁国成为名门望族。二是出自他族。南北朝及唐时胡人入居中原，有改姓索者；清朝满族有改姓索者；今满、藏等民族均有索姓。

【变迁分布】

最早的索氏在今河南、山东活动。两晋南北朝时期，在武威郡（今属甘肃）敦煌形成索氏名门望族。宋代以来，在内蒙古、东北三省、河北以及湖南、湖北等地有一定索氏分布。

【名人荟萃】

索卢恢：西汉末年东平一带农民起义军首领，是无盐大捷的组织者、指挥者之一。

索靖：西晋书法家。敦煌龙勒（今甘肃敦煌）人。曾任尚书郎、雁门和酒泉太守、左卫将军。博通经史，勤于学问，著《索子》《草书势》。擅隶书、行书，对章草用功尤深，无墨迹传世，今流传有《月仪帖》《出师颂》《七月廿六日帖》等刻帖。以《月仪帖》最有名。

索额图：清代康熙时大臣。满洲正黄旗人，索尼第二子，孝诚仁皇后叔父，世袭一等公。康熙八年（1669年）至四十年，先后任国史院大学士、保和殿大学士、议政大臣、领侍卫内大臣等职，曾参与许多重大的政治决策和活动。康熙帝继位之初，鳌拜擅权，索额图辅佐计擒鳌拜，并将其党羽一网打尽，故深受信任。

274 咸(xián)

【寻根溯源】

咸姓有以下几种来源。一是出自黄帝曾孙高辛氏帝喾。帝喾为部落首领时, 部落有臣子咸丘黑, 因为佐助帝喾而传之史志, 被咸姓后代尊为咸姓始祖。二是黄帝时有神巫, 人称巫咸。其后代以先祖名咸为姓。

【变迁分布】

咸姓起源时间非常早, 早期在山东、河南活动。汉代以后, 在汝南郡 (今河南上蔡) 形成名门望族。历史上在江苏、山西等地有分布。当今情况不详。

【名人荟萃】

咸丘蒙: 战国时期的学者, 师从亚圣孟子。

咸惟一: 明代学者。山东莱阳人。他勤奋学习, 精通五经。元朝末年, 隐居不仕。洪武初以明经荐授本县训导。因战乱多年, 导致大部分人失学, 他大力宣传提倡读书, 讲解伦理, 剖析经义, 使读书求学的社会风气得到较快的恢复和发展。

咸怀良: 明代官员。进士, 历任南直隶霍丘县知县、南直隶凤阳府知府、山西大同兵备道、陕西按察司金事等职。1578年瓦剌入侵, 咸怀良出任大同兵备道, 他本不习武, 到任后乃铸大刀一口, 用四匹马挽拉, 敌人探知他 "力大艺高", 乃退。

275 籍(jí)

【寻根溯源】

籍姓来源主要有两种。一是源自姬姓, 以官职为氏。春秋时期, 晋国有个公族叫作伯黡的, 是晋襄公的孙子 (一说是晋国大夫荀林父的孙子), 在朝廷里面专门负责管理晋国典籍的事情。伯黡的学问很好, 他的后代中有的用籍作为姓氏, 称为籍氏。二是以地名为氏。春秋时, 卫国有籍圃、齐国有籍丘, 住在那里的人以籍为氏。

【变迁分布】

早期活动在山西, 之后迁居河南东部、江苏北部。汉唐时期, 在广平郡 (今河北鸡泽一带) 形成籍氏名门望族。当今在北方诸省均有少量分布。

籍孺：西汉大臣。他是西汉的开国皇帝汉高帝刘邦所宠幸的宦官。籍孺无才能，只靠佞幸汉高帝刘邦而得宠。

籍福：西汉权贵著名门客。籍福先后做过窦婴、田蚡的门客，是个有一些辩才的人。开始窦婴因为栗姬儿子刘荣被废了太子而推病不朝，隐居湖畔，劝说他出山的就是籍福。后来田蚡当了丞相得势后，籍福又到了田蚡家，并帮助田蚡到窦婴家要田，被灌夫痛骂为"势利小人"而赶出门。

籍馨芳：明朝著名孝子。他父亲去世后，他悲痛万分，便住在墓边，守孝三年。

276 赖（lài）

【寻根溯源】

赖姓主要有两种来源：一是出自姬姓。为周文王姬昌的后代，以国名为氏。周武王将弟弟封于赖国，春秋时为楚所灭，其后代便以国为姓。二是出自姜姓，为炎帝神农氏的后裔，以国名为氏。炎帝后裔有四支，属于古羌族的四个氏族部落。其中一支是烈山氏。古时的烈山氏居住在山西汾水流域，后有一支东迁，于商代在河南厉乡县建赖国，依附于商朝。周武王伐商时，赖人南迁，后来接受周武王的子爵封号，为赖姓渊源国（今河南省息县包信镇）。春秋鲁昭公四年，楚灵王灭之，其族人迁至鄢地，其后裔以国名为氏，称赖氏。

【变迁分布】

早期在山西活动，之后迁至河南，并分迁湖北、山东。唐代以前，已分迁到全国大部分地区，并形成了颍川郡（今河南许昌）、河内（今河南沁阳）、河南郡（今河南洛阳）、南康郡（今江西赣州）、松阳县（今属浙江）等赖氏名门望族。宋代时期，赖氏在福建分布较为密集。明代时期，分布在广东、福建、江西、四川比较多。当今以广东、江西分布最密，贵州、四川、台湾也是赖氏分布较多的地区。

【名人荟萃】

赖裴：唐代文士。江西省雩都（今于都县）人。乾元年间进士，被任命为崇文馆校书郎，未赴，退居乡里，人称其所居之地为"秘书里"。

赖禄孙：元代大孝子。宁化人（今属浙江省）。延佑年间赣寇作乱，欲杀其母，禄孙以身蔽母曰："宁杀我，勿伤我母。"其母病渴乏水，禄孙含唾煦之。

赖世隆：明代官吏。宣德进士，官编修，曾献策平定邓茂作乱，招集散亡盗贼十余万，功勋卓著。

赖礼：明代政治人物、进士。南康（今江西赣州）人。永乐二年，其中进士三甲第一百一十一名，后历任武功县、兴宁县、沅江县知县，死于任上。

赖镜：清代画家，诗、书、画俱精，时称"三绝"。

277 卓（zhuó）

【寻根溯源】

卓姓源自芈姓。春秋时楚国有大夫卓滑，其子孙以先祖字为氏。

【变迁分布】

早期活动于湖北、河南。秦代时期，由赵地西迁到四川。西汉时期，出现了成都卓氏名门。汉唐之间，以西河郡（今山西离石）为郡望，在今山西汾阳、离石一带形成卓氏名门聚居地。当今在浙江、福建、湖南、台湾等地均有卓氏分布。

【名人荟萃】

卓王孙：西汉巨富。祖籍为战国时赵国（今河北）。卓王孙是冶铁世家，对冶炼技术有专长，他以廉价食物招募贫民开采铁矿，冶炼生铁，铸造生铁工具，供应当地民众和附近地区的少数民族生产生活之用，还远销云南等地。由于他善于经营，终致巨富，拥有家僮千人（汉书作八百人），富可敌国。

卓文君：西汉文学家，才女。临邛（属今四川邛崃）人。卓王孙女。善鼓琴，通音律。丧夫后家居，与司马相如相恋，遭到父亲的反对，于是夜里逃出卓府，一同前往成都。不久又同返临邛，自己当垆卖酒。生活艰难，但两人感情日深。这也是一直流传至今的爱情故事里最浪漫的夜奔之佳话。

卓茂：汉代学者。南阳宛（今河南南阳）人。父祖官至郡守。元帝时求学于长安，号称通儒。初被辟为丞相府史，又以儒术举为侍郎，给事黄门。迁官密县令，礼法并施，史称教化大行，道不拾遗。王莽摄政，解职归乡。更始时曾任侍中祭酒。光武帝时征拜太傅，封褒德侯。

卓人月：明末清初戏曲作家。仁和（今属浙江）人。崇祯贡生。善诗文词曲。与孟称舜友善。著有《蟾台集》《蕊渊集》《寤歌词》等及杂剧《花舫缘》。

278 蔺(lìn)

【寻根溯源】

蔺姓来源比较单一,出自姬姓,以地名命姓。春秋时,晋献公的少子成师被封于韩(今陕西省韩城市),他建立了韩国,因为他的爵位是子爵,所以又称韩子。他的后代子孙遂以韩为姓,称韩姓。传到韩厥(即韩献子)时,他的玄孙叫韩康,在赵国为官,得到蔺(今山西柳林县北,一说在陕西渭南县西北)作为封邑,他的后代子孙遂以封邑名为姓,称蔺姓。

【变迁分布】

早期居住在山西、河北等北方地区。汉唐之间,以中山郡(今河北北部)、华阳郡(今陕西省华阴市东南)为郡望,在今河北、四川形成蔺氏名门分布区。明代以来,依然以北京、山西、山东等为主要分布区。

【名人荟萃】

蔺相如:战国时期赵国的大臣,与廉颇齐名,智勇双全,以完璧归赵驰名。他即是韩康的后裔。

蔺亮:隋代名将。文帝甚爱其骁勇。他曾屯兵于浦口山上,所以当时的人把山上的岩石叫作蔺将军岩。

蔺道人:唐代医僧。一作蔺道者。长安(今陕西西安)人。因尝治愈一彭翁子坠地折颈伤肱,其医术遂广为人知,求医者甚众。道者厌其烦,以其秘方授予彭翁,其术遂行于世。此方为后人刊刻,书名为《仙授理伤续断秘方》,为中医现存最早之骨伤科专书,现有多种刊本行世。

蔺芳:明代大臣。事母至孝。永乐时为志安知府,治绩卓著,先后迁工部主事、工部右侍郎。

279 屠(tú)

【寻根溯源】

屠氏是蚩尤的后代。相传,上古时代,黄帝与炎帝两个部族联合起来,在涿鹿与九黎族大战，擒杀了九黎族的首领蚩尤。遂将其部族人收入自己的部落。其中一部分人愿意归顺的，就迁到邹、屠两地定居，形成邹、屠二姓，均以居住地名为姓。屠地的人就以屠为姓。

【变迁分布】

屠氏早期在山东、河南活动。汉唐之间，在陈留郡（今河南开封一带）形成屠氏望族。宋明以来，主要居住在苏浙一带，其中浙江诸暨、平湖、秀水、鄞县、上虞、湖州等均有屠氏分布。

【名人荟萃】

屠迁：晋代清官。安定（今属甘肃）人，自幼好学聪慧。为河徽间通判，为官清廉，风节凝峻，狱讼破剖决如流，民无有叫冤者，百姓深敬之，公务余闲时以吟诵自得其乐。

屠滽：明代大臣。浙江鄞县（今宁波）人。进士，明弘治年吏部尚书兼左都御史、授太子太傅。

屠楷：明代大臣。广西临桂（今广西桂林）人。嘉靖进士，官至南京兵部尚书参赞机务、守备留都。

屠沂：清代大臣。湖北孝感人。康熙进士，历任知县、知州、府尹、左副都御史，累官浙江巡抚，兼理海关。

280 蒙(méng)

【寻根溯源】

蒙姓主要有两种来源。一是源于高阳氏，黄帝之后有高阳氏，高阳氏之后封于蒙双，其子孙以蒙为氏。二是源于姬姓，出自周王朝掌管蒙山之官东蒙主，属于以官职称谓为氏。周王朝的时期，王室在蒙山（今山东蒙山）设了祭坛，祭祀蒙山之神，并设有专门主持蒙山祭祀的官员，称为东蒙主。东蒙主的后裔子孙中，世代居于蒙山承袭东蒙主之职，遂以山名为姓氏，称蒙山氏、东蒙氏，后省文简改为单姓蒙氏、东氏、山氏。

【变迁分布】

早期活动于中原，之后又东迁到齐（今山东），西迁至秦（今陕西）。汉唐之间，在安定郡（今甘肃固原一带）形成名门望族。宋代以来，除四川、甘肃、陕西外，在广西分布较多。

蒙穀：春秋时期楚国大夫。春秋时期，楚国复国以后，楚昭王决定重新治理国家，壮大楚国的势力。但发现楚国以前的一切典章制度都没有了，这时楚国大夫蒙穀为楚王制定了一整套新的典章制度献给楚王，使楚国的治理有了新的标准。

蒙骜：战国后期秦国名将。齐国人。因屡立战功，官至上卿。秦王政七年，蒙骜卒。其子蒙武、孙蒙恬均为秦国名将。

蒙恬：秦朝著名将领，祖先为齐国人，自从他的祖父开始，他的家庭就世代为秦朝的名将。他的主要功绩是抗击匈奴。他守卫边疆数年，匈奴都不敢进犯。他同时还是毛笔的发明者，他用枯木作为笔管，鹿毛为柱，羊毛作为被。这种笔又叫作"苍毫"。

蒙毅：秦朝上卿，在朝廷中势力很大，经常作为皇帝的参谋，其他将臣都不能和他相比。典故"上国掌谋，无愧名卿显职；中山得颖，永为文士宝珍"中的"上国掌谋，无愧名卿显职"指的是蒙毅。

281 池（chí）

池姓主要有两种来源。一是以居住地为姓。春秋时期，（古代城墙称作城或垣，城外护城河称之为池）有世居于护城河畔的人，便以池为姓。二是出自嬴姓，始成于战国时候的秦国。战国时，秦国有个王族名叫公子池，他是秦国的大司马。他的家族繁盛，其后代就以他的名字为姓，遂成池姓。

早期活动于陈留（今河南开封一带）。汉唐之间，在西河郡（今山西离石）、西平郡（今青海省西宁市）形成望族。当今在浙江桐乡、辽宁沈阳、湖北安陆、河北景县及西南地区均有分布。

池裕得：明代官员。嘉靖年间进士，作为遂昌县令，他为官清廉，办事公正，通达事理，能够以理服人。他所到一处，调查民情，一旦发现问题，能及时辟径解除民间疾苦，因此深受人民群众的爱戴。累迁太常寺少卿。

池生春：清代大臣、明清楚雄"八大翰林"之一。楚雄鹿城（今属云南）人。道光年间进士，官至国子监司业。他为人慷慨大方，言行举止悉合礼仪，以不欺人为本。善于书法。著有《入秦日记》《直庐记》《诗文剩稿》等。

282 乔(qiáo)

【寻根溯源】

乔姓主要有两种来源。一是源自姬姓。黄帝死后葬于桥山、黄帝支庶世代守陵，以山命氏，故以桥为氏。南北朝时期，桥勤为西魏丞相宇文泰的臣属，宇文泰命其去木为"乔"，取"乔"字的高远之意，于是天下桥氏均故称乔氏。二是来自他族改姓。秦汉时匈奴之属稽胡也有乔氏。

【变迁分布】

早期在山西、陕西、内蒙古、河北、河南等地活动。南北朝时期，已南迁湖南、四川，并在梁国（今河南商丘市睢阳区）、顿丘形成郡望，在今豫皖苏三省交界处形成乔氏大族。宋代时期，分布在河南、浙江、山东乔氏较为密集。明代时期，乔氏的重心在山西、陕西、河南、河北。当今主要集中在河南、山东、江苏、河北等地，以北方为主。

【名人荟萃】

乔吉：元代散曲家、戏曲作家，太原（今属山西）人，后居杭州（今属浙江），散曲风格清丽，内容则多消极颓废，明清人多以他同张可久并称为元散曲两大家。

乔宇：明代著名大臣，乐平（今山西昔阳）人，与辽州王云凤、太原王琼称"晋中三杰"，亦云"河东三凤"。成化二十年（1484年）进士，历户部左、右侍郎，拜南京礼部尚书，后改兵部尚书，参赞机务。世宗即位，召为吏部尚书，因直谏君过，被迫去职回籍，卒谥庄简。

乔允升：明代刑部尚书，洛阳（今属河南）人。

乔用迁：嘉庆进士，授内阁中书。充军机章京。后历任广西南宁知府、道员，广东按察使。1840年，林则徐在广州禁烟时，曾率军在穿鼻洋、尖沙角轰击入侵的英国军舰和走私船。同年任山东布政使。1845年升贵州巡抚。

283 阴(yīn)

　　阴姓主要有两种来源。一是出自姬姓,以邑名为氏。春秋初年,齐国政治家管仲,是周文王第三子管叔鲜的后裔。管仲的七世孙名修,为齐卿田氏所逐,自齐国逃到了楚国,被封为阴邑大夫,故又被称为阴大夫、阴修。他的后世子孙便以封邑为姓,称阴氏。二是出自以国名为氏。远古时的尧帝的后代,曾建立过一个诸侯国,称阴国。其后代以国名为姓,称阴氏。

　　早期在山东、河南、湖北活动。汉唐之间,在始平郡(今陕西兴平)、南阳郡(今河南南阳)形成郡姓望族。在甘肃武威也有阴氏家族分布。当今,有阴氏居住在山西、黑龙江等地,但数量不多。

　　阴子方:西汉宣帝时,阴子方事亲至孝,积善有德。某年腊日早晨,他正在灶台旁升火举炊,灶神露相了,于是忙下跪感恩,并将一只家养的黄羊宰杀供奉。这以后,阴子方接连发财,成了远近闻名的富户。受到这个“黄羊祭灶”传闻的启发,很多人亦都在腊日宰牲祭灶。

　　阴丽华:东汉皇后。阴丽华美丽贤惠,当时未即位的光武帝有一言:做官当作执金吾,娶妻当娶阴丽华。后来果然如愿。他当上皇帝后,想封阴丽华为皇后,但她却拒绝了,并且坚持要他立郭妃为皇后(郭妃的父兄为光武帝夺得江山立下汗马功劳)。于是,郭妃成了皇后。但后来终被废掉,阴丽华才当了皇后。

　　阴铿:南朝陈文学家。武威姑臧(今甘肃省武威)人。其高祖袭迁居南平(在今湖北荆州地区)。铿幼年好学,能诵诗赋,长大后博涉史传,尤善五言诗,为当时所重,仕梁官湘东王萧绎法曹参军;入陈为始兴王陈伯茂府中录事参军,以文才为陈文帝所赞赏,累迁晋陵太守、员外散骑常侍。

　　阴秉衡:明朝大学问家。他读书多,博闻强记,有见解,但不愿做官,隐居不仕,一生著述,孜孜不倦。著有《慎经录》《婚姻节要》等都很受人好评。人们将他和孟子相比,称他“阴孟子”。

284 鬱 (yù)

【寻根溯源】

鬱姓源自远古鬱林氏，鬱林氏的后代以鬱为氏。有人则认为是尉姓之支系。和"郁"不是同一个姓。

【变迁分布】

鬱姓是罕见姓氏，在太原郡（今山西太原）形成郡望。宋明以来，在山东、安徽、台湾有此变迁分布。

【名人荟萃】

鬱让：明代官吏。颍川卫知事。

285 胥 (xū)

【寻根溯源】

胥姓源自姬姓。春秋时晋国有大夫胥臣，其子孙以先祖字为氏。

【变迁分布】

早期活动在今山西，之后扩散到东部沿海地区。汉唐之间，以琅琊郡（今属山东）、吴兴郡（今浙江吴兴）为郡望，在今山东、浙江形成胥氏的重点分布区。宋代以来，在山西、湖南、重庆、陕西、江苏等地均有胥氏分布。

【名人荟萃】

胥余：约公元前11世纪前后，商周交替之时，商的重臣箕子被周武王封于朝鲜。这在《史记·宋微子世家》《尚书大传·洪范》中都有记载。箕子胥余是殷末著名贤臣，因其品行高尚，被孔子誉为殷之"三仁"之一。

胥持国：金代大臣。代州繁畤（今山西繁峙县砂河镇）人。经童出身，官职尚书右丞。

胥必彰：明朝文官，官职是监察御史，专门负责对朝廷命官的监察。他忠于职守，权贵犯错，也直言不讳。因为他自己严正清明，所以那些对他不满的人也只好认输。而更多的人赞扬他，称他为"真御史"。

286 能(nài)

【寻根溯源】

能姓起源纯正，源出有一，源自芈姓。周代楚君熊挚之后以熊为氏，后因避难，改熊为能。

【变迁分布】

能姓为罕见姓氏。汉唐时期，以太原、华阴为郡望，在今山西、陕西形成能氏重点分布区，历代偶有能氏家族的踪迹，当今分布于湖南、河南、山东、安徽、江苏、甘肃、四川、福建和台湾的个别地区。

【名人荟萃】

能元皓：唐代将领。是安禄山大将的部下，是一名武将。虽然识字不多，但是勇猛善战，善用兵。安禄山造反后，在大唐兵到来的时候，能元皓率部将归降。

能自宣：宋代名人，医术高超，当时人称他为"国手"。

能监：明代良臣，博学多闻，官始兴县令，有政绩。

能图：清代官员。满洲正红旗人。顺治帝的时候任内院笔贴式，翻译辽、金、元三史书。累官左副都御使，加太子少保。名声与史书都流芳千古。

287 苍(cāng)

【寻根溯源】

苍姓源自黄帝之子苍林、黄帝之臣仓颉以及高阳氏才子"八恺"之一的苍舒，其后代均以苍为氏。"苍"也写作"仓"，二者实为一姓。

【变迁分布】

苍氏起源很早，来源不一，但就上述诸苍氏的活动范围来看，主要在今河南、陕西、山西、山东等地。汉唐时期，向南方发展，并以武陵郡（今湖南常德）为郡望，在今湖南形成名门望族。为极少见的姓氏，在各地偶有所见。

【名人荟萃】

苍舒：又作仓舒，上古高阳氏八才子之一。高阳氏八才子都是治世能臣，他们帮助尧处理国家大事，政绩很好。齐、圣、广、渊、明、允、笃、诚，天下之民，谓之"八恺"，孔颖达疏："恺，和也"言其和于物也。仓舒为八人之中的老大，所享的寿祚很长，一直到禹舜君临天下，还曾祯举之使主后土，以撰百事。

苍颉：又作"仓颉"，是古代神话人物，相传为黄帝史官，文字发明家，观鸟兽之迹，体类象形而制字，以代结绳之政，后世奉为神。古籍亦有将苍颉作"仓颉"的，《汉书·艺文志》及东汉延熹五年建苍颉庙碑，均明书"苍颉"。壁画中苍颉形象为六目（传说为四目）老翁，浓眉深目，躬身谦和，使人感到智慧无穷。

苍英：汉代官员。曾官江夏太守，后其子孙遂为江夏人。

288 双（shuāng）

【寻根溯源】

双姓主要有两种来源。一是出自以地名为姓，与蒙姓同出一宗。远古夏朝时期，颛顼帝的裔孙受封于双蒙城，其后代有的以双姓为姓，形成双姓；有的以蒙姓为姓，形成蒙姓。二是出自历史上少数民族的姓氏。

【变迁分布】

早期活动在中原。汉唐时期，向西发展至甘肃，以天水郡（今甘肃通渭）为郡望。唐宋以来，在苏、浙地区以及湖北、湖南均有双氏的踪迹。

【名人荟萃】

双渐：北宋官员。曾跟从朱熹（紫阳先生）学习，庆历年间举进士而仕官，官汉阳知府。博学能文，为政平和，对百姓很宽松和气，深受吏民爱戴，称他有古代循吏（奉职守法的官吏）之风。

双泰贞：南北朝时宋随郡（今湖北随州市）人，有能力，武功好。当时南北分治对立，天下不安，辅国公沈攸之坐镇荆州，召集才俊。他在战场上果然表现得智勇双全。

双林：清朝满洲正红旗人。乾隆年间，平定贵州、湖南苗民叛乱，连战连捷。

双全：清代著名将领。满洲正白旗人。以体健力大闻名，从军属僧格林沁部下，以佐领委为营总。后率兵参与镇压太平天国，因有战功，优旨赏巴图鲁勇号，又赏黄马褂，记名副都统，云骑尉世职，后奉旨授西宁办事大臣，驰赴新任，病卒于途。

闻莘党翟　谭贡劳逢　姬申扶堵　冉宰郦雍

289 闻（wén）

【寻根溯源】

闻姓源自姬姓。春秋时鲁国大夫少正卯学问、口才与孔子可以抗衡，时人称之为"闻人"，其子孙以闻人为氏，其中有一部分取单字以闻为氏。

【变迁分布】

早期在山东活动。汉唐之间，以吴兴郡（今浙江吴兴）为郡望，在今江浙一带形成名门望族。宋代以来在浙江、江苏、河南、湖北、山东等地均有闻氏人群分布，尤其是湖北浠水涌现出闻一多、闻九志、闻家炯、闻立鹏等一批现当代名人。

【名人荟萃】

闻元奎：明朝人。以孝友出名。与人交，敬而有辩。由贡生授江阴训导，迁上海教谕。教导严谨，以身作则，造就人才甚多。

闻渊：明代大臣。鄞（今浙江宁波）人。进士，累官吏部尚书。严嵩专权，部权无不侵，数以小故夺其禄。年七十，遂乞归。家居十四年卒。赠太子太保，谥庄简。

闻良辅：明代大臣。浙江德清人。才干与品行都出类拔萃，洪武年间任监察御史，后历官大理少卿、广东按察使。

闻珽：清藏书家。清镇洋（今江苏太仓）人。乾隆壬申（1752年）举人，官江宁教谕。平生唯好读书，手抄书盈箧。得善本，必校雠点勘。

闻秀玉：清代女诗人、画家。太仓（今属江苏）人。太学闻谨然季女，熊炳妻。善丹青，又与姊芝玉并工诗，为时人称颂。著有《蕉窗闲咏》行于世。

290 莘(shēn)

【寻根溯源】

莘姓主要有三种来源。一是源出祝融之后分出的八个部族（包括区、秃、彭、姜、妘、曹、斯、莘）中的莘。二是源出上古时期的有莘氏部族（大禹的母亲修已就是出自有莘氏）。三是夏启封庶子于莘，其子孙便以国为氏。

【变迁分布】

早期在鲁西南、豫中、关中地区活动。汉唐之间，向西发展，在甘肃形成以天水郡为郡望的莘氏名门大族。由于莘氏中许多都去草为辛，所以莘氏的数量极其有限。宋明时期在今浙江有分布。当今的分布情况不详。

【名人荟萃】

莘氏女：殷朝时美女。

莘融：宋代钱塘人，举进士甲科，博学多才，善属文知名。

莘野：明代官吏。归安（今浙江省湖州市）人，博学强记，善写文章。以明经为本县儒学训导，后升任枣强知县，因勤政爱民，当时被称为"贤县令"。著有《环州集》等。

莘开：清代书画家、篆刻家。清代归安（今浙江湖州）人，擅长书画篆刻。

291 党(dǎng)

【寻根溯源】

党姓主要有三种来源。一是源自姬姓。春秋时晋国有公族大夫封邑于党，其子孙以邑为氏。二是源自任姓。春秋时鲁国有黄帝支子禹阳的后裔受封于党邑，其子孙也称党氏。三是来自党项羌人的姓氏。党项羌族是我国古代西北的少数民族。党姓本来是西北党项羌姓，后来改为党姓的。

【变迁分布】

早期在山西和山东两个中心分布。汉唐时期，向西发展，在冯翊郡（今陕西大荔县）形成望族，即在今关中地区形成党氏的新的中心。宋代以来，在今陕西神木、大荔、富平、三原、宝鸡，山西绛县、朔县以及河南北部均有分布。

【名人荟萃】

党进：北宋初年军事将领。朔州马邑（今山西朔县）人。后周时为铁骑都虞侯。宋太祖乾德五年，领彰信军节度兼侍卫步军都指挥使。他身形魁梧，忠心老实。开宝中，从征太原有功。太宗太平兴国二年，被任命为忠武军节度使。

党怀英：金代文学家。原籍冯翊（今陕西省大荔）人。他能诗文，也精于书法，官至翰林学士，曾担任《辽史》刊修官。

党湛：清朝名士，同州（今陕西省渭南市大荔县）人。常言："人生须做天地间第一等事，为天地间第一等人。"所以号为"两一"。

党蒙：清代大臣。生于韩城党家村（今属陕西），家境贫寒，12岁前不曾穿过袜子。幼年随父到甘肃古浪县学官署读书。光绪二年（1876年），只身赴京赶考，连中三元，入翰林院。后经考试入刑部，任主事、外郎、郎中等。1900年，八国联军侵占北京，慈禧太后挟光绪帝奔陕。党蒙随诸臣往潼关迎驾，受到赏识，委任为云南临安知府。党蒙为官正直、尽力尽职，是一位受人爱戴的清官。

292 翟（zhái）

【寻根溯源】

翟姓出自隗姓，以国名为氏。黄帝之后有隗姓狄人部族，春秋时期活动于齐、鲁、晋、卫、宋等中原诸国之间，称为翟国。后被晋国灭掉，其后裔就以原国名为姓，称翟姓。

【变迁分布】

早期在以中原为核心的北方地区活动。汉唐时期，已经扩展到陕西、四川、安徽、江西等地，在豫西南的南阳郡（今河南南阳市）形成翟氏名门望族。宋代以后，在北京、河南、山东、浙江、江苏、广东等地均有分布，当今重点分布在河南许昌、修武、民权，山东临沂、平阴，山西文水，河北鸡泽、文安，辽宁辽阳，广东惠州等地。

【名人荟萃】

翟璜：战国时魏国大臣。出身权贵之家，曾为魏国相，曾举荐吴起、乐羊、西门豹等人于魏文侯，皆受重用，并有功绩。魏襄王时，欲联合齐秦抗楚，而与楼鼻发生矛盾。曾欲杀张仪，因张仪施计而未遂。

翟让：隋末农民起义军瓦岗军首领。东郡韦城（今河南省长垣）人，因犯死罪，逃至瓦岗，聚众起义，是瓦岗军初期首领。后来翟让让贤李密，并推李密为魏公，自任司徒，封东郡公。不久被李密谋杀。

翟汝文：宋代官吏、书画家。丹阳（今属江苏省）人，进士出身，历任秘书郎、参知政事。风度翘楚，好古博雅，精于篆、籀。善画道释人物及山水。

翟凤翥：清初大臣。山西省闻喜人，顺治年间进士，以明习法律见称，累官至福建布政使。

翟灏：清代学者。浙江省仁和（今浙江省杭州）人，乾隆年间进士，官金华、衢州府学教授。工诗，亦长于考证。z著有《湖山便览》《四书考异》《艮山杂志》等。

293 谭(tán)

【寻根溯源】

谭姓主要有三种来源。一是源自姒姓。大禹治水成功，舜赐姒姓于禹。其后裔在西周初年受封为谭国，史称谭子国，春秋时被齐桓公所灭，其子孙以国为氏，称谭姓。二是源自姬姓。西周初年周公旦平定"三监之乱"后将关中之原迁到河南之原（在今山东省济源市），平王东迁后又东移今原阳境内，春秋时周大夫原伯毛食采于谭，称谭伯，其后人因以为氏。三是来自他族改姓谭者。

【变迁分布】

早期在今陕西、河南、山东一带活动。唐代以前，已经扩展到江浙、两湖地区，其间在济阳郡（今河南洛阳）、齐郡（今山东淄博市）、弘农郡（今河南灵宝北）形成谭姓望族，在今河南东部与山东西南部、山东北三省部、河南西部形成谭氏分布密集区。宋代时期，在湖南、广东形成谭氏新的重点分布区，在河北、湖北、江西、四川、山东、亦有较大发展，明代时期，则在湖南、四川、广东、江西等地有较多分布。当今形成了湘川粤、鲁辽两大分布密集区。

【名人荟萃】

谭夫吾：战国时期吴国人物，曾以无比崇高的言行而名垂青史。

谭纶：明代抗倭名将。江西宜黄人，嘉靖进士，初任台州（今浙江临海）知府，练兵抗倭。嘉靖四十二年（1563年）巡抚福建，率戚继光、俞大猷等平定境内倭寇。隆庆元年（1567年）总督蓟辽，与戚继光训练部队，加强北方防务。他官至兵部尚书，太子太保，主持兵事三十余年，与戚继光共事齐名，号称"谭戚"。

谭元春：明代文学家。湖广竟陵（今湖北天门市）人。天启间乡试第一，与同里钟惺同为"竟陵派"创始人，论文重视性灵，反对摹古，提倡幽深孤峭的风格，所作亦流于僻奥冷涩，著有《谭友夏合集》。

谭绍光：太平天国慕王，广西桂平人，1855年1月参加金田起义，英勇善战，1860年因破江南大营和攻克苏杭有功，被封为慕王。1862年率军围攻上海，打败英法联军、华尔洋枪队，后又转战太仓、昆山，屡创敌军。1863年在苏州被叛徒刺死。

294 贡（gòng）

【寻根溯源】

贡姓源流纯正，源出有一。源自端木氏，是孔子的弟子子贡的后代。子贡本名端木赐，字子贡，春秋时期卫国人，他曾经担任过鲁国的宰相，善于辞令，精明能干。其家族昌盛，子贡九世孙端木武因为避焚书坑儒之祸，隐居于齐，便以祖字为氏，称贡姓，世代相传，成为今天贡姓的起源。

【变迁分布】

早期在山东一带活动。汉唐之间，在今河北中部，形成以广平郡（今河北省鸡泽东南）为郡望的贡氏名门。宋代以来，在安徽、江苏等东南地区扩展，直到现在这一地区依然有贡氏分布。

【名人荟萃】

贡禹：西汉大臣、博士。琅琊（今山东诸城）人。官至御史大夫，他曾因年岁收成不好、郡国贫困而上书抨击朝廷奢侈过度，建议减轻徭役赋税。汉元帝听从他的建议，采取了一些措施赈济贫民。

贡祖文：宋代功臣。长垣（今北京市）人。靖康时（1126年），贡祖文和汤阴人岳飞同时参加了抗金义勇兵，扈从康王（即赵构）南渡。从济州（山东巨野）到应天（河南商丘）至康王登基，历史上谓称高宗皇帝。因贡祖文护驾有功，且又武艺高强，被封为'都总军将'，此间也与抗金名将岳飞成了"莫逆知己"。击败金兀术，使他从此再不敢再犯贡祖文所辖境域。因贡公战功显赫，被任命为"秣陵总镇"，并嘉封为"武德大夫"。

贡师泰：元文学家。宣城（今属安徽）人。官至礼部、户部尚书。元末以诗文擅名，著有《玩斋集》等。

295 劳（láo）

【寻根溯源】

劳姓源流纯正，源出有一。起源于汉代，是一个以山为氏的姓。居住在劳山（今山东青岛市崂山）的人一直到西汉时才开始与外界的人交往，劳山的人们，为记住他们世代居住的地方，而以山名命氏，称劳姓。

【变迁分布】

早期在胶东半岛活动。汉唐之间，向西南迁移，在今河北、河南、山东交界处的武阳郡（今河北省大名东北三省）形成郡望，以渤海郡（今河北省、辽宁省之间的渤海湾一带）命名为渤海堂。宋代以来，在山东、浙江、湖南、广东、等地均有分布，其中山东阳信、浙江桐乡、湖南长沙古今均有劳氏分布。

【名人荟萃】

劳钺：明代官员。江西德化人。进士，历任江浦、临江、山阳三县，政绩很好，深得百姓的拥护。后来迁任湖州太守。

劳崇光：清朝人，举为进士而当官。他见识独到，也爱独来独往，办事有魄力。他也因为写得一手好文章而出名。

劳泉：清代诸生，字平甫，仁和人。他和劳革两人专攻历史书，在当时很有名气，人称"二劳"。

劳权：清代诸生。浙江仁和（今浙江杭州）人。精于校雠之学，所校有《元和姓纂》《大唐郊祀录》《北堂书钞》等，引证博而精，世称善本。

296 逄(páng)

【寻根溯源】

逄姓源自姜姓。商朝时，封炎帝之裔逄伯陵于齐地逄国，其子孙以国为氏，称逄姓。

【变迁分布】

逄姓为罕见姓氏，早期居住在山东。汉唐之间，在山东、安徽的北海郡（今属山东）、谯郡（今安徽亳州）形成逄氏望族。当今分布于山东的即墨、高密、莱阳及北京等地。

【名人荟萃】

逄同：周代越国人。越王勾践从吴国回来，想报亡国之仇。大夫逄同建议说："吴国现在德少功多，必定很骄傲。我们要是想灭吴雪耻，必须结交齐国，放弃楚国，跟邻近的国家友好，表面上对吴国友好。这样一来，吴国必然麻痹大意，我们利用它这个弱点，才能灭亡它。"勾践采用了逄同的计策，果然恢复了越国的强盛，灭亡了吴国。

逄萌：汉代隐士。汉北海郡都昌县（今山东省昌邑市）人。家境贫困，曾任亭长。县尉路过驿亭，逄萌候迎拜谒，感慨不已，喟然叹曰："大丈夫岂能为他人服役！"遂去长安就学，研读《春秋》。在长安时闻听王莽杀其子王宇，逄萌对友人说："三纲绝矣，不去，祸将及人。"于是回归故里，携家渡海到辽东居住。东汉光武帝即位后，逄萌又从辽东来到崂山，隐居，讲学授业，"养志修道，人皆化其德"。汉明帝曾屡次下诏征其出仕，逄萌佯作疯狂拒之，后以寿终。因其一生不畏权贵，正义爱国，高风亮节，人人尊崇，《后汉书》有传。

297 姬(jī)

【寻根溯源】

姬姓为中国历史上最古老的姓，主要源自有熊氏。黄帝的祖先姓公孙，黄帝生于寿丘，长于姬水，因以为姓。高辛氏时，以长子后稷继承黄帝的后嗣，赐姓姬，所以后稷是周朝的始祖。

早期在陕西活动。西周时期，则主要活动在关中与中原地区。汉唐之间，在河南西南部的南阳郡（今河南南阳市）形成姬姓望族。唐玄宗在位时，诏令天下姬姓改为周姓，以避皇帝"基"、"姬"之讳，因此姬姓数量大幅度减少。北魏以来，由于历代有他族改姓为姬，故在少数民族中也有姬姓。

【名人荟萃】

姬昌（周文王）：商朝末年周族的领袖。商纣王时代为西伯，被纣王囚禁于羑里。他的大臣散宜生等人向纣王敬献美女、宝贝、玉石才将姬昌放了出来。姬昌回到岐山领导周族人民发展生产，训练军队，任用贤才，联合了一些受到商统治者奴役压迫的族部小国，组成反商的联盟。他在位50年，奠定了周灭商的基础。姬昌死后，他的儿子武王灭了商，建立了周朝，并追封其父为文王。

姬发（周武王）：中国周代第一代王，周文王次子。因其兄被纣王杀害，他继承父亲遗志，于公元前1046年二月消灭殷商朝，夺取全国政权，建立了周王朝，表现出卓越的军事、政治才能，成为中国历史上一代名君。

姬旦：周公旦，姬姓，名旦，是周朝历史上第一代周公，又称叔旦、周文公。先秦时期男子称氏不称姓，虽为姬姓，却不叫姬旦。周公旦为周文王第四子，周武王之弟。武王死后，成王年幼，由他摄政当国。《尚书大传》称"周公摄政：一年救乱，二年克殷，三年践奄，四年建侯卫行书，五年营成周，六年制礼作乐，七年致政成王。"

姬重耳（晋文公）：生于周桓王二十三年（前697年），前636年即位，卒于周襄王二十四年（前628年），姓姬名重耳（chóng ěr），春秋时期著名的政治家，晋国国君，春秋五霸之一。

298 申（shēn）

【寻根溯源】

申姓起源有三。一说申氏源自姜姓。远古的时候炎帝神农氏出生于姜水而姓姜，周朝时子孙后裔申吕，被周王封于申（在今河北南阳市北），随后建立申国，子孙以国名为姓氏，世代相传以申氏为姓。又一说据《姓氏考略》和《元和姓纂》、《史记》等所载，商代孤竹君长子伯夷之后受封于申（今河南南阳），春秋时灭于楚，子孙以国为氏。再一说炎帝后人吕封于申地（今上海市一带），后被楚所灭，后人以国为氏，也是申氏。

【变迁分布】

古申地在今河南南阳。申国灭亡以后，申氏开始在河南、山东、山西、湖北散居。汉唐之间，在河北、陕西、河南、山东、江苏、安徽等地已有较多分布，在琅琊郡（今属山东）、魏郡（今河北临漳一带）形成了申氏望族。宋代之后，已经扩展到北京、东北三省、贵州等地。当今依然在北方地区居多，在广东、江苏等南方地区也有所分布。

【名人荟萃】

申伯：西周时申国国君，宣王母舅。为周卿王，佐宣王中兴有功，赐谢邑，筑城定居，以卫南土。时贤相仲山甫，称之曰："崧高维岳，峻极于天。惟岳降神，生甫及申。"

申包胥：春秋时楚国大夫。与伍子胥友善，后伍子胥奔吴，并助吴灭楚，包胥入秦请求援兵，依庭墙哭，七日水米未进，秦哀公乃出师救楚。

申不害：战国时思想家。治黄老刑名之学，于韩昭侯时任相十五年，为相期间，内修政教，外应诸侯，国治兵强。著有《申子》两篇。

申泰：明初官吏。明严多干才，锄奸祛弊，有"清同剑水"之誉。任延平知府时，上以搜赃之名考之，止得米三升，钞一贯，为天下清廉第一。

申相：明代名医。山西长治人，以医为业，研究脉理，尤精伤寒一科，人称良医。

299 扶(fú)

【寻根溯源】

扶姓主要有两种来源。一是源于姒姓，出自上古时候大禹之臣扶登，属于以先祖名字为氏。在扶登的后裔子孙中，有以先祖名字为姓氏者，称扶登氏，后简化为单姓扶氏。二是源于改姓，出自汉朝巫嘉的后代，属于以帝王赐名为氏。西汉高祖时有人名嘉，嘉擅长于占卜，而且他所求必灵。他建议当时为汉王的刘邦先行占据三秦之地，以为根据地，然后再称霸天下。刘邦按照这个策略做了，果然先站稳了脚跟，最终建立了大汉王朝。因其扶掖汉室有功，嘉深受汉高祖刘邦的宠信，授以他廷尉的官职，并赐给他名字叫扶嘉。其后裔子孙就以帝王所赐之姓为氏，称扶姓。

【变迁分布】

早期分布在河南、陕西。汉唐时期，在京兆郡（今陕西西安一带）形成名门望族。扶姓为罕见姓氏，当今在河南、四川还可以见到这一姓氏。

扶嘉：汉代廷尉，其母于万县之汤溪水侧，感龙生嘉，预占吉凶，多奇中。高祖为汉王时召见，以占卜劝定三秦。扶嘉原不姓扶，汉祖刘邦为嘉奖他扶翼汉室的功劳，因赐姓扶姓，为扶姓起源的一支。

扶少明：汉代的学者。著有《道德经谱》三卷。

扶猛：在梁朝做官的时候是南洛北司二州刺史。魏时做了罗州刺史。跟随着贺若敦南讨信州，到了白帝城，为百姓着想，不采取强攻的方式，而是抚慰百姓。于是人民都高兴的归附了。使地方的人民生活不受到损失，而且安定治理。因为他的功劳被授为"开府仪同三司"，封为"临江县公"。

300 堵（dǔ）

【寻根溯源】

堵姓源流纯正，源出有一，源于姬姓，出自春秋时郑国，以封邑名为氏。春秋时期郑国有大夫洩寇，是执政大臣之一，与叔詹、师叔被称为"三良"。因他被封于堵邑（今河南省方城一带），所以又称为洩伯、洩堵寇、堵叔。他的后代子孙就以封邑名"堵"为姓，称堵姓。

【变迁分布】

早期在河南活动。汉唐之间，在河南郡（今河南洛阳）、河东郡（今山西西南汾河下游地区）形成郡姓望族。堵姓为罕见姓氏，在今江苏、浙江仍有所分布。

【名人荟萃】

堵简：元代诗人、画家。通经史，工诗画，元末为江浙行省检校官。平章时，庆童领兵复松江，堵简为参谋，后兵败，为贼所擒，不屈而死。

堵胤锡：明代崇祯十年进士。南明唐王任为湖北巡抚，后与退入湘境之农民军李锦、高一功部协议共同抗清。桂王立，任胤锡为兵部尚书，又加为东阁大学士。后因抗清失利，退至广西，在浔州病死。

堵霞：清代女诗书画家。进士伊令女，诸生吴音室。博通经史，能诗善画，她的画玲珑优美，尤其小楷写得神妙秀气。

301 冉（rǎn）

【寻根溯源】

冉姓主要来源有两种。一是出自姬姓。周文王第十子季载，封于冉（一作聃，故城在今湖北荆口县那口城），春秋时灭于郑，子孙以国为氏，或说聃去耳为冉。二是出自他族。汉时西夷冉族，居于今四川茂汶羌族自治县一带，其族人以族名为姓；今鄂川湘交界地域之土家有此姓。

【变迁分布】

早期在河南活动。之后，在山东形成冉氏的重要聚集地。汉唐之间，在武陵郡即今湖南常德一带形成冉姓望族。当今在四川江津、巫山、宣汉、黛溪、酉阳等地都有一定分布。

【名人荟萃】

冉求：春秋时鲁国人，孔子弟子。有治政之术，列政事科，曾为季氏宰。

冉耕：春秋时鲁国人，孔子弟子。以德行称，后得恶疾而亡。

冉雍：春秋时鲁国人，孔子弟子。出身贫寒，有德行。孔子以为可任诸侯治民之官，后曾为季氏宰。

冉闵：冉瞻子，十六国时冉魏建立者。"幼果锐，善谋策，勇力绝人。"穆帝永和五年，季龙死，他利用石氏内乱，夺取后赵政权，建立魏国，史称冉魏。三年后，为前燕所败，被俘而死。

冉实：唐代官吏。夔州云安（今重庆云阳）人弱冠登进士第，累迁并府参军。中八科举，授绵州司户，转扬府仓曹。又举四科，除益州导江令。所任有能名，官至河州刺史。其子冉祖雍亦出身进士，官至刑部侍郎，后因倡饮省中，被赐死。

302 宰（zǎi）

【寻根溯源】

宰姓主要有两种来源。一是出自周朝宰父的后代，以官名作为姓氏。宰父是周朝的一个官名，职责是管理王朝的内外事务。宰父官的后代，大多数用祖上的官职作为自己的姓氏，称为宰父氏或宰氏。后来宰父氏也有改成宰氏者。成为宰氏的一支。二是源自姬姓，是一个以官职名作为姓氏的姓。春秋时期有周公旦的后裔周公孔在周朝担任太宰，故被称为宰孔、宰周公。他的后代以祖上的官职作为姓氏，称宰氏，成为宰氏的一支主要源流。

【变迁分布】

早期今河南、山东一带活动。汉唐之间，在西河郡（今山西一带）形成宰氏望族。为罕见姓氏，当今在河南林州、内黄，上海嘉定，安徽淮南，江西萍乡，北京，台湾等地分布。

【名人荟萃】

宰孔：周朝大夫，任周王室太宰，周公之后，亦称周公孔、宰周公。或谓即周公忌父，或谓周公忌父弟。为宰姓的始祖。

宰予：儒家学者，春秋时期鲁国人，字子我，故又名宰我，孔子的得意门生，列于孔门言语科，口才特别好，而勿厚于德，和子贡一样因为辩才而有名。宰予曾任齐国临淄大夫，是孔门"七十二贤"之一。

宰应文：明代孝子。从小就失去了双亲，家境很贫穷。长大以后为了表达对父母的孝敬，他把父母的形象刻成木头人，而且像对待活人一样来侍奉，用这种方式表达对父母养育之恩的报答。成为当时有名的孝子。

303 郦（lì）

【寻根溯源】

郦姓是黄帝的后裔。夏禹之时，夏王禹追封先代遗民，封黄帝后人涓于郦邑（河南省内乡县郦城村），建立郦国。春秋中期，郦国被晋国攻灭，又被周天子封于陈留（河南省开封市），以原国名命姓，称为郦姓。

【变迁分布】

早期活动在河南一带，之后在新蔡（今河南东南部）形成郦氏名门望族。唐代以前，在范阳即河北涿鹿也有郦氏名门分布。宋代以来，在河南、河北、浙江等地有少量分布。

郦涓：黄帝八世孙，禹治水成功后，建立夏朝，尊崇华夏始祖黄帝，封其后人酉涓于郦邑（今河南内乡），建立郦国，改称郦涓，是为内乡始祖，成为中华郦氏宗族最早的源头。

郦食其：战国末谋士。陈留高阳（今河南杞县）人。庞十七世孙，秦二世三年（前207年）春，刘邦兵临陈留，食其跟随刘邦，用计攻克陈留，被封为广野君。汉王三年（前204年）秋，劝齐王田广以七十余城降汉。汉王四年戊戌初（前204年），韩信发兵袭击齐国，齐王田广认为被骗，乃烹杀食其，时年约六十有五。

郦道元：北朝北魏的忠良贤臣。范旧涿州（今河北涿州）人为官期间，采取严厉手段，打击邪恶势力，但因此得罪权贵。雍州刺史萧宝夤在长安发动叛乱，北魏朝廷任命郦道元为关右大使，被萧宝夤叛军杀害，终年56岁。郦道元也是北朝北魏地理学家、散文家。有名垂青史的著作《水经注》，其文笔隽永，描写生动，既是一部内容丰富多彩的地理著作，也是一部优美的山水散文汇集。可称为我国游记文学的开创者。

304 雍（yōng）

【寻根溯源】

雍姓主要有三种来源。一是出自姬姓，以国名为氏。西周初周朝刚建立时，周文王的第十三个儿子，被封于雍地，就是现今河南省泌阳县一带。这位王子又封为伯爵，号称雍伯，是雍国的创始人。其后人以国名为氏，称雍姓。二是出自姞姓，以邑名为氏。黄帝的后代中，在商、周之间有的食采于雍邑这个地方，就以邑名为氏，称为雍氏。三是来自满族、藏族有雍姓。

【变迁分布】

早期在河南活动。汉唐之间，以京兆郡（今陕西西安）为郡望。宋代以来，在陕西、东北三省、湖北、江苏、四川均有少量分布。

【名人荟萃】

雍齿：汉高祖刘邦的武将，很能打仗，因战功而被封为侯爵。

雍陶：唐代后期重要诗人。尤以写山水名噪一时，被称为"山水诗人"。唐文宗大和八年（834你那）登进士第，为当时名辈所推重。唐宣宗大中六年（852年）授国子毛诗博士。

雍献：宋代画家。山水画名盛一时，而又善于画竹和画梅花，并且不爱上色，用墨笔分浓淡，就使梅、竹生动多姿，这种画法称为墨竹、墨梅。

雍泰：明代大臣。成化年间举为进士，任南京吏部尚书。他为官为人都廉洁清明，受到朝中官员和地方百姓的称赞。

郤璩桑桂　濮牛寿通　边扈燕冀　郏浦尚农

305 郤（xì）

【寻根溯源】

郤姓源自姬姓，以封地为姓。春秋时，晋献公征伐翟人，公族子弟叔虎奋勇当先，带领晋军攻破翟人营垒，打败了翟人。事后晋献公把郤邑（今山西泌水下游一带）封给他，建立郤国，为子爵，称郤子。他的后代遂以封地为姓，称郤氏。

【变迁分布】

早期在今河南焦作、新乡一带活动。汉唐之间，在济阳郡（今豫东与鲁西南一带）形成郤氏望族。主要在北方分布，当今极为少见。

【名人荟萃】

郤犨：春秋时晋国大夫，有才辩。与郤锜、郤至组成春秋中期晋国权臣集团。三人皆晋国郤氏家族成员，时人称之三郤，又作三郄。

郤缺：春秋时晋国大夫。耨于冀，其妻钶之，相敬如宾。文公闻其事，用为下军大夫。

郤虑：亦称郗虑。山阳高平（今山东邹县）人。东汉末期著名大臣。

306 璩（qú）

【寻根溯源】

璩姓出自姬姓，与蘧姓同源，以邑名为姓。春秋时，卫国有一位有功的公族子弟被卫君封于蘧，为伯爵，史称蘧伯。其后代以蘧为姓。到了唐代，蘧姓后代蘧瑗蒙冤，为避祸将全家分三姓各自逃亡，即易"蘧"姓为"璩"，"瞿"和"渠"，音同字异，仍为一家。还有一说，璩姓出自以宝饰为氏。古代"璩"和"鐻"通，指一种金、银制成的耳环，此物创始人的后代子孙遂以"璩"为姓，称璩姓。

【变迁分布】

璩姓为罕见姓氏。以豫章郡（今江西南昌）为郡望。明代时期，在江西、安徽有少量分布。当今河南温县、汤阴，上海嘉定，江西广丰，湖南桃源、沅江及北京等地有分布。

【名人荟萃】

蘧伯玉：名瑗，长坦县伯玉村（今属河南）人，事卫三公（献公、襄公、灵公），因贤德闻名诸侯。蘧伯玉品德高尚，光明磊落，孔子与善者，于齐晏婴，于郑子产，于卫伯玉。孔子几次适卫，多居蘧伯玉家，可见孔子与伯玉相交之厚。伯玉笃行不倦，慎德深思。

蘧瑗：唐代良吏，曾任唐光禄大夫，居豫章（今江西省南昌市），于唐朝天宝年间蒙冤遭参，为避祸将其全家分三姓各自逃亡，即易"蘧"姓为"璩"、"瞿"和"渠"，音同字异，仍为一家。

璩伯昆：明朝桐城人，那里是学者荟萃之地，而璩御史后来去广东和江西做官时，就很重视文化教育。

璩贞女：明朝初期民间著名女刺绣艺术家。人们只知其姓，不知其名，因终生未嫁，旧志上称她为贞女，她还建有著名的桃花江古桥。

307 桑 (sāng)

【寻根溯源】

桑姓主要有两种来源。一是源自穷桑氏，是少昊的后代。因为居住在穷桑，并且在穷桑登上了帝位，所以又号穷桑氏。他的子孙中有一部分以他的居地名（或曰以他的号）作为姓氏，称为穷桑氏，后来简化为桑氏。二是源自嬴姓。春秋时秦穆公有大夫公孙枝，字子桑，其子孙以祖字为氏。

【变迁分布】

早期在陕西、山东一带活动。汉唐时期，向河南扩展，并以黎阳郡（今河南浚县）为郡望。宋代以来，在河南、山西、安徽、浙江、江苏、山东、东北三省等地都有所分布。

桑弘羊：西汉大臣。洛阳（今属河南）人。出身商人家庭，自幼有心算才能，十三岁入侍宫中。自元狩三年（前120年）起，终武帝之世，历任大司农中丞、大司农、御史大夫等职，与担任大农丞的大盐铁商东郭咸阳、孔仅二人深得武帝宠信。与霍光、金日磾、上官桀四人同受遗诏辅佐昭帝。

桑钦：汉代学者。河南（今河南洛阳）人。字君长，尝从平陵涂恽受《毛诗》，今世传之《水经》三卷，旧题桑钦撰。

桑调元：清臣、学者。字弢甫。浙江钱塘（今浙江杭州）人。桑天显之子。从学于劳史，研习性理之学。雍正十一年（1733年），钦赐进士，授工部主事。先后主持九江濂溪书院及滦源书院，辟余山书屋，宣扬劳史学说。

308 桂(guì)

桂姓源流纯正，源出有一。源自姬姓，是周王胄的后裔，因避祸改姓。秦朝时，出身于周王室公族的秦博士季祯在焚书坑儒时遇害，其弟季睦为免受株连而让季祯诸子改姓以避祸，季祯长子奕改姓为桂，名桂奕。其后人便以桂奕为祖，以桂为氏，称桂姓。

桂姓早期活动在陕西、河南，后来向甘肃发展，并在天水郡（今甘肃通渭县）形成郡望。宋代以后，除了在山东分布外，在四川、浙江、湖南、江西、安徽都有一定分布。当今多分布于湖北、河南、江西、浙江、安徽、陕西、重庆的部分地区。

桂彦良：明代官员。元乡贡进士，为包山书院山长。改平江路教授，罢归。洪武年间被征为公车，授太子正字。帝经常出御诗叫他对诗，他每一次都能对得很工整。后来被升迁为晋王府左傅，帝曰："江南大儒，唯卿一人。"于是改升为左长史。曾经上书太平十二策。帝又称他为通儒。著有《清溪》《清节》《山西》等作品。

桂馥：清朝文字训诂学家。他治学潜心于文字训诂，曾用40年的时间，研究许慎的《说文解字》，撰写了《说文义证》50卷。他与同时代的段玉裁齐名，世称"段桂"。

桂文灿：清代清官。道光举人，光绪时期在朝廷做官，为官清廉，不用仆人，也没有家人。公事、家事都亲自动手。他的学说以博文、明辨、约礼、慎行为宗。著有《潜心堂文集》等40多种。

309 濮（pú）

【寻根溯源】

源自姬姓。春秋时期，卫国大夫封于濮邑（今河南濮阳），其子孙以封地邑名为氏，称濮姓。

【变迁分布】

濮姓早期在今豫北地区居住。汉唐时期，开始向东扩展，在鲁郡（今山东曲阜）形成望族；开始向南扩展到四川、湖北，并形成"巴中七姓"之一。宋代以来，在今浙江、安徽也有少量分布。

【名人荟萃】

濮万年：宋代画家。濮万年、濮道兴兄弟二人都为宋代画家，善画人物。

濮鉴：元代富阳税务官。大德中大水淹禾，乡民苦饥。鉴捐米千余石以食饥者，所活甚众。后升提举。

濮英：明朝大将，他善于用兵，勤于治兵，战功卓著。

濮澄：明末清初金陵派竹刻创始人，刻竹技法与嘉定"三朱"迥异，不耐精雕细琢，往往只就其天然形态，稍加凿磨即已成器。匠心独运，以自然天趣见胜，名声噪甚。

310 牛（niú）

【寻根溯源】

源自子姓。西周后期宋国公族有大夫牛父任宋国司寇。他在率军抵御狄人对宋国的进攻时不幸阵亡，其子孙便以祖字为氏，称牛姓。

【变迁分布】

牛姓早期活动在河南中部与东部。汉唐之间，已经扩展至河北、江苏、山东、甘肃，并在甘肃形成名门望族，以陇西郡（今属甘肃）为郡望。宋代以来，已经遍布河北、河南、上海、江苏、安徽、甘肃、山东、山西等地。当今主要分布在北方地区。

【名人荟萃】

牛弘：隋代大臣。任人唯贤著称。隋开皇二年（582年），授散骑常侍，秘书监，收集典籍，不遗余力，三年拜礼部尚书，奉诏撰修五礼，写成百卷，行于当世。牛弘受到皇上的器重和赞许，不久授大将军，官拜吏部尚书。在其任职期间，任人唯贤，"其选举，先德行而后文才，务在审慎"。因此"所有进用，多称职"，朝野上下，为之佩服。

牛仙客：唐代宰相。仙客居相位，独善其身，不久封幽国公，进拜侍中，兼兵部尚书。天宝元年（742年）七月卒，年68岁，赠尚书左丞。仙客在为官期间，以善于理财著名、"啬事省用，仓库积实"，是对他政绩的评价，"为官清正，仅身无它"，又是对他人品的真实写照。

牛僧孺：唐代宰相。牛弘之后代。元和三年（808年），宪宗皇帝策试贤良方正。僧孺与李宗闵、皇甫三人在对策中，痛诋时政，一条一条指出宰相李吉甫失政之处，以方正敢言，名闻天下，但激怒了宰相李吉甫，久未重用。穆宗时议谁可任宰相时，穆宗第一个就提到僧孺。敬宗即位（825年）后，又任僧孺为中书侍郎，银青光禄大夫，加封奇章郡公，集贤殿大学士，兼修国史。僧孺为相时，政绩较佳，他整顿纲纪，清理刑狱。审治不法，朝野肃然。

牛兴祖：元代官吏。晋宁襄陵（今山西省襄汾）人，历中书省掾、刑部主事、工部主事，后擢大都兵马指挥使，累官至云南行省参知政事。

311 寿（shòu）

【寻根溯源】

寿姓源自姬姓。周太王子仲雍的曾孙名周章，居于吴。周武王克商以后，遂封其地，建立吴国，为周朝附庸。周章十四世孙寿梦主吴时，国势强大，称吴王，与楚国争抗，故春秋时吴国自寿梦始。寿梦的支庶子孙，有的以祖先名字为姓，形成寿姓。

【变迁分布】

早期在江浙一带活动。之后向西北扩展。汉唐之间，在京兆郡（今陕西西安）形成郡望，在陕西西安形成寿氏名门居佳区。宋代以来，在浙江、广东均有分布，浙江诸暨则是寿氏传统居住区。

【名人荟萃】

寿良：汉代兖州太守。不仅专研《春秋三传》，贯通五经，面且能够澡身浴德，在宦途上也春风得意，曾官室梁州刺史，历官有治著称。

寿光侯：汉代方士。相传寿光侯能刻百鬼众魅，令自缚见形。章帝曾召试其术。

寿宁：元代高僧，字无为，上海人。居静安寺，寺有名迹八处，因作《静安八咏》。并汇诸家之作，编为《静安八咏诗集》。

312 通（tōng）

【寻根溯源】

通姓主要有两种来源。一是起源于巴县，以封地名为氏。春秋时期，巴国有大夫受封于通川（今天的四川省达川），后来他的后裔用封地作为姓氏，称为通氏。二是出自彻姓，因避帝讳改姓。秦汉时期，上蔡（今河南省上蔡西南）的乡间有一个读书人，很有学识见地，后来被帝王知道以后委以重任，让他担任丞相，并且封他为彻侯。他的子孙后代以彻为姓，成为彻氏。到了西汉武帝的时候，因为要避武帝刘彻的讳，所以改姓为通。

【变迁分布】

早期在今四川与重庆一带活动。汉唐之间，发展于今山西一带，并以西河郡为郡望。通姓是罕见姓氏，当今在上海嘉定、河南息县、湖北钟祥、浙江余姚等地均有所分布。

【名人荟萃】

通辨：元代高僧。7岁的时候就拜礼真空为师，学习浮图法。皇庆初，万山和尚奉旨大做斋会，请通辩演法。忽然从法座放大光明，通辩圆寂了。当时白光四射，得到舍利子无数。

通嘉：清代著名将领。满族，纳喇氏，纳喇·康喀勒之从孙。初袭父爵三等阿达哈哈番（轻车都尉），后加拖沙喇哈番。官至镶红旗蒙古都统。清顺治末年至康熙年间，先后参与讨伐山东于七、察哈尔部布尔尼、吴三桂叛军，曾大破吴三桂部将谭弘于云阳。

通琇：清代高僧。19岁的时候出家为僧，居住在武康报恩寺。顺治年间被召见过三次，让他来说法，并且赐号为大觉禅师。他在要求回到天目山以后，又被加封普济能仁国师。康熙年间圆寂。

313 边(biān)

【寻根溯源】

边姓主要有两种来源。一是出自子姓。周朝时，宋平公之子御戎，字子边，其子孙以祖字为氏，称边姓。二是商朝有诸侯国边国（今地不详），为伯爵，称边伯，其后以边为氏。至周王朝时，有大夫亦名边伯。

【变迁分布】

早期活动于河南。汉唐之间，在河南已形成以陈留郡（今河南开封）为郡望的边氏望族，在甘肃则形成以陇西郡主（今属甘肃）为郡望的另一支边氏望族。宋代以来，在山东、内蒙古、甘肃、陕西、河南、河北、湖北、浙江均有边氏分布。

【名人荟萃】

边鸾：唐朝画家，长安人。他擅长画花鸟及折枝草木，用笔轻利，设色鲜明。

边鲁：元代书画家。官南台宣使。工古文奇字，善墨戏花鸟，名重江湖间。著有《书史会要》《画史会要》《春草斋集》《梧溪集》等。

边贡：明代文学家，济南历城（今）人，文坛著名的"前七子"之一，诗作以清新婉转、平淡和粹、兴象飘逸见长，对明代文坛产生过较大影响。

边景昭：明代画家。永乐年间召至京，以绘事供奉内廷，授武英殿待诏，与蒋子成、赵廉被称为"禁中三绝"。

314 扈(hù)

【寻根溯源】

扈姓主要有两种来源。一是源于姒姓，为大禹王的后代，以国名为氏。大禹死后，他的儿子启继承了王位，建立的夏朝，自称夏后启。这种做法，破坏了传统的禅让制度，引起了一些诸侯国的不满。其中有一个诸侯国有扈氏，也是大禹的后人，受封于扈（今陕西省户县一带），建立扈国。有扈氏首领觉得有责任维护传统制度，于是就起兵讨伐夏后启。结果战败。夏后启趁势灭掉了有扈氏。有扈氏人，后来以原国名命姓，称为扈氏。史书说他：知义而不知宜。扈氏后又分为户、鄠二姓，其实扈、户、鄠三字音同字异，实为一姓。户姓由扈字去邑而为户，鄠姓因秦改扈为鄠而成姓。二是出自鲜卑族三字姓扈地干氏所改。南北朝时，后魏鲜卑有三字姓扈地干氏，进入中原之后，改为扈、干两姓。

【变迁分布】

早期在河南一带活动。汉唐时期，向西发展，在京兆郡（今陕西西安）形成扈氏名门。宋代以来，在山西、河北、河南、东北三省等北方地区有分布。

【名人荟萃】

扈彦珂：五代时将领。雁门（今山西代县西北）人。幼事王建立。后汉祖自太原建国号，擢为宣徽南院使，复授镇国军节度使。后以功迁护国军节度使。周世宗即位，授左卫上将军，复以太子太师致仕。

扈载：五代后周文学家。少好学，以文章驰名。进士第，拜校书郎，为史馆编修，再迁监察御史。曾编次历代兴亡治乱之迹，撰《运源赋》。又出游相国寺，见庭竹可爱，作《碧鲜赋》，题于寺壁。周世宗闻之，派太监前往抄录，览而称善，擢为水部郎中，知制诰，迁翰林学士。与堂兄扈蒙同掌诏诰，时称"二扈"。

扈再兴：宋代著名将领。扈再兴为京西制置使赵方部将，骁勇而有膂力，善于应变。以功迁鄂州副都统。扈再兴之子扈世达，官至都统制，亦有"大宋名将"之称。

315 燕(yān)

【寻根溯源】

燕姓主要有两种来源。一是源自姞姓，以国名为姓。商代时封黄帝支系于燕，建立燕国，史称南燕，地点在今河南延津，春秋时被郑所灭，其后代以原国名命姓，称燕姓。二是源自姬姓，是黄帝的后代，以国名为姓。西周初年召公奭受封建立燕国，都城在今河北易县，为周代北方最大的封国，后被秦所灭。燕国公族子孙以原国名命姓，称燕姓。

【变迁分布】

早期在河南、河北一带活动。汉唐时期，在河北、山西、陕西等北方地区分布，在河北已形成以范阳郡（今河北涿州市）为郡望的范氏名门大族。宋代以来，在河南、山东、内蒙古、江西等地都有分布，仍以北方为主，河南新蔡、淇县至今还有燕氏家族分布。

【名人荟萃】

燕伋：孔子七十二贤之一。据燕氏家谱记载，燕伋一家三代同堂，有祖父、祖母、父亲和母亲。是一个家道殷实、知书好礼的耕读传家之旺族。燕伋的祖父名公胜，父亲名公滕。当时，孔子在山东曲阜办学授徒，声名远扬，世人共仰。燕伋的父亲早就想让儿子远去山东求学。但因儿子年幼，路途遥远，未能成行。22岁那年，他遵照父亲的遗愿，负笈千里，到山东曲阜参与"杏坛"，拜师求学。

燕肃：宋代大臣。官礼部侍郎，计量发明家。山东益都人。举进士，性精巧，造指南、记里工鼓，计算方向和里程，十分精密。又创造莲花漏法以计时，非常准确。

燕文贵：北宋画家。他擅画山水、草木、人物。所作山水画富有变化，人称"燕家景致"，现存画作有《溪山楼观图》《烟岚水殿图》等。

316 冀(jì)

【寻根溯源】

冀姓主要有两种来源。一是帝尧之后在西周时受封建立冀国（其地在山西河津），春秋时被虞国所灭，其子孙以原国名命姓，称冀姓。二是源自姬姓。春秋时期，晋献公灭掉了虞国，冀遂成晋邑。后来晋国大夫郤芮因迎立晋惠公有功，被封于冀，世称冀芮。他的子孙以封邑命姓，称冀姓。

【变迁分布】

早期在山西活动。汉唐之间，在河北发展，并在渤海郡（今河北省、辽宁省之间的渤海湾一带）形成冀氏的名门望族。从名人分布情况看，宋代以来，在山西、河北、河南、辽宁等北方地区有分布，在南方的湖南等地也有冀氏分布。

【名人荟萃】

冀俊：北周骠骑大将军。为人沉着谨慎，善隶书，特工摹写。当时文帝常令他模仿魏帝的书法，写成敕书，与真无异。历任襄乐郡守，迁湖州刺史，加骠骑大将军，开府仪同三司，晋爵昌乐侯。清正廉洁，所历颇有政绩。

冀练：明代大臣。嘉靖年间进士，由长安知县升任户部主事，因耿直而很久不得升迁。明神宗时官至户部侍郎。以清廉勤奋著称一世，死后谥"端恪"。

冀述：明代大臣。幼与弟冀体以学业闻名乡里，称大、小冀。万历二十六年（1598年）第进士，授广宁司理。后升任户部广东司主事，不久改任兵部车驾司主事。历官皆以清廉著称。

317 郏（jiá）

【寻根溯源】

郏姓主要有三种来源。一是出自姬姓，是周文王姬昌的后裔，以地名为氏。西周成王之时，天子定鼎于郏（今河南郏县），当地居民便以地为氏。二是出自春秋时期的郑国，以地名为氏。郑国的大夫郏张，因为他的祖上受封于郏这个地方，于是他的后代就以封地作为自己的姓。三是出自芈姓。芈姓为春秋时期楚国的王族。楚国有楚共王审，他的孙子叫做员，字敖，被立为王。后来敖被他的季父康王的弟弟公子围杀害。他被杀害以后葬在郏，称为敖郏，他这一支的子孙就以郏作为自己的姓氏。

【变迁分布】

早期在河南的中部活动，并在郑州附近形成望族。汉唐时期，南下的郏氏在武陵郡（今湖南常德一带）形成另一支郏氏名门望族。宋代以后，在东南地区也有郏氏居住。当今分布范围较广，但人口数量不多。

【名人荟萃】

郏亶：北宋著名水利学家。出生于农家，作自幼酷爱读书，识广不凡，嘉祐二年（1057年）考中进士，授职未任。终日跋涉于野外，从事农田水利的考察和研究，深究古人治水之迹。他的治水主张被宰相王安石采纳和赏识。为了更好地总结前人治水经验，他还实地考察了太湖地区治水的历史，考察了260多条河流，结合自己治水的亲身体会和设想，撰写了《吴门水利书》4卷。官至太府寺丞，后卒于任上。

郏侨：宋代将仕郎，很有文才，被王安石所看重。

郏伦逵：清代著名画家，号"铁兰道人"，擅长于画山水墨兰，在当时名震一时。存世的作品集有《白雪山房集》。

318 浦(pǔ)

【寻根溯源】

浦姓主要有两种来源。一是源自姜姓。姜太公的支系因食采于浦,故其子孙以浦为氏。二是源自春秋时晋国大夫浦砾,其子孙以祖字为氏。

【变迁分布】

早期活动于山东、山西。汉唐之间,在今陕西西安一带发展,并以京兆郡(今陕西西安)为郡望。宋代以来,在江苏、浙江、上海、山东等地均有浦氏分布,尤以江苏、山东最为集中。

【名人荟萃】

浦源:明代画家。无锡(今江苏无锡)人,在福建游历,与林鸿辈号为"十才子"。

浦镛:明代大臣。明代监察御史,字廷用,上元(今不详)人。成化年间擢升建宁知府,以清廉节俭为治,人们很景仰它。

浦南金:明代唐府教授。字伯兼,嘉定(今属上海)人。嘉靖举人。博学多才,喜好古文,擢升国子助教。死后没有留下一点值钱的遗产。著作有《诗学正宗》。

浦霖:清朝大臣。浙江嘉善人,乾隆三十一年进士,授户部主事,再迁郎中。外授湖北安襄郧道。累迁福建巡抚,移湖南,复迁福建。

319 尚(shàng)

【寻根溯源】

尚姓主要有两种来源。一是出自姜姓。是姜太公的后裔,以祖名为氏。姜太公名尚,字子牙,辅佐周武王推翻了商王朝,被封于齐,是为齐太公。太公在周朝为太师,故又称太师尚父,简称为师尚父或尚父。他的后代子孙便以他名字为姓,称为尚姓。二是北魏时有鲜卑族汉化为尚氏。

早期在今山东一带活动。汉唐之间，在山西、陕西、河北等地发展，并以京兆郡（今陕西西安）、上党郡（今属山西）、清河郡（今河北清河）为郡望，形成尚氏名门望族。宋代以来，发展于天津、河南、河北、辽宁等北方地区。当今在河北、河南有较多分布。

【名人荟萃】

尚让：唐末黄巢起义军将领。初从王仙芝起义，王仙芝死后，归黄巢。大齐政权建立后，任太尉中书令。随黄巢四处征战，为黄巢的重要将领。黄巢死后，降唐。

尚道长：宋代官吏、学者。相州安阳（今属河南省）人，以父荫入官，因屡与上峰争辩曲直，故抑压不进。博古多闻，尤嗜《资治通鉴》，亦工诗。有《家集》《和陶诗》。

尚野：元代大臣、学者。保定（今属河北省）人，累官至集贤侍讲学士兼国子祭酒。为官廉正有为，决狱无留滞。文词典雅，博闻强记，从学者甚众。

尚可喜：清初藩王。辽东（今辽宁省海城）人，原为明广鹿岛副将，降后金后，受封智顺王，隶汉军镶蓝旗。顺治六年改封平南王，率军征讨南明政权。后告老返乡，因其子尚之信响应吴三桂叛乱，他受惊吓而死。

320 农（nóng）

【寻根溯源】

农姓主要有三种来源。一是源自神农氏。炎帝神农氏之后，其支系子孙以祖尊号为氏，称农姓。二是源自以官名为氏。三是他族改姓和少数民族。

【变迁分布】

早期主要活动于陕西、河南、山西等地。汉唐时期，在山西形成以雁门郡（今山西代县）为郡望的农氏名门大族。农姓为罕见姓氏，宋代以后，在东南地区有少量分布。

【名人荟萃】

农益：明代名儒。平南（今属广西）人，明永乐年举人，官训导，是明代的一位名儒。

农猷：明代官吏。官淳安县县令，多有惠政。

农志科：明代官吏、名儒。沅州（今属湖南）人，明宣德年间任靖州学正。

温别庄晏　柴瞿阎充　慕连茹习　宦艾鱼容

321 温 （wēn）

【寻根溯源】

温姓源自姬姓。周成王之弟唐叔虞的后裔中，有的受封于温（今河南温县），其子孙以国为氏。春秋时晋国大夫郤至食采邑于温，又称温季，其子孙以邑为氏。北魏鲜卑族、唐代康居国也有改姓温氏者。

【变迁分布】

早期在今河南温县一带的中原地区活动。汉唐之间，向山西扩展，形成以太原郡（今山西太原）为郡望的温氏名门，重点居住在当今山西祁县。唐宋以后，在山西、陕西、河南、湖北、浙江、福建、广东等地都有温氏分布。当今在山西、河北、北京、天津、河南、山东、重庆、四川、广东、福建等地都有一定分布，其中东南沿海地区占有一定比重。京津及东北三省温氏中，有的是满族汉化而来。

【名人荟萃】

温子升：北魏著名文学家，官至中军大将军。济阴冤句（今山东菏泽西南）人，他博览百家，文章清婉。平熙初，对策高第，补御史。有文集35卷。被誉为"北地三才"之一。

温彦宏：唐代名宦。太原祁（今山西祁县）人，温彦宏、温彦博、温彦将兄弟三人，俱知名于当世。高祖时，彦宏参与机务，官吏部尚书，封黎国公；彦博初从幽州总管罗艺，后随罗艺降唐，曾被突厥所俘，囚于阴山苦寒之地，归后累官至尚书右仆射（宰相），封虞国公；彦将官至中书侍郎，封清河郡公。时称"一门三公"。

温庭筠：唐代词人和诗人。诗与李商隐齐名，时称"温李"。作赋八叉手而成，时称温八叉。精通音律，诗词风格浓艳，辞藻华丽，多写闺情，乃花间派鼻祖。

温仲舒：北宋大臣。北宋太平兴国二年（1077年）进士。曾任户部侍郎，参知政事，刑部尚书，知审官院，户部尚书等职。大中祥符三年，判昭文馆大学士，命下，卒，年67岁。赠左仆射，谥恭肃。与寇准同进，时人谓之"温寇"。

温体仁：明代宰相。浙江省乌程（今浙江湖州）人，进士及第，历任编修、礼部左侍郎、礼部尚书等职，崇祯四年入阁，不久升为首辅。其为相八年，崇祯对其恩崇无比，而温对上一味迎合，对下严厉刻薄，几无政绩。

322 别（bié）

【寻根溯源】

别姓源流纯正，源出有一。别姓是别成子之后。古代封建宗法制度中，次子以下为小宗，小宗的又次子称之为别子，与嫡长子一系的宗子相区别。古时别子不得以祖上姓氏为姓，而另为一族，故称"别子为祖"，以祖父字、官、封邑、爵、谥号为姓，其中有的以自己在宗法制度中嫡庶方面的地位为姓，遂有别姓。

【变迁分布】

早期活动于中原。汉唐之间，活动于今陕西西安一带，并以京兆郡（今陕西西安）为郡望。宋代以来，在湖北、河南均有分布。

【名人荟萃】

别之杰：明代大臣。宋朝郢州（今湖北省钟祥）人，嘉定年间进士，先后知澧州及德安、江陵知府，湖北安抚使。官至端明殿学士，加兵部尚书，淳祐年间，擢参知政事。为人忠厚，居官清廉，不畏权贵。

别的因：元代将领。官至昭勇大将军、台州路达鲁花赤。

323 庄（zhuāng）

【寻根溯源】

庄姓主要有三种来源。一是出自芈姓。春秋时楚庄王之后，其子孙以谥号为氏。二是出自子姓，春秋时宋国国君宋戴公名武庄，他的后人便以他的字为姓。三是汉代还有明帝刘庄之后改为严氏，又复归庄氏，故有"庄严一家"之说。

【变迁分布】

早期在湖北、河南一带居住。汉唐之间，向东、南、西三面发展，并在天水郡（今属甘肃）、东海郡（今山东临沂一带）、会稽郡（今浙江绍兴）形成庄氏名门望族。宋代以后，已经向南播迁至江苏、福建、广东、云南、四川、辽东等地。当今在我国大部分省区有分布，东南沿海地区的庄氏分布较多。

【名人荟萃】

庄周：战国时期思想家、哲学家。主张清静无为，在思辨方法上，把相对主义绝对化，转向神秘的诡辩主义。著有《庄子》。

庄辛：战国时楚襄王大臣，因襄王宠幸嬖臣不理朝政，屡谏不听，庄辛遂避乱到赵国。后楚国为强秦所破，国都覆没，襄王到城阳（今河南信阳）避难，派遣使者召庄辛回国，问救国之道，庄辛回答："亡羊补牢，犹未为晚。去嬖臣，以天下为重，则楚国有救。"襄王闻过思改，委以国政，封庄辛为阳陵君。

庄蹻：一作庄豪，又作庄峤。战国时楚国人，史载系"楚庄王之苗裔"，在他生平当中有两件大事，一是反楚起事，二是入滇，是史上第一个云南王。

庄有恭：清代大臣。乾隆四年状元，授修撰、历任江苏、浙江、福建等省巡抚、刑部尚书、官至协办大学士。曾主持浙江海塘工程，又疏清大修三江水利。工书。著有《三江水利纪略》。

324 晏（yàn）

【寻根溯源】

晏姓有三种来源。一是源自姜姓，春秋时齐国著名的贤臣晏婴被后人尊称为晏姓始祖。二是源自陆终氏，为颛顼帝的后代。传说时代有陆终氏之子晏安，其子孙以祖父字为氏。三是尧帝时大臣晏龙的后人。

【变迁分布】

早期在山东、河南一带活动，并在齐郡（今山东临淄一带）形成名门望族。宋代以来，在江西形成晏氏名门，并有分布在陕西、四川、湖北、湖南、江苏、贵州等地。

【名人荟萃】

晏婴：春秋时齐国夷维（今山东高密）人，任相国，后人将他的言行编成《晏子春秋》一书，宣扬他勤俭节约的美德。晏婴头脑机敏，能言善辩。内辅国政，屡谏齐王。对外他既富有灵活性，又坚持原则性，出使不受辱，捍卫了齐国的国格和国威。司马迁非常推崇晏婴，将其比为管仲。

晏殊：北宋宰相，著名词人。抚州临川（今属江西）人曾以"神童"之名被真宗如为进士，官集贤殿学士、同平章事兼枢密使。他填词擅长小令，承袭南唐风格，多表现士大夫阶层的诗酒生活和悠闲情致，语言婉丽，音调和谐。代表作有《浣溪沙·一曲新词酒一杯》《浣溪沙·一向年光有限身》《珠玉词》等。他喜好贤能，范仲淹、孔道辅、欧阳修等都曾是他的学生。他的儿子晏几道也是北宋著名的词人。

晏铎：明代大臣。进士，翰林院庶吉士，历任福建道御史。他学问渊博，才华出众，为官清正，政绩斐然，受到人民爱戴，是明英宗时期的"景泰十才子"之一。

晏敦复：南宋诗人、正直大臣。晏殊曾孙。官至吏部尚书兼江淮等路经制使。不屈于秦桧等人权势，反对议和。宋代大臣。宋高宗曾给予"严峻耿直，敢于议政"的好评。

325 柴（chái）

【寻根溯源】

柴姓源自姜姓。春秋时期齐文公之子名高，高的裔孙中有高柴，其子孙以祖字为氏。

【变迁分布】

早期在山东一带活动。汉唐之间，向山西扩展，并以平阳郡（今山西省临汾市西南）为郡望。五代时期，以河北大名为籍的柴荣为后周名君，大名柴氏也成为柴氏望族。宋代以来，在河北、河南、山东、浙江、陕西、江西、天津、吉林、辽宁等地都有柴氏分布。当今浙江江山、杭州等地是柴氏的重点分布地区。

【名人荟萃】

柴武：西汉大将。汉高祖的大将军，封棘浦侯。后来柴武因迎击十四万匈奴骑兵战功卓著，又加封为高唐侯。

柴绍：唐代开国功臣。山西平阳（今山西省临汾市）人。自幼矫健勇猛，以任侠名于乡里。唐高祖李渊以第三女平阳公主嫁之，成为李渊的乘龙快婿。他累从高祖征伐，屡建奇功，授大将军，被封霍国公。后又加封谯国公，"凌烟阁二十四功臣"之一。

柴荣：后周世宗皇帝。史书记载柴荣身材英奇，善骑射，通书史黄老，是五代时期具有雄才大略的英明帝王。被史学家誉为"五代第一明君"，为北宋的统一奠定了坚实的基础！

326 瞿(qú)

【寻根溯源】

瞿姓的来源一说为子姓。商大夫瞿父，其子孙以祖字为氏。另一说是，春秋鲁国人商瞿的后人以瞿为氏。

【变迁分布】

早期在山东、河南一带活动。汉唐之间，向山东、山西、河南、浙江等地扩展，以高平郡（今山东巨野）、松阳郡（今属浙江）为郡望。宋代以来，在江苏、安徽、湖南、上海、浙江等地均有分布。当今尤以江苏、湖南有较多分布。

【名人荟萃】

瞿佑：明初著名文学家。少时即有诗名，他的诗绮艳柔靡，但终生怀才不遇，仅在洪武年间任教谕、训导之类小官。永乐年间因写诗蒙祸，被贬谪十年。著有《香台集》《咏物诗》《存斋遗稿》等20多种，还著有小说集《剪灯新话》等著作。

瞿俊：明代官员。成化五年（1469年）进士，由御史迁广东按察副使。性廉正，人不能干以私。以病致仕归，不取岭南一物。工书画，兰竹行笔瘦劲，书法二王。善为诗。与渔民为邻，时时席地与饮，酒酣吟诗作画，分赠之。

瞿镛：清代文士。江苏常熟人。岁贡生。瞿氏以藏书著名，藏书之精，与山东杨以增海源阁有"南瞿北杨"之称。镛秉承父志，笃志藏书，不为名利所动。传说光绪帝欲得其一珍秘本，赏以三品京官，并给银三十万两，竟不奉诏。著有《铁琴铜剑楼藏书目录》《续海虞文苑诗苑稿》《集古印谱》《铁琴铜剑楼词稿》。

327 阎 (yán)

【寻根溯源】

阎姓主要有三种来源。一是源自姬姓。姬姓之阎有三支，周武王灭商后，成王封太伯的曾孙仲奕于阎乡，其子孙以封邑为氏；周康王因昭王少子生时手心有一个"阎"字形手纹，故将其封于阎城，此也是以封邑为氏；春秋时晋成公儿子懿受封于阎城，后被晋国所灭，其子孙以封地名为氏，从而形成姬姓阎王氏的第三支。二是源自芈姓。楚国有大夫食采于阎，楚武王时有重臣阎敖，为楚之旁系。三是出自其他少数民族改姓。有鲜卑族、满族改为阎氏者。

【变迁分布】

早期阎氏形成山西、陕西、江苏、湖北四个中心。汉唐时期，向周边扩散，在山西、河南、甘肃形成重点分布区，以太原郡（今山西太原）、河南郡（今河南洛阳）、天水郡（今甘肃通渭）为郡望。宋代时期则以河南、陕西、四川、山东为集聚区。明代时期，仍以北方为中心，在山西、山东、河北、河南也有较多分布。当今主要分布于甘肃、陕西、河南、山东、河北、辽宁、安徽等地。

【名人荟萃】

阎姬：东汉皇后。汉代河南荥阳女子，于东汉安帝时贵为皇后，统御六宫。安帝驾崩后，与其弟阎显废立太子，她临朝听政，其兄阎显任车骑将军，共掌国家大权，不久事败而被诛。

阎立本：唐代最著名的画家。阎立德之弟，他继承家学，并师法张僧繇、郑法士，而能变古象今，擅画人物，尤精写真，兼能书法，存世有《历代帝王》《步辇》《职贡》等图。

阎次平：宋代画家。擅画山水、人物，尤工画牛，颇为生动，评者谓其"仿佛李唐，而迹不逮意"。存世作品有《牧牛图》等。

阎敬铭：清代名臣。曾历任按察使、布政使、巡抚、户部尚书、军机大臣等要职。因反对修建圆明园而被革职，以善理财著称。

328 充 (chōng)

【寻根溯源】

充姓主要有两种来源。一是源于官位，以官职称谓为氏。周朝有职官充人，负责管理祭祀之事，其后人以职官为氏，称充姓。二是源于姜姓。春秋时期，齐国有一个公族大夫，名叫充闾，他的后代便以祖上名字为姓氏，称充氏。

【变迁分布】

早期活动在河南、山东。汉唐时期，以太原郡（今山西太原）为郡望。充姓是罕见姓氏，宋代以前，在中原地区偶见；宋代以后，已不多见。当今在山西、北京、河南、江苏有少量分布。

【名人荟萃】

充虞：战国孟子的弟子。跟随孟子学习。

充申：汉代术士。

329 慕 (mù)

【寻根溯源】

慕姓主要有两种来源。一是出自远古帝王虞舜的祖父虞幕（通幕姓）。相传上古五帝之一的舜帝的祖父叫虞幕，虞幕的后代中，有一支以他的名字为姓，就是幕氏。后来经过历史的演变，幕姓演变为慕姓。二是出自慕容氏。远古时，有个黄帝后代叫"封"，他到东北三省部去建立了鲜卑国。他取姓慕容，是意在远离中原之地发扬光大传统文化。后来慕容姓的后人，有的地区又简化为慕姓。

【变迁分布】

早期在西北活动，后来以敦煌郡（今属甘肃）为郡望。宋代以来，在河南、甘肃等地偶有所见，慕姓是罕见姓氏。

慕完：元代大臣。做刑部侍郎的官，善决狱，执法公正，深受好评，至顺间封魏郡公。慕完自小聪明好学，胸怀大志，果然成为国家栋梁之材。

慕天颜：清代文士。由顺治年间举进士而当官，知钱塘县。他读书重在实际应用，明白水利对农业和运输的重要，就倾全力治水，在任江苏巡抚期间，疏通当地河港，疏浚吴淞江、刘河及常熟之白茆港、武进之孟渎河，并请免荒田赋额二百万。造福一方百姓，千古流芳。康熙年间朝廷任命他为漕运总督，管理水运的事务。

慕甲荣：清代文士。许州城西慕庄（今河南许昌）人。潜心经史，留心训古，为文剖析理蕴，精刻沉实。甲寅以拔贡中举，秉铎禹州。著有《述德堂大小塾课先人言》刊刻行世。并著有诗、古文、词藏于家。世称"慕夫子"。

330 连 (lián)

【寻根溯源】

连姓主要有四种来源。一是出自高辛氏，远古颛顼之后，以祖字为氏。颛顼的曾孙陆终的第三个儿子名叫惠连，他的后代于是就以他们祖先的字作为姓，于是形成连姓。二是出自芈姓，以官名为氏。春秋时期，楚国公族有连敖、连尹的官职，后来这两个官职就作为姓氏传了下来。三是出自姜姓，以祖名为氏。春秋时期齐国公族的后裔，齐国大夫连称的后代以祖上的名字为姓，称为连姓。四是北魏时有他族改姓连者。

【变迁分布】

早期活动在山东、河南、湖北等地。汉唐时期，向山西扩展，并以上党郡（今属山西）为郡望。宋代以来，在山西襄垣、湖北应山、安徽阜阳、江西德安、福建惠安、台湾台南等地有连氏分布。

【名人荟萃】

连舜宾：宋代名士。应山人。他年少的时候应乡试举没有考中，于是便回家供养父母，从此不去考试了。他的家庭很富有，而且他的财产很多都用来救济当地的老百姓。其余时间他就专心教育他的儿子连庶和连痒。他常常对别人说：我不要财产，教育好我的儿子就是最好的财产。后来他的两个儿子都中了进士，都当了县令。两个儿子都很有名气，为官清廉，百姓对他们俩都有很高的评价。

连南夫：宋代大臣。应山（今湖北广水市）人。进士，历任中书舍人，擢显谟阁学士、知信州、泉州，进宝文阁学士、知广州，迁广东经略安抚使。后来因得罪权相秦桧，被谪知泉州，于是隐于龙溪县十一都秀山（今福建省龙海市榜山镇翠林村西）之麓。死后，谥忠肃，赠左正奉大夫、太子少傅。

连矿：明代大臣。河北永年人。嘉靖年间进士，选翰林院，曾任户部主事、山西道监察御史、浙江按察副史、湖广按察史、浙江布政史、行政都察院右副督御史敕总督漕运兼总河加户部右侍郎，因治水有功，造福百姓，在一方名声显赫。

331 茹（rú）

【寻根溯源】

茹姓主要有三种来源。一是古代北方柔然族（又称茹茹族），进入中原后汉化为茹氏。二是出自如姓。汉代有如淳，其后代子孙在"如"字上加草字头为茹姓。三是出自鲜卑族。南北朝时，北魏鲜卑族有普六茹氏，入中原后改为茹姓。

【变迁分布】

早期在山西北部与内蒙古交界一带活动。唐代以前，已经迁布于河南周边诸省，并以河内郡（今属河南沁阳）为郡望。宋代以来，在河南、山东、山西、安徽、江苏、浙江等地均有分布。

【名人荟萃】

茹皓：后魏文帝的著名冠军将军，他不但武艺高强，还知书识礼，聪敏而待人谦和，十分受朝廷的器重，既参与国家大政，又能折节下人，受当时人称赞。

茹瞻：北齐官员。东安（今属湖南）人。南州举秀才，历官侍郎。清朗刚直而见称。据说，当他举秀才之时，皇帝就亲口说过"今日之选，不可无茹生"的话，可见茹瞻的才华。卒于侍御史。

茹洪：明代大画家和大书法家。他因为楷书写得好，名气传到京城，王公贵族都收藏他的墨宝，他于是进京，写字作画。他善于画山石竹木，并且因为受古车的熏陶，作画气韵高古，名重一时。

332 习(xí)

习姓主要有两种来源。一是源于姜姓，出自春秋时期习国，属于以国名为氏。中国古代有个习国（今陕西商洛丹凤武关少习山一带），以地为名，是封予炎帝后裔的诸侯国，君主名叫习侯。习国灭亡后，在其公族子孙以及国民中有以故国名为姓氏者，称习氏。二是源于息夫躬，属于以避难改姓为氏。西汉王朝时期，息氏族人中出了一位著名人物，叫息夫躬。被诬陷入狱冤死。在息夫躬被捕入狱后，其后裔子孙为避牵连之祸，四散迁逃，其中有以原姓的谐音字"习"为姓氏者，称习氏。

【变迁分布】

早期活动于陕西。汉唐之间，扩展向江浙一带，并以东阳郡（今浙江金华）为郡望，以襄阳为堂号。习氏在当今姓氏中，居第二百九十六位，仅见于河北、湖北、浙江等个别地区。

【名人荟萃】

习融：东汉名士。

习凿齿：东晋史学家，曾官荥阳太守。

习韶：明代官员，官兵部郎中。

333 宦(huàn)

【寻根溯源】

宦姓源流纯正，源出有一，出自阉宦以外的仕宦人家，以官称为氏。大明正德年间，由皇帝赐姓于太子太保满门姓宦。宦姓开始盛行。

【变迁分布】

宦姓的有关资料极少，为罕见姓氏。在江苏、贵州偶有所见，以浙江金华的东阳郡为郡望。

宦绩：明代进士。江阴（今属江苏）人。据《江阴县志》载，永乐二年（1404年）进士，擅写文章，又负气节，名重一时。

宦愚庸：清代诗文家。

宦应清：清代官吏。贡生，长期供职武汉海关。

334 艾（ài）

【 寻根溯源 】

艾姓主要有三种来源。一是出自于夏后氏，禹王之后，以祖字为氏。夏王少康有大臣汝艾，其后人以祖字为姓，遂成艾姓。二是出自春秋艾孔之后，以封地名为氏。春秋时期，齐国有位大夫名孔，因为住在艾陵（今山东省泰安东南），人们就叫他艾孔。他的后代，便以居住地名称的第一字"艾"作为自己的姓氏。三是出自复姓改为艾氏。南北朝时，北魏鲜卑族有复姓艾斤氏，入中原后逐渐与汉文化融合，后改为单姓艾氏，称艾姓。

【 变迁分布 】

早期在河南、山东活动。汉唐之间，在甘肃、河南有较大扩展，并以陇西郡（今属甘肃）、天水郡（今属甘肃）、河南郡（今河南洛阳）为郡望。宋代以后，遍布湖北、陕西、山东、湖南、江西等地，在陕西米脂有较多分布。当今在河北、河南、陕西、湖北、湖南、浙江、上海、江西、云南等地都有一定分布。

【 名人荟萃 】

艾自修：明代的著名学者。他和他的兄长艾自新都是明代的著名学者。兄自新精研理学，所著《希圣录》，深得宋儒宗旨。艾自修以其兄研究成果，再加发挥，纂明其要。著有《理学纂要》，得到学界好评，朝廷旌表为当代贤儒。

艾可久：明代大臣。进士，历官太常寺傅、御史、衡州知州、山东副使、江西和陕西参政、按察使、南京通政使等。他为官刚正清廉。以良好的官德官声，获得了朝野好评。

艾元征：清代文士，由进士而当左都御史、刑部尚书的高官，政绩优良。

335 鱼(yú)

鱼姓主要出自子姓,是商汤的后裔。得姓始祖是宋襄公的弟弟公子睅,字子鱼。子鱼的后世子孙有一支以先祖的字为姓,称鱼姓。还有出自他姓所改。唐代时,鲜卑族人大将军尚可孤,拜唐朝监军鱼朝恩为养父,并改名为鱼智德,他的后代相传也有姓鱼的,为冒姓鱼氏。

【变迁分布】

早期活动于河南。汉唐之间,向山西、陕西扩展,并以雁门郡(今山西代县)、冯翊郡(今陕西大荔县)为郡望。宋代以来,在陕西、河南、湖北、江苏等地偶有分布。

【名人荟萃】

鱼翁叔:汉代巨商。以业贾致富而传名。

鱼豢:三国时著名史学家。鱼豢撰写了著名的史书《魏略》,在《魏略》中对三国的历史有比较精准的记述。

鱼孟威:唐代著名官吏。任桂州刺史,当时距前任李渤修灵渠已有四十三年,渠道湮圯严重,舟楫往来艰难。他主持修浚,历时一年多,竣工。他写有《重修灵渠记》,建议常加修浚,以利国计民生。后人感念其功,列为修渠"四贤"之一。

鱼侃:明代官吏。明永乐年间进士。先后任刑部、工部主事,随都御史王竑监督漕运。因河道时有淤浅,航行不便,奏请创设"浅浦夫"(撩浅),随时疏浚,以保畅通,为时人称颂。任开封知府时,审理案件不受请托,人称耿直刚正,可比包公。母死,不取官府一物,弃官返里,生活贫苦,雨天屋漏,寒冬被褥单薄,甚或无米下锅,仍怡然自得。由于鱼侃为人光明正大,铁面无私,秉公执法。当时人们称他"包老",将他比作包公。鱼侃死后约二百年,明朝崇祯年间任淮扬巡抚的路振飞巡行到常熟,前去鱼侃墓致祭,为他立了"第一清官鱼侃"的石碑。

336 容（róng）

【寻根溯源】

容姓主要有三种来源。一是出自黄帝的史臣，以祖名为氏。黄帝有史臣名叫容成，因发明历法而知名，其后人以祖名为氏。二是来自古代的容国，以国名为氏。古代有国名叫容，这个国家的子孙后代后来以国为姓，成为容姓。三是以官职为姓，周朝的礼乐之官官名为容，其后便以祖上的官职为姓。

【变迁分布】

早期活动于陕西、河南一带。汉唐之间，向西发展，在甘肃形成容氏集聚区，并以敦煌郡（今属甘肃）为郡望。宋代以来，在安徽、江西、广东等地有分布。当今广东东莞、中山、台山等地依然有容氏居住。

【名人荟萃】

容萱：金代官员。朝廷任他当知府官，他夫人很能干，名叫适姑，发生战事时，容萱死后，朝廷就让适姑承继他的军权，统帅军队。

容悌舆：明代孝子。个性敦厚，学问渊博，孝敬父母。永乐年间，他在家乡香山担任教谕，母亲得了风瘫，卧床13年，都不能起来活动，他于是日夜侍候，从来没有厌倦。于是乡人称赞他为"孝行先生"。著作有《云岚集》。

容若玉：明代官员。举为进士当官，朝廷派他去江西。容若玉治理地方，为百姓着想，办了许多好事。他为人正直，为官清廉，死后，家贫没有财物，他的同僚朋友周济拿银子将他灵棺运回老家安葬。

向古易慎　戈廖庾终　暨居衡步　都耿满弘

337 向（xiàng）

【寻根溯源】

向姓主要有两种来源。一是源自祁姓。上古时炎帝后裔封于向国，春秋时被莒国所灭，其后人以国为氏。二是源自子姓。春秋时宋桓公的儿子公子肸，字向父，其孙子向戍以祖字为氏。

【变迁分布】

早期在山东、河南活动。汉唐之间，在河南有较大发展，并以河内郡（今河南沁阳）、河南郡（今河南洛阳）为郡望，在江苏、湖北等地也有扩展。宋代以后，在河南、江西、宁夏、江苏、湖南、浙江、四川等地有广泛分布。当今在山东、湖南、湖北、广东、江西、四川等地都有所分布，尤其湖南、湖北分布最为集中。

【名人荟萃】

向秀：魏晋"竹林七贤"之一。好读书，与嵇康、吕安等人友善，但不善喝酒。隐居不出，景元四年（263年）嵇康、吕安被司马氏害死后，他只好到洛阳任散骑侍郎、黄门散骑常侍、散骑常侍。

向子韶：宋代官员。进士，任淮宁知府。金人犯境，子韶亲率兵丁和家族子弟守城。城陷落后，子韶不屈而死，谥号忠毅。

向士壁：南宋名将。进士，官至大理卿直龙图阁。元兵南下，合州告急，制置使马光祖命士壁率兵赴援。士壁数立战功，升任湖南安抚使兼知潭州。元兵围城，士壁聚力固守，力战退之。不久又升任兵部侍郎兼转运使，后因奸相贾似道妒忌其功，被诬告杀害。

向侃：明代大臣。永乐年间中举，宣德中任靖宁州判官，后升任监察御史，一度又出为知府。他洁己爱民，不避艰苦，办事公正，清约如寒士，名节很好。他和兄弟五人到老也住在一起，十分友爱。

338 古(gǔ)

【寻根溯源】

古姓主要有三种来源。一是源自姬姓。商代后期，周族首领古公亶父带领族人在西歧定居，被其后人尊其为周太王。其后代中有一支以古字为氏，称古姓。二是源自姬姓，周大夫受封于苦城（今河南鹿邑），其后人由"苦"讹传为"古"，并以古为氏。三是他族改姓者。

【变迁分布】

早期在陕西、河南活动。汉唐之间，在晋北发展，并以新安郡（今属山西）为郡望。宋代以来在山西、河南、广西、广东、江西等地有少量分布。

【名人荟萃】

古弼：北魏大臣。代州人。为人忠厚，善于骑射。因战功卓著而封为灵寿侯。历位吏部尚书，虽然事务殷凑，但坚持读书不辍。太武帝称赞他为社稷之臣。文成帝即位后，他因被诬告而处死，时人都为他叫冤。

古之奇：唐代文士。约唐代宗大历中前后在世。公元763年（宝应二年），在礼部侍郎洪源知贡举时进士及第，他与耿伟同时登科。他曾任安西都护府幕下书记，与李端司马是志同道合的朋友。古之奇精通古体诗，他的诗充满宁静、闲适、淡泊的情趣，婉转成篇，在艺苑中享有名声。

古朴：明朝大臣，陈州（今河南淮阳）人。历任兵部侍郎、户部尚书等职。在朝三十多年，以清廉著称。

339 易(yì)

【寻根溯源】

易姓主要有两种来源。一是源自姜姓，以易为氏。武王伐纣时，姜尚担任统兵的军师，协助武王取得了胜利，赢得了武王的信任。封他于齐。后来又封他的子孙于易地, 这一部分姜尚的后代于是以地名作为姓氏, 称易姓。二是春秋时齐桓公臣属雍巫, 字牙, 因以易为采邑, 又称易牙, 其子孙以邑为氏。

【变迁分布】

早期活动于山东、河北。汉唐之间, 已经扩展到湖南、甘肃、山西、河南等地, 并以太原郡(今山西太原)、济阳郡(今河南省兰考东北三省)为郡望。宋代以来, 在江苏、江西、湖北、湖南、广东、四川、贵阳等南方地区扩展, 湖南及湖北一些地区均有一定分布。

【名人荟萃】

易充: 宋代学者。聪慧超群, 年仅十六七岁时即通《易》《书》《诗》, 号"三经处士", 著有《中州文集》。

易祓: 宋代大臣。长沙(今属湖南省)人, 宋代淳熙年间进士第一, 后官至南宋礼部尚书, 著述甚丰。

易元吉: 北宋著名画家。工于花、石、禽、獐猿, 亦精于花鸟瓜果, 是徐熙、唐希雅的继承者。其作品有《猴猫图》《聚猿图》《花石珍禽图》等。

易绍宗: 湖广攸县(今属湖北)人, 明代洪武年间因军功授象山县钱仓防千户, 后在建文三年(1401年)在与倭寇作战中丧身。

易元贞: 明代官员。官崇阳令、平县令, 为官清廉, 性清介, 尤恤孤弱, 禁强御。暇日延诸生论道谈文。死后贫无以葬, 人民为他举办葬礼, 罢市相送。

340 慎(shèn)

【寻根溯源】

慎姓主要有两种来源。一是源于芈姓, 出自春秋时期楚国白公胜后裔的封地, 属于以封邑名称为氏。春秋时期的楚国太子白公胜的后裔中有的被封在慎邑, 他的子孙便以邑名作为姓氏, 称为慎氏。二是源于姬姓, 出自春秋时期的禽滑厘之后, 属于以先祖名字为氏。春秋时期的禽滑厘是墨子的弟子, 他的字为慎子, 其后代以他的字作为姓氏, 形成慎氏。

【变迁分布】

早期居住于河南、湖北等地。汉唐时期, 扩展至河北、甘肃、江浙等地, 并以天水郡（今甘肃通渭）为郡望。当今分布范围较广，但人数不多。

【名人荟萃】

慎到：赵国人。著名战国时期韩国大夫、法家。曾在齐国的稷下讲学，颇负盛名。研习黄老的道德之术后得到启示，于是有了自己的学说，他主张"抱法处世""无为而治"，从"弃知去己"出发。著作有《慎子》四十二篇。

慎知礼：北宋初期著名文士。18岁时被吴越王钱俶任为掌书记。入宋后，历官鸿胪卿、兴元知府，后因母亲年老而辞官，被人称为孝子。

慎东美：宋代著名狂士、画家。为人狂放而不愿受约束。宋嘉祐年间，慎东美由宰相韩琦推荐，入朝做官。慎东美工书，王逢原赠之诗，极称其笔法，有曰："铁索急缠蛟龙僵。"

慎蒙：明代著名大臣、学者。嘉靖进士，在朝廷任监察御史。著作有《天下名山诸胜一览记》。

341 戈(gē)

【寻根溯源】

戈姓出自姒姓，以国名为氏。夏禹的后裔，有一支受封于戈，后被少康所灭，其后人以原国名戈为姓。

【变迁分布】

早期在河南活动。汉唐之间，向东南地区的浙江扩展，并以临海郡（今浙江省东部沿海，象山港以南地区）为郡望。宋代以来，在江苏、浙江、河北、四川、云南等地有少量分布。

【名人荟萃】

戈汕：明代著名画家，常熟人。

戈涛：清代著名官员、文士。清代乾隆皇帝时为进士，在朝中做官，官至刑科给事中。他以书法好出名，著有《坳堂诗集》等。

戈源：清代著名官员。戈涛的弟弟，在朝中做官。他很关心百姓，任官期间，为政宽厚，让百姓受惠得益。而自己勤奋做事，亲力亲为，使许多事得到妥善的解决。

戈裕良：清代著名园林艺术家。江苏苏州人。为清代乾嘉年间名噪一时的园林艺术家，他本是画家，后以造园为业，他将绘画艺术与园林建造结合起来，大江南北许多名园均出自其手。他的造园技艺堪称神妙，古今名家倍加推崇，称"苏州园林为我国第一，戈裕良制作的园林又为苏州第一"。

342 廖(liào)

【寻根溯源】

廖（飂）姓主要有四种来源。一是源自董姓。颛顼之后有陆终，陆终第二子惠连，惠连之子飂（古廖字）叔安，封国于飂（其地在河南唐河），飂、蓼、廖三字古代相通，飂叔安也是廖叔安，其子孙以国为氏。二是源自偃姓。尧舜时有臣皋陶，为东夷族的首领，西周初其族裔受封于蓼（今河南固始有蓼国故城），后被楚所灭，其子孙也以国为氏。三是源自姬姓。周文王有个儿子叫伯廖，因受封于廖邑，其后裔也有以邑名廖为氏，称廖氏。四是源自他族改姓者。

【变迁分布】

早期活动于河南、湖北。汉唐之间，已经扩散至河北、四川、湖南、江西、江苏、浙江、福建、广东等地，并在河南形成廖姓名门，以汝南郡（今河南上蔡）为郡望。宋代时期，主要集中在湖南、湖北、福建、四川诸地。明代时期，以江西、福建、湖南、广东为最多。当今江西、湖南、四川、广东、广西有较多分布。

【名人荟萃】

廖匡图：唐代文士。虔州（今属江西省）人，天策府学士。精于文藻，并因此扬名。

廖刚：北宋大臣。崇宁进士，甚为君主倚重，官至工部尚书。知无不言，反对奸臣当政，当时蔡京秦桧专权，亦为之畏惧。不但是宋朝的一位杰出的文学家、政治家、思想家，还是一位军事家。著有《高峰文集》。其有四子，皆为将帅，父子五人年俸皆二千石谷以上，号称"万石廖氏"。

廖永安：明代功臣。因战功被朱元璋封郧国公。弟永忠，征南将军，封德庆侯，孙镛官至都督。

廖寿恒：清代历任吏部尚书、军机大臣。其兄廖寿丰以儒学著称，谙史通经，尤力推新政，官至浙江巡抚。

343 庾(yǔ)

【寻根溯源】

古代粮食漕运过程中的中转仓库为庾。唐尧时期,专门有负责这类仓库的掌庾大夫,并由某一家族世袭担任。世袭此职者,便以职官为氏。

【变迁分布】

早期在中原一带活动。汉唐之间,庾氏形成了颍川鄢陵(今属河南)与南阳新野(今属河南)两个名门大族,并以豫东与鲁西南一带的济阳郡为郡望。宋代以后,庾氏数量不多,尤其是名人家族极难见到,分布情况不详。当今在广东依然有少量分布。

【名人荟萃】

庾亮:东晋大臣。颍川鄢陵(今河南鄢陵北)人。历仕东晋元帝、明帝、成帝三朝。集军政大权于一身、功绩卓著。明帝即位,任中书监,为王敦所忌,托病去官。太宁三年(325年)明帝卒,庾亮为中书令,与王导共辅六岁太子司马衍(晋成帝)继位,庾太后临朝,政事决断于亮。九年六月陶侃卒,庾亮以帝舅领江、荆、豫三州刺史,都督六州诸军事,镇武昌。咸康五年(339年)四月王导卒,朝廷以其为司徒、扬州刺史、录尚书事。庾亮不就。咸康六年正月病卒。

庾翼:东晋将领、书法家。颍川鄢陵(今河南鄢陵北)人。权臣庾亮之弟,官至征西将军、荆州刺史,世称小庾、庾征西,庾小征西。

庾信:北周文学家。南阳新野(今属河南)人。曾担任北周开府仪同三司,世称"庾开府",擅长写诗赋、骈文。庾信早期作品绮艳轻靡,文章绮丽,与徐陵齐名,为宫廷文学的代表,时称"徐庾体"。晚年之作遂趋沉郁、萧瑟苍凉,并对当时社会动乱有所反映,以《哀江南赋》为最著。他的父亲庾肩吾也是当时有名的文学家。

344 终(zhōng)

【寻根溯源】

终姓主要有三种来源。一是出自高阳氏,是黄帝孙颛顼的后裔,以祖字为氏。颛顼帝有裔孙陆终,陆终的孙子以祖父的字为姓,称为终姓。二是源自任姓。黄帝庶子禹阳的后裔封于终,其后因邑为氏。三是夏代有太史令终古,他的后世子孙以其名字中的"终"字为姓,称"终氏"。

【变迁分布】

早期在河南居住。汉代以后,在河南和山东有较大发展,以南阳郡(今河南南阳市一带)、济南郡(今属河南)为郡望。宋代至今,在山东、河北、北京、安徽、浙江等地均有所分布。

【名人荟萃】

终古:夏朝的著名官员,当时夏桀执政,荒淫败坏,终古多次劝谏,桀王不听,终古知道夏朝将灭亡,就投奔商汤去了。

终军:西汉大臣。少年勤奋读书,以善于说理和写文章出名,谈吐间豪情壮志非常动人,18岁时即向汉武帝上书评论国事。以后又担任谏议大夫。后来他奉命赴南越(今两广地区)王入朝,终军自请"愿受长缨,必羁南越王而致之阙下"。即至,南越王愿举国内属。越相吕嘉不从,举兵杀其王及汉使者,死时年仅二十多岁,被人称为"终童"。

终郁:唐朝人,为人仁义,做县官,杜甫和他很有交情,写过不少诗赠送给终郁。

345 暨(jì)

【寻根溯源】

暨姓主要有三种来源。一是出自以封地名为氏。彭祖的后代在商代做伯爵,他的后代有被封在暨的,在今天的江苏省江阴市东莫乡城,也有说法在常熟市的。他的后代子孙于是就以封地暨为姓,形成暨姓。二是源自姬姓。春秋时吴王夫差之弟夫概,其子孙以概为氏,后因避仇改概为暨。三是春秋时有越国大夫诸暨郢,其子孙复姓诸暨,后省称为暨氏。

【变迁分布】

早期活动于东部沿海地区。汉唐时期,在河北北部形成名门大族,并以渤海郡(今河北省、辽宁省之间的渤海湾一带)为郡望。唐宋时期,在江浙一带依然有一定分布。因为有相当一部分暨姓者改姓周,故在当今极为少见。

暨良：汉代著名大臣。为南安长史，以清正忠直闻名。

暨逊：东晋著名大臣。官至广昌郡长史，封关内侯。以孝行闻名，咸康年间受到朝廷旌表。

暨陶：北宋元丰状元，崇安（今属江苏）人，擅长于音律，他的赋很有名，在朝廷任奉议郎。

346 居（jū）

【寻根溯源】

居姓源流纯正，源出有一，源自姬姓。春秋时晋国大夫先且居以中军元帅而执掌国政，其子孙以祖字为氏，有的为先氏，有的为居氏。

【变迁分布】

早期在山西、河南活动。汉唐时期，已经扩展到河北北部，并以渤海郡（今河北省、辽宁省之间的渤海湾一带）为郡望。至今在长江流域的湖北、江苏、浙江、安徽一带依然有居氏分布。

【名人荟萃】

居股：汉代大臣。武帝时继位为粤繇王，东粤王余善举兵叛汉，武帝派兵讨伐，他与建成侯敖等合谋，杀余善降汉，被封为东城侯。

居节：明朝吴（今江苏苏州）人。擅长于书法绘画。他的父亲在织造局任过职，因此他家隶属于织造局。有一次织监孙隆召见他，他不肯去，孙隆很生气，抄了他的家，将他逮捕了。出狱后，他居住在池塘边，以作诗自乐，后来穷困而死。他写的诗水平很高。

居廉：清末画家，广东省番禺人。他擅长画花鸟、草虫及人物，设色妍丽，笔致工整。他还擅长指头画，曾画过二十四番花信图。

347 衡(héng)

　　衡姓主要有三种来源。一是出自伊姓。商汤有贤臣伊尹,因为在灭夏过程中功劳最大,商汤封他为尹(宰相),并封了个尊号叫"阿衡"("阿"就是"倚","衡"的意思是"维持",意思就是"国家的倚靠")。后来伊尹的后代子孙就以伊尹尊号中的"衡"字命姓,称衡姓。二是源自姬姓。周公长子伯禽封于鲁,建立鲁国,他的后代有公子衡,其子孙以祖上名字命姓,称衡姓。三是三国时,曹操在官渡之战中打败袁绍,袁绍的几个儿子又自相残杀,袁姓部分族人就逃到湖南衡山隐居避难,以居住地名为姓,改姓衡。

【变迁分布】

　　早期在河南、山东一带活动。汉唐之间,在陕西、江浙等地扩展,在河南南部形成望族,以汝南郡(今河南上蔡)为郡望。现在,在北方地区偶尔会见到。

【名人荟萃】

　　衡咸:东汉学者。他博学多才,曾经在当时最有辩才的学者五鹿充宗门下学习过,精通经史,辩才过人,并当过王莽的讲学大夫。

　　衡胡:西汉著名大臣。精通《周易》,做到太守一级的官,被载入《儒林传》。

　　衡方:东汉大臣。幼年聪颖好学,通晓诗书,敦厚达礼。成年后,郡州推举为孝廉,官拜郎中。后任丘侯相,胶东令,继调任会稽(浙江绍兴)东部都尉,任右北平(今河北平泉一带)太守,继调任颖州(今河南省)太守多年,后辞职退居家乡。不久又被请出拜为议郎,参议朝政。继任太医令,京师长官京兆尹。因他居官清廉,能剿奸扶正,振滞起旧,兴利除弊,故而威名远震。皇上将其功绩录入勋册,给予表彰。后任命为卫尉卿,掌管门卫屯兵,守护皇宫,直至永康末年,仍在桓帝身边任职。灵帝继位,留任衡方为步兵校尉,授予统帅六师的最高兵权。赴任十余日,病卒,终年63岁。著名的《衡方碑》就是为他立的。

百家姓诠解

348 步（bù）

【寻根溯源】

步姓主要有两种来源。一是出自姬姓，是以封邑命名的姓氏。春秋时期，晋国大夫郤虎，他有三个儿子：称、芮、义。义后来生了扬，扬被封于步邑。人称步扬。他的后代于是以邑为姓，称为步氏。二是北魏时有他族改姓步者。

【变迁分布】

早期在山西一带活动。汉唐之间，在江苏、浙江、山东等地扩展，在山西中南部形成名门大族，以平阳郡（今山西省临汾市西南）为郡望。步氏在当今有一定的分布，但数量不多。

【名人荟萃】

步叔乘：春秋末年齐国人，字子车。孔子弟子，以贤名配祀孔庙。

步骘：三国吴国大将。淮阴（今江苏淮安西北）人。当时遇到天下大乱，他于是迁居到江东去隐居避难。每日种瓜糊口，博研道艺，广览群书，夜里就看书钻研。他性格宽宏，颇得人心，喜怒不形于声色。后来，孙权为讨虏将军，召他为主记，因为他能文能武，又升迁为将军左护军，封为临湘侯，拜为骠骑大将军，屡立战功。他精通兵法，用兵神速，特别在危急的时候，能解围营救，其人品受到对手的敬佩。

349 都（dū）

【寻根溯源】

都姓主要有两种来源。一是出自姬姓，源于春秋时的郑国。春秋初年，郑国有一位公族大夫公孙阏（本姓姬，与周王同宗，宗周贵族），字子都。他是当时闻名全国的第一美男子，而且他武艺高超，力量很大，所以很得郑庄公的赏识。公孙阏的子孙后来以王父字为氏，称为"都姓"。二是出自芈姓。春秋时期楚国有公子田，受封于都邑（今地不详），所以称为公都氏，他的那一支子孙，有单姓都的，就成为都氏的一支。

早期在湖北、河南一带居住。汉唐之间，在河南北部有较大扩展，并以黎阳郡（今河南浚县）为郡望。宋代以来，在河北、山东、江苏、浙江、河南及东北三省等地均有所分布。

【名人荟萃】

都随：宋代著名大臣。曾出使辽国，辽国朝廷要他为大辽服务，他忠贞爱国，严词拒绝。辽国人都叹服其节操。既归宋朝后，辽国每次派遣使臣入宋，必问其起居、健康情况。

都胜：明代官员。宁津今属山东人。曾经担任南京羽林左卫指挥佥事。后升署都指挥佥事，守备扬州的时候因为平定叛乱有功。被升迁为参事，协同漕运，后又任过充总兵官、掌漕运等重要的职位。因居官廉明洁静，所以屡有任职使命。历官五十七年，他所管辖的地方土地肥沃，物产丰富，人民生活富裕，但是他清正廉洁，生活简朴，每天只吃蔬菜，如果有亲戚朋友来访，也不过增加一盘豆腐，因此人们称他为"豆腐总兵"。深得人们的敬爱。

都杰：明代大臣。蔚州（今山西蔚县）人。嘉靖进士。官至南京兵部尚书。与李言恭同撰《日本考》五卷。李言恭督京营戎政时，其任右都御史。会倭寇侵患方剧，乃录其所闻成书。

350 耿（gěng）

【寻根溯源】

耿姓主要有三种来源。一是源于子姓，以地名为姓。商代有君王名祖乙，迁都耿地（今天的山西河津山王村一带）。后来由于河患，祖乙由耿迁至邢以后，一部分商朝的公族没有跟随他南迁，仍然留在了耿地，便以地名为姓。二源自姬姓，以国为姓。周朝建立后耿国灭亡，周室封同姓人再次于耿（今山西河津市西南），重新建立耿国，是为姬姓耿国，春秋时，晋献公灭耿，原耿国公室后裔逃往他国，以国为姓，是为耿姓。后晋献公将耿地封给赵夙，赵氏后人也姓耿。三是出自他族或他族改姓。

【变迁分布】

早期活动在河北、河南一带。汉唐之间，逐步向周边地区扩散，在河北、河南、陕西、山东、江苏等地有分布，以高阳郡（今河北高阳）、扶风郡（今陕西兴平东南）、河东郡（今山西夏县）为郡望。宋代以后，在河北、河南、山东、江苏、安徽、湖北、云南、辽宁有更为广泛的分布。当今仍然以长江以北为主要分布地区，在河北、河南有较多分布。

【名人荟萃】

耿纯：东汉将领。"云台二十八将"之一。跟随刘秀，拜前将军，封耿乡侯。及即位，更封高阳侯，拜东郡太守，坐事免。

耿弇：东汉将领。"云台二十八将"之一。21岁从刘秀，初任门下吏，继率兵参与击败王郎，升偏将军。刘秀称帝后，授建威大将军，封好畤侯。耿弇用兵多谋善断，战功显赫，先后攻取四十六郡三百余城。

耿仲明：明末将领，清初三藩之一。初为登州参将。后授总兵官。崇德元年（1636年），封怀顺王，属汉军正黄旗。从清兵入关，镇压农民起义军。顺治六年（1649年）改封靖南王。不久，因部将犯法，惧罪自缢。

351 满（mǎn）

【寻根溯源】

满姓主要有三种来源。一是出自妫姓，为先帝舜的后代，以祖字为氏。西周初，周文王打败商国以后，将舜的后裔胡公满封在陈这个地方，建立了陈国。春秋时期陈国被楚国打败，陈国灭亡。陈国的子孙于是将开国元首的名字作为自己的姓氏，姓作满，同时也有的以国名为姓，姓作陈的。二是回族满姓源于经名"满苏尔"（又译为"曼苏尔"）的首音。三是旧由"瞒氏"讹音变为满氏。

【变迁分布】

早期在河南活动。汉唐之际，在河南、山东、山西等地扩展，并以河东郡（今山西夏县）为郡望，在山西中南部聚集成望族。宋代以来，在江苏、湖南以及东北三省地区也有满氏的身影，但数量极少。当今分布较广，其中陕西分布为多。

【名人荟萃】

满宠：三国时魏国太尉，跟随曹操东征，立有军功。后曹丕篡汉即帝位，他又大破东吴于江陵，因而拜将封侯，名满当朝。魏明帝时，他老当益壮，再度以前将军的身份代曹休都督扬州诸军，屡次在合肥击入侵之师。他曾为魏国立下显赫战功，为官廉洁奉公，生活俭朴。《三国志》对满宠十分推崇，说他立志刚毅，勇而有谋，不治产业，家无余财。

满奋：晋代尚书令，昌邑（今属山东）人，清高雅致，任职司隶校尉。

满朝荐：明代麻阳（今属湖南）人。进士，担任咸宁令，官至太仆卿。

352 弘（hóng）

【寻根溯源】

弘姓源流纯正，源出有一，出自姬姓。春秋时期，卫国有个大夫叫弘演，是为受国君器重的能人。在狄人灭卫后，他壮烈殉国，弘演的后世子孙，就以其名字中的"弘"字为姓，成为弘姓。

【变迁分布】

早期在河南活动。汉唐之间，向山西、江苏、湖北扩展，并以太原郡（今山西太原）为郡望。弘姓为罕见姓氏，当今分布于北京、台湾等地。

【名人荟萃】

弘演：春秋时期卫国大夫，很被国君器重。他奉命远使未归时，狄人突然攻卫，杀懿公，尽食其肉，独舍其肝。弘演归，见而号曰："臣请为表。"因自剖其腹，先出己之五脏，然后纳懿公肝入己腹而死。后来，他成为封建社会忠君的典范。

弘恭：汉代著名宦官。沛县（今属江苏）人。西汉宣帝、文帝时任中书令。他对朝廷规章制度很熟悉，并坚持按规章制度办事，能称其职。元帝立，与石显并得信任，委以政事，继续重用，权倾一时，公卿皆畏之。

弘咨：三国时吴官吏。曲阿（今江苏丹阳）人。孙权的姐夫。诸葛瑾汉末避乱江东，弘咨把他推荐给了吴王孙权。

匡国文寇　广禄阙东　欧殳沃利　蔚越夔隆

353 匡（kuāng）

【寻根溯源】

匡姓主要有两种来源。一是源自春秋时期的鲁国，句须为鲁国匡邑宰，其孙以祖父居官地名命姓，遂为匡姓。二是春秋时卫有匡邑（今河南长垣），郑有匡邑（今河南杞县），其邑人也有以邑为氏者。

【变迁分布】

早期在山东、河南一带活动。汉唐时期，山东匡氏较为著名，但在山西也有发展，并以晋阳郡（今山西太原）为郡望。当今姓氏中，排列第二百七十九位。匡氏除山东这样的传统居住区外，在南方有较大发展，如湖南、江西、贵州、四川、江苏都有匡氏居住与分布。

【名人荟萃】

匡衡：西汉大臣、经学家。东海郡承县（今山东省枣庄市）人。西汉经学家，以说《诗》著称。元帝时位至丞相。出身农家，少年好学，世传其凿壁偷光故事。

匡咸：西汉大臣。匡衡之子。因家学渊源，深明经术，历位九卿。平帝元始三年为左冯翊。其家代有为博士之人。

匡源：清代大臣、学者。清道光进士，继任翰林院编修，曾先后任江西、山西乡试考官，会试同考官。1858年任军机大臣上行走，赐紫禁城骑马。1862年任随称赞襄政务大臣，咸丰帝病危，为顾命八大臣之一。同年，同治帝即位，两宫垂帘听政，慈棺罢匡源官，匡迁居济南。其后应聘为洙源书院山长，兼尚志书院山长，历时十七年。其著作有《珠云仙馆诗人钞》《名山卧游录》《奏议存稿》等。

354 国（guó）

【寻根溯源】

国姓主要有三种来源。一是源自姜姓，以赐姓为氏。春秋时齐国有上卿国氏，本是齐侯公族大夫，由周天子亲自任命为辅国正卿，齐国国君便赐以国姓，意为国家尊贵至上的姓氏，其后遂称国氏。二是源自姬姓。春秋时郑穆公有儿子名发，字子国，其子孙便以祖字为氏，称国氏。三是来自他族改姓者。

【变迁分布】

早期在山东、河南一带活动。汉唐之间，扩展到江苏北部，并以下邳郡（今江苏睢宁）为郡望。山东为国氏的长期集聚地，直到现在山东仍有国氏分布。

【名人荟萃】

国侨：春秋时郑国大夫。国侨即公孙侨，字子产。孔子曾称赞他是"古之遗爱也"。

国渊：三国时魏国人，是后汉经学大师郑玄的学生。东汉末年，由于连年战乱，大批农民脱离土地，流落四方，大量土地荒芜，无人耕种，粮食匮乏，曹操根据谋士们的建议实行屯田制度。国渊忠于职守，勤政爱民，认真贯彻执行屯田制度，使农业生产得到较好的恢复。官升太仆。

国柱：清代将领。满洲镶黄旗人。雍正年间袭一等子爵。乾隆年间任前锋侍卫。因功升马兰镇总兵。从征缅甸，调楚雄镇总兵。

355 文（wén）

【寻根溯源】

文姓来源比较复杂。一是出自姬姓，以周文王的谥号为姓。二是西周卫国有公族孙父为世家公卿，史称孙文子，其子孙亦以文氏。三是出自姜姓，为炎帝后裔姜文叔的后代。周初封炎帝族裔文叔许，史称许文叔，其族裔中也有以文为氏者。四是出自妫姓。战国时国氏代齐后，齐威王之孙田文封为孟尝君，谥号文子，其子孙以号为氏。

【变迁分布】

早期在陕西、河南、山东活动。汉唐之间，已经散播于安徽、江苏、四川、江西。北上山西的文氏以雁门郡（今山西代县）为郡望。宋代时期，文氏在山西、四川、江西较为集中。明朝时期，江苏、江西、湖南、四川则成为文氏新的聚集中心。在当今百家大姓中，名列第一百位，主要集中在湖北、广东、江西、广西、四川等地，其他地方也有零散分布。

【名人荟萃】

文种：春秋时越国名臣。楚国人，在越国任大夫，辅佐越王勾践，君臣刻苦图强，终于灭亡吴国。后勾践听信谗言，赐剑命他自杀。

文丑：东汉末年袁绍的名将。曾与赵云大战，不分胜负，二十合败徐晃。

文彦博：北宋宰相，汾州介休（今属山西）人。他前后任事约50年之久，名闻四夷，后被封为潞国公。

文天祥：南宋大臣、民族英雄、文学家。他生当南宋末年，始终不渝地坚持抗元斗争，抗元失败后被俘，坚决拒绝投降而被害。他所作的《指南录》可谓为诗史，狱中所作《正气歌》，尤为世所传颂。著有《文山先生全集》。

文徵明：明代书画家，长洲人，诗文书画皆工，尤精于画。他与沈周、唐寅、仇英合称"明四家"，传有"江南四大才子之一"的美名，名重于时，子弟甚多，人称"吴门派"。

文彭：明代篆刻家、书画家，文徵明长子，继承家学，亦善书画，而精于篆刻，风格工稳，与何震并称"文何"。

356 寇(kòu)

【寻根溯源】

寇姓来源主要有三种。一是出自己姓，以官名为氏。上古周朝时，昆吾人的后人苏忿生为周武王司寇，其子孙以官名为姓，相传姓寇。二是出自姬姓，以官名为氏。春秋时，卫康叔为周司寇，子孙以官为姓，亦相传姓寇。又春秋时卫灵公的儿子公子郢的子孙为卫国司寇，其后人以寇为氏。三是来自他族改寇氏者。

【变迁分布】

早期活动在河南一带。汉唐之间，向北发展，在今北京一带形成大族，也就是历史上著名的"上谷昌平"寇氏，以上谷郡（今河北怀来）为郡望。从东汉至今，尤其是南北朝时期，昌平寇氏人才辈出。宋代以来，在山西、陕西、河南、黑龙江等北方地区都有寇氏分布。

【名人荟萃】

寇恂：东汉名将，"云台二十八将"之一。上谷昌平（今属北京市）人。出身世家大姓。年轻时任郡功曹。太守耿况很器重他。光武帝刘秀时拜河内太守，随光武出征再到颍川，当地士绅向光武说："愿从陛下复借寇君一年。"后因以"借寇"为地方挽留官吏之典故。寇恂明习经术，德行高尚。朝廷倚重，退迹闻名；他一生戎马，奋其智勇，所得俸禄，却往往厚施亲友故旧和从征将士。他治民有方，威望素著，屈己为国，顾全大局，当时人无不景仰他的长者之风，都认为他有宰相的器量和才能。谥威侯。

寇俊：南北朝魏官员。任梁州刺史，鼓励农民大力发展农业，安定社稷。后拜为秘书监（国家图书馆官员）。时东魏始建国，图书多散佚，他下令设令史一职，抄集经籍，按经、史、子、集分部搜列，群书稍备。武成元年（559年），选为骠骑大将军，进朝与帝面叙洛阳故事。谥号元。

寇准：北宋政治家，诗人。华州下邽（今陕西渭南）人。进士，授大理评事，知归州巴东、大名府成安县。累迁殿中丞、通判郓州。召试学士院，授右正言、直史馆，为三司度支推官，转盐铁判官。天禧元年（1017年），改山南东道节度使，再起为相（中书侍郎兼吏部尚书、同平章事、景灵宫使）。辽军南侵，寇准任同平章事，力排众议，他力主抗辽，反对南迁，并促使宋真宗前往澶州（今河南省濮阳）督战，与辽订立"澶渊之盟"。后为王钦若等所谗罢相。天瘩初年复相，封莱国公。又被丁谓等排挤降官。后贬死雷州。终年62岁。仁宗时追赠中书令，溢忠愍。著有《寇忠愍公诗集》。

357 广（guǎng）

【寻根溯源】

传说黄帝时有仙人广成子隐居于崆峒山，黄帝曾专程前往请教治身之道，广成子的后人便以广成为姓，后简化成广。

【变迁分布】

早期活动于江浙地区，在东部沿海地区扩展。唐代以前，在丹阳郡即今苏皖地区形成广氏郡姓望族。明清时期，又有东北三省、西北的少数民族加入广氏之列，但人数总的来说很少，广姓是较罕见的姓氏。

【名人荟萃】

广汉：宋代著名官员。赣州通判。有惠政，百姓立碑纪念他。

广嵩：明代著名楷书吏。明朝洪武年间举楷书吏，专用楷、隶字体誊抄古文书籍的官吏，后任中书令。此后，"中翰"为明、清两朝时内阁中书的别称。

广厚：清代著名大臣，任湖南巡抚。

358 禄(lù)

【寻根溯源】

禄姓主要有三种来源。一是源自子姓。商代最后一个君王殷纣王之子武庚，字禄父，其子孙以祖字为氏。二是周朝有官名司禄，担任此职的家人便以职官为禄氏。三是他族汉化改姓禄者，也有一定数量。

【变迁分布】

早期在中原地区活动。汉唐时期，向西扩展，以扶风郡（今陕西兴平）为郡望。历代汉化的禄氏多分布在西南、西北地区。当今禄氏人数不多。

【名人荟萃】

禄东赞：唐代吐蕃将领。藏族名字叫噶东赞宇松，吐蕃酋长，松赞干布手下的大将，参与吐蕃国家大事的决策。性刚严明，善于用兵，他替松赞干布向唐朝请婚，出使长安，后来又迎接护送文成公主入藏，是中国历史上促进民族交融的大功臣。

禄康：清代大臣。满洲正蓝旗人，爱新觉罗氏。耆英父。由宗人府笔帖式升理事官。乾隆间，累迁盛京礼部、兵部、户部侍郎。嘉庆间，历吏部侍郎、兵部尚书、步军统领、国史馆正总裁等职。官至东阁大学士加太子少保。

禄氏：清代巾帼英雄。云南人。袭镇王府陇庆侯的母亲。雍正年间，陇庆侯因藏匿奸臣被革职，下属臣民气愤，想叛乱谋反，禄氏严加制止。后来乌蒙贼作乱，禄氏召集族人协助官兵剿匪，保卫家乡，使城乡得以保全，受到城乡民众的赞扬。

359 阙（quē）

【寻根溯源】

　　阙姓主要有两种来源。一是来源于以封地名为氏。春秋时的鲁国有邑名为阙党。有人被封在这个地方，于是以封地名为氏，称作阙姓。二是来源于以地名为氏。春秋时期孔子居住在阙里，后来住在这个地方的人，就把地名"阙里"当作自己的姓氏，之后简称为阙氏。

【变迁分布】

　　早期在山东居住。汉唐时期，向江淮流域扩展，并以下邳郡（今江苏睢宁）为郡望。历史上有少数民族汉化为阙氏者。当今在湖北、湖南、福建等南方地区还有所分布。

【名人荟萃】

　　阙礼：南宋中侍大夫。建有功勋，但是不因为有功就骄傲，而是平易近人，人们说他是宋朝南渡后中侍中唯一可以称道的。

　　阙士琦：明代名士。湖广桃源（今湖南省桃源县）人。崇祯进士。曾做过南安知县，上任不足半年，认为做官太辛苦，辞官归乡，杜门著书，坚决不肯入仕为官。朝廷因其德高望重，要调他入京任编修，也被拒绝。卒后留有诗文集近十种传世。

　　阙岚：清代著名画家。桐城（今安徽省）人，字文山，一作雯山，号晴峰，客吴门。善画山水、花卉，尤工人物。仙佛像亦甚妙，善写真。

360 东（dōng）

【寻根溯源】

　　一是源自伏羲太昊氏的后裔东户氏，其后代以东为姓。二是汉复姓十三氏中有东宫、东郭、东门、东野、东田、东陵、东蒙、东莱、东邱、东乡、东里、东关、东闾等复姓，后有改东氏者。

【变迁分布】

早期活动于河南。汉唐时期，向东扩展，在山东形成聚集区，以平原郡（今山东平原）为郡望。从汉代至元代，东氏亦向西迁移，在今甘肃偶然见到东氏的踪迹。东姓为罕见姓氏，总体分布情况还不清楚。

【名人荟萃】

东郊：明朝官御史，巡按应天，行部过常州，会武宗南巡，时遇江彬纵其党，横行州郡。推官张曰韬上书于东郊，东郊命登己舟，在危急时救护了明武宗。

东良会：元朝巩昌（今属甘肃）人，个性耿直，事亲孝顺，教子爱国。任商州总兵时，遇红巾军作乱，他让长子携眷属前往华州居住，次子携眷属前往朝色居住，临行前对两个儿子说："国家把土地交由我管理，义当死守。"红巾军攻城时，他指挥全城将士奋勇死守，直至战死。部属在他忠勇的感召下，个个奋不顾身，虽死伤众多但城未失守，保住了全城人民的生命财产，为州郡地方官员树立了榜样。

361 欧（ōu）

【寻根溯源】

欧姓源自姒姓。夏朝君王少康的儿子无余，被封于会稽，建立了越国，为诸侯国。到春秋的时候被吴国给灭掉了。十九年后，勾践又复国。到勾践六世孙无疆为越王的时候，被楚国所灭。春秋时，越王无疆的儿子蹄受封在乌程欧余山的南部，以山南为阳，所以称为欧阳亭侯，无疆的支庶子孙，于是以封地山名和封爵名为姓氏，形成了欧、欧阳、欧侯三个姓氏。后来虽然也有欧阳、欧侯省姓为欧，但是起源仍为这一支。

【变迁分布】

早期在浙江等东部沿海地区活动。汉唐时期，向北方扩展，有的在山西发展，并以平阳郡（今山西临汾）为郡望。至今在江苏、安徽、广东等地均有零散分布。

【名人荟萃】

欧冶子：春秋的时候匠人，因为他居住在欧余山，又以冶炼锻造兵器出名，所以以欧冶为姓。欧冶子后来移居到福建的闽侯县冶山，为越王铸造过湛卢、巨阙、胜邪、鱼肠、纯钩等五种利剑。名噪一时。后来又与徒弟一起为楚王铸造了龙渊、太阿、工布三把利剑。

　　欧宝：东汉时期著名的孝子。平都（今属重庆）人，而且性格开朗，为人豪爽。

　　欧大任：明代大臣。南京工部郎中，广东顺德人，嘉靖时期国子博士。学者王士祯称其为"广东五才子"之一。

362 殳（shū）

【寻根溯源】

　　殳姓主要源自姜姓，是因功获赐的姓氏。相传炎帝神农氏的孙子伯陵有子名殳，殳因发明箭靶而被帝尧封为殳侯，赐他以殳为姓，称殳氏。殳，本意是指竹制兵器，有棱无刃，庆典时专门有执殳的仪仗队。另有一种说法是，执殳的官员以殳为氏。

【变迁分布】

　　殳姓是罕见姓氏。汉唐时期，以武功郡（今属陕西）为郡望，说明其早期在河南活动，并在陕西形成名门望族。宋代以来，在江浙闽地区偶有所见，在上海、安徽、四川、甘肃及台湾均有所分布。

【名人荟萃】

　　殳文：明代著名大臣。任福建漳州知府，有政绩。

　　殳君素：明代著名画家。吴（今江苏苏州）人。师从文嘉钱谷，为入室弟子，有出蓝之美。候懋功、朱朗之流亚。按画体元诠有金陵殳质，字质甫，工山水。是否一人，待考。

　　殳胤执：明代著名画家。殳君素之子，吴（今江苏苏州）人。善山水。

　　殳默：清代才女、诗人、书法家。九岁能诗，兼精小楷，是浙江嘉兴人。江南女子心灵手巧，而殳默自小学习诗书，书法也好，刺绣极美，名盛一时。

363 沃（wò）

【寻根溯源】

　　沃姓主要源自子姓。商朝中兴之王太甲的儿子沃丁。相传，太甲曾因不理朝政而被大臣伊尹放逐曲沃，三年后，他悔悟改过，又被接回复位，励精图治，国日强盛。太甲死后，沃丁执政，施行德治，天下大治，商朝更加强大。其后世子孙有的就用他的名字"沃"作为自己姓氏。

【变迁分布】

早期在河南活动。汉唐时期，在山西扩展，并以太原郡（今山西太原）为郡望。沃姓为罕见姓氏。历史上，在东北三省、山东、浙江有沃氏踪迹。当今分布不详。

【名人荟萃】

沃隽：汉代隐士。在蓬莱岛修道，相传后来得道成仙而去。

沃田：明代将领，山东蓬莱人。嘉靖武进士，曾任指挥同知、漕运把总，提升都司、江苏仪征守备。倭寇侵扰扬州，深入安徽天长，沃田率兵抗御。他骁勇非常，身先士卒，闯入敌营，乱敌阵脚，激战数日，获全胜。但因战马失蹄，陷于沼泽，惨遭杀害。敕赠镇远将军都指挥佥事，世袭指挥使。

沃墅：明代官员。温县知县，萧山（今属浙江杭州）人。洪武初，民艰于食，沃墅开辟荒芜，树艺桑枣，比代去，民遮道留之。

364 利(lì)

【寻根溯源】

利姓与李姓同源。一是颛顼之裔即颛顼之后有大业，大业之后有女华，女华生咎繇为尧理官，其子孙以理为氏。殷商时，理征因直言商纣王招来杀身之祸。其子理利贞为了逃避商纣王的迫害，出逃。逃亡中曾路经一棵李树下以李子充饥，得以生还，后来就改姓为李利贞。李利贞的十一世孙李聃，被后人尊为道家创始人，就是老子。老子后代中，有的为纪念远祖中的王族李利贞，取利字为姓，切代相传。所以，李姓、理姓、利姓的远祖是同一人。

【变迁分布】

早期活动于中原一代。汉唐时期，在豫西地区形成望族，以河南郡（今河南洛阳）为郡望。宋代以来，在江浙地区偶有分布，当今分布不详。

利仓：西汉时期著名丞相。

利元吉：宋朝学者。是宋代著名儒者陆九渊的高才生，学问独到。举进士而当官，为官清正廉洁，爱民如子，为百姓做了许多好事，政绩显著。晚年以教书为乐。

利本坚：明代官员。英德（今属广东清远）人。由监生任赣县主簿，调四川安岳县令。为官公正，爱民节用。为众论所推许。

365 蔚（yù）

【寻根溯源】

蔚姓主要有两种来源。一是源自姬姓。周宣王时，郑国公子翩受封蔚邑，其子孙以邑为氏，称蔚姓。二是源自地名。北周宣帝置蔚州，即今河北蔚县，当地有人以地为氏。

【变迁分布】

早期居住在陕西、河南一带。汉唐时期，扩展至山东，并以琅琊郡（今山东诸城）为郡望。河北北部也成为蔚氏的居住地。宋代以来，安徽、河南等地也有蔚氏踪迹。

【名人荟萃】

蔚兴：宋代武将，跟随宋太宗攻打太原，立有战功。

蔚昭敏：宋代将领。保静军节度使。咸平时任镇定高阳关三路先锋。辽兵退趋莫州，他斩敌万余人，拜唐州团练。

蔚春：明代官吏。弘治进士。因为人耿直，不容奸诈，在官场中很不顺利，常遭小人妒忌，后辞官回乡。

蔚能：明代大臣。安徽省合肥人，担任礼部尚书，由于勤奋廉洁，受百姓拥戴。

366 越（yuè）

【寻根溯源】

越姓源自姒姓。越王无余、越王勾践的后代，以国为氏。夏代君王少康封其庶子无余于越，历夏商周三代，直到东周时期越与吴争雄。越国灭亡后，其国人以原国名命姓，称越氏。

【变迁分布】

早期在江浙一带活动。汉唐之间，北魏有越勒氏、越强氏进入中原并汉化为越氏，在山西中部迅速发展，以晋阳郡（今山西太原）为郡望。宋代以来，在西南地区扩展，至今贵州依然有越氏分布。

【名人荟萃】

越姬：春秋时楚昭王姬妾，越王勾践之女。楚昭王救陈时，越姬跟随，后为顾全大局，保全忠臣将相而自杀。

越其杰：明代大臣。贵阳（今贵州贵阳）人。明朝万历年间举人，为人倜傥，工诗词文章，又善骑射，文武兼备。天启年间任蘷州知府，奢崇明围攻成都，越其杰率兵大破，升为河南巡抚。著有《蓟门》《屡非》《横槊集》等书。

越英：明代官员。越升的玄孙。初任衡阳教谕，后擢泸州知州。他心地仁爱，喜欢良善，疾恶如仇，做州官时刚正不阿，地方上风气清正，后弃官而归。他以道义自持，素为乡里所畏服。

367 蘷（kuí）

【寻根溯源】

蘷姓主要有两种来源。一是尧舜时期有乐官名蘷，能通五音，以乐诗教化百姓，其子孙以先祖名为氏，称蘷姓。二是源自芈姓，以国名为姓。春秋时，楚国国君熊挚的后代受封于蘷城（今湖北秭归），建立了蘷国。后来熊挚的子孙立有战功，楚王升夔国为子国，这便是历史上的夔子国，今秭归县香溪镇古名夔子城。后被楚所灭，其国人以夔为氏。

【变迁分布】

早期在江淮之间活动。汉唐时期，在陕西扩展，并以京兆郡（今陕西西安）为郡望。夔姓为罕见姓氏，仅知广西钟山有此姓分布。

【名人荟萃】

夔安：后赵丞相。南北朝时期后赵太祖武帝石虎手下丞相，他聪敏而才能卓越，十分贤明，不仅在行政事务上卓有见地，将后赵国家治理得井井有条，而且在军事指挥上也独树一帜。

夔信：明代学者。官雩都令，考核政绩时，被列为第一。

368 隆(lóng)

【寻根溯源】

隆姓渊源较多，主要有两种来源。一是春秋时，鲁国有隆邑，当地居民以地为氏。二是历代少数民族也有汉化为隆氏者。

【变迁分布】

早期在山东一带活动。汉唐时期，在河南发展，并以南阳郡（今河南南阳）为郡望。汉代匈奴族汉化为隆氏者，多在西北地区。满族有以隆为名者，清朝灭亡后也因此有以隆为氏。

【名人荟萃】

隆英：明代御史。宣德时中举人，任南宫县令。他勤俭节约，重视农耕，有古循吏风，为官廉正不可夺。他当县官时，京城来了两个武官，举着大令，要强占农田给军队用。隆英理直气壮地说，本县没有空余地，除了我县衙门大堂前这块草皮，其余都是关系国计民生的农田。结果隆英得胜。

隆光祖：明代大臣。举为进士而在朝中当官，但与掌握朝政大权的张居正合不来。后来隆光祖重被起用，当了吏部尚书，又重新任命一大批被张居中排挤的官吏。隆光祖还向朝廷推荐了许多人才，都是能为国为民效劳立功的人物。

师巩厍聂　晃勾敖融　冷訾辛阚　那简饶空

369 师(shī)

【寻根溯源】

师姓源自姬姓，以人名为姓，为师君的后代。周朝时，有个叫师君的名人，他的后代就用祖上名字中的"师"字为姓，称师姓。

【变迁分布】

师姓望族居住在太原郡（今山西太原）、琅琊郡（今山东诸城）、平原郡（今山东平原）一带。宋朝时期，师姓几乎集中于四川、河南、湖北三地，其中，居住在今四川的师姓人数达到师姓人口的一半以上。明朝时期，师姓人口主要分布在山西、陕西、河北、山东、河南、四川等地。其中，今山西的师姓最多。当今师姓主要分布在陕西，其次分布在山西、河南、河北、青海等省。

【名人荟萃】

师旷：春秋晚期晋国著名的政治家、教育家、音乐家。字子野，今山西洪洞人。春秋时期晋国乐师。博学多才，尤精音乐，善弹琴，辨音力极强。以"师旷之聪"闻名于后世。他艺术造诣极高，民间附会出许多师旷奏乐的神异故事。

师叔：著名春秋时期郑国大夫。师叔是郑国有名的大夫，为政贤良。一次，齐桓公准备要联合诸侯攻打郑国，管仲却警告齐桓公说："郑国现有叔詹、堵叔、师叔，有这三良执政，无隙可乘啊！"

师宜官：东汉书法家。南阳（今河南南阳）人。汉灵帝好书法，征天下善书者于鸿都门。应征的数百人中，唯有师宜官的八分字最好。大则一字径丈，小则方寸千言。他在酒馆时，可以写字于壁上以出售。

师逵：明代大臣。年少丧父，事母甚孝，曾任吏部尚书。洪武中，他任监察御史，廉不置产，接受的俸禄和赏赐都分给了亲戚朋友，以至于他的八个儿子都没有得到什么财产。明成祖曾说："北来大臣之中不贪者，唯师逵一人。"

370 巩（gǒng）

【寻根溯源】

巩姓源自姬姓。周朝周敬王时，有公族大夫简公为王室卿士，其封邑在巩（今河南巩义），其子孙便以邑为氏，称巩姓。

【变迁分布】

早期在河南活动。汉唐时期，向东部沿海地区扩展，在今山东中南部地区形成名门大族，以山阳郡（今山东省金乡县一带）为郡望。宋代以来，在河北、山东、安徽等地有所分布。当今姓氏中，名列第二百六十二位，长江以北各省都有零散分布。

【名人荟萃】

巩庭芝：宋代大臣、学者、教育家。浙江武义人。巩庭芝少时，受业于名儒，左谏议大夫刘安世。进士，官左承议郎，服五品。历任监南岳庙，严州建德县尉，太平州录事参军。晚年由诸暨知县提任左承议郎，太中大夫，主管台州崇道观。政务与讲学之余，专事著作。其著作之富，被陆游誉为"经为人师，行为世范"。

巩丰：南宋诗人。巩庭芝之孙。曾拜朱熹为师，敏而早成。中进士，出任汉阳教授，福州帅司公事幕，讲授义理之学，影响远近。后调任临安知县，江东提刑，政事从简，刑罚从宽，人皆赞扬。丰勤于作文，尤善为诗。

巩信：宋臣。他为人沉着冷静，智勇双全。官江西招讨使，隶属文天祥部下。他到了江西之后自己招兵买马，集兵三千余，亲自训练，作好战备。元兵南下，他亲率兵马与元军交战，身受重伤后，便投崖而死，以身殉国。

371 厍 (shè)

【寻根溯源】

厍通库。厍姓主要有三种来源。一是周朝和汉朝有守库大夫,其后代便以厍为氏。二是源自厍狄氏。南北朝时北周有厍狄氏,后改为厍姓。三是清代也有以库为名而后为厍氏者。

【变迁分布】

早期活动在中原地区。汉代以后,在浙江形成望族,以扩苍郡(今浙江丽水)为郡望。以后西北少数民族汉化而向中原迁居,当今已经比较罕见,北京、山西、内蒙古还有所分布。

【名人荟萃】

厍均:汉臣。为金城太守,被封为辅仪侯。

厍狄昌:南北朝时北周中书舍人。

372 聂 (niè)

【寻根溯源】

聂姓主要有三种来源。一是出自姜姓。春秋时齐国丁公封其支庶子孙于聂城,聂城(今山东省茌平县西,一说河南清丰县北)为齐国附庸,称聂国。后世子孙以国为氏,称聂姓。二是出自姬姓。春秋时卫国公族大夫被封于聂邑,其地在今河南清丰一带,其子孙以邑为氏,称聂姓。三是出自他族有聂姓或改聂姓。

【变迁分布】

早期活动于河南。汉唐之间,在山西、河北、安徽、江西等地扩展,并在山西形成聂氏大族,以河东郡(今山西夏县)为郡望。宋代以后,在山西、陕西、河南、湖北、江西、四川、安徽等地均有分布。当今姓氏中,名列第一百二十六位,在辽宁、河北、湖北、湖南等地有较多分布，在四川、云南等地也有分布。

【名人荟萃】

聂政：战国时韩国轵（今河南省济源市东南）人，侠客。韩哀侯时，严仲子与相侠累争权受挫，遂闻名拜访，献巨金为其母祝寿，并恳求代为报仇。他以老母在，不许。母病故后，仗剑直闯相府，刺杀侠累后自杀。

聂王圭：元代官员。平定州寿阳（今属山西省）人，金末率众降蒙古，以功授平定等州总管都元帅。与元好问、李敬斋等友善。

聂豹：明代大臣、哲学家。进士出身，曾任兵部尚书，后加太子太保。著有《困辨录》《双江文集》。

聂缉椝：清末大臣、近代民族资本家。曾国藩婿，湖南衡阳人，曾任江苏布政使、安徽巡抚、浙江巡抚等高职。生平重视实业，后独办恒丰纺织新局。

373 晁（cháo）

【寻根溯源】

晁姓源自姬姓。晁字，在古代又写为"鼌"，也就是朝朝暮暮的"朝"。周代景王之子王子朝，朝的后代以祖字为姓，称朝氏，也就是晁氏。春秋时卫国公族有大夫史鼌，其后代也以祖字为氏，称鼌氏，也就是晁氏。

【变迁分布】

早期居住在河南、陕西一代。汉唐时期，在陕西形成集聚区，并远播辽宁东部，以京兆郡（今陕西西安）为郡望。宋代以来，在河南、山东有较多分布。

【名人荟萃】

晁错：汉文帝与汉景帝时著名的政治家。晁错年轻时学法家学说，而后又被选拔去读《尚书》，可以说是学贯儒法。汉文帝时为太子家令，有辩才，号称"智囊"。汉景帝时为内史，后升迁御史大夫（副丞相）。曾多次上书主张加强中央集权、削减诸侯封地、重农贵粟。吴、楚等七国叛乱时，他被景帝错杀。

晁迥：宋朝文官。晁说之的高祖父，当工部尚书的高官时，他儿子举为进士，和父亲同朝执事。而随后晁迥的五个孙子，都为进士，当时人都赞叹不已。而且晁家的族中人，也有许多为进士的，又或者以文才出名的，或在当官的，那时人们夸张说"晁半朝"，形容朝廷中似乎一半是晁家人。

晁补之：宋代文士。济州巨野（今属山东巨野县）人，元丰二年（1079年）进士，元祐初为大学正，后以礼部郎中出知和中府，自号归来子。善做文章，才气飘逸，好学且不知疲倦，擅长于书画，他的字体深得当时的人的好评。与秦观、黄庭坚、张来等人称为"苏门四学士"，为苏轼所称道。

晁说之：宋代制墨名家，经学家。他博通五经，尤精于《易》学，同时又是一位富有创作的作家、画家，与苏轼、黄庭坚等苏门文人、江西诗派作家有着广泛的师友关系。由于元符上书入党籍，其仕途极其坎坷，长期沉沦下僚。他的一生经历了仁宗、神宗、哲宗、徽宗、钦宗、高宗六朝，是一位身入南宋的"元祐名士"。

374 勾（gōu）

【寻根溯源】

勾、句、苟三姓音通，有人认为是一姓之别写。勾姓源自勾芒氏。伏羲时代有负责管理森林的氏族（官职）为勾芒氏，世代为勾芒氏，其后改为单姓勾氏。在南宋时为避宋高宗赵构的名讳，勾姓改为"句"（音不变，读勾gōu），有的加草头，改为苟姓。

【变迁分布】

早期居住在中原一带。汉唐时期，在河北、河南、山西发展，在河北北部扩展者以渤海郡（今河北省、辽宁省之间的渤海湾一带）为郡望，在河南者以河南郡（今河南洛阳）为郡望，在山西者以平阳郡（今山西临汾）为郡望。宋代以后，除河南外，在四川分布最广。当今姓氏中，名列第二百二十位，今四川巴中、灌县、新都、成都、邛崃、平昌等地依然有勾（句、苟）氏居住。

【名人荟萃】

勾井疆：姓句井，春秋末年卫国人，孔子门人。唐代封"淇阳伯"。宋代又封"滏阳侯"。明代再封"先贤"。其后代去"句"字，改为井氏，在井氏族谱名人录中有记载。

句台符：隋代成都青城（今属四川）人。受业青城丈人观为道士，与白云溪隐士张愈为诗友。

句克俭：宋代官员。进士出身，官至殿中侍御史，曾官河中知府、宁州知府等，后出任河东路转运使，以忠诚清廉闻名于当时。

勾龙爽：宋代宫廷画家，擅长人物。又名句龙爽。神宗时官翰林待诏。时称他画的人物"其状质野，有返朴之意"。

375 敖(áo)

敖姓主要有两种来源。一是颛顼的老师大敖，其子孙以祖字为氏，于是形成了敖姓。二是源自芈姓。楚国君主中被废被弑而无谥号者，称为敖，这些国君的后人也有以敖为氏者。

【变迁分布】

早期活动于中原、江汉流域。汉唐之间，在河淮之域聚集，并以谯郡（今安徽亳州）为郡望。宋代以来，在陕西、甘肃、山东、福建、浙江等地有零散分布。当今姓氏中，名列第二百五十二位。

【名人荟萃】

敖山：明代著名大臣、数学家。莘县（今属山东聊城）人。明朝成化年间进士，由翰林院编修升任山西提学副使。后因疾病辞官还乡。工诗文，诗才雄爽，文章豪放，与当时的王越齐名，人称"江北二杰"。晚年专心研究数学。

敖英：明代著名诗人。江西清江（今属江西）人。明正德十六年（1521年）进士，中第二甲四十五名。授南京工部主事，官至四川布政使。著有《心远堂稿》《慎言集训》《绿雪亭杂言》等。工于诗。

敖鲲：明代著名大臣。江西新喻（今江西新余）人。明隆庆二年（1568年）进士，任松江府推官，改怀庆府，持法平恕。明万历间擢御史，虽为张居正门下士，而不私谒阿附，后居正败而敖鲲无事。历大理少卿，官至南京光禄寺卿。

376 融(róng)

【寻根溯源】

融姓源流单纯，源出有一，源于上古，是颛顼帝高阳氏的后代。颛顼的后代有祝融氏，帝喾为部落首领时，祝融为五行神之一的火正，掌管火种，后世尊为火神。祝融氏后人以祖字为氏，分为祝姓和融姓两支，故史称"祝、融二姓同宗"。

【变迁分布】

融姓是罕见姓氏。汉唐之时，以南康郡（今江西省南康、赣县、兴国、宁都以南）为郡望，在今江西南康、赣县一带形成名门士族。当今北京、江西仍有此姓分布。

【名人荟萃】

历代融姓者名人较少见。

377 冷（lěng）

【寻根溯源】

冷姓主要有两种来源。一是源自黄帝之臣伶伦氏。黄帝时有大臣伶伦，其后代以伶为姓。因伶与泠同音，后又改"伶"为"泠"，进而又改"泠"为"冷"。泠姓与冷姓为同一姓。二是源自姬姓。周初卫康叔的后人受封于冷邑，故以邑为氏，称冷姓。

【变迁分布】

早期在河南一带活动。汉唐之间，向陕西扩展，并以京兆郡（今陕西西安）为郡望，宋代以来，在山东、江苏、江西、四川、黑龙江等地都有所分布。当今姓氏排列第二百五十五位。

【名人荟萃】

冷世光：宋代官员。常熟（今属江苏）人，绍兴进士，曾经担任过宁国、龙游等县知县。南宋著名的教育家朱熹很赏识他，经常委他以重任。后来做过监察御史、中侍御史。他为官清廉公正，为了正义，不惜得罪高官重权，当时的人称之为"冷面御史"。著有《奏议弹章》《东堂类稿》等书。

冷曦：明代官员。洪武年间御史。刚直不阿，弹劾了一些有权势的高官，震动了当时的朝廷上下。人称"冷铁面"。

冷枚：清代画家，字吉臣，胶州（今属山东）人。擅长于画人物，尤其精通画仕女。

378 訾（zī）

【寻根溯源】

訾姓主要有两种来源。一是出自上古帝喾时的訾陬氏。帝喾的一个妃子是訾陬氏之女，訾陬氏后人有的省去陬字，成为訾姓。二是出自祭氏所改。南北朝时，齐地有祭氏，以祭氏不吉祥，而改称为訾氏。

【变迁分布】

早期在河南、山东一带活动。汉唐之间，向河北北部扩展，以渤海郡（今河北省、辽宁省之间的海湾一带）为郡望。此后，在山西、山东、浙江聚居，山东分布居多。

【名人荟萃】

訾祐：春秋时期晋国大夫。他既正直，又有渊博的知识。有一次，范宣子与和大夫争田，范宣子想去打和大夫。于是找到訾祐请教。訾祐用自己的端正纠正了对方的狡辩，用自己渊博的知识讲道理。结果范宣子采纳了他的建议，增加了给和大夫的田，两人重归于好。

訾顺：西汉大臣。成帝时，抓捕到谋反的尉氏人樊并而立功，因功被封为楼虚侯。

訾汝道：元代孝子。德州齐河（今属山东）人。少时以孝闻名，后来与弟弟分家时，将良田美宅都让给了弟弟，他的家乡闹荒时，曾广为借贷济人，并把借券全部焚毁，乡里人都感念他的善举。

379 辛（xīn）

【寻根溯源】

一是上古之时有有莘氏，即大禹的母亲所在的部族，其部族后代有以辛为姓。二是源自姒姓。夏代君王启将儿子封于莘，建立莘国，其后世子孙有以莘为氏，有的去草为辛，以辛为氏。

【变迁分布】

早期在陕西、山东、河南一带居住。汉唐时期，扩展到甘肃，形成了著名的"陇西狄道"辛氏家族，故以陇西郡（今属甘肃）为郡望，并扩展到安徽、浙江、江苏、山西以及河南、陕西等地。宋代以后，在山东、山西、河南、江西、云南、福建等地均有分布。辛氏南北方分布比较均衡，南方如上海、浙江、湖北、湖南，北方如山西、山东、河北、河南、陕西等地都有所分布。

【名人荟萃】

辛文子：即文子，春秋战国时人，散文家，代表作品为《文子》。

辛云京：唐代大臣。初为北京都知兵马使，后迁代州节度使，兼太原尹，封金城郡王。赏罚分明，将士不怠，使所辖之境没有烽警之虞。官至检校左仆射，同中书门下平章事。

辛弃疾：南宋爱国词人。别号稼轩，历城（今山东济南）人。曾参加耿京领导的抗金武装，后南下归宋。最高职任过枢密都承旨，仕途不如意，壮志难酬。他一生主张坚决抗金，现存的六百多首词中，多抒发恢复祖国山河的壮烈感情。词风继承苏轼豪放风格，二人并称"苏辛"，但更纵放自如，冲破音律限制。著有《稼轩长短句》。

辛仲甫：宋朝大臣。任成都知府时，免岁输铜钱，为蜀人赞誉。后任开封知府，拜御史中丞。不久为参知政事。因病罢为工部尚书，出知陈州，后以太子少保致仕。

380 阚(kàn)

【寻根溯源】

阚姓主要有两种来源。一是源自姜姓。春秋时，齐国公族有大夫名止，食邑于阚（其地在今山东汶上一带），其子孙以邑为氏。二是出自姞姓，以国名为氏。商朝时黄帝的后裔被封为南燕伯，其后裔又在西周时被封于阚，其子孙以国名为姓，称为阚氏。

【变迁分布】

早期在山东一带居住。汉唐之间，除山东外，已经扩展至浙江、甘肃，并以天水郡（今甘肃通渭）为郡望。宋代以来，阚氏数量有限，在辽宁、河北、浙江、江苏、广西等地有阚氏居住。

阚泽：三国时吴国大臣。少时家贫，帮人抄书为业，每抄完一篇，朗读一遍，追师论讲，究览群籍。后来不但成为学者，而且精通历法数学，并举孝廉。进拜太子太傅。每次朝廷大议，经典所疑，都请教于他。以儒学勤劳，封为都乡侯。

阚骃：北魏前期地理学家、经学家。后魏时敦煌（今属甘肃）人，自小聪敏好学，博通经传，三史群言，经目则诵，在学界就已出名，时人谓之宿读，后来在朝中做尚书官。他整理校订了前代学者的著作三千多卷，他注王朗《易传》，又撰《十三州志》行于世。

阚棱：唐朝猛将，其貌魁雄，善用两刃刀，其长丈，名曰"陌刀"，一挥杀数人，前无坚对。伏威据江淮，以战功显，署左将军。

381 那（nā）

【寻根朔源】

那（nā）姓源自子姓。商王武丁的后裔建立有权国，春秋时楚武王灭权国之后，将国人迁移到那楚，这些子姓移民的后裔便以地为氏，此为那氏之始，称那姓。

【变迁分布】

早期在湖北活动。唐代以前，夷族、羌族、鲜卑族及西域诸国内附汉化后也有以那为氏，形成西北的那氏族人，在甘肃形成那氏密集区，以天水郡（今甘肃通渭）为郡望。宋代以来，东北三省的蒙古族、满族也有以那为氏，西南土族人中也有那氏者。

【名人荟萃】

那颉：十六国时期的后燕官员，官辽西太守，有政绩，盛名一时。

那椿诺：宋朝时期官员。官扬州刺史，为政清廉，布德及民，深受百姓爱戴。

那彦成：清朝时期的直隶总督太子太保衔，满洲正白旗人。他是乾隆年间进士，历任乾隆、嘉庆、道光三朝，官至直隶总督，加太子太保衔，剿办山陕、楚及滑县匪乱尤有功。他工诗能书，遇事有执持，卒谥文毅。

382 简（jiǎn）

【寻根溯源】

简姓源自姬姓。春秋时，晋国公族有大夫狐鞫居死后谥号为简伯，其子孙以谥号为氏，称简姓。

【变迁分布】

早期在山西活动。汉唐之间，向河北、山东、四川迁移，并在河北形成简氏分布区，以范阳郡（今河北涿州市及北京昌平、房山一带）为郡望。宋代以来，在四川、湖南、广东、台湾等地有简氏踪迹。当今在广东的南海、顺德、番禺、新会等地均有简氏聚族而居。

【名人荟萃】

简雍：三国时蜀汉将领。他自少年时就与刘备交好，后来刘备围攻成都，他入城劝刘璋归顺，于是被刘备拜为昭德将军。

简文会：五代十国时南汉尚书右丞。南汉是五代十国时的政权，君主叫刘龑。简文会自幼聪颖，勤奋读书，精通经史，善于作诗。刘龑初开进士科，简文会参考中了第一名，成为中国历史上第一个状元。

简芳：明代大臣。弘治年间进士，历官南京刑部主事、兵部郎中。性情耿直，执法严明而公正，名重一时。

简大狮：清代末年台湾抗日民军首领，台湾省台北人。他对日军侵占台湾十分愤慨，并在台北聚众起义，多次给予日军以沉重的打击。后日本政府勾结清朝官吏将他杀害。

383 饶（ráo）

【寻根溯源】

饶姓主要有两种来源。一是源自姜姓。战国时，齐国有大夫食采于饶邑，其子孙以邑为氏，称饶姓。二是源自妫姓，舜帝之后裔，以国名为氏。帝舜之子商均的支子受封于饶，其后人以饶为氏。

早期在河北、山东一带活动。汉唐时期,向南扩展到江西,向西在山西有较大发展,并以平阳郡(今山西临汾)为郡望。宋代以后,在安徽、江西、湖北、福建等南方地区分布。当今在南方有较广泛的分布,其中湖北的恩施、广济、大冶、应城,江西的临川、南昌、进贤等地均有饶氏聚族而居。

【 名人荟萃 】

饶节:宋代高僧。挂锡灵隐,晚年主持襄阳之天宁寺。有《倚松老人集》。陆游称其为"诗僧第一"。

饶鲁:宋代大学者。就是著名的"双峰先生",品端学粹,潜心圣学,以致知力行为本,四方聘讲者相踵相接,曾建"朋来馆"以居学者,春风化雨,遍及天下。

饶礼:明成祖永乐年间的名吏,历任浙江道监察御史及河南左布政使,为政宽恕,深受老百姓的爱戴。

饶延年:宋代学者。为陆九渊弟子,陆九渊夸他胸襟开阔。以经学著称,隐居不仕,轻财好义,乡人德之。

饶廷选:清代大臣。咸丰十年(1860年),太平军李秀成部攻浙江,饶廷选由江西援浙,收复淳安,升授浙江提督。翌年九月,饶廷选攻下诸暨,援救省城。守城70余天,省城陷落,饶廷选终以革职留用提督身份战死。卒赠太子太保,谥"壮勇"。

384 空(kōng)

【 寻根溯源 】

空姓主要有两种来源。一是源自子姓。商祖契受封于空桐,其子孙以空桐(或以空同)为姓,后来简化成空姓。二是伊尹生于空桑,伊尹的后代也有以空为姓。

【 变迁分布 】

空姓为罕见姓氏,迁移与分布情况不详。以顿丘郡为郡望,其地在今河南浚县一带。当今在江苏武进、安徽庐江、湖北钟祥、内蒙古鄂托克等地有零散分布。

【 名人荟萃 】

空同氏:相传为赵襄子之夫人。

曾毋沙乜　养鞠须丰　巢关蒯相　查後荆红

385 曾(zēng)

【寻根溯源】

曾姓主要有两种来源。一是源自姒姓。夏代时，炊器甑的发明者是姒姓部族的一支，夏王少康时封其少子曲烈于鄫，建立鄫国。缯、鄫、曾古时通用。鄫子国以后又多次迁移，于春秋时被莒国所灭，其国人以鄫为氏，后来又把"鄫"字去邑旁为曾，称曾姓。二是源自姬姓。西周初，周穆王在姒姓曾国旧地的河南方城设立姬姓曾国，以后在楚国的压迫下多次迁移，战国时迁居随国旧地（今湖北随州），后被楚所灭。

【变迁分布】

早期在河南、山东、湖北等地活动。汉唐之间，已经向江浙、两湖、晋陕等地扩展，在山东、甘肃、江西等地形成曾氏名门大族，并以鲁郡（今山东曲阜）、天水郡（今甘肃通渭）、庐陵郡（今属江西）为郡望。宋朝时期，重点分布在河南、陕西、江西、福建、安徽以及广东等地。明朝时期，江西、广东的曾氏人群最为密集，湖北、湖南、福建也有较多分布。当今分布重点仍是在长江以南，以四川、湖南、广东、江西最为密集。

【名人荟萃】

曾参：春秋末期鲁国南武城（山东济宁嘉祥县）人。他是孔子的弟子，以孝著称。著述《大学》《孝经》等，后世儒家尊他为"宗圣"。

曾公亮：北宋名相。其人以熟悉法令典故著称，曾主编过《武经总要》。

曾巩：北宋政治家、散文家，"唐宋八大家"之一，为"南丰七曾"（曾巩、曾肇、曾布、曾纤、曾纮、曾协、曾敦）之一。在学术思想和文学事业上贡献卓越。嘉祐进士，尝奉诏编校史官书籍,官至中书舍人,曾为王安石所推许。

曾几:南宋诗人。历任江西、浙西提刑、秘书少监、礼部侍郎。曾几学识渊博,勤于政事。其诗学江西派,风格清隽。陆游曾从他学诗。

曾国藩:清代重臣,清末洋务派和湘军首领。清代军事家、理学家、政治家、书法家、文学家,晚清散文"湘乡派"创立人。晚清"中兴四大名臣"之一,官至两江总督、直隶总督、武英殿大学士,封一等毅勇侯,谥曰文正。

386 毋(wú)

【寻根溯源】

毋姓主要有两种来源。一是出自上古,尧帝臣子毋句之后,以祖名为氏。尧为部落首领时,他的属下当中一个臣子名叫毋句的人,此人制造出乐器磬而著称。毋句的后代就以他的名中一字为姓,称为毋氏。二是出自田姓所改,以封地名为氏。在战国时期,齐国齐宣王田辟疆分封他的弟弟于毋丘,赐姓为胡毋氏,胡毋氏的后代再分为三支,形成胡毋、毋丘、毋三姓。后来胡毋、毋丘二姓省文也改为单姓毋氏,称毋姓。

【变迁分布】

早期在河南、山东一带活动。汉唐之间,在山西、河北扩展,并以河东郡(今山西夏县)、钜鹿(今河北平乡)郡为郡望,在陕西、山东也有分布。宋代以后,在山西、山东仍有分布。当今在上海、北京、辽宁、河南、陕西、四川、台湾也有分布。

【名人荟萃】

毋将隆:西汉著名大臣。汉成帝刘骜执政时期,毋将隆从事中郎,随后又升迁掌管谏争、议论的谏大夫。汉哀帝刘欣执政升任京兆尹、执金吾等职。毋将隆为人正直,敢于直谏进言。

毋雅:晋代著名大臣、学者。学冠四科(德行、言语、政事、文学),历官涪陵尹、汉平令、夜郎太守。

毋守素:宋代官员。毋昭裔的儿子,在宋朝朝廷中任文官。又曾被任为州官,治理地方使百姓受惠,深受赞扬。

毋思义:明代名宦。洪武年间举人,工诗,能文。历任襄阳、凤阳教授,周府长史,为一时名宦。

387 沙 (shā)

【寻根溯源】

沙姓主要有三种来源。一是神农时代有夙沙氏,其后以沙为氏。二是源自子姓,是汤王的后裔,以地名为氏。商朝末年,殷纣王庶兄开(一名启)被封于微,世称微子。武王克商后,封微子于商丘,建立宋国。微子的后裔有人被封于沙这个地方,即今天河北省大名县东面。他们以地名为姓,成为沙姓。三是古代百济国有沙氏,还有沙陀氏、沙随氏、沙吒氏等,复姓简化为沙氏。

【变迁分布】

早期在河南、陕西一带活动。汉唐之间,在河南东南部形成望族,以汝南郡(今河南上蔡)为郡望,东北三省、西北地区也成为少数民族汉化为沙氏的居住区。当今在辽宁、北京、河北、河南、江苏、浙江、云南等地均有沙氏集聚区,江苏的苏州、铜山、武进、南京等地是沙氏的重点分布区。

【名人荟萃】

沙良佐:明代好官。新城知县,廉慎爱民,笃于学校,未几,人足衣食,庭无讼者,百姓戴之。

沙玉:明代好官。涉县知县,劝民备耕抢收,涉民丰衣足食。尝于禾稼熟时,督民昼夜收获,未毕,飞蛾大至,临邑禾食尽,涉民得保全。

沙书玉:清代医学家。他精通内、外、喉科,声振大江南北,著有《医原纪略》和《疡科补苴》等医学著作。

沙神芝:清代大书法家。以狂草最有名,豪迈雄放,神逸无拘,在书画界备受称赞。

388 乜 (niè)

【寻根溯源】

乜姓主要有三种来源。一是源自姬姓。春秋时,卫国公族有大夫食采于乜,其子孙以邑为氏，称乜姓。二是蕃姓，由少数民族汉化而来。三是由也姓演变而来。

【变迁分布】

早期在河南活动，之后在陕、甘等西部地区以及山东也曾是乜姓分布区。乜氏以晋昌郡（即陕西石泉一带）为郡望。

【名人荟萃】

乜富架：明代时期著名苗民起义领袖。苗族，都匀（今贵州都匀）人。明弘治五年（1492年）农历十月，贵州都匀苗族酋长乜富架率领苗族人民起义，他自称都顺王，一度占据了梗滇、蜀道。明孝宗朱祐樘诏令大将军成溥任总兵官，率兵八万前往征讨。成溥兵分五路并进，诛富架父子，斩首万计。苗民起义遂被残酷地镇压下去了。

乜克力：明代著名酋长。藏族（一说维吾尔族），肃州（今甘肃酒泉）人。明弘治八年（1495年）农历十二月辛酉，巡抚甘肃佥都御史许进、总兵官刘宁率大军进入哈密，吐鲁番（高昌）的统治者蒙古族人逃遁，遂班师回朝。是年，爪哇、占城、乌斯藏等纷纷向明朝入贡。当时，肃州乜克力也代表属下诸部偕贡品至肃州关塞要求入贡，却被明孝宗朱祐樘莫名其妙地拒绝了。

389 养（yǎng）

【寻根溯源】

养姓源自姬姓，是古公亶父（周太王）的后代，以邑名为氏。太王之子秦入吴，其后建立吴国。春秋时，吴国公子掩余、烛庸逃奔楚国后食采于养，其子孙以邑为氏，称养姓。

【变迁分布】

早期在河南、湖北一带活动。汉唐时期，在山东、江苏发展，并以山阳郡（今山东省金乡县一带）为郡望。养姓为罕见姓氏，当今分布不详。

【名人荟萃】

养奋：东汉名儒。字叔高，博通古籍。以布衣举方正。方正是指汉代不须考试而是被选举的功名，要选品行端方、行为正直、学问又好的人。他所说多直率，切中时弊，一时称为"名儒"。

养由基：春秋时期楚国名将，是我国古代著名的神射手。当时，还有一个善射箭之人，名叫潘党，能每箭射中箭靶的红心。养由基对他说："这还不算本事，要能在百步之外射中杨柳叶子，才算差不多了。"潘党不服，当即选定柳树上的三片叶子，并标明号数，叫养由基退到百步之外，顺序射去。养由基连射三箭，果然第一箭中一号叶，第二箭中二号叶，第三箭中三号叶，箭镞全都正中叶心。这就是古代"百步穿杨"或"百发百中"成语典故的由来。

390 鞠(jū)

【寻根溯源】

鞠姓源自姬姓，是黄帝的后裔。周族首领后稷有孙子鞠，因出生时手纹似"鞠"字，故以鞠为名，其子孙以先祖之名为氏，称鞠姓。

【变迁分布】

早期在陕西活动。汉唐时期，在河南繁衍，并以汝南郡（今河南上蔡）为郡望。宋代以来，主要分布在河南、山东等地。

【名人荟萃】

鞠武：战国时燕太子丹太傅，曾荐荆轲于太子。

鞠咏：北宋官吏。开封（今河南省开封市）人。自小勤奋好学，后来举为进士当官，他遇事敢言。在担任三司盐铁判官时，河北、京师旱灾，他曾奏请出太仓米10万石以赈灾民。

鞠嗣复：宋代好官，为百姓做了不少好事。那时农民义军方腊将他俘获，因为他当官为民做主，所以就免其一死，而其他坏官一概杀头。鞠嗣复的政绩得到公认，所以朝廷随后还升他当了州官。

391 须(xū)

【寻根溯源】

须姓主要有两种来源。一是源自姞姓。商代有密须国（甘肃灵台县西一带），后被周文王所灭，其国人以密须为氏，密须又简化为须氏。二是源自风姓。西周初年，太昊的后裔受封建立须句国，春秋时先后为邾、鲁所灭，其国人以须句为氏，又简化为须氏、句氏。

【变迁分布】

早期活动在陕西、山东。汉唐之间，散布于黄河以北地区，并在河北北部形成名门大族，以渤海郡（今河北省、辽宁省之间的渤海湾一带）为郡望。明代时期，在江苏苏州、武进等地有分布。当今分布较广，但人数不多。

【名人荟萃】

须贾：战国时魏国中大夫。秦相范雎微行敝衣见须贾，须贾以一绨袍赠之。

须无：汉代著名大臣。汉高祖刘邦立国初期，须无功于荥阳，因而受封为陆量侯，绍封（历代承袭）达四代。

须之彦：明代著名大臣。南直隶苏州府嘉定（今属上海）人，万历二十六年（1598年）进士。历官浦江、桐乡，多善政，俱祀名宦。官至尚宝司少卿。

须用纶：明代官员。万历年间进士，崇祯年间授青州知府。为人廉洁公正，风节凛然。当时府中兵饷告急，裁各属杂费充作军饷，不用民间钱财，百姓都感激他的德政。

392 丰（fēng）

【寻根溯源】

丰姓源自姬姓。周文王的少子被封于酆，其后代以酆为姓，也有将"酆"字去偏旁而姓丰者（参见前文"酆"姓）。春秋时，郑穆公的儿子名字叫丰，其子孙以祖字为氏。

【变迁分布】

早期活动在河南。汉唐之际，向东南地区扩展，以松阳郡（今属浙江松阳县）为郡望。宋代以来，仍然以浙江为主要集聚区，在浙江的宁波、桐乡、鄞县、杭州等地均有分布。

【名人荟萃】

丰稷：宋代大臣、文学家。明州鄞县（今属浙江省）人。以廉明称。官至工部尚书，权礼部尚书。稷历任要职，清苦廉直。反对权臣擅改。又博学多闻，遍注经传。其

《孟子注》，为朱高所引。所上《崇俭爱民疏》《揭蔡京蔡卞奸邪疏》等，针砭时弊，义正词严。

丰庆：明代官员。丰寅初的儿子，举为进士后当官。丰庆为政清廉节俭，受到好评。

丰熙：明代官员。丰庆的儿子，举为进士后任吏部主事的要职。丰家历代修文，到了丰坊（丰庆的历代）时已有藏书上万卷。丰坊儒雅好学，文章和书法都同名。

丰坊：明代书法家、篆刻家、藏书家。鄞县（今浙江宁波）人。鄞县大姓丰氏后代。

丰寅初：明代文士。学问渊博，品行端正，洪武年间被朝廷请去教导王族子孙。

393 巢(cháo)

【寻根溯源】

巢姓出自有巢氏。有巢氏为上古时著名的三皇之一，其后裔夏商时建立有巢国（今安徽省巢县一带），春秋末被吴国所灭，其国人以国为氏，称巢姓。

【变迁分布】

早期在江淮地区活动。汉唐之间，在苏、鲁、皖交界地区扩展，并以彭城郡（今江苏徐州）为郡望，在山东也有一定分布。宋代以来，在江苏、浙江、四川也有巢氏分布，江苏的武进、阜宁、无锡为巢氏重点分布区。

【名人荟萃】

巢父：尧帝时的隐士。山居不营世利，在树上筑巢而居，时人号曰巢父。上古时禽兽多而人民少，于是人民就在树上筑巢居住以避野兽。传说尧帝以天下让给巢父，巢父不肯受，又让给许由，许由亦不肯受。

巢猗：隋代著名的学者。国子助教，撰有《尚书义》《尚书音译》等，而得后世的推崇。

巢元方：隋代医学家。巢元方在隋大业年间（605—615年）医事活动频繁，任太医博士，业绩卓著。

巢帝阁：明代名士。他走道时拾到金子，就坐等一整天，终于等到失主而归还。

394 关(guān)

关姓主要有两种来源。一是源自夏末忠臣关龙逄。关龙逄是夏桀时忠臣，因上谏而遭囚杀。关龙逄食邑于关，故子孙也以邑命氏。二是源自职官"关尹"。周代任关尹之职者，其后裔以职官为氏而姓关。

【变迁分布】

早期在山西、河南一带居住。汉唐之间，主要分布在山西、山东、河南等地，向西扩展至甘肃，并以陇西郡（今属甘肃）为郡望。宋代以后，已经广泛分布到大江南北。当今分布更加广泛，南北分布比较均匀。满族中也有不少关氏人士。

【名人荟萃】

关羽：三国蜀汉大将，字云长，为河东解县（今山西运城市解州镇）人，是夏代忠臣关龙逄第二十七世（一作三十七世）后裔。关羽作为忠、义、勇、武的代表，受到中国人普遍崇敬，关羽本人也被神话，与孔子共尊为"文武二圣"。

关兴：在蜀汉时任侍中，关羽的儿子，为诸葛亮所器重，惜早卒，遗有两子关统和关彝，因为嫡子关统无子，所以由庶子关彝承袭爵位，成为关公后裔的一大宗派。

关播：唐代宰相，关羽后裔。在唐朝德宗时担任检校尚书右仆射（相当于宰相）的官职，其祖上即从山西迁入河南。

关汉卿：元代杂剧作家，古代戏曲创作的代表人物。与马致远、郑光祖、白朴并称为"元曲四大家"，关汉卿位于"元曲四大家"之首。

395 蒯(kuǎi)

【寻根溯源】

蒯姓主要有两种来源。一是源自姬姓。春秋时，晋国公族有大夫蒯得，因食邑于蒯，故其子孙以邑为氏，称蒯姓。二也是源自姬姓。春秋时期的卫国卫灵公之子卫庄公的后代。卫庄公名叫蒯聩，他当太子的时候，曾经想刺杀灵公的夫人南子，失败后出奔晋国, 后回卫国, 被良夫、孔悝立为卫君。后为晋军所破, 被杀。蒯聩的后代子孙以祖上的名字命姓, 称蒯姓。

【变迁分布】

早期在河南西部与北部活动。汉唐之际, 向河北、山东、湖北扩展, 并以襄阳郡(今湖北襄樊)为郡望。宋代以来, 在江苏、浙江、安徽等东南地区也有分布。

【名人荟萃】

蒯通: 汉代谋士。当刘邦和项羽争夺天下时, 他活跃于政界, 为人出谋划策, 以口才好和计谋高闻名天下。

蒯越: 东汉末荆州牧刘表的谋士。西汉初名臣蒯通之后人。为人深中足智, 魁杰而有雄姿。原本是荆州牧刘表的部下, 曾经在刘表初上任时帮助刘表铲除荆州一带的宗贼(以宗族、乡里关系组成的武装集团)。刘表病逝后与刘琮一同投降曹操, 后来官至光禄勋。

蒯祥: 明代大臣、宫殿建造大师。官至工部侍郎, 食俸一品。自永乐至天顺, 举凡内殿陵寝, 都是他营缮的。他能用两只手各握一支笔画龙, 合在一起像一条龙一样。皇帝每每称他为"蒯鲁班"。

396 相(xiàng)

【寻根溯源】

相姓主要有两种来源。一是源自姒姓。夏朝第五位国君名相, 是夏王仲康之子。其子孙以祖字为氏。相读平声(xiāng)。二是源自子姓。商朝国君河亶甲以相为都城, 后又迁都, 住在原地的人们便以相为氏。相读去声(xiàng)。

【变迁分布】

早期在河南居住。汉唐时期, 向山西、陕西扩展, 并以西河郡(今山西离石)为郡望。宋代以后, 在北方及江浙一带有零散分布。

【名人荟萃】

相威: 元代大臣。元朝国王速浑察的儿子。喜请士大夫, 听读经史, 论古今治乱, 以及直臣尽忠, 良将制胜等事, 以故临大事决大议。博学多闻, 言必中节。因伐宋有功，授征西都元帅，拜江淮行省左丞相。

相礼：明代诗画家，能诗善奕，当世无敌。

相世芳：明代官员。正德年间进士，历官刑部郎中。为人沉着，刚毅正直，知识渊博，以文章著称。嘉靖年间，因直言谏议，被戌延安13年始诏还，终身无怨言。

397 查(zhā)

【寻根溯源】

查姓主要有三种来源。一是源自姜姓。春秋时齐顷公的儿子食邑于楂，查的古字，读(zhā)，其子孙以邑为氏。二是源自芈姓。春秋时，楚国有公族大夫食邑在查，其后代以查为氏。三是源自姬姓。春秋鲁国有大夫查延，受封于查，其后以邑为氏。

【变迁分布】

早期在山东、湖北一带活动。汉唐之间，在山东、江苏形成名门大族，并以齐郡（今山东淄博）、海陵郡（今属江苏）为郡望。宋代以来，在湖北、江苏、浙江、安徽、四川等南方地区有广泛分布，其中浙江海宁、安徽泾县为查氏重点分布区。

【名人荟萃】

查文徽：五代南唐大臣。休宁（今安徽）人。历仕李昇监察御史、李璟谏议大夫、中书舍人、枢密副使、抚州观察使、工部尚书。查文徽的三代都是做官的，他的儿子查元方是建州的观察判官，他的孙子查道，是宋真宗的龙图阁侍制。

查元方：宋代大臣。南唐工部尚书查文徽子。南唐后主时任水部员外郎。吉王李从谦辟其为掌书记，曾随李从谦使宋。使还，通判建州。宋开宝八年（975年）南唐亡后，归宋，擢殿中侍御史、知泉州。卒于官。

查士标：清代著名的书画家。安徽休宁人，长期居住在扬州，擅长画山水，与孙逸、汪云端、僧弘仁等书画家一起被称为"海阳四家"。他的书法超妙入神，《艺舟双楫》将他的行书列入佳品之上。

398 後（hòu）

【寻根溯源】

後姓源自上古时期太皞之孙後照，其后代以祖字为氏，称後姓。後（hòu）与后不同，是两个姓氏。《姓氏考略》云："太皞孙後照之后。"太皞，又称太昊或大昊，是伏羲氏的别称。所以後姓是伏羲氏的孙子後照的后裔。

【变迁分布】

早期在中原一带活动。汉代以后，在山东扩展，并形成名门士族，以瑕丘（今属山东）、东海（今山东郯城）为郡望。当今在宁夏固原、四川仪陇、湖南宁乡及安徽宣城等地仍有少量分布。

【名人荟萃】

後赞：五代时后汉官吏，任飞龙使。

後敏：明代官员。永乐时任陕西布政司参议，长于政事。

後礼：清代画家。

後祺：清代艺术家。

399 荆（jīng）

【寻根溯源】

荆姓主要有三种来源。一是出自芈姓，以国名为氏。西周初年，楚国先君熊绎被封在荆山一带（今湖北省西部），以荆为国号，直到春秋初才改为楚国，因而多联称为"荆楚"。荆楚的国人中有以荆为氏者。二是出自芈姓之后，为楚姓所改，以国名为氏。芈姓之后原有楚姓，一支居于秦国，因避秦庄襄王嬴楚之讳，以原国名荆为姓，改为荆姓。三是源自姜姓。春秋时齐国公族庆氏的后代有人改姓荆。如战国时刺秦王的荆轲原来在卫国时就名为庆轲，到燕国后才称荆轲。

早期在河南、湖北一带活动。汉唐时期，在河南、山西以及江淮地区有广泛分布，以广陵郡（今江苏扬州市）为郡望。宋代以来，在北京、河北、河南、山西、江苏等地均有荆氏分布，尤其是山西临猗为荆氏的长期聚居地。

【名人荟萃】

荆轲：战国时期著名刺客。也称庆卿、荆卿、庆轲，是春秋时期齐国大夫庆封的后代。喜好读书击剑，为人慷慨侠义。后游历到燕国，被称为"荆卿"（或荆叔），随之由燕国智勇深沉的"节侠"田光推荐给太子丹，拜为上卿。受燕太子丹之托入刺秦王，失败被杀。

荆浩：五代后梁画家。沁水（今属山西省）人。他擅画山水，常常携带笔墨摹写山中古松，画云中山顶时，能画出四面峻厚的气势。著有《笔法记》，对中国山水画的发展有重要影响。

荆嗣：宋代名将。累立战功。历官天武军校、田重进部将，太宗时攻太原及幽州，他皆率先陷阵，拜都指挥使。真宗时，为邠庆、环庆副部署，嗣起行伍，一生经150余战，未尝败北。

400 红（hóng）

【寻根溯源】

红姓主要有两种来源。一是源自芈姓。春秋时，楚国公族熊挚，字红，受封于鄂，称鄂王。其支族以祖字为氏。二是源自刘氏。西汉时有同姓王楚元王刘交的儿子刘富受封于红，他原来就已封为侯爵，所以人们称他为红侯，或称红侯富。其子孙以封地为氏。

【变迁分布】

早期在河南、湖北等地居住。汉唐之间，向北扩展到河北、北京地区，并以平昌郡（今山东安丘一带）为郡望。宋代以来，在山西等地还有红氏分布，但数量不多。

【名人荟萃】

红线：传说中著名唐朝侠女。红线是唐朝潞州（今山西长治）节度使薛嵩家（一说崔成）的女婢，她容貌秀丽，身怀绝技，喜读书，通经史，薛嵩让她掌管文书，被称为"内记室"。紧邻潞州的魏博郡（今山西永济）节度使田承嗣势大心野，想攻克潞州。

红线得知后，施展轻功，夜入魏博郡，到田承嗣家盗取了田家至宝金盒。薛嵩得到金盒后，写了一封信装在金盒中，然后还给田承嗣。田承嗣得回家传至宝，派人来表示感谢，并从此打消了兼并潞州的念头。

红尚朱：明代著名官吏。山西阳曲人。明英宗正统年间官拜郧西县丞。

红军友：明末农民起义初期首领之一。崇祯五年（1632年）转战陕甘边区，声势甚大。后遭谋害。

游竺权逯　盖益桓公　万俟司马　上官欧阳

401 游(yóu)

【寻根溯源】

游姓源流单纯,源出有一,出自姬姓。春秋时期,周厉王姬胡的儿子姬友,被其兄周宣王姬静封于郑,建立郑国。春秋时期郑国国君郑穆公有个儿子叫偃,史称"公子偃",字子游,他的孙子游皈以祖父字为姓,称游氏。

【变迁分布】

早期活动在河南。汉唐之间,向河北、陕西发展,在今河北任县形成游氏名门望族,以广平郡(今河北鸡泽)、冯翊郡(今陕西大荔)为郡望。宋代以后,在中西部、南方及北京等地均有游氏居住。

【名人荟萃】

游酢:北宋学者、哲学家。他拜理学家程颐为师,刻苦读书,学问渊博,是"程门四大弟子"之一。进士,授太学博士。他与杨时初次拜见程颐时,程颐闭目而坐,二人站在边上而不离去。等发觉时,门外已雪深三尺。此即"立雪程门"成语典故的由来。他所著的《易说》《中庸义》《论语孟子杂解》等书,尤受学者的推崇。

游明根:南北朝时北魏大臣。广平任(今河北任县)人。博学经史,孝文帝时官仪部尚书、大鸿胪卿,封新泰侯。做官五十余年,以仁和处世,以礼让接物。

游日章:明代廉州知府。嘉靖进士,在临川任了五年知县,清正廉洁,爱民如子,后任廉州知府。

402 竺(zhú)

【寻根溯源】

竺姓主要有两种来源。一是源于古印度,属于外来姓氏。古代印度称天竺国,汉代入居中国的天竺国(古印度)人以竺为氏。二是出自竹姓,以国名为氏,后改为竺姓。夏、商、周三代有孤竹国,到了春秋时,其国君之子伯夷、叔齐之后以国名为姓,称竹氏。东汉时的竹晏,因避仇人而改姓竺,其后人以竺为姓。

【变迁分布】

早期在河南、陕西活动。汉唐之间,向东南扩展,以东海郡(今山东临沂一带)为郡望。宋代至今,在山东、江苏、浙江等沿海地区有竺氏居住,其中浙江的绍兴、奉化、嵊县、宁波均有竺氏的踪迹。

【名人荟萃】

竺曾:东汉官吏。官酒泉都尉。

竺大年:宋朝学者,专心研究儒家经典《礼记》,著有一本叫《礼记订议》的书。

竺渊:明朝文士,宣德年间举为进士。被朝廷任为官员,正统中为福建参议,敕守银坑,盗贼四起时,竺渊率众捕盗,反被盗贼所捕,后因不屈于盗被杀。

403 权(quán)

【寻根溯源】

权姓主要有两种来源。一是源自子姓。商王武丁的后裔受封于权,建立权国,后被楚武王所灭,权国迁至那处(今湖北省荆门),不久又为巴国所灭。权国的贵族子孙以国名为姓,乃成权氏。二是源自芈姓。楚武王灭权国后,改权国为县,令公族斗缗为权县尹。后来斗缗率领权国遗民谋反,失败后被杀。斗缗的后人以邑名权为姓。

【变迁分布】

早期在河南、湖北活动。汉唐之间,向北扩散至河间郡(今河北雄县),向西迁移到天水郡(今属甘肃),在天水形成名门望族。宋代以来,权氏数量不多,在河北、河南、湖北、江苏、江西等地有分布。

权会：北朝齐臣。河间鄚（河北任丘）人。家贫好学，精通诸经。仕齐，初为四门博士。德高学博，拜师求学者甚众。

权德舆：唐代大臣、文学家。天水略阳（今甘肃秦安）人。后徙润州丹徒（今江苏镇江）。官至刑部尚书。卒谥文，后人称为权文公。权德舆仕宦显达，并以文章著称，为中唐台阁体的重要作家。

权怀恩：唐代大臣。京兆万年（陕西西安）人。高宗时为万年县令，赏罚分明。《旧唐书》称其"为政清肃"。高宗称之为"良吏"。历任庆、莱、卫、邢、宋五州刺史；后为益州大都督府长史至死。

权谨：明代大臣、孝子。徐州（今江苏徐州）人。他是载入《明史》的"孝义"典范人物，曾历光禄署丞，文华殿大学士（宰相），后又任通政司右参议。十岁丧父，哀痛甚至哭死过去。母亲九十岁去世，他在墓旁筑庐，守孝三年。明仁宗时因孝行官文华殿大学士，他要辞去，明仁宗说："朕提升你，要给天下为人子树个典范，其他事对你不苛求。"明仁宗皇帝当年明令群臣要效仿权谨孝义。

404 逯（lù）

【寻根溯源】

逯姓主要有两种来源。一是源自嬴姓，以邑名为氏。春秋时，秦国公族有大夫封于逯（今陕西省境内），其子孙便以封邑名逯为氏。二是源自芈姓。春秋时，楚国公族有逯氏，其后代也以逯为姓。

【变迁分布】

早期在河南、陕西、湖北一带居住。汉唐时期，向北迁居到河北，以广平郡（今河北鸡泽）为郡望。宋代以来，逯氏在河北、河南、山东、浙江等地有零散分布。

【名人荟萃】

逯普：汉代大臣。被封为蒙乡侯。

逯鲁曾：元代大臣。监察御史。

逯中立：明朝文士，为人正直，敢作敢为，有胆有识。他举为进士后入仕，官给事中，因为打抱不平被朝廷贬官，人们称赞他胆识过人。

405 盖(gài)

【寻根溯源】

盖(gě或gài)姓来源有三。一是源自姜姓,以邑名为氏。春秋时期,齐国有公族大夫受封于盖(gě)邑,他的后代子孙以封邑名为氏,称为盖(gě)姓。二是源自少数民族中有盖(gài)姓。据《魏书》的记载,卢水胡人中有盖(gài)姓。三是源自盖(gài)楼氏复姓所改。据《魏书》的记载,有盖楼氏复姓改为单姓盖(gài)氏。

【变迁分布】

早期在山东、河南等地居住。汉唐之间,在河南东南部有较大发展,并以汝南郡(今河南上蔡)为郡望,在河北、山西、山东、陕西、甘肃均有分布,尤以河北分布面较广。宋代以来,仍然在北方发展,河北仍是盖氏的重点分布区。

【名人荟萃】

盖宽饶:汉代文官,渔阳(今北京市怀柔县)人,他极为刚正,看到朝廷中有不正之风,就不管得罪什么人,都要在上朝时向皇上说个明白,于是朝中人人小心,风气也清廉一时,皇亲国戚也都小心翼翼。

盖文达、盖文懿:唐代的两位学者,研究儒学,当时称为"二盖"。

盖方泌:清代官员。以拔贡任陕西州判。喜庆年间,任商州知府。时匪徒屡扰商州,盖方泌募兵出击、群匪逃窜,不敢再入商州境,使当地居民安居乐业,以功升迁台湾知府。所至有声望,史称良吏。

406 益(yì)

【寻根溯源】

益姓源自嬴姓,以祖字为氏。上古时舜臣皋陶的后裔伯益曾辅佐大禹治水,在舜禹时期很有声望,其后人便以祖字为氏。

【变迁分布】

早期在河南、山东一带居住。汉唐之间,向西发展至陕西,并在冯翊郡(今陕西大荔)形成望族。宋代以来,在山东、江苏、浙江等东南沿海地区和四川等地有零散分布。

益畅：南宋进士。峨眉（今属四川）人，幼年时好学，绍兴年间考中进士。

益智：元代名将。有勇有谋，胸怀大略，朝廷任他为怀远大将军。他管理军队和民政都有周到谋划，有预见。部下人起先或者不明白他的用意，而随着事情进展，便知道了益智的远谋，无不佩服。

407 桓（huán）

【寻根溯源】

桓姓主要有四种来源。一是源自上古，以祖字为氏。黄帝时有大臣桓常，其子孙以祖字"桓"为姓。桓常被认为是桓姓的始祖。二是源自姜姓。春秋时齐桓公，死后谥号"桓"，其子孙以祖谥号为氏。三是源自子姓。春秋时宋桓公，死后谥号"桓"，支庶以祖谥号为氏。四是他族改桓氏者。

【变迁分布】

早期活动在河南、山东等地。汉唐之间，主要在江淮地区扩展，在河南、江苏、安徽形成桓氏的世家大族，以谯郡（今安徽亳州）为郡望，东晋时期谯郡桓氏权倾一时。之后扩散到山东、湖南、江西等地。宋代之后，桓氏比较少见，总体分布情况不得而知。

【名人荟萃】

桓荣：东汉著名经学大师。幼家贫，少赴长安求学，拜朱普博士为师，刻苦自励，15年不回家园，终成学业。桓荣六十余岁方为汉光武帝刘秀赏识，拜为议郎，被请进宫教授太子刘庄。累官太子少傅，后迁太常。明帝刘庄即位，对桓荣倍加敬重，尊以师礼，拜为五更，旋封其为关内侯。

桓温：东晋权臣，谯国桓氏代表人物。历任征西大将军、开府、南郡公、侍中、大司马、都督中外诸军事、扬州牧、录尚书事等职。一生战功累累，威名赫赫。后来独揽朝政，欲行篡位之事，逼迫朝廷加其九锡，后因谢、王等人知其病重，故意拖延，谢安屡次修改九锡文使之多日不成，病重而死。

桓彦范：唐代大臣。桓荣的19世孙，任至宰相，挟正敢言，为武三思所谗，因受诬谋逆而惨遭极刑。睿宗即位后，为其冤案昭雪，赐谥"忠烈"。

408 公（gōng）

【寻根溯源】

公姓源流单纯，源出有一，源自姬姓。周公旦之子伯禽建立鲁国，其后代有鲁昭公，他把王位传给弟弟姬宋，是为鲁定公。定公把鲁昭公的两个儿子衍和为，都封公爵，世称公衍、公为。公衍、公为的后代子孙便以祖上爵位为姓，遂成公姓。

【变迁分布】

公姓发源地在今山东，即古代的鲁地。秦代以前，已经扩展至韩、赵、齐、陈等地，但主要分布在今河北、河南、山东。汉唐之间，以蒙阴郡（今属山东）为郡望。宋明时期，在山东蒙阴、平度也偶然可见公氏名人。

【名人荟萃】

公仪休：春秋时期鲁国宰相。他任鲁相以后，清正廉洁，拒不受贿（有位宾客送他一条大鱼，他坚决不肯接受），为鲁国的文武官员做出了榜样。

公鼐：明代著名文学家。蒙阴（今山东蒙阴）人。万历年间进士，明天启初官礼部右侍郎。魏忠贤乱政，引疾归。他论诗主张一代有一代之声情，反对复古模拟。所著有《问次斋集》。他与公逸仁、公跻奎、公一扬、公家臣，史称"五世进士"。他将公氏家族的道德文章、仕途功名发展到顶峰。公氏家族五世进士，有两名同授翰林编修，一时名重朝野。为褒扬公氏家族公德，明朝末年，在蒙阴县古城县署附近，修建了"五世进士，父子翰林"的石牌坊。

公勉人：明代著名大臣。弘治年间进士，任大仆卿，因与刘谨不和而未能得到重用，刘谨死后，才得到重用，升为大同巡抚。他选将练兵，提高将士素质，忠于职守，戒备森严，在边关工作十年，不出意外事故。并著有《山东集》。

409 万俟(mò qí)

《百家姓》从这一句起,开始排列复姓,其中也夹有部分单字姓。

北魏时期鲜卑、匈奴二族均有万俟氏,后来他们入居内地汉化后,此姓作为复姓也成为汉族之姓。北魏的"十大贵族"姓氏中有"万俟",北魏献帝弟弟的儿子,也赐姓万俟。

早期在西北地区与山西一带居住。之后随北魏拓跋氏进入河北、河南、山东,并在山东形成万俟聚集地,以兰陵郡(今山东枣庄、藤县一带)为郡望。宋代时期,在河南还有万俟氏居住,当今辽宁、北京、安徽还能见到这一姓氏。

万俟普:北齐官员。太平人,官朔州刺史。仁厚爱民,雄果有勇,官至太尉。

万俟洛:北齐的大将军,万俟普之子,气宇非凡,勇锐盖世,威名远扬。

万俟丑奴:北魏末关陇人民起义领袖。山西省高平镇人,匈奴族人。初为胡琛部属。琛死,代统其部众。建义元年自称天子,建元神兽。后兵败被杀。

万俟卨:宋代宰相,南宋奸臣,开封阳武(今属河南)人。他承秦桧之意弹劾岳飞,并编造假罪名置岳飞父子和张宪于死地;后又与秦桧争权,被罢黜。秦桧死后,他重任宰相,继续推行投降政策。

410 司马(sī mǎ)

司马复姓主要有三种来源。一是西周时有官职司马。有人以为,担任司马一职的家族,有的以职务为氏。二是西周宣王时,重黎裔孙程伯休父,任职司马,屡立大功,周王赐以司马为氏。三是出自他姓改司马的。许、郝有改姓司马者。

【变迁分布】

先秦时期主要在中原活动。秦汉以后,在陕西、湖北、江苏、四川均有司马氏家族居住。河南为司马氏的核心居住区,在今河南温县诞生了司马懿家族。随着晋朝的建立,司马氏已经遍布大江南北。唐代以前,在东南沿海、江淮地区、中原地区均有零散的司马氏家族。宋代以后,在山西夏县崛起了司马光家族,在陕西、河北、江苏、浙江、湖南亦有少量分布。当今在北京、天津、河北、山西、湖北、江西、福建、贵州的个别地区还有一定分布。

【名人荟萃】

司马迁:西汉著名史学家、文学家,被后人尊称为"史圣"。司马迁以其"究天人之际,通古今之变,成一家之言"的史识完成的《史记》,成为中国历史上第一部纪传体通史,被鲁迅誉为"史家之绝唱,无韵之离骚",对后世影响巨大。

司马相如:西汉文学家、大辞赋家。其代表作品为《子虚赋》。作品辞藻富丽,结构宏大,使他成为汉赋的代表作家,后人称之为赋圣。他与卓文君的私奔故事也广为流传,为后世文学、艺术创作所取材。

司马懿:三国魏国杰出的政治家、军事家,西晋王朝的奠基人。字仲达,河内郡温县孝敬里(今属河南温县)人。是辅佐了魏国三代的托孤辅政之重臣,后期成为全权掌控魏国朝政的权臣。平生最显著的功绩是多次亲率大军成功对抗诸葛亮的北伐。死后谥号舞阳宣文侯,司马炎称帝后,追尊司马懿为宣皇帝。

司马昭:三国时期曹魏权臣,西晋王朝的奠基人之一。司马昭继承父兄的权力,弑魏帝曹髦,彻底控制了曹魏政权。掌权期间派邓艾灭蜀。其子司马炎称帝后,追尊司马昭为文皇帝。有著名的成语"司马昭之心,路人皆知。"

司马光:北宋著名史学家、政治家,散文家。出生于河南省光山县,原籍陕州夏县(今属山西夏县)涑水乡人,世称涑水先生。他主持编纂了我国历史上第一部编年体通史《资治通鉴》。司马光为人温良谦恭、刚正不阿,其人格堪称儒学教化下的典范,历来受人景仰。

411 上官(shàng guān)

【寻根溯源】

上官复姓源流单纯,源出有一,出自芈姓,春秋时楚国有上官大夫,其后以邑名为姓。春秋时，楚庄王芈旅（一作吕、侣）的小儿子兰，史称公子兰，被封在上官邑（今河南省滑县东南），其后人便以邑为氏，形成了上官姓。

【变迁分布】

早期在河南、湖北一带活动。秦汉时期，又西迁陕甘形成望族，并以天水郡为郡望。唐宋前后，在河南、山西、山东、江苏、福建有零散分布，当今在山东临沂、江苏武进、浙江遂昌、湖南湘潭有所分布。

【名人荟萃】

上官桀：汉朝人，武帝时任太仆。武帝临终时，任上官桀为左将军，与霍光同受遗诏辅佐少主，封为安阳侯。后来上官桀密谋欲废昭帝，但事情败露，被诛族灭。

上官婉儿：唐代女官。上官仪之孙女。上官仪父子因反对武则天执政被杀，上官婉儿与母亲被配入宫廷。婉儿辩慧能文，习吏事，武后爱之，拜婕妤（女官名），秉机政。她14岁起就为武则天草拟诏令。

上官凝：宋代官员。进士而做官，为人刚正纯直，不受馈赠，善决疑案，有政声。他的儿子上官均，孙子上官恢都举为进士。

上官均：宋代官员。进士，策试时考官吕大临、苏轼拟其第一，以策中诋新法忤王安石，遂改第二。历官光禄寺丞、监察御史、龙图阁侍制，赠紫金光禄大夫。著有《曲礼讲义》二卷、《广陵文集》五十卷等。

412 欧阳（ōu yáng）

【寻根溯源】

欧阳姓源流单纯，源出有一，源自姒姓，与欧姓同宗，以封地名、侯爵名为氏。夏朝帝王少康的儿子无余，被封于会稽，建立了越国，为诸侯国。到春秋的时候被吴国给灭掉了。十九年后，勾践又复国。到勾践六世孙无疆为越王的时候。被楚国所灭，无疆的儿子蹄被封于乌程欧余山之阳，所以称为欧阳亭侯，无疆的支庶子孙，于是以封地山名和封爵名为姓氏，形成了欧、欧阳、欧侯三个姓氏。

【变迁分布】

早期活动在浙江等地。汉唐之间，已经扩散到河北、山东、湖南、福建等地。在河北北部形成望族，并以渤海郡（今河北省、辽宁省之间的渤海湾一带）为郡望。宋代之后，在南方地区有较大发展，以"吉州欧阳"较为知名。江西的崇仁、泰和、婺源、吉安、永新、安福以及湖北、湖南、福建均有分布。当今以湖南分布最为广泛。河南、湖北、江苏、浙江、福建、江西、广东等地也为欧阳氏的居住区。

【名人荟萃】

欧阳询：唐代书法家。楷书四大家（欧阳询、颜真卿、柳公权、赵孟頫）之一。代表作楷书《兰亭记》、行书有《行书千字文》。对书法有其独到的见解，有书法"八诀"。贞观初，历太子率更令、弘文馆大学士、银青光禄大夫，时太宗置弘文馆，精选文学士。后封渤海郡男，食邑五百户，赐紫金鱼袋，赠越州都督。

欧阳修：北宋卓越的文学家、史学家、政治家。"唐宋八大家"之一。官至兵部尚书，以太子少师致仕。卒谥文忠。其于政治和文学方面都主张革新，既是范仲淹庆历新政的支持者，也是北宋诗文革新运动的领导者。创作实绩亦灿烂可观，诗、词、散文均为一时之冠。

欧阳玄：元代文官。浏阳（今属湖南）人，欧阳万公后裔。官翰林学士，国子祭酒（主管教育的长官），以文章著名。修《宋史》《辽史》《金史》，有《圭斋文集》十六卷。

夏侯诸葛　闻人东方　赫连皇甫　尉迟公羊

413 夏侯（xià hóu）

【寻根溯源】

夏侯姓源流单纯，源出有一，源自姒姓，以爵号为氏。大禹之裔孙在西周初受封为杞侯，春秋时杞国被楚国所灭，杞国国君简公之弟佗逃往鲁国，鲁悼公因为佗是夏禹的后代，封佗为侯爵，故称夏侯，其子孙就以夏侯为姓。

【变迁分布】

早期在河南、山东活动。汉唐时期，在山东有较大发展，以鲁国郡（今山东曲阜）为郡望，向南在今苏、豫、皖交界处发展，以谯郡（今安徽亳州）为郡望。宋代以后，不常见，仅在北京、湖北、安徽等地有零散分布。当今在北京、山西、上海、江西、台湾等地偶有所见。

【名人荟萃】

夏侯婴：西汉功臣。沛县（今江苏沛县）人，与刘邦是少时的朋友，从刘邦起义，立下战功，后封为汝阴侯。

夏侯始昌：汉代鸿儒，甚为武帝器重，官至太傅。

夏侯胜：西汉文士。少随夏侯始昌学今文《尚书》，称"大夏侯"，常以阴阳灾异推论时政得失。任太子太傅。

夏侯建：西汉文士。今文尚书学"小夏侯学"的开创者。从夏侯胜和欧阳高学习今文《尚书》。称"小夏侯"。宣帝时，立为博士。官至太子少傅。

夏侯渊：三国魏将领。曹操手下大将，历任陈留、颍川太守。官渡之战后，夏侯渊负责粮草补给，保证了曹操平定北方。而后又率兵四处征讨叛乱，战功卓著，又随曹操平马超，灭张鲁，再立奇功。后在定军山为蜀将黄忠所袭，不幸战死。

百家姓诠解

夏侯霸：三国时期将领。夏侯渊之子，在魏官至右将军、征蜀护军。后因司马懿政变，曹爽被杀，夏侯玄被调离，夏侯霸心不自安，投奔蜀国，被封为车骑将军，曾随姜维伐魏，后病逝于蜀国，得到追谥的荣誉。

414 诸葛（zhū gě）

【寻根溯源】

诸葛复姓主要有三种来源。一是商代有诸侯葛伯，建立葛国，居于葛县，其后代以葛为氏，也有复姓诸葛者。二是秦末陈胜义军有将军葛婴，其子孙在西汉文帝时被追封为诸县侯，简称为诸葛。三是汉代琅琊郡原居有葛氏，汉代新迁诸县葛氏，为使二者有所区别，而称"诸县葛氏"为"诸葛氏"。

【变迁分布】

早期在河南、山东居住。汉唐时期，在山东形成名门望族，以琅琊郡（今山东诸城）诸葛氏最为著名。南北朝时期，已经散播东南沿海地区。宋代以后，诸葛氏在史海中已经悄然无声。当今在浙江兰溪、上虞、金华等地还有诸葛氏，有些地方还有诸葛村。

【名人荟萃】

诸葛丰：西汉大臣。以明经为郡文学，特立刚直。官至光禄大夫。在位权贵多言其短，元帝降诸葛丰为城门校尉。最后上书弹劾光禄勋周堪、光禄大夫张猛，被元帝贬为庶人，终于家。诸葛丰之后代迁居阳都（今山东沂南县砖埠乡黄疃一带），多有显者，诸葛亮便是其中之一。

诸葛亮：三国时蜀国政治家、军事家。琅琊阳都（今山东临沂市沂南县）人，三国时期蜀汉丞相，在世时被封为武乡侯，死后追谥忠武侯，是后代政治家的典范。东汉末年隐居隆中（今湖北省襄阳西），留心世事；刘备三顾茅庐之后辅佐刘备建立蜀汉政权。刘备去世，又忠心耿耿辅佐刘禅。为匡扶汉室，鞠躬尽瘁，出师北伐，六出祁山，后病死于五丈原（今陕西省勉县西南）军营中，终年54岁，著有《诸葛武侯集》《出师表》名篇。

诸葛瑾：三国时期东吴谋士。字子瑜，诸葛亮之兄。初为孙权长史，转中司马。孙权派遣诸葛瑾使蜀通好刘备，与诸葛亮俱公会相见，退无私面。后刘备伐吴，有人言其密遣亲人通蜀。孙权说："子瑜之不负孤，犹孤之不负子瑜也。"孙权称帝，拜诸葛瑾为大将军、左都护、领豫州牧。

415 闻人 (wén rén)

闻人复姓源自春秋时期鲁国少正卯。传说古代春秋时期,鲁国有人叫少正卯,他讲学,孔子的学生中都有不少人去听讲,他的名声闻名远近,于是文人学士们就给了他一个雅号,叫闻人。闻人的后代将此引以为荣,就以闻人为姓。

【变迁分布】

早期在山东居住。汉唐时期,已经西迁移至河南洛阳,南下至江苏、浙江等地,以河南郡(今河南洛阳)为郡望。宋代以后,在浙江嘉兴、余姚、金华等地有闻人氏分布,有些闻人氏简称闻氏。当今在浙江还能见到闻人氏家族。

【名人荟萃】

闻人袭:东汉大臣。沛国(今安徽宿县西北)人。建宁元年(168年)十一月以太仆代刘矩为太尉,翌年五月罢。三年(170年)四月以太中大夫代郭禧复为太尉,次年三月以日食免。

闻人耆年:南宋针灸学家。槜李(今浙江嘉兴西南)人。行医四五十年,认为"惠而不费者,莫如针灸之术",又谓"针不易传,凡仓卒救人者,惟艾灼为第一",因将所集之方,于1226年撰成《备急灸法》。书中载有常见二十二种急证灸法。

闻人诠:明代官吏。浙江省余姚人,明朝著名哲学家王阳明的学生。闻人诠举为进士后,嘉靖年间做了御史官,巡视边疆,在山海关一带修了近千里的长城。校补有《五经》《三礼》《旧唐书》行世。

416 东方 (dōng fāng)

【寻根溯源】

东方复姓主要有两种来源。一是出自上古伏羲氏。伏羲氏裔孙中有个叫羲仲的,出于八卦中的震位,位主东方,世代执掌东方青阳令。他的后代子孙遂以东方命姓,称东方氏。二是出自张姓。东方朔的父亲名张夷,在他出生前便去世了。母亲田氏在他出生三天后也死了，邻居将其收养。因为他出生时东方天刚亮，所以取名叫东方朔。东方朔官拜太中大夫，他生性诙谐滑稽，出言幽默，但能洞察事理，直言切谏。他的后代亦以东方为氏，又形成一支东方姓。

【变迁分布】

早期在河南、陕西居住，后来在山东兴旺了。汉唐时期，在山东有一定分布，以平原郡（今山东平原）、济南郡（今山东省章丘市龙山庄）为郡望。宋代以后，东方氏已经足迹难觅。当今在北京、山西、山东、台湾等地偶尔可见。

【名人荟萃】

东方朔：西汉大臣、文学家。汉武帝时，东方朔上书自荐，自称博学多能、才貌出众，可以作大臣。武帝看了很惊奇，便任命他官职，后官至太中大夫给事中。他为人幽默机智，又有点玩世不恭，宫中都称他为"狂人"，但在一些重大问题上，他又敢于直谏，所提意见往往切中时弊。他出入宫廷，文学修养很好，通晓世事，常借说笑话来劝谕皇上，深受人们赞赏。东方朔一生著述甚丰，后人汇为《东方太中集》。

东方虬：唐代史官、诗人，唐代武后时任左史，工诗。武后游洛南龙门时，命随从文官赋诗，东方虬最先作好，武后赐他锦袍。

东方显：唐代学士，为开元中舍象亭十八学士之一。

417 赫连(hè lián)

【寻根溯源】

赫连复姓源自非汉族的少数民族之姓。十六国时期南匈奴铁弗部右贤王的后裔名勃勃，建立夏国称帝，以"王者辉赫，与天相连"，自制姓为赫连氏，即赫连勃勃，其后代多以赫连为姓。

【变迁分布】

早期在西北地区居住。十六国以后，向河北、山西、河南、陕西迁移，后以渤海郡（今河北省、辽宁省之间的渤海湾一带）为郡望。宋代以后，已经很少能见到赫连氏的踪迹。如今在河南、山东等北方地区还能见到赫连氏。

【名人荟萃】

赫连子悦：十六国时夏的建立者赫连勃勃的后人，历官郑州刺史、林虑太守、都官尚书、太常卿。为官以清廉、勤奋自守，公正办事，又知道怎么做能使人民安居乐业康富，很受百姓拥戴。

赫连达：北周将领。盛乐（今内蒙古自治区和林格尔以北）人，赫连勃勃的后裔。他的曾祖父因避难改姓杜氏。赫连达性情刚强耿直，有胆力。他年轻时跟随贺拔岳征战有功，被任命为都将，赐爵长广乡男，官至大将军夏州总管、三州五防诸军事。赫连达虽然不是文官，然而性情质朴正直，尊奉朝廷法度，虽多施用鞭刑，而对判处死罪十分慎重。他性格又很廉洁俭朴，边境的胡民有人送羊给赫连达，他想要与胡人相结交，就以缯帛进行回报。主管官员请求使用官物，他说："羊进了我的厨房，不能用官库的东西谢人。"

赫连韬：唐代才子，福建省漳浦人，有不羁之才。与莆田的陈黯、王肱、萧枢、林贤；福州陈蔇、陈发、詹雄齐名，合称为"闽中八贤"。

418 皇甫（huáng fǔ）

【寻根溯源】

皇甫复姓源自子姓，是春秋时宋国公族的后代，为皇父氏所改。春秋时宋戴公有儿子名充石，字皇父，其子孙以祖字为氏，称"皇父氏"。西汉时，其后裔皇父鸾迁居陕西茂陵后，把姓氏中的"父"字改为"甫"字（古代二字同音通用），遂成皇甫氏。

【变迁分布】

早期在河南东部居住。汉代时期，已经迁居关中，之后西迁至陕西、甘肃、宁夏交界的地区，在安定郡（今宁夏固原）形成皇甫大族，数百年间人才辈出，安定皇甫名扬天下。唐宋以来，除陕西、甘肃、宁夏外，河北、河南、山西等北方地区，江苏、浙江、安徽、四川等南方地区，均有皇甫氏分布。

【名人荟萃】

皇甫规：东汉名将，军事家。皇甫规世代武官家庭出身，有见识，熟习兵法。祖父皇甫棱，曾任度辽将军；父亲皇甫旗，任扶风都尉。曾任泰山太守、度辽将军。东汉末，兴起了"党锢之禁"，天下许多名贤皆遭牵连。皇甫规自以为西州豪杰，未被牵连为耻。便上言，请求"坐罪"，朝廷知而不问，时人称赞为贤良。他任职数载，北边威服。汉永康元年皇甫规被任命为尚书。不久，又任弘农太守（今河南灵宝），封寿成亭侯，食邑二百户，他却让封不受，最后又任护羌校尉。

皇甫嵩：东汉太尉。少好诗书，习弓马，灵帝时任北地太守，领冀州牧，拜太尉，封槐里侯，时号名将。

皇甫涍：明代诗人。好学工诗，与兄冲及弟汸、濂，皆有才名，时称"皇甫四杰"。官至浙江按察佥事。其后同里人张凤翼、燕翼、献翼并负才名，吴人因有"前有四杰，后有三张"之语。

419 尉迟 (yù chí)

【寻根溯源】

尉迟复姓源自南北朝时北方鲜卑族姓氏，以部落名命姓。北魏鲜卑族有拓跋部和尉迟部落，拓跋部成为皇族，尉迟部也成为贵族。北魏孝文帝时赐尉迟部的后代以尉迟为姓。

【变迁分布】

早期在西北地区活动。北魏时期，以山西北部为集聚地，以太原郡（今山西太原）为郡望。唐代以后，数量不多，而且主要在山西地区分布。

【名人荟萃】

尉迟恭：唐初大将。今山西省朔县人。以武勇著称。屡立大功，是李世民亲信之一。玄武门之变，助李世民夺取帝位。太宗欲妻以女，敬德说："臣妻虽陋，相与共贫贱久矣。臣虽不学，闻古人富不易妻，此非臣所愿也。"帝乃止，以功累封鄂国公。

尉迟乙僧：唐代画家。于阗（今新疆和田）人，与其父尉迟跋质那（画家）皆以善画闻名，有大小尉迟之称。

尉迟运：北周著名将领。鲜卑族，朔州善阳（今山西朔县）人。尉迟纲之子。

尉迟德诚：元代著名大臣。绛州（今山西绛县）人。为詹事院都事。为河东山西道宣慰司同知，击奸吏，宽税敛，上计京师。元延祐二年（1315年）拜辽东道肃政廉访使。上疏言事，提出立谏官，崇科举，抑奢侈，裁冗官等。

420 公羊 (gōng yáng)

【寻根溯源】

公羊复姓源流单纯，源出有一，源自姬姓，以祖上名字为氏。公羊氏家族，是先秦时期鲁国的公孙羊孺之后，"以王父字为氏"而得姓。春秋时，鲁国公族有位才学出众的人物，叫作公孙羊孺，他的子孙便取祖上名字中公羊二字为姓，称公羊氏。

【变迁分布】

早期在山东一带活动。汉唐时期，向河南北部扩展，并以顿丘郡（今河南省清丰西南）为郡望。公羊复姓为罕见姓氏，当今北方仍有此姓分布。

【名人荟萃】

公羊高：战国时候的著名学者，齐国人，承继发扬孔子的儒学，为卜子夏高徒，他讲学有《春秋传》一书，也叫《春秋公羊传》或《公羊春秋》，专门阐释春秋，最初只有口头流传，到汉初，他玄孙公羊寿，邀集了研究公羊高的学者，辑录成《春秋公羊传》。为儒学"十二经"之一。这十二经是：《易经》《书经》《诗经》《周礼》《仪礼》《礼记》《春秋左传》《春秋公羊传》《谷梁传》《论语》《孝经》《尔雅》。

公羊寿：公羊高之玄孙。他与胡母生（子都）一起将《春秋公羊传》"著于竹帛"。《公羊传》有东汉何休撰《春秋公羊解诂》、唐朝徐彦作《公羊传疏》、清朝陈立撰《公羊义疏》。《公羊传》的主要精神是宣扬儒家思想中拨乱反正、大义灭亲，对乱臣贼子要无情镇压的一面，为强化中央专制集权和"大一统"服务。

421 澹台 (tán tái)

【寻根溯源】

澹台复姓源流单纯，以地名为氏。春秋时鲁国境内有澹台山（今山东嘉祥县南），居住在此地的居民，便以澹台为姓。

【变迁分布】

早期在山东一带活动。之后向江苏、山西迁居。汉唐时期，以太原郡（今山西太原）为郡望。宋代以后，在山东蓬莱、安徽淮南、江西修水等地有零散分布。

【名人荟萃】

澹台灭明：孔子弟子，教育家，孔门"七十二贤"之一。字子羽，春秋末年鲁国武城（今山东）人。其相貌丑陋，但为人公正，非公事不见卿大夫，受到孔子的推崇。后来游学于江淮，弟子多达300人，名扬各诸侯国。因其貌丑，孔子开始曾以为才薄，当发现其优点后，则自称"以貌取人，失之子羽"。唐封其为"江伯"、宋封其为"金乡侯"。

澹台敬伯：东汉名士，又名澹台恭，会稽（今属浙江绍兴）人。向薛汉为师学习《韩诗》，为薛汉最知名的弟子之一。薛汉的弟子中，以澹台敬伯与杜抚、韩伯高等最为知名。

422 公冶 (gōng yě)

【寻根溯源】

公冶复姓源流单纯，源自姬姓，为季氏的后代。鲁国季姓是鲁桓公的儿子季友的后代。季友的兄长就是鲁庄公，鲁庄公死时立季友的儿子为国君，可是这位国君不幸遇害，季友也逃亡了，等季友回国时，又立他的小儿子为国君，就是鲁僖公。春秋时，鲁国季姓公族中的季冶，字公冶，当了鲁国的大夫，他的后代便以祖上的字命姓，称公冶氏。

【变迁分布】

早期居住在山东。汉代以后，以鲁郡（今属山东）为郡望。公冶为罕见姓氏。当今山西还有此变迁分布。

【名人荟萃】

公冶长：春秋时期著名文士。公冶氏，名长，字子长、子芝。春秋时齐国人，亦说鲁国人。孔子的女婿。为孔子弟子，七十二贤之一，名列二十。自幼家贫，勤俭节约，聪颖好学，博通书礼，德才兼备，终生治学不仕禄。相传通鸟语，并因此无辜获罪。公冶长一生治学，鲁君多次请他为大夫，但他一概不应，而是继承孔子遗志，教学育人，成为著名文士。因德才兼备，深为孔子赏识。

423 宗政 (zōng zhèng)

【寻根溯源】

宗政复姓源流单纯，源出有一，源自刘姓。楚元王刘交是汉高祖刘邦的弟弟，他的曾孙叫刘德，官至宗正，为九卿之一，即主持皇家宫室事务的官员。刘德的支庶子孙有的以祖上官职名命姓，称宗正氏，后来加文而为宗政氏。宗政姓族人，今大多已并入宗姓。

【变迁分布】

汉代以来，在江淮一带居住，并以彭城郡（今江苏徐州）为郡望。宗政复姓为罕见姓氏，此姓分布与迁移情况不详。

【名人荟萃】

宗政辨：唐代大臣，官殿中少监。

424 濮阳（pú yáng）

【寻根溯源】

濮阳源流纯正，源出有一，源自姬姓，颛顼的后代以地名为氏。远古时，这地方也叫帝丘，黄帝的孙子颛顼做部落首领时，曾在这里建都；春秋时卫成公也曾在此定都，是一处文化宝地。颛顼的后代中有人居住在濮水之阳（能受太阳光照射的阳面），后来就取地名为姓，称濮阳姓。

【变迁分布】

濮阳复姓早期在河南北部居住。汉代以来，向河南东部、河北、安徽等地扩展，在河北北部形成望族，以博陵郡（今河北蠡县）为郡望。当今江苏海门还有此姓。

【名人荟萃】

濮阳潜：汉代著名官吏。官为上虞县宰，有贤名。

濮阳兴：三国时东吴的大臣。孙权时使蜀，做过会稽太守。吴国君主孙权的第六儿子，名叫孙休。濮阳兴和孙休是好友。后来孙休继位，称景帝，就任用濮阳兴做丞相，封外黄侯。

濮阳瑾：明代文士。因科举成绩优良而被任为地方官，在山东宁阳县任县丞，政尚宽平，赈饥有功，远近赖以全活。

濮阳慎：清代著名诗人。号木斋，广德（今属安徽）人。从其兄濮阳模学诗，一年而成。清乾隆二十九年贡生。著有《木斋诗集》。后来，陈毅元帅曾录其诗入《所知集》。

425 淳于（chún yú）

【寻根溯源】

淳于复姓源流单纯，源出有一，源自姜姓，是炎帝的后代，以国名为氏。周武王灭商后，把原夏朝斟灌国姜姓淳于公封在州邑（今山东省安丘市），建立州国，因位居公爵，世称州公。春秋时期有州公实，亡国于杞，州国公族定居于淳于城（今省安丘县东北三省，原为州国都城），后来复国，名淳于国，仍为公爵，成为春秋时期的小国之一。亡国后，其族人以原国名命姓，称淳于氏。到唐代中期，唐宪宗名李纯，淳于姓的"淳"字与"纯"字同音，遂在避讳之列，乃去淳为于姓。五代以后，有于姓恢复祖姓，仍复姓淳于。后虽恢复，但数量明显减少。

【变迁分布】

早期在河南、山东一带活动。汉唐时期，在山东有比较大的发展，以齐郡（今山东淄博）为郡望；在河南北部，形成以河内郡（今河南武涉）为郡望的淳于望族。唐代以前，在四川、江淮地区等地已经有淳于氏的足迹。宋代以来，由于改姓等原因，淳于氏明显减少。当今山东黄县还有淳于氏的分布。

【名人荟萃】

淳于越：战国时齐国博士。与李斯是一对好兄弟，身居相位的李斯，为了迎合秦始皇统一言论的需要，上表焚书，当即遭到太子老师、博士淳于越的反对。淳于越阻谏焚书触犯了律令。在李斯的袒护下，淳于越免于死罪，革职回乡。为了保护储君，在回乡路上，又为扶苏代言，泣血上表，谏阻焚书，而被杀。

淳于意：汉代名医。山东人，仕齐为太仓长，世称为太仓公或仓公。少喜医术，后为人治病，决生死多验。文帝时，因故获罪，当处肉刑，其女缇萦上书，愿以身入宫为婢，代父赎罪，文帝悲其孝心，因废肉刑。

淳于长：西汉大臣。西汉魏郡元城（今河北省大名）人。其父族虽无权势，但母族十分显赫：其姨娘王政君，是元帝刘奭的皇后，成帝刘骜的皇太后；其大舅王凤是大司马、大将军。他二十来岁便当上了黄门郎，往来于显贵之间，并千方百计地接近和讨好成帝，渐渐取得了成帝的信任，很快升为卫尉，成为九卿之一。

426 单于 (chán yú)

【寻根溯源】

单于复姓源自汉代匈奴。汉代，北方少数民族匈奴族的最高统治者称为"单于"，意为"广大"。迁居内地并汉化的匈奴王族便以单于为氏。

【变迁分布】

早期在内蒙古一带活动。汉代以后，在河套地区、山西北部定居，内迁者在山东形成望族，以千乘郡（今山东高苑县）为郡望。宋代以来，很少能找到单于迁移的足迹。当今山东益都、历城有少量分布。

【名人荟萃】

冒顿单于：著名秦末汉初时期匈奴族首领，在位时间从公元前209年至公元前174年，为期三十六年。名冒顿（mò dú），头曼单于的长子。姓挛鞮（luān dī），是匈奴部落联盟的首领称号。于公元前209年（秦二世元年），杀父头曼单于而自立。是中国少数民族中第一个雄才大略的军事家、统帅。公元前174年，冒顿单于去世。其子稽粥单于立，曰老上单于。

詹师庐单于：乌维之子。著名匈奴族首领，在位时间从公元前105年至公元前102年为期三年。因年少即位，史称"儿单于"。

呼征单于：名呼征，著名匈奴单于，屠特若尸逐就之子。在位时间从公元178年至公元179年为期一年。公元179年，被东汉大将张修斩杀。

427 太叔(tài shū)

【寻根溯源】

太叔复姓主要有两种来源。一是出自姬姓，是卫国开国始祖康叔的后代，以祖上次第排名为氏。春秋时，卫国国君卫文公姬毁的第三个儿子叫姬仪。在古代，兄弟以伯仲叔季为次序来排名，姬仪因为排行老三，所以人称叔仪，又因为他是王族之后，所以世称太叔仪。他的后代子孙以祖上的次第排名字命姓，称太叔复姓。二是亦出自姬姓，以祖上封号为氏。春秋时，郑庄公的弟弟公叔段，被封在京，世称京城太叔，其后代子孙遂以祖先封号命姓，称太叔复姓。

【变迁分布】

早期在河南居住。汉代以后，向山东迁移，以东平郡（今山东东平）为郡望。之后，迁移轨迹和分布情况不详。当今辽宁、北京等地尚有少量分布。

【名人荟萃】

太叔仪：春秋时期，卫国有一位周朝的王族后代叫姬仪，姬仪排行第三，也就是卫文公姬毁的第三个儿子。古时候，兄弟辈排行次序，老大称伯，老二称仲，老三称叔，老四称季。姬仪为老三，就称作叔仪。而姬姓源自周朝王族（周文王叫姬昌，周武王叫姬发），于是外人称呼叔仪时为表示尊敬，就称他太叔仪。太叔仪的子孙，以先辈的身份为荣耀，世代姓太叔。

太叔段：春秋郑国人。郑武公少子，庄公弟。母爱而欲立为太子，武公不许。在古代，太叔这样的尊称是被普遍采用，称呼王公贵族中排行第三的子弟，而也可能被子孙延用演变成姓氏。见于古书记载的春秋时郑国有一位京城太叔，他也是周朝姬姓王族的后代，名叫段，受封于京城。他的后代就取京城太叔中的"太叔"两字为姓。

太叔雄：著名西汉大臣。博学而有节操，官至尚书，为一代良臣，以致猛政著名。

428 申屠（shēn tú）

【寻根溯源】

申屠复姓源自姜姓。西周末，周幽王王后申后的兄长被封为申侯，其支子居住于屠原，其后代子孙故以申屠为氏。

【变迁分布】

早期在陕西居住。汉代以后，散居在今河南的商丘、禹州、民权以及山东、陕西等地，以京兆郡（今陕西西安）为郡望，在陕西关中地区形成申屠望族，在山西则以河西郡（今属山西）为郡望。宋代以来，申屠氏已经不常见。当今在辽宁、北京、浙江、安徽、台湾等地分布，其中以浙江分布最为广泛。

【名人荟萃】

申屠嘉：西汉大臣。文帝时拜丞相，封故安侯。为人廉直，不受私人拜托。幸臣邓通戏殿上，申屠嘉欲杀之，为文帝赦免。景帝时，晁错用事，申屠嘉欲借晁错穿凿宗庙垣事杀晁错未成，愤恨吐血而死。

申屠刚：东汉大臣。性情方直，常慕史鱼、汲黯之为人。平帝时，举贤良方正，因对策忤上意罢归。光武帝时征拜侍御史，后任尚书令。帝欲出游，申屠刚以陇蜀未平，不宜宴安逸豫，劝谏不听，以头抵舆轮，使车不得行。后数次以谏忤旨，贬为平阴令，终官太中大夫。

申屠致远：元代著名大臣。元世祖忽必烈南征时，被经略使乞实力台荐为经略司知事。当时元军中政务，多为申屠致远谋划。累官至淮西江北道肃政廉访司事。所至有风裁。申屠致远清修苦节，耻事权贵，家无余产却聚书万卷，名曰"墨庄"。著有《忍斋行稿》《杜诗纂例》《集古印章》等。

公孙仲孙　轩辕令狐　钟离宇文　长孙慕容

429 公孙（gōng sūn）

【寻根溯源】

公孙复姓主要有两种来源。一是源自春秋时各国诸侯的后裔。春秋时，各国诸侯不论爵位大小，多喜欢称公。按照周朝制度，国君一般由嫡长子继位，即位前称为世子，其他的儿子便称为公子，公子的儿子则称公孙。他们的后代便有不少人以公孙为姓，因此，公孙并非一族一姓的后人。二是源自黄帝。轩辕黄帝初姓公孙后改为姬姓。黄帝的后裔有以公孙为姓者。

【变迁分布】

早期在今中原广大地区散播。汉代以后，在河北、陕西形成两个公孙氏的望族区，以高阳郡（今山东省淄博市临淄区西北部一带）、扶风郡（今陕西兴平）为郡望。实际上，在辽宁、河北、山东、陕西、甘肃、浙江都有公孙氏名门望族出现。唐宋以后，公孙氏悄然少见，当今的分布情况不详。

【名人荟萃】

公孙侨：春秋时期郑国的政治家和思想家。公孙侨复姓公孙，名侨，字子产，又字子美。郑国贵族，与孔子同时。他是郑穆公的孙子，所以人们又称他为公孙侨、郑子产。子产具有人本主义的思想，强调人事，但也不否认鬼神。提出"天道远，人道迩，非所及也"。在子产看来，人道先于天道，天道可以存而不论，人道则不能不察。被清朝的王源推许为"春秋第一人"。

公孙度：东汉末地方割据首领。字升济，辽东襄平（今辽宁辽阳）人。少时随父避居玄菟，初为玄菟小吏，继升尚书郎、冀州刺史，后被免官。后董卓任命为辽东太守，羽翼渐丰，自立为辽东侯、平州牧。后被曹操表举为武威将军，封永宁乡侯。建安九年（204

年) 卒，子康嗣位。

公孙瓒：东汉末年群雄之一。辽西令支（今河北迁安）人。东汉末年献帝年间占据幽州一带的军阀。后为袁绍所破。

430 仲孙 (zhòng sūn)

【寻根溯源】

仲孙复姓源自姬姓。春秋时鲁桓公次子名叫庆父，因排行老二，故世称共仲。他的子孙遂以仲孙为姓，称仲孙氏。庆父乱鲁之后，弑父君主，畏罪出逃，改姓为孟孙氏，但留居于鲁国的他的支庶子孙仍为仲孙氏，世代沿袭为仲孙姓。

【变迁分布】

早期居住在山东。汉代以后，在河北、山东一带形成望族，以高阳郡（今山东省淄博市临淄县西北部一带）为郡望。仲孙复姓是罕见姓氏，在史海中很难寻觅得到仲孙氏的踪迹，迁移分布情况不详。

【名人荟萃】

仲孙湫：春秋时齐国大臣。事桓公为大夫。当时鲁国发生灾荒，齐桓公派仲孙湫以"慰问"的名义去侦察情况，回来之后，齐桓公问他："现在是否可以攻打鲁国？"仲孙湫说："不可以，因为鲁国有难，不可攻打他，只可更加爱护和帮助他！"齐桓公听后很佩服仲孙湫的远见。

仲孙蔑：即孟献子。春秋中期鲁国外交家、政治家。他为人勤俭，体察民情。尝曰："畜马乘，不察于鸡豚。伐冰之家，不畜牛羊。百乘之家，不畜聚敛之臣。"主张俭用和发展生产。时称贤大夫。

431 轩辕 (xuān yuán)

【寻根溯源】

轩辕复姓出自黄帝有熊氏。黄帝因居于轩辕之丘，故号轩辕氏，其一支子孙便以轩辕命氏。

早期在河南、陕西活动，其中河南新郑的轩辕丘为黄帝轩辕命氏之地。汉代以后，在陕西武功一带形成望族，以邰阳郡（今陕西省武功县）为郡望。由于黄帝之后分为许多姓氏，真正以轩辕命氏者很少。当今仅在河南临颍、扶沟，台湾等地还有轩辕氏分布。

【名人荟萃】

轩辕氏：即黄帝。传说黄帝姓公孙，后因生于姬水改姓姬。国于有熊（今河南新郑市），故亦称有熊氏。与蚩尤战于涿陆之野，斩杀蚩尤。又败炎帝于阪泉，诸侯尊为天子，以代神农氏。因有土德之瑞，土为黄色，故号黄帝。

轩辕范：唐朝人，知兴化军，考绩被列为优等，上奏朝廷。

432 令狐 (líng hú)

【寻根溯源】

令狐复姓源流单纯，源出有一，源自姬姓，系以邑名为氏。上古时，周文王有个儿子叫毕公高。毕公高有个孙子叫毕万，毕万在春秋时，在晋国当高官，他有一个曾孙叫魏颗。魏颗有军功，活捉了秦国大将杜回，于是受晋国君主封于令狐（今山西临猗县西边一带）。魏颗的后代，享用令狐的物产，并以封地为姓，称令狐氏。令狐姓是周朝王族的后代。

【变迁分布】

早期在山西的临猗等地活动。汉唐之间，在山西、陕西、甘肃等地有比较大的扩展，尤其在山西影响最大，并以太原郡（今山西太原）为郡望。宋代以来，令狐氏的踪迹已经很难寻觅。当今在山西平陆、运城、万荣，以及四川、贵州、台湾有分布。

【名人荟萃】

令狐整：北周著名大将军。本名令狐延，敦煌（今甘肃敦煌）人。世为西土冠冕，祖父令狐绍安，官至郡守。自幼聪敏，沉深有识量，家藏万卷书。曾担任任州主簿、寿昌郡守。之后，随宇文泰军征讨，赐姓宇文。北周初年，令狐整出任丰州刺史，累迁骠骑大将军、开府仪同三司，加侍中。

令狐楚：唐朝大臣、诗人。宜州华原（今陕西耀州区）人。他举进士后入仕，担任过中书侍郎、尚书、仆射等官职，政绩卓著。他还常与名诗人白居易、刘禹锡唱和，李商隐也出自他的门下，但他本人所作的好诗并不多。他的儿子令狐绹也举为进士后入仕，后官至丞相。唐朝时令狐一族出了不少名人。

令狐彰：唐代大臣。京兆富平簿台村（今陕西富平）人，祖先自敦煌内徙。历任滑州、卫州等六州节度使、御史大夫，封霍国公，检校尚书右仆射。

433 钟离（zhōng lí）

【寻根溯源】

钟离复姓主要有两种来源。一是源自子姓，以地名为氏。春秋时宋桓公的儿子敖在晋国任职，敖的孙子伯宗为晋国大夫因勇于直言而被当权者杀害，他的儿子伯州犁逃到楚国，任太宰，食采钟离（今安徽凤阳），他的后代子孙遂以居住地命姓，称钟离氏。二是源自嬴姓，以国名为氏。周代时，伯益的后人有封国钟离国，春秋时钟离国被楚国所灭，国人遂以原国名命姓，称钟离氏。

【变迁分布】

早期在江淮地区居住。汉唐之间，向浙江发展，以会稽郡（今浙江绍兴）为郡望，以江苏、浙江、安徽为主要分布地区。宋代以来，已经极少见到钟离氏的踪迹，当今在辽宁、沈阳等地有分布。

【名人荟萃】

钟离春：战国齐国王后。她是我国历史上有名的丑女。她虽然样子难看，但志向远大、学识渊博。当时执政的齐宣王政治腐败，国事昏暗，性情暴躁，喜欢受人吹捧。钟离春为了拯救国家，冒着杀头的危险，当面一条条地陈述了齐宣王的劣迹。并指出若再不悬崖勒马，就会城破国亡。齐宣王听后大为感动，把钟离春看作是自己正身、齐家、治国的一面镜子。后来，竟把钟离春封为王后。

钟离昧：秦末项羽的大将，素与韩信交好。项羽死后，投奔楚王韩信。刘邦得到消息，以为韩信要谋反，同陈平商议，要韩信逮捕钟离昧。有人告诉韩信，如果把钟离昧斩首，去见刘邦，自然无患。于是韩信召钟离昧商议，钟离昧说："刘邦不攻打楚国，是因为我在楚国，如果你捕我献媚，今日我死，明日你亡。"说罢，拔剑自刎。韩信带着钟离昧的头去见刘邦，刘邦即令武士逮捕韩信。

钟离意：汉代官员。会稽（今浙江绍兴）人。年轻时在郡中做督邮。太守认为他很贤能，于是让他在县里做事。汉光武建武十四年，会稽郡发生大瘟疫，死者数以万计，钟离意独自一人，亲自抚恤灾民，筹集分发医药，所属百姓多借此才得以保全并度过灾难。后来任瑕丘县令，廉政爱民。汉章帝即位后，钟离意被征拜为尚书，因廉明，调官做尚书仆射。钟离意做官五年，用仁爱感化人，百姓多富足，后因长久得病死于任职期间。

钟离瑾：宋代官员。字公瑜，安徽合肥人。进士出身，初为简州推官，通判益州。为官时赈济有善政。仁宗时累迁龙图阁待制，权知开封府。

434 宇文（yǔ wén）

【寻根溯源】

宇文复姓源流纯正，起源主要有一，源于少数民族，为南单于之后。传说鲜卑族的单于打猎时得到一块玉玺，以为是上天所授，鲜卑族称天为宇，谓上天所赐的文玺，于是号宇文国，其后代以为姓氏。

【变迁分布】

早期活动在西北地区。南北朝时期，逐步南下内迁，除在辽宁、内蒙古、山西、陕西等地分布外，在河南洛阳等地形成宇文氏皇族聚集地。至唐代时期，他们已经入地为籍，遍布中原各地。宋代以后，宇文氏已经不经常见。当今在北京、河南、陕西、浙江、四川、台湾等地还有少量宇文氏的分布。

【名人荟萃】

宇文泰：北朝北魏、西魏将领，杰出的军事家、军事改革家、统帅。字黑獭，代郡武川（今内蒙古武川西）人，鲜卑族，西魏王朝的建立者和实际统治者，西魏禅周后，追尊为文王，庙号太祖，武成元年（559年），追尊为文皇帝。

宇文神举：北朝北周将领。代郡武川（今属内蒙古）人。鲜卑族。周文帝宇文泰族子。历任车骑大将军、熊州刺史、并州刺史。因功高，宣帝使人鸩之，卒于马邑。史称宇文神举"博涉经史，性爱篇章"。

宇文恺：隋代建筑家。朔方夏州（今陕西靖边县）人，后徙居长安。出身于武将功臣世家，自幼博览群书，精熟历代典章制度和多种工艺技能。官至工部尚书。宇文恺最大功绩是主持规划和修建长安城与洛阳城。被誉为一代建筑大师，对中国建筑技术发展做出巨大贡献。著有《东都图记》二十卷、《释疑》一卷和《明堂图议》二卷等书，今佚。

宇文融：唐代大臣。京兆万年（今陕西西安）人。开元初任监察御史。开元十七年（729年），拜黄门侍郎，同中书门下平章事。他善于荐举人才，在相期间，荐宋璟为右丞相、裴耀卿为户部侍郎、许景先为工部侍郎。在相位仅百日即罢贬为汝州刺史，又流岩州，卒于途中。

435 长孙（zhǎng sūn）

【寻根溯源】

长孙复姓出自拓跋氏。北魏道武帝赐什翼犍的长兄沙漠雄之子嵩姓长孙氏，称长孙嵩。北魏明元帝时为"八公"之一，其后代便以长孙为姓。

【变迁分布】

早期居住在西北地区。鲜卑族南下前，主要在山西大同居住；南下后，主要以洛阳为长孙氏集聚地，之后向东发展，在山东与河南交界处的豫东地区形成望族，以济阳郡（今河南省兰考东北三省）为郡望。宋代以后，长孙氏已经很少可见。当今分布于辽宁、陕西、上海等地。

【名人荟萃】

长孙俭：北周廉吏。河南（今河南省洛阳）人。本名庆明，周太祖以其志安贫素，为官清廉，改名为俭，初仕为外散骑侍郎。官至大行台尚书，兼相府司马。后献攻取梁江陵之策，晋爵昌宁公。卒于夏州总管任上。

长孙操：唐高祖时任相国府金曹参军、检校虞州刺史，后跟从唐太宗征讨，参与机密，官至陕州刺史，封乐寿县男。任陕东大行召时，城中无井，他开广济渠引水入城，百姓颂其遗爱。其子长孙诠娶唐高祖李渊之女新城公主。

长孙皇后：唐太宗李世民的皇后。她曾协助李世民发动"玄武门之变"，夺取政权。李世民即位后，她常劝其提倡节俭，重视法制，信用贤臣，深得唐太宗的敬重、宠爱。尝采"古夫人善事"，编写了《女则》10卷，现存诗《春游曲》一首。

长孙无忌：唐代大臣。字辅机，晟子。唐朝洛阳（今河南洛阳）人，唐太宗皇后之兄。博涉文史，有谋略。从太宗李世民定天下，功居第一，迁吏部尚书，封为齐国公，又徙赵国公、太子太师，后为高宗时辅政大臣，进授太尉，兼修国史。后因反对高宗立武则天为后，被放逐黔州，自缢身亡。撰有《唐律疏议》。

436 慕容（mù róng）

【寻根溯源】

慕容复姓出自鲜卑族姓氏。三国时，鲜卑族单于，自称"慕二仪之德，继三光之容"，并以此简称为慕容氏。

【变迁分布】

早期在西北地区居住。东晋时期，在北方的十六国中，慕容氏先后建立了前燕、后燕、南燕、西燕四个政权，其活动范围在黄河以北的大部分地区，慕容家族也成为当时十分显赫的家族，并在甘肃的敦煌郡（今属甘肃省敦煌）形成了慕容氏望族。宋代以后，在史料中已经不易寻觅到慕容氏的踪迹。当今在安徽淮南、湖北钟祥、广东顺德及台湾等地有分布。

【名人荟萃】

慕容恪：东晋十六国时期前燕著名政治家、军事家。鲜卑族，字玄恭，昌黎棘城（今辽宁义县）人。慕容恪是前燕王慕容皝的第四子，慕容恪"幼而谨厚，沈深有大度"。因其母高氏不被宠爱，所以一直不为慕容皝所注意。

慕容隆：十六国时期后燕著名将领。鲜卑族，昌黎棘城（今辽宁义县）人。慕容隆是后燕开国皇帝慕容垂之子。

慕容延钊：五代、宋初著名将领。山西太原人。慕容延钊出身将门，他的父亲慕容章官至襄州马步军都校，领开州刺史。慕容延钊在少年时代就以勇敢干练闻名，后汉时他为枢密使郭威的部下。郭威代汉建周后，他被补为西头供奉官，历尚食副使、铁骑都虞侯，后周世宗继位后，改任殿前散指挥使都校、领溪州刺史。慕容延钊戎马一生，他善于攻伐，南征北战，以军事统帅的身份参加了后周和北宋几次主要的统一战争，并立下显赫战功。

鲜于闾丘　司徒司空　亓官司寇　仉督子车

437 鲜于（xiān yú）

【寻根溯源】

鲜于复姓主要有两种来源。一是源自子姓。商朝末君纣王有叔箕子封于箕（今山西省太谷县），官为太师，多次就纣王的荒淫残暴进谏，纣王依旧如故，不思悔改，后来竟将箕子关入大牢。周武王灭商后，箕子直言劝谏武王当行仁政，却不肯应武王的请求再次为臣。相传他的子孙中支子仲封地在于邑，就合国名与邑名，自称鲜于氏。二是南北朝时丁零族有鲜于氏。

【变迁分布】

早期在北方活动。汉代以后，在北京一带形成望族，以渔阳郡（今北京密云西南一带）为郡望。宋代以后，除东北三省、内蒙古、河北外，在四川也有鲜于氏聚居，在朝鲜族中有一定分布。

【名人荟萃】

鲜于文宗：东汉孝子。渔阳（今北京密云西南一带）人，年七岁丧父。父以种芋时亡，至明年芋时，对芋鸣咽，如此终身。姊文英适荀氏，七日而夫亡，执节不嫁。及母卒，昼夜哭泣，遂失明。

鲜于世荣：北齐忠义将领，渔阳（今北京密云西南一带）人，在后主武平中时积战功封为义阳王。后官至领军大将军。

鲜于天：宋代著名科学家。幼时能日诵千言，表现出非凡的才能。他精通天文、历数、地理、方技。其学问渊博，为当时名儒争相求教的大学问家。

鲜于枢：元代著名书法家。大都（今北京）人，一说渔阳（今北京蓟县）人。官至太常寺典簿。其书法笔墨淋漓酣畅，书体遒劲凝重，赵孟頫极推重之。代表作有《真书千文》《老子道德经卷上》《苏轼海棠诗卷》等。明朱权《太和正音谱》将其列于"词林英杰"

一百五十人之中。

438 闾丘 (lú qiū)

【寻根溯源】

闾丘复姓主要有两种来源。一是源于姜姓,春秋时,齐国大夫婴居住于闾丘(今山东邹县境内),故称为闾丘婴,其后代以闾丘为氏,或简称为闾氏。二是源于朱姓。春秋时期,在邾国(今山东邹县)有一个地方叫闾丘邑,居住在那里的人以邑名为姓,称为闾丘氏。

【变迁分布】

早期在山东活动。汉唐之间,在今河南北部形成望族,以顿丘郡(今河南清丰)为郡望。唐宋时期,河南、陕西均有闾丘(闾)氏人的踪迹。当今在北京、上海还有少量闾丘(闾)氏人分布。

【名人荟萃】

闾丘冲:西晋大臣、著名诗人。高平(今山东金乡西北)人。性通达,好音乐,清平有鉴识,博学有文义,王衍誉之为"高才"。曾任太傅长史、散骑常侍、尚书、光禄勋。后在"永嘉之乱"中遇害。

闾丘孝终:北宋著名大臣。吴县(今江苏苏州)人。曾在黄州任太守。其时,苏东坡在京城做官,因写诗讪谤朝政,贬到黄州去任团练副使。苏东坡到黄州以后,在闾丘孝终手下任职。闾丘孝终为官清廉,为人正直,他知道苏轼才高八斗,是个饱学之士,很敬重他,凡有宴会和交际活动,总要请苏轼一起出席。为此,与苏轼友谊深厚。

闾丘观:两宋著名将领。浙江丽水人。宋靖康初年,曾率部到婺州,及还,遇宋高宗赵构渡江,遂领兵勤王,护送至临安(今浙江杭州),官至武翼大夫。

439 司徒 (sī tú)

【寻根溯源】

司徒复姓主要有两种来源。一是源自姬姓,是舜帝的后代。尧帝为炎黄部落首领时,舜曾为尧时的司徒官,负责管理民众、土地及教化等事情,职位相当于宰相。舜的后代子孙有的以其职官命姓,称司徒氏。二是源自周代有司徒一职,担任此职者,其子孙均可以以祖职官为氏。

【变迁分布】

早期在中原地区活动。汉唐之间,在河北扩展,并以赵郡(今河北省中部石家庄、赵县、邯郸市一带)为郡望。宋代以来,司徒氏在河北、山西、云南等地均有分布。当今在广东的平远、开平有司徒氏聚族而居。

【名人荟萃】

司徒诩:五代后汉大臣。司徒诩,喜爱读书,曾经做过项城县官,得到精明能干的好名声,后汉初期担任了礼部侍郎的官职。周世宗即位后,留意雅乐,议欲考其正音,而诩为足疾病所苦,居多告假,遂命以本官至仕。

司徒映:唐代大臣。唐文宗即位,深知两朝之弊,励精求治,任司徒映为太常卿。出宫女3000余人,放五坊鹰犬,省冗食1200余人,政号清明。不料数年后,宦官弄权,钩心斗角,奢侈浪费,腐败回潮,文宗"仁而少断,制之不得其术,遂成甘露之变"。司徒映目睹此情此景,毅然决定辞官还乡,不再在朝廷做不清明的官。

440 司空 (sī kōng)

【寻根溯源】

司空复姓主要有两种来源。一是出自姒姓,是大禹的后代,以官职名为氏。尧为部落首领时,禹官至司空,其后代子孙有的以官职命姓,称司空氏。二是周代设有司空,负责土木工程等事宜,担任此职的家族以职官为氏。春秋时晋国的士蒍为司空,其子孙也以司空为氏。

【变迁分布】

早期在中原及周边地区活动。汉唐之间,在河北、河南、山西、江苏等地繁衍,在河南北部形成司空氏的名门大族,以顿丘郡(今河南清丰)为郡望。宋代以后,已经不见司空氏的踪迹。当今在辽宁、上海、安徽等地分布。

【名人荟萃】

司空图:晚唐诗人、诗论家。祖籍临淮(今安徽泗县东南),自幼随家迁居河中(山西省永济)人。唐懿宗咸通年间进士,累官礼部郎中,因避战乱隐居中条山王官峪。朱温篡唐后,召司空图为礼部尚书,他坚拒不就。唐哀帝被朱温弑后,司空图绝食而死，终年72岁。司空图成就主要在诗论，《二十四诗品》为不朽之作。《全唐诗》收诗三卷。

司空曙：唐代诗人。洺州广平（今河北省永年东南）人。官至虞部郎中。他擅长写五言律诗，内容多为送别酬答和羁旅漂泊，为"大历十才子"之一。

司空宗韩：宋代著名大臣。洺州（今河南洛阳）人。北宋绍圣年间荣登金榜。

441 亓官 (qí guān)

【寻根溯源】

亓官复姓源自古代的掌笄之官，即笄官，亦称亓官、亓官。在古代，笄礼是当人年龄至十五岁时，在头发上插"笄"的仪式，作为由少年正式传为成年人的象征。笄即古代贵族用于绾起头发的簪子。在重要的仪式上，专门有人负责管理笄，其后裔便以官职为氏，以后又简称为亓、亓。

【变迁分布】

亓官复姓为罕见姓氏。山东莱芜是亓官氏的中心。今山东、河南、安徽等地依然有亓官氏分布。

【名人荟萃】

亓官氏：孔子的夫人。春秋时宋国人。孔子17岁时，孔母颜征在逝世。孔子19岁时娶宋国人亓官氏之女为妻，一年后亓官氏生子，鲁昭公曾派人送鲤鱼表示祝贺，孔子感到十分荣幸，故给儿子取名为鲤，字伯鱼。鲁哀公十年（前485年），孔子夫人亓官氏去世。宋朝时期追封为郓国夫人，被儒家后世尊为圣母。如今孔庙中的寝殿，是供奉孔子夫人亓官氏的专祠。孔子夫人在史书上称为"亓官氏"。

亓官宾：据《亓氏族谱》记载，亓官宾为元代人，后改姓亓。

442 司寇 (sī kòu)

【寻根溯源】

司寇复姓源自以官职为姓氏。周代主管司法、刑狱的官职，为六卿之一，担任此职的人，其后代以官职为氏。周武王的司寇苏忿生，春秋时卫国公子郢为卫国司寇，其子孙均以司寇为氏。

【变迁分布】

早期在中原地区活动。南北朝时期，在河北、河南等地繁衍，并在河南北部形成望族，以平昌郡（今河南清丰县）为郡望。其后代可能简称为司氏。当今在辽宁、北京、上海还有司寇氏分布。

【名人荟萃】

司寇惠子：据《礼记》上说，司寇惠子是春秋时鲁国有名的大夫。

司寇布：战国时期周王室著名大夫。有"司寇布巧言谕周主"的故事。

司寇恂：东汉王朝开国著名将领，"云台二十八将"之一。字子翼，上谷昌平（今北京昌平）人。后自简为寇恂。

443 仉 (zhǎng)

【寻根溯源】

仉姓源自姬姓。春秋时鲁国公族有大夫党氏，古代党姓的党，读音（zhǎng）掌，故亦作掌氏、仉氏，其后人因以为氏。仉、掌为同一姓氏。

【变迁分布】

早期在山东居住。汉代以后，在山东发展成为望族，以鲁郡（今山东曲阜）为郡望。宋明时期，在河北、河南有少量分布。

【名人荟萃】

仉氏：战国时期孟子的母亲仉氏，仉氏知书识礼，她为了使孟子得到好的环境教养，曾迁居了三次，有句成语"孟母三迁"，就是典出于她教子有方的故事。后来，孟子果然没有辜负母亲的期望，成为孔子学说的继承人。孟子的母亲史书上称为"仉氏"。

仉启：南北朝时，南朝梁有四公子，其中之一名仉启。然而后世有人认为《梁四公子传》为虚构之作，其实并无其人。

仉经：明代官员。洪武年间，他在高苑县当个书记官，对百姓有爱心，宽厚待人，政绩好，后来就升为河南道御史的高官。但官场上明争暗斗很多，仉经山东人直性子，常受挫折。到了永乐年间，他又被降职到常山县当县官了，这时他政治经验更丰富，把常山县治理得很好，深受百姓爱戴，称之为"仉公"。

444 督(dū)

【寻根溯源】

督姓主要有三种来源。一是源自子姓。春秋时期，宋戴公的孙子名督，字华父，又称华督。华督的子孙中有一支取祖名督字为姓，称督氏。二是春秋时期，燕国有地方名为督亢（今属河北涿州），燕国义士荆轲刺秦王时，成语"图穷匕见"中用的图就是"督亢肢图"的地图，可见当时督亢是个负有盛名的地方。居住在当地的人以地名"督"为姓，形成督氏。三是西南地区少数民族有督氏。

【变迁分布】

督姓是罕见姓氏，以巴郡（今重庆市）为郡望。当今在河北三河、江苏武进、四川安县、江西吉水等地分布。

【名人荟萃】

督瓒：汉代清官。官五原太守，为人正义，有才德，政绩颇显。尽管宦海沉浮，为官甚是清廉。

督仲美：明代官吏。全州（今属广西）人，嘉靖年间任归善县丞。

445 子车(zǐ chē)

【寻根溯源】

子车复姓源流单纯，源出有一，出自春秋时秦国公族子车（古读zǐ jū，今读zǐ chē）氏之后，以祖名为氏。春秋时秦国有大夫名子车，其后代有的就以祖名子车为姓，称子车姓。春秋时的秦国有三位贤者，都姓子车，分别是子车奄息、子车仲行、子车针虎，并称为"三良"。当时的国君秦穆公很残暴，他死的时候，将很多人都一起陪葬，因为秦穆公很喜欢这三个贤人，所以也将他们一同殉葬。老百姓因此很悲伤，民间传唱一首叫《黄鸟》的歌，用来纪念对他们的哀思。子车姓的后代，从此改为单姓车氏。

子车复姓是罕见姓氏。汉唐时期，以天水郡（今甘肃通渭）为郡望。当今不见子车氏。

【名人荟萃】

子车奄息：春秋时秦国子车氏"三良"之一。据《左传·文公六年》载："秦伯任好（即穆公）卒，以子车氏之三奄息、仲行、针虎为殉，皆秦之良也。国人哀之，为之赋黄鸟。"《诗经·黄鸟》曰："交交黄鸟，止于棘。谁从穆公？子车奄息，维此奄息，百夫之特。临其穴，惴惴其栗。彼苍者天，歼我其良人！如可赎兮，人百其身。"意思说：黄雀叽叽，酸枣树上息。谁跟穆公去了？子车家的奄息。说起这位奄息，一人能把百人敌。走近了他的坟墓，忍不住浑身哆嗦。苍天啊苍天！我们的好人一个不留！如果准我们赎他的命，拿我们一百换他一个。

子车仲行：春秋时秦国子车氏"三良"之一。《诗经·黄鸟》曰："交交黄鸟，止于桑。谁从穆公，子车仲行。维此仲行，百夫之防。临其穴，惴惴其栗。彼苍者天，歼我其良人！如可赎兮，人百其身。"意思说：黄雀叽叽，飞来桑树上。谁跟穆公去了？子车家的仲行。说起这位仲行，一个抵得五十双。走近了他的坟墓，忍不住浑身哆嗦。苍天啊苍天！我们的好人一个不留。如果准我们赎他的命，拿我们一百换他一个。

子车针虎：春秋时秦国子车氏"三良"之一。《诗经·黄鸟》曰："交交黄鸟，止于楚。谁从穆公，子车针虎。维此针虎，百夫之御。临其穴，惴惴其栗。彼苍者天，歼我其良人！如可赎兮，人百其身。"意思说：黄雀叽叽，息在牡荆树。谁跟穆公去了？子车家的针虎。说起这位针虎，一人当百不含糊。走近了他的坟墓，忍不住浑身哆嗦。苍天啊苍天！我们的好人一个不留！如果准我们买他的命，拿我们一百个换他一个。

颛孙端木　巫马公西　漆雕乐正　壤驷公良

446 颛孙 (zhuān sūn)

【寻根溯源】

颛孙复姓源自妫姓。春秋时，陈国有公子颛孙，在鲁国做官，其后代子孙以他的业绩为荣耀，于是以祖名颛孙为姓，称颛孙氏。

【变迁分布】

早期在河南中东部活动。汉代以后，在山东西南部与江苏西北部繁衍，并以山阳郡（今山东金乡县一带）为郡望。唐代至今，已经很少见到颛孙氏的踪迹。当今辽宁、北京、山东、安徽、四川还有少量分布。

【名人荟萃】

颛孙师：孔子的弟子。名师，字子张，春秋时陈国人。后来到鲁国去拜孔子为师。那时孔子有三千弟子，他是很年轻的一个，比孔子小了48岁。古书上说，他长相端正，谈吐举止宽容文雅，待人接物友善从容，总之仪表很出众。不过孔子更重学问，所以他没有排入七十二贤者。

447 端木 (duān mù)

【寻根溯源】

端木复姓主要有两种来源。一是源自姬姓。春秋时，卫国公族有端木赐为孔子的学生，其后人以端木为氏。二是源于回族，属于汉化改姓为氏。端木氏为回族复姓之一，端木原为中国古老的姓氏，后也融入了回族之中。端木，早期见于回族的有清朝书法家端木埰、书画家端木焯、端木治等。端木氏回族主要分布在安徽和东南沿海地区。

早期在河南活动。汉代以后，向东扩展，在山东形成望族，以鲁郡（今山东曲阜）为郡望。宋代以后，在浙江、安徽有一定分布。

【名人荟萃】

端木赐：字子贡，政治家，儒商之祖，官至鲁、卫两国之相。是孔门七十二贤之一，孔门十哲之一，春秋末期卫国（今河南省鹤壁市浚县）人。孔子对这位得意门生十分欣赏，曾称其为"瑚琏之器"。他利口巧辞，善于雄辩，且有干济才，办事通达。曾任鲁、卫两国之相。他还善于经商之道，曾经经商于曹、鲁两国之间，富致千金。为孔子弟子中首富。相传，孔子病危时，未赶回。子贡觉得对不起老师，别人守墓三年离去，他在墓旁再守三年，共守六年。《论语》中对其言行记录较多，《史记》对其评价颇高。

端木叔：战国时期端木赐的后代，也是巨富，他曾散尽家财资助宗族国人。直至自己生病时竟无钱买药，死后无丧葬之费。段干生称赞他说："端木叔，达人也。"

端木孝文、端木孝思：明代著名大臣。溧水山（今江苏溧水乌山乡）人。其父端木以善在明兴武年间曾任刑部尚书。端木孝文、端木孝思兄弟二人均极富文采，善于写作，端木孝思尤工书法。明朝初期二人同为史官，明永乐年间，端末孝文由儒士任翰林院待诏，端木孝思亦由儒士任兵部员外郎兼翰林院侍书。端木孝文曾先出使朝鲜，朝鲜政府深重其才，欲借替其做寿为名厚赠礼物。但端木孝文说："吾持一节来耳，请以一节返。"人皆敬佩。其后端木孝思亦出使朝鲜。端木孝思受领而去，后亦以一节报其兄。朝鲜政府为表彰他兄弟二人在朝鲜期间的高风亮节，特设立"双清馆"以永为纪念。

448 巫马（wū mǎ）

【寻根溯源】

巫马复姓源自以职官为氏。巫马，是周朝一种负责照顾马的官名，后人以其祖先的官名为姓氏，遂称巫马姓。但在周朝后，巫马一姓逐渐减少，是因为大部分都改为巫姓了。

【变迁分布】

巫马氏早期以鲁郡（今山东曲阜）为郡望。汉代至今，迁移情况不详，当今在辽宁、北京、上海、浙江还有少量分布。

【名人荟萃】

巫马施：孔子的得意门生，比孔子小三十岁。姓巫马，名施，字子旗，亦称巫马旗、巫马期。以勤奋著称。据载，他曾执掌单父（春秋时鲁国的一个邑），由于勤勤恳恳地工作，将该地治理得井井有条。曾在鲁国官为丞相，有治绩。一次，陈司败问孔子说："鲁昭公懂礼吗？"孔子说："懂礼。"孔子出去后，陈司败向巫马施作了个揖说："我听说君子是不偏私袒护的，莫非君子也会偏私袒护？鲁昭公娶来吴女作夫人，给她起名叫她孟子。孟子本姓姬，避忌称呼同姓，所以叫她吴孟子。鲁君要是懂得礼仪，那还有谁不懂得礼节呢？"巫马施把这些话转告给孔子，孔子说："我真幸运，如果有了过失，人家一定会知道。作臣子的不能说国君的过错的，替他避忌的人，就是懂礼啊。"唐代追封"鄎伯"，宋代加封"东阿侯"，明代改称"先贤巫马子"。

449 公西 (gōng xī)

【寻根溯源】

公西复姓源流单纯，源出有一，源自姬姓，鲁国公族季孙氏的支系后代所改。春秋时，鲁国有公族公西氏，为权高名重的季孙氏的支族，其子孙以公西为氏。

【变迁分布】

公西复姓是罕见姓氏。汉代以后，在河南北部形成望族，并以顿丘郡（今河南清丰）为郡望。唐代至今，已经基本不能见到此姓氏。

【名人荟萃】

公西赤：春秋末年鲁国人。姓公西，名赤，字子华，亦称公西华。在孔子弟子中，以长于祭祀之礼、宾客之礼著称，且善于交际，曾"乘肥马，衣轻裘"，到齐国活动。唐代追封"邵伯"。宋代加封"钜野侯"。明代改称"先贤公西子"。

公西蒧：春秋时鲁国人。姓公西名蒧，字子尚。孔子弟子。太史公曰：学者多称七十子之徒（"蒧"，通点，故又作公西点），誉者或过其实，毁者或损其真，钧之未睹厥容貌，则论言弟子籍，出孔氏古文近是。宋封"徐城侯"。

公西舆如：春秋末期鲁国人，字子上，孔子门下弟子，七十二贤之一。唐赠"重邱伯"，宋封"临朐侯"。

450 漆雕（qī diāo）

【寻根溯源】

漆雕复姓源自姬姓，春秋时吴国君主的后人有漆雕氏。漆雕氏是周代吴国的开国国君太伯的后代，有的以漆雕为姓，称漆雕氏。春秋时期的鲁国也出过不少漆雕氏，其中不少还是孔子的弟子。这些人的后人中就以漆雕作为姓氏。后来，漆雕复姓逐渐演变成了单姓漆氏。

【变迁分布】

早期在江浙一带活动。先秦、秦汉时期，以山东地区为聚居地，以鲁郡（今山东曲阜）为郡望。唐代以后，漆雕氏已经很少见。当今在辽宁沈阳还有此姓氏。

【名人荟萃】

漆雕开：春秋时鲁国人。字子开，又字子若，又说作子修，孔子学生。漆雕氏之儒的创始人。著有《漆雕子》十三篇。漆雕开是孔子弟子，无罪受刑而致身残，为人谦和而有自尊，博览群书，他为论有理，深受好评。在孔门中以德行著称。他主持正义，刚正不阿，主张色不屈于人，目不避其敌，具有"勇者不惧"的美德。他比孔子小11岁，孔子对他几乎像兄弟一般。那时孔子学生和墨子常有争议，有一次墨子说，漆雕开是个残疾。孔子反驳说，但品德一点都不伤残。可见是非常维护漆雕开的。漆雕开有学问，能办事。唐代追封"滕伯"。宋代加封"平舆侯"。明代改称"先贤漆雕子"。

漆雕哆：漆雕氏，名哆，字子敛，春秋末年鲁国人，孔子弟子，七十二贤之一。唐代封"武城伯"。宋代封"濮阳侯"。明代封"先贤"。

漆雕徒父：字子文，春秋末年鲁国人，孔子弟子。唐代封"须句伯"。宋代封"高菀侯"。明代封"先贤"。

451 乐正(yuè zhèng)

【寻根溯源】

乐正姓源流单纯，源出有一，出自周代世袭乐正官之后，以职官为氏。周朝时，王室中有专门管理乐队的官职叫乐正，司掌音乐声律，其后代子孙以此为荣，遂以祖上的职官命姓，称乐正氏。

【变迁分布】

历史上，乐正氏在甘肃形成望族，以天水郡（今甘肃通渭）为郡望。宋代以后，已经很少见到此姓氏。当今在辽宁、北京等地分布。

【名人荟萃】

乐正子春：春秋时鲁国人，曾子弟子。曾下堂伤足，数月不出，独有忧色。人问之，曰："君子顷步勿敢忘孝，今予忘孝之道，是以有忧色者也。"

乐正子长：宋代即墨（今山东省即墨市）人。传说他在鳌山遇到了仙人，得到长生不老药"巨胜赤散丸"，他吃了这种药，活到一百八十岁还面如童颜。后来登上崂山仙去。

452 壤驷(rǎng sì)

【寻根溯源】

壤驷复姓源流单纯，源出有一，源自春秋时孔子弟子壤驷赤之后。古代春秋时期，秦国上邽有个人叫壤驷赤。他从秦国来到鲁国，向孔子学习礼制。壤驷赤很用功读书，而且有才气，作诗做文章都很出色。壤驷可能是秦国贵族中的一支姓氏，但此后就不再见有人被史书记载了。据古人考证，因为这个姓改成了单姓壤。《姓氏考略》中就说："孔子弟子壤驷赤之后，以壤驷赤之壤为单姓。"

【变迁分布】

早期在山西、陕西一带居住。汉代以后，以秦郡（今甘肃甘谷）为郡望，而壤氏则以甘肃天水一带的上邽为郡望。当今壤驷氏分布情况不详。

【名人荟萃】

壤驷赤：字子徒，春秋末期秦国上邽（今甘肃省天水市秦州区）人。出身于贵族门第，孔子弟子，为七十二贤人之一，长于读书。身通六艺，以诗礼化被西垂。与颜、曾、闵、冉诸贤同为孔子入室弟子。陇上"儒学三贤"之一。唐代封"北征伯"，宋朝封"上邽侯"，明代称"先贤"，秦州（今甘肃省天水市）文庙设有壤驷赤祠。

453 公良（gōng liáng）

【寻根溯源】

公良复姓来源单纯，源出有一，源于妫姓，出自春秋时期陈国公子良的后代，属于以先祖名字为氏。上古西周时期，陈国公子名良，人称公子良，其后人就以他的爵位与名字合称得"公良"为姓氏，称公良氏。

【变迁分布】

早期在河南淮阳一带活动。汉代以后，在河南开封一带形成望族，以陈留郡（今河南开封地区）为郡望。当今台湾还能见到公良氏。

【名人荟萃】

公良孺：名孺，字子正，春秋时期的陈国公族子弟，孔子弟子，他不但是孔子的得意门生，还曾在孔子周游列国时救过孔子的性命。孔子周游列国的时候，路过蒲地，遇上公叔氏据蒲反叛卫国，蒲人阻止孔子继续前进。公良孺自己带了五辆车跟随孔子，他身材高大有才德，且有勇力，叹气道："我从前跟随老师周游在匡地遇到危难，又在宋国遭到桓魋伐树之难，如今又在这里遇到危难，这是命里注定的。与其见到老师再次遭难，我宁愿搏斗而死。"于是拔剑而出，与众人一道，准备同蒲人大战，蒲人害怕，就放了孔子。

拓跋夹谷　宰父谷梁　晋楚闫法　汝鄢涂钦

454 拓跋 (tuò bá)

【寻根溯源】

拓跋复姓源自鲜卑族拓跋部，为黄帝后裔。古代鲜卑族有拓跋部，黄帝之子昌意的小儿子悃受封于北土（即今中国北部地区）。黄帝以土德之瑞称王。鲜卑族谓"土"为"拓"，谓"后"为"跋"，故以"拓跋"为姓，称拓跋氏。北魏孝文帝拓跋宏改革时，率王族改为元姓，其王族之外的拓跋氏遂成为庶姓，仍为拓跋氏。

【变迁分布】

早期在西北地区活动。北魏时期，入居河北、河南、山东、山西、陕西等黄河南北区域，在河南形成望族，以颍川郡（今河南许昌）为郡望。宋代时期，西北党项族中也有拓跋氏。当今已经很少见。

【名人荟萃】

拓跋珪：北魏开国皇帝，即北魏道武帝。鲜卑族拓跋部人。他是代王拓跋什翼犍的孙子，献明帝拓跋寔的儿子，太武帝拓跋焘的爷爷。先世曾建立代国，为符坚所灭。淝水战后，他乘机复国，初称代，不久改称魏。他即位初年，积极扩张疆土，励精图治，将鲜卑政权推进封建社会，天下小康。晚年政事苛暴，为次子拓跋绍杀死。终年仅39岁，在位24年。

拓跋宏：北魏皇帝，即北魏孝文帝，是一位卓越的少数民族的政治家、军事家和改革家。他崇尚中国文化，实行汉化，禁胡服、胡语，改变度量衡，推广教育，改变姓氏并禁止归葬，提高了鲜卑人的文化水准，是西北方各民族陆续进入中原后民族融合的一次总结，对民族融合起了重要的作用。太和二十年（496年）孝文帝命鲜卑贵族改用汉姓。他说，魏的祖先出于黄帝，以土德王。"夫上者，黄中之色，万物之元也。"故改姓元。

拓跋勰：北魏王朝政治家、文学家。汉名元勰，字彦和，北魏献文帝之子，北魏孝文帝之弟。拓跋勰，是北魏历史上杰出的年轻政治家，是北魏孝文帝改革的积极支持者，对推动北魏孝武帝的改革起到了重要作用。

455 夹谷（jiā gǔ）

【寻根溯源】

夹谷复姓主要有两种来源。一是以国为姓，春秋时有夹谷国，亡国后，其后代以国为姓。二是出自女真族，以部落名命姓。历史上建立金国的女真人为加古部，汉译为"夹谷部"，其部族及后代就以夹谷为姓。

【变迁分布】

宋金时期，夹谷氏主要在黑龙江、吉林、辽宁等东北三省地区分布，之后在山东、河南等地也有所分布。明清时期，已经罕见。当今上海、沈阳还有此姓。

【名人荟萃】

夹谷谢奴：金太祖帐前的猛将，曾在大禹镇大败宋兵，官至昭议节度使。他的学问也很好，通女真、契丹及汉语言文字。太祖时，任左翼护卫。夹谷谢奴的儿子夹谷查剌，在出任德昌军节度使时，是位好官，治有勤绩，边境以安，道不拾遗，而且蕃部畏服。

夹谷胡剌：金代将领。有战功，授武德将军。金代伐宋名将，曾在山东大败宋军。遇敌于宿州，殁于阵，赠镇国上将军。

夹谷清臣：金代大臣。本名阿不沙，胡里改路桓笃人，姿状雄伟，善骑射，官至金朝的宰相。曾任山东横海军节度使，兼博州防御使，任陕西路统军使，兼京兆府事等。大定二十六年（1186年）改西京留守。

456 宰父（zǎi fǔ）

【寻根溯源】

宰父姓源流纯正，源出有一，源自周朝宰父的后代，以官名作为姓氏，与宰姓的一支同源。宰父氏得姓于春秋战国时期，宰父（fǔ，音府，河上公注："父，始也。""宰父"，指周朝太宰官之始）是周朝的一个官名，职责是管理王朝的内外事务。宰父官的后代，大多数用祖上的官职作为自己的姓氏，称为宰父氏。后来宰父氏也有改成宰氏者，成为宰氏的一支。

【变迁分布】

早期在山东地区居住。汉代时期，以鲁郡（今山东曲阜）为郡望，由此可见，其在山东有较深厚的根基。汉代至今，宰父氏极为罕见，当今分布不详。

【名人荟萃】

宰父黑：孔子弟子。姓宰父，名黑，字子索，春秋末年鲁国东人。唐开元年间封"乘丘伯"，宋朝再封为"祁乡侯"。

457 谷梁（gǔ liáng）

【寻根溯源】

谷梁复姓主要有两种来源。一是出自以粮食作物为氏。古代有一些部落，农业相对比较发达，他们以种植优质的穀子为骄傲，古代将穀（谷）子称为梁，所以善于种植梁的氏族首领就用穀梁命姓，他的后代子孙遂以穀梁为姓，后来穀字简化为谷字、梁字演变改成梁字，遂称为谷梁氏。二是出自古代穀梁城，居住地先民以地名为氏。古代有个叫古博陵的郡（相当于现在河北省安平、安国等县），在郡中有个城市叫穀梁城，居住在那里的人遂以地名命姓，称穀梁氏。因为在古代"穀"是"谷"的繁体字，同音通用，故又称谷梁氏。在春秋以后，谷梁复姓就慢慢演变成单姓谷或单姓梁了。

谷梁氏起源于山东，以山东与江苏交界处的下邳郡（治今江苏睢宁）为郡望，当今分布不详。

【名人荟萃】

谷梁淑：字元始，春秋时期鲁国人，传《春秋》十五卷，居鲁国为一时名流。

谷梁赤：战国经学家。谷梁赤是子夏的学生，子夏晚年居家著书授业，离谷庄颇近。后谷梁赤学成，封鲁为吏，著书立说。其说最初只有口说流传，至西汉时才写成《春秋谷梁传》。《春秋谷梁传》亦称《谷梁春秋》或《谷梁传》，为今文经学派著作。

458 晋（jìn）

【寻根溯源】

晋姓源流单纯，源出有一，源自姬姓。西周初，周武王将儿子叔虞，分封为唐地的首领，故称为唐叔虞。其子燮父又从唐迁于晋水（今山西太原附近），并建立了晋国。到了春秋时代，传二十代，韩、赵、魏三家分晋。原晋国王公之族被废为庶人，子孙遂以原国名为姓，称为晋姓。

【变迁分布】

早期在山西一带居住。汉代以后，在山西发展，并以平阳郡（今山西临汾）为郡望。汉唐时期，开始向外扩展。宋代以后，在河北、河南、山东、陕西等北方地区有一定分布。

【名人荟萃】

晋冯：东汉时期著名大臣。京兆（今陕西西安）人。汉明帝执政时期，晋冯官任京兆祭酒。他好古乐道，后被著名的汉史家班固推荐给东平王刘苍。晋冯曾与刘歆、扬雄、段肃等续撰司马迁的《史记》。

晋灼：晋代著名大臣，古音韵学家。河南（今属河南省）人。官至晋朝尚书郎，著有《汉书音义》十七卷，对古代自先秦至汉朝以来的诸多汉字之渊源、读音、释义等有精辟解释。

晋鹭：宋朝的州官，他到房州做州官时，遇上兵乱，百姓闹饥荒，他令军队垦荒种田，至秋大熟丰收后，仓廪富足，遂将粮食分给百姓，免其徭役。他还修建学校，让平民百姓的小孩也有书读。而且还召集铁、木匠，为百姓改良和修理农具。

459 楚（chǔ）

【寻根溯源】

楚姓源自芈姓。西周时熊绎建国荆楚，为东周时的强国，后被秦国所灭，国亡后其国人以国号为氏。

【变迁分布】

早期在湖北活动，在河南、湖北、安徽有广泛分布。汉代以后，在长江边的江陵地区形成望族，并以江陵郡（今湖北江陵）为郡望。唐宋以来，在河北、河南、山东、安徽等地有分布，其中在河南的开封、商丘、商城、洛阳、襄城等分布更广。当今姓氏中，名列第二百七十六位。

【名人荟萃】

楚芝兰：北宋官吏。汝州襄城（今河南省临汝）人，初习《三礼》，忽自言遇有道之士，教以六壬、遁甲之术。适逢朝廷博求方技，遂自荐。以占候有据，擢为翰林天文。授乐源县主簿，迁司天春官正，判司天监事，官至尚书工部员外郎，后因事贬为遂平令。

楚昭辅：宋代将领。宋州宋城（今河南省商丘）人，初任军器库使，太祖外出征讨，委任其为京城巡检，累迁枢密副使。太宗时官拜枢密使。为将以才干称，性勤介，人不敢干以私，惟吝啬而已。

楚建中：宋代大臣。洛阳（今河南洛阳）人。出身进士，初官荥河知县，有治声。有远见，建议修筑抵御西夏之城防，西夏人闻有备果不敢犯。历夔路、淮南、京西转运使，累迁陕西都转运使，知广州、江宁、成德军，以正议大夫致仕。

楚烟：明末官吏。山东省曹州（今山东省菏泽）人，天启五年进士。授龙溪知县，迁户部主事，致仕归。崇祯末，清兵破城，力拒被杀。有《紫芝堂集》。

460 闫（yán）

【寻根溯源】

闫与阎姓皆出自姬姓，为周文王姬昌后裔。闫姓为阎姓的别支。据《姓谱》载，分闫、阎二姓。又据《五音集韵》载，闫"同阎义，俗用"。因闫、阎二姓同出一源，都是黄帝族的后代，龙的传人，故闫姓和阎姓人家的堂号都是太原，古代他们的望族居住地都是太原郡（一说闫姓望族居天水）。由于阎姓被"俗用"成闫，就产生了阎、闫二姓，所以在《百家姓》里，两姓并存。

【变迁分布】

闫、阎多已混用，但在古代两者最大的区别是郡望不一样，阎氏以太原郡（今山西太原）为郡望，闫氏则以天水郡（今甘肃通渭）为郡望。

【名人荟萃】

因闫、阎早有混用，所以这两个姓氏的名人已经很难截然分开。

闫亨（阎亨）：晋代著名大臣。闫亨是晋朝辽西郡郡长，因屡次规劝苟晞，苟晞便把他杀了。人们对他的正直气节甚为称颂。

闫立本（阎立本）：唐代画家兼工程学家。雍州万年（今陕西省西安临潼区）人，出身贵族。其父阎毗北周时为驸马，因为阎立本擅长工艺，多巧思，工篆隶书，对绘画、建筑都很擅长，因此隋文帝和隋炀帝均爱其才艺。入隋后官至朝散大夫、将作少监。兄阎立德亦长书画、工艺及建筑工程。父子三人并以工艺、绘画驰名隋唐之际。曾任主爵郎中、工部尚书、右相和中书令，时有"右相驰誉丹青"之誉。

闫承翰（阎承翰）：宋代著名大臣。真定（今河北正定）人。曾凿渠引唐河水百余里，既通航运输，又灌溉农田，利国利民。

闫敬铭（阎敬铭）：清代著名大臣。清代朝邑县（今属陕西大荔县）人，清光绪皇帝时东阁大学士，为官清廉耿介，是我国历史上为数不多的理财专家，有"救时宰相"之称。官至户部尚书、东阁大学士等职。他主张去奢崇俭，并做到了为政清廉。闫敬铭一生"质朴，以廉洁自矫厉"。

461 法（fǎ）

【寻根溯源】

　　法姓源自妫姓，与田姓同祖。战国时齐国成为田氏之国，以代姜姓吕氏，田氏为妫姓，是舜帝之后。齐国君主齐襄王名法章，田齐时代，大约有一百五六十年时间，后秦国灭齐统一中国。秦国灭齐后，子孙为避免仇杀，不敢姓田，乃以其祖齐襄王田法章之名为姓，称法姓。

【变迁分布】

　　早期在山东居住。汉代以后，扩展至河北、河南、山西、陕西，在关中地区形成望族，并以天水郡（今甘肃通渭）为郡望。宋代以后，仍以北方为主要分布地区。清代满、蒙古等族以法为名者，后来也有以法为氏。

【名人荟萃】

　　法真：东汉名士。南郡太守法雄的儿子。好学并且不固定局限在哪一家，精通中原和异域的图书典籍，是关西的大儒者。从远方来求学的弟子如陈留、范冉等，有数百。

　　法正：三国时期蜀汉大臣。扶风郿县（今陕西省眉县）人。汉末三国时期刘备手下第一谋士。刘备进位汉中王后，封法正为尚书令、护军将军。次年，法正去世，终年四十五岁。法正之死令刘备十分感伤，连哭数日。被追谥为翼侯，是刘备时代唯一一位有谥号的大臣，由此也可见法正地位之高，甚至盖过了关羽、张飞等人。后备猇亭战败，至白帝城，叹道："法孝直若在，必阻我东征；即使东征，也必不致倾危。"法正善于奇谋，被陈寿称赞为可比魏国的程昱和郭嘉。

　　法若真：清代前期的书画家。字汉儒，山东省胶州人，善画山水。举为进士后当了官，颇有政声。法若真虽非徽派画家，但他是康熙年间山水自成一格的画家。他所作的《树梢飞泉图轴》，为其精心之作。此图画雨后山景，薄雾轻罩，飞泉奔流，山头耸动。

462 汝(rǔ)

【寻根溯源】

汝姓源自姬姓。周平王将小儿子封于汝川（今河南汝州市），人称汝侯。汝侯的子孙就以封地名汝为氏，称汝姓。

【变迁分布】

早期在中原地区居住。汉代以后，向西扩展至甘肃，以天水郡为郡望。宋代以后至今，在江苏、安徽等地形成汝氏聚集区。

【名人荟萃】

汝郁：东汉和帝时为鲁相。陈国人。年五岁，母被病不能饮食，汝郁常抱持啼泣，亦不肯饮食。母怜之，强为餐饭，欺言已愈。汝郁察母颜色不平，辄复不食。宗亲共奇异之，因字幼异。为相时，以"德惠化人"，许多流浪无归的农民都到他管治的地方去定居，而为时人所称道。

汝讷：著名明朝官吏、书法家。吴江人（今江苏吴江）。善书，曾修《宋英宗实录》，因而选入史馆，授中书舍人，后补安南府尹。善书法，笔法清劲，得晋人笔意。楷正有法，表然出侪辈。当时凡卿大夫士所得诰勒，皆愿得其手笔，故传世甚多。终年61岁。著有《怀麓堂集》《匏翁家藏集》。

463 鄢(yān)

【寻根溯源】

鄢姓源自祝融氏，西周时，祝融的后裔受封于鄢国（即今河南鄢陵），春秋时鄢国被郑所灭，其后人以国为氏。

【变迁分布】

早期在河南居住。汉代以后，向山西扩展，并以太原郡（今山西太原）为郡望。宋代以来，在福建、江西、四川等南方地区均有分布。

百家姓诠解

鄢高：明代官员。正德年间，做了县官。他为人正直，对地方上的有权人和有势人，都不买账，他们要盘剥百姓，鄢高宁可得罪他们，也不让百姓吃亏。由于他得罪了许多人，就被贬职去做小官了，可老百姓都颂扬他，传颂了几代人。

鄢鼎臣：明江西丰城人。天启中举人。崇祯中署宜黄县学教谕，日率诸生攻读。岁饥，力请知县发赈。有兵事，捐资犒义勇，以加强守备。

鄢正畿：明末福建永福人。明朝灭亡后，他面向北方恸哭，几乎气绝；从此遁迹深山，也不应科举考试，常写诗作文表明心迹，自号亦必道人，后赋绝命篇，与御史林逢经俱投溪水自尽而死。

464 涂(tú)

【寻根溯源】

涂姓源自以河为氏。古代有涂河，即长江支流滁河，在今江苏六合等地。古代在涂水附近居住的居民以涂为姓。

【变迁分布】

早期在长江下游的江苏地区居住。汉代以后，向西和南两个方向扩展，在江西形成望族，以豫章郡（今江西南昌）为郡望。宋代以后，在江西、安徽、四川等地居住。当今在湖北、湖南、安徽、江西、福建、贵州等地均有一定分布。其中，江西南昌、新余、临川、丰城、新建，湖北武汉、黄冈、公安、黄陂、武穴等地，都为涂氏重点分布区。

【名人荟萃】

涂大经：宋臣。抚州宜黄（今属江西）人，为宋高宗南渡后绍兴年间的金榜进士。性格慷慨大方，羡慕古人高风亮节。因请朝廷恢复元佑年间之政，被列为邪党，罢去官职。

涂棐：明代大臣。丰城（今属江西）人。天顺四年（1460年）进士。罗伦为福建市舶司副提举，以御史巡按福建。成化中曾建言"政事必与大臣面议"，宪宗不用。终广东副使。

涂一榛：明代大臣、史学家。福建漳州人。万历进士，授金坛县令。累官至通政司通政使，以清正廉明闻于时。著《有尚友斋论古》，专取古代历史人物自春秋范蠡至宋末文天祥，共68人，各录本传，下附评语。

涂逢震：清代大臣。号石溪，江西南昌人。乾隆四年（1739年）进士，授编修，官至工部侍郎。能诗，善文辞，有文才，蒋太史称其"生有异禀，内行纯密，通达政体，曲尽人情"。著有《涂石溪诗集》《涂石溪文集》。

465 钦（qīn）

【寻根溯源】

钦姓出自北方少数民族姓氏，以钦差御使尊称为氏。姓氏源流在《魏书》上提及一位叫钦志赏，时称其为渔阳乌桓大人，渔阳是地名，乌桓是部落名。据《姓氏考略》载，钦志赏是古时生活在那里的乌桓部落的酋长。这支部落的前身很可能就是在秦末东胡族的一支，他们被匈奴族击败，迁至乌桓山（在今大兴安岭南端），即改名为乌桓族。钦姓源自有御使者来到这里，而御使又称之为钦命，这些御使的后代就出现了"钦"氏。西南的钦氏始祖为北宋的钦高一。

【变迁分布】

早期在河北北部与内蒙古一带活动。之后向南迁移，在河北中部形成钦氏居住地，以河间郡（今河北河间）为郡望。宋代以来，在东北三省、东南及西南地区偶有所见。

【名人荟萃】

钦德载：宋末元初名人，吴县（今江苏省）人。为都督计议官，宋亡后，不降元，隐居碧岩山中，自号"寿岩老人"。

钦善：清代著名诗人。字吉堂，号正念居士，江苏华亭（今属上海市）人。诸生，博学，工诗及古文，著有《吉堂诗文稿》。

段干百里　东郭南门　呼延归海　羊舌微生

466 段干 (duàn gān)

【寻根溯源】

段干复姓源于李氏。老子李耳的儿子为魏国将军，先封于段，后封于干，其子孙便以段干为氏。

【变迁分布】

早期在河南、山西一带活动。汉代以后，在山东和山西形成郡姓大族，以鲁郡（今山东曲阜）、西河郡（今山西离石）为郡望。当今分布不详。

【名人荟萃】

段干木：战国初年魏国名士。师子夏，友田子方，为孔子再传弟子。因其三人皆出于儒门，又先后为魏文侯师，故被后人称为"河东三贤"。段干木曾求学于孔子的弟子子夏。他很有才能，但不愿做官。魏国国君魏文侯曾经登门去拜访他，想授给他官爵。他却避而不见，越墙逃走了。从此，魏文侯更加敬重他。每当乘车路过他家门时，就扶着车前的横木过去，以表示对段干木的尊敬。有人问魏文侯为什么要扶横长？魏文侯说，段干木是个有贤德的人，他不为权势而坏了君子的道德。住在陋巷而驰名千里，我怎么能不表示对他的尊敬呢？

467 百里（bǎi lǐ）

【寻根溯源】

百里复姓源自姬姓，周太王古公亶父的二儿子虞仲的子孙，周武王时被封于虞国。春秋时，虞仲有个后人叫奚，他在虞国任大夫。春秋时虞国被晋国所灭，虞大夫奚和虞君都当了晋国的俘虏。后来虞大夫奚被赎往秦国，受封于百里邑，其子孙便以百里为氏。

【变迁分布】

早期在河南、陕西一带活动。汉代以后，在河南中南部形成郡姓望族，以新蔡郡（今河南新蔡）为郡望。当今在山西平陆有分布。

【名人荟萃】

百里奚：春秋时著名政治家。名奚，字井伯。也称百里傒、百里子，世人称其为五羖大夫，孟明视之父。春秋时楚国宛（今河南南阳）人，也有人说是虞国（今山西平陆北）人。秦穆公时贤臣。

百里嵩：东汉徐州刺史。封丘人。相传，当时天旱，百里嵩行仗所过之处，便有雨水降下，号"刺史雨"。东汉末年，百里嵩曾任徐州刺史，为官清正廉洁，体察民情，关心百姓疾苦。他在任时，有一年大旱，禾苗枯焦，赤地千里，就亲自下去查看各县旱情，特别是东海、金乡地处山区，旱情最重，百姓急切盼望刺史来解决。百里嵩得知后，便立即进山。传说，巡车所至，感天动地，立降大雨，旱情遂解。所以，当时人们称他为"刺史雨"。

468 东郭（dōng guō）

【寻根溯源】

东郭复姓源流单纯，源出有一，源自姜姓，是齐国公族之后。"郭"的本意是外城。春秋时，齐桓公有子孙住在都城临淄外城的东门一带，称为东郭大夫。其后代子孙遂以居住地命姓，称东郭氏。

【变迁分布】

早期在齐都临淄（今山东淄博）居住，后散居于山东各地。汉代时期，以济南郡（今山东临淄市一带）为郡望，在河南、陕西也有所分布。当今已经极为罕见。

【名人荟萃】

东郭牙：春秋时齐国大臣。齐国著名的谏臣，是齐桓公时期的五杰之一，由齐国名相管仲所推举。管仲在推举东郭牙时曾说："犯君颜色，进谏必忠，不辟死亡，不挠富贵，臣不如东郭牙。请立以为大谏之官。"他为人正直，脾气犟，看到不对的事，不管君王高兴不高兴，就直言相劝，从来都是冒着杀头的风险。由于他敢说，为国家、为百姓带来许多好处。

东郭顺子：战国时魏国贤士。修道守真，清而容物，是田方子的老师。

469 南门（nán mén）

【寻根溯源】

南门复姓来源不详。或以为是先秦时居都城南门者以及看守南门之官，其后裔均以南门为氏。

【变迁分布】

早期南门氏在中原及周边地区分散居住，但数量极少。汉代以后，以河内郡（今河南沁阳）为郡望。之后此姓氏一直极为罕见。

【名人荟萃】

历代南门复姓名人很罕见。今知有南门蜎，为商朝商汤的重臣。商汤王朝有七位佐臣，分别是：庆辅、伊尹、湟里且、东门虚、西门疵、南门蜎、北门侧这七位大夫，南门蜎是这七位重要佐臣之一。

470 呼延(hū yán)

呼延复姓主要有三种来源。一是源自匈奴族呼衍氏所改。古代匈奴族呼衍部落以部落名为姓,称呼衍氏,为古代匈奴族四大姓之一。东晋时,呼衍部落进入中原后,改为呼延氏。二是出自为鲜卑族姓氏之一。呼延,按唐颜师古注,即今天所称的鲜卑姓呼延。三是出自赐姓。晋代鲜卑人稽胡楚,因有功被赐姓呼延,后代因此随之姓呼延。

【变迁分布】

汉代在北方地区活动。之后南迁,在山西中部地区形成望族,以太原郡(今山西太原)为郡望。宋金时期,在太原及山西其他地区偶有呼延氏名门家族分布。当今陕西西安还有呼延氏分布。

【名人荟萃】

呼延赞:北宋军事将领。宋代骁雄军使,浑身满刺"赤心杀贼"四字,为国打仗,不计生死,敌皆畏之。淳化时官至康州团练使。并州太原(今属山西)人。出生于将门之家。官至扶州刺史,加康州团练使。

呼延实:金代将领。赵城(今山西洪洞北)人。本杨沃衍部曲,以战功迁宝昌军节度使。天兴元年(1232年),守青阳砦,为青阳总帅,翌年,移守岷山。

呼延灼:小说《水浒传》中的梁山英雄好汉。宋朝开国名将铁鞭王呼延赞嫡派子孙,祖籍并州太原(今属山西太原)。武艺高强,杀法骁勇,有万夫不当之勇。因其善使两条水磨八棱钢鞭,故人称"双鞭"呼延灼。在梁山排座次时,呼延灼位列天罡星第八位,上应"天威星"。

471 归(guī)

【寻根溯源】

归姓是上古古老姓氏之一。春秋时有胡子国，为归姓之国，后为楚所灭，其子孙与国人有的以归作为姓氏。

【变迁分布】

早期在安徽阜阳一带居住。汉代以后，向河南、陕西扩展，在今西安形成望族，以京兆郡（今陕西西安）为郡望。唐代时候，已经迁移到江苏。宋代以后，有一定数量的归氏分布在河南、江苏，其中江苏是归氏的集聚区。

【名人荟萃】

归崇敬：唐代大臣。科举时，在策对这一门中考得第一。后来当了兵部尚书的高官。

归融：唐代大臣。兵部尚书归崇敬的孙子，也当兵部尚书的高官。归家爷孙三代都被朝廷任命为兵部尚书，当时为佳话。而且归融当官特别出色，他为人正直，不怕权贵，秉公办事。他写得一手好文章。

归有光：明代官员。昆山（今属江苏省）人，人称"震川先生"。嘉靖进士，官南京太仆寺丞。长于散文，反对王世贞等"文必秦汉"的复古主张、与王慎中、唐顺之、茅坤等被称为"唐宋派"。其文朴素简洁，甚受当时人推重。著有《震川先生集》。

归昌世：明代诗人、书画家、篆刻家。归有光之孙。早弃举业，发愤读书，工古文诗词，书法晋唐，善草书，兼工篆刻。长于山水。兰花墨竹构图奇奥，枝叶清洒，神趣横溢，意在青藤、白阳之间，时与李流芳、王志坚合称"三才子"。篆刻与文彭、王悟林鼎足而立。

472 海(hǎi)

【寻根溯源】

海姓源自姬姓。春秋时,卫灵公时有大臣海春,其后代皆以海为氏。在历史发展进程中,回、满等族杂居内地后,也有以海为氏者。

【变迁分布】

早期在中原地区居住。汉唐之间,在河南、山东等地繁衍,在山东曲阜一带形成望族。宋代以来,除河北、河南、山东等北方地区外,在广东、海南等地也有一定分布。

【名人荟萃】

海瑞:明代清官。广东(今海南省)琼山人,回族。任淳安知县的时候,他抑制豪权,清丈土地,平均徭税,施行"一条鞭法",颇有政绩。因为对权贵没有给好处,后来被降为兴国判官。后来又因为政绩突出,擢升为户部主事。官至吏部右侍郎,继迁右都御史15年。后来卒于南京右都御史的职位上,谥号忠介,曾平反一些冤案。因而民间有许多关于海瑞的传说。著作有《备忘录》《元祐党人碑考》等。

海源善:明代官吏。洪武年间任安化知县,勤于政事。用熟皮制作一根鞭子,遇到犯法的人,吓唬一下,使人知道惭愧而已。受到百姓敬爱。

海兰察:清朝的大臣,乾隆时期征伐西域,征复台湾,被封为"一等超勇公",逝世后被谥为"武壮"。

473 羊舌(yáng shé)

【寻根溯源】

羊舌复姓源自姬姓,以邑为姓。西周时,晋靖侯的后裔封在羊舌邑(在今山西省洪洞、沁县一带),其子孙以邑名羊舌命姓,称羊舌氏。以后又有简称羊氏者。

【变迁分布】

早期在山西洪洞、平阳等地居住。汉代以后，向陕西、河南扩展，以京兆郡（今陕西西安）为郡望。当今辽宁沈阳还有此姓氏。

【名人荟萃】

羊舌突：姓姬，名突，春秋时晋国人，羊舌氏的得姓始祖。晋武公子姬伯侨，生姬文，文生姬突。晋献公时封为羊舌大夫，采食于羊舌邑，其子孙因以邑为姓，称羊舌氏。

羊舌赤：春秋时晋国大夫。官中军尉，字伯华，为羊舌突的长子。时称他"铜鞮伯华"。孔子说："国有道，其言足以兴；国无道，其默足以容，盖铜鞮伯华之所行。"既卒，孔子叹曰："铜鞮伯华无死，天下有定矣。"

羊舌肸：春秋时晋国贤者，字叔向，又称叔肸，为羊舌突的次子。博议多闻，品德高尚，能以礼让国，是当时晋国的贤臣。孔子称之为"遗直"。

474 微生（wēi shēng）

【寻根朔源】

微生复姓源流单纯，源出有一，源自姬姓。春秋时鲁国公族中有微生氏，其后代子孙以微生为姓。

【变迁分布】

微生复姓是罕见姓氏。起源于山东，并以鲁郡（今山东曲阜）为郡望，当今辽宁、沈阳有少量分布。

【名人荟萃】

微生高：春秋时鲁国人，孔子弟子。当时人认为他为人爽直、坦率。孔子说："孰谓微生高直？或乞醋焉，乞诸其邻而与之。"译成白话文的意思就是，孔子说："谁说微生高这个人直呀？有人向他讨些醋，他不直说没有，而向邻人讨来转给他"。不管孔老夫子对学生的评价如何，但说明了当时在普通老百姓家左邻右舍都能要到一点醋了。微生高一生还做了一件很守信的事，把命都送掉了：他跟一个女子在桥下约会，那女的没来，大水却来了，他也不逃走，最后抱着桥柱被淹死了。

微生亩：春秋时期鲁国的隐士。微生亩尝谓孔子曰："丘何为是栖栖者与？无乃为佞乎？"孔子曰："非敢为佞也，疾固也。"译成白话文的意思就是，微生亩对孔子道："你为什么这样忙忙碌碌的呢？不是要逞你的口才吗？"孔子道："我不是敢逞口才，而是讨厌那种顽固不通的人。"

475 岳(yuè)

【寻根溯源】

岳姓源自官职名。上古尧舜时期，分掌四方诸侯的官职为"四岳"，是专管祭祀三山五岳的官，古代人们认为山是神灵，所以"四岳"官是很重要的官职。担任"四岳"世职的部族，其后人便以岳为姓。

【变迁分布】

早期在中原地区活动。汉代以后，在山东发展，以山阳郡（今山东金乡县一带）为郡望。宋代以来，主要在长江以北居住，如河北、河南、山东、陕西、甘肃等地。当今除上述地区外，在吉林、辽宁、山西、浙江、湖南、安徽也有分布。

【名人荟萃】

岳飞：南宋抗金名将、战略家、军事家、民族英雄。相州汤阴县永和乡孝悌里（今河南省安阳市汤阴县）人。岳飞在军事方面的才能被誉为宋、辽、金、西夏时期最为杰出的军事统帅、联结河朔之谋的缔造者。同时又是两宋以来最年轻的建节封侯者。南宋"中兴四将"（岳飞、韩世忠、张俊、刘光世）之首。其率领的军队被称为"岳家军"。后来被秦桧以"莫须有"的罪名害死于临安风波亭。1162年，宋孝宗时诏复官，谥武穆，宁宗时追封为鄂王，改谥忠武（两宋文臣、武将得谥号者以"忠武"最美），著有《岳武穆集》传世。

岳云：南宋将领。中国历史上少有的少年杰出英雄，12岁随父岳飞，慷慨忠义，颇有父风，岳飞各次征伐，岳云未尝不与，多得其力，军中呼"赢官人"。他慷慨忠勇，颇有父风，在反抗金兵侵略战斗中屡立奇功，百战百胜。却被奸臣秦桧诬陷，与父和张宪同时被害于杭州西湖，死时年仅23岁。

岳钟琪：清代名将。平番（今甘肃永登）人。官至四川提督，公爵。去世后谥襄勤。清代以汉人拜大将仅他一人。岳钟琪多智略，御士卒严，而与同甘苦，人乐为用。终清之世，汉族大臣拜大将军，满洲士卒隶麾下受节制，唯他一人。高宗称之为"三朝武臣巨擘"。

476 帅(shuài)

【寻根溯源】

帅姓本为师姓。古代掌乐之官曰师，故以官为氏而姓了师氏，传到三国时，有一位师昺在晋国担任大司徒、兵曹尚书的官职，为了要避晋景公的名讳，就将自己的姓改少一横，变成了帅，称帅姓。

【变迁分布】

早期在中原地区居住。汉代以后，在山西繁衍，以太原郡（今山西太原）为郡望。宋代以来，在山西、湖北、江西等部分地区有一定分布。

【名人荟萃】

帅我：清代学者。江西奉新人。他不仅学识渊博，而且擅长书法、绘画，尤其精通医学。康熙举人，官内阁中书。擅诗文，循循江西旧法。著有《墨澜亭集》。

帅仍祖：清文学家。江西奉新人。帅我长子。康熙间诸生。幼聪慧，十岁能诗，以才华自负。又精岐黄术。性孤介，艰于一第，乃弃举业，键户读书。工诗文，著有《嗜退山房》稿五卷。

帅方蔚：清学者。南昌奉新（今属江西）人。进士，授编修。官至京畿道监察御史等。后因病辞官回家。在乡期间，注重讲授经学，有"真经师"之称。曾主白鹿书院、经训书院。帅方蔚以人品正直著称，广见博识，著述甚丰。文有新意，诗有特色。著有《帅氏清芬集》。

477 缑(gōu)

【寻根溯源】

缑姓源自姬姓，以封邑为氏。西周时，有卿士大夫因功受封于缑邑（今河南偃师东南），其后人以邑为氏。此外，北魏鲜卑族也有汉化为缑氏的。

【变迁分布】

早期在河南活动。汉代以后，向河北、山西扩展，并以太原郡（今山西太原）为郡望。当今在北京、内蒙古、甘肃、河南、江苏、台湾等地分布。

【名人荟萃】

缑玉：南北朝孝女。缑氏名人，历来以河南的为最多，他们的原籍，就在缑氏山。唐代有一本古书上记载，在南北朝时，出过一位孝女，叫缑玉，其中《孝子传》上有她的故事。

缑谦：明代官员。宪宗成化年间缑氏名人。文武双全，做过辽东总兵官，又因功擢升南京右通政，颇有政声。

478 亢（kàng）

【寻根溯源】

亢姓源自姬姓。春秋时，卫国有公族大夫三伉，其封地在亢父（今山东济宁市），其后代改伉氏为亢氏。

【变迁分布】

早期在河南、山东一带居住。汉代以后，向山西扩展，以太原郡（今山西太原）为郡望。唐代以前，在陕西、四川也有分布。宋代以来，在山西、江苏等地有零散分布。

【名人荟萃】

亢仓子：春秋战国时期诸子百家之一，著有《亢仓子》。亢仓子不仅倡导清静无为的思想观念，而且也提出了举贤任能、施行教化、重农耕、举义兵等一系列举措。

亢青：元末明初人。状元，官刺史。他曾与亢恒（县尹）一道赴东北三省，教"土人"种植五谷，造福一方，万民感念。至今东北三省人还称其为"五谷圣人"。

亢良玉：明代孝子。明正德年间临汾（今山西）人，因孝敬老人被记载在古书里。

479 况 (kuàng)

【寻根溯源】

况姓之"况"原为"况"。源自三国时蜀汉名人况长宁,其后代将"况"写作"况"。明代时期,又有黄姓改为况氏者。

【变迁分布】

起源地在今四川,之后向东迁居。唐代以前,居住在安徽江北地区,并以庐江郡(今安徽庐江)为郡望。宋代以来,在浙江、安徽、福建、江西、广东、广西等地均有所分布。

【名人荟萃】

况长宁:三国时期的蜀汉名臣,封骠骑将军,著名蜀汉文士,扑蜀尽忠,况氏鼻祖之一。

况宸豪:元代大臣。祖籍在江浙行省松江府华亭县小官镇(今属上海市松江区华亭县),元代时在鲸海(今日本海)镇守海疆。为鲸海水兵指挥使。在开拓海疆中屡建奇功,威名远播诸岛,后因功晋爵为明威将军(正四品)。

况文:明代官员。字应奎,江西上高人,永乐进士,官两浙御史,谳决冤狱,人号神明,寻擢广东左参政。每于衙署中大书"平恕"两字,故所至深得民心。

况周颐:晚清官员、词人。原名周仪,因避宣统帝溥仪讳,改名周颐。晚号蕙风词隐。广西临桂(今广西桂林)人,原籍湖南宝庆。光绪五年(1879年)举人,曾官内阁中书,后入张之洞、端方幕府。一生致力于词,与王鹏运、朱孝臧、郑文焯合称"清末四大家"。著有《蕙风词》《蕙风词话》。

480 后 (hòu)

【寻根溯源】

后姓主要有两种来源。一是源自炎帝。炎帝之后共工有儿子句龙,黄帝时担任后土(古代掌管有关山川土地事务及农业生产的官职)之职,死后被封为灶神,其后代以后为氏。二是源自姬姓，以封邑名为氏。春秋时鲁孝公的儿子公子巩，食邑郈，谥号郈惠伯，他的后代以邑名为氏，称为郈姓；后来省去右边的邑旁为后氏，称后姓。

早期在河南、山东一带活动。汉唐时期，在黄淮地区扩展，并以东海郡（今山东郯城）为郡望。宋代以来，在安徽、山东有后氏的踪迹。

【名人荟萃】

后处：孔子的弟子。姓后，名处，字子里，春秋末期齐（今山东省）人，为孔子七十二弟子之一，潜心传播儒学。唐开元年间封"营丘伯"，宋又加封"胶东侯"。

后苍：西汉经学家。东海郡郯（今山东郯城县）人。曾侍奉夏侯始昌。夏侯始昌精通"五经"（汉武帝时称儒家的五部经典为五经，即《诗》《书》《礼》《易》和《春秋》）。后苍也精通《诗》和《礼》。他还是研究《孝经》的专家。武帝时立为博士，官少府。撰有《后氏曲台记》，已佚。后苍的子弟中，著名者有戴德、戴圣、庆普、萧望之、匡衡等人。

481 有（yǒu）

【寻根溯源】

有姓源自上古时的有巢氏。上古时，中原地区野兽经常侵扰人类，传说有人发明了在树上建造木屋，可免遭野兽侵袭。大家视其为圣人，尊称其为有巢氏，并拥其为部落首领，而有巢氏的后代就有简化成有姓的，称有氏。

【变迁分布】

有姓为罕见姓氏。早期在山东繁衍，汉代以后以东海郡（今山东郯城）为郡望，古注今来在上海、安徽、江西、北京、黑龙江等地分布。

【名人荟萃】

有子：孔子的得意门生。春秋末期鲁国人，名若，字子有。春秋时期鲁国（山东肥城市）人，孔子弟子中的"七十二贤人"之一。曾提出"礼之用，和为贵"等学说。因其气质形貌酷似孔子，孔子死后，深受孔门弟子敬重，后世尊称有若为有子。他是孔子的得意弟子，"四贤十二哲"当中他是属于"十二哲"之一，孔子的学生当中称子的很少。在《论语》第二段记载有子曰：孝悌为先和为贵。这是他的思想体系。

有（宥）日兴：明代大功臣。因为他为朝廷立功，皇帝喜欢，就在他的姓上加了一个宝盖头，作为恩赐，于是有日兴就改称宥日兴了。

482 琴（qín）

【寻根溯源】

琴姓主要有两种来源。一是以职业为氏。古代有琴师，其后人以祖之职业为氏，称琴姓。二是以人名为氏。春秋时，卫国有孔子弟子琴牢，其后人便以琴为氏。

【变迁分布】

早期在中原活动。汉代以后，在陕西与甘肃形成望族，以天水郡治今甘肃通渭为郡望。宋代以来，在南方地区曾有分布。当今也有琴氏在江苏、浙江、湖北、广西等地居住。

【名人荟萃】

琴高：战国时赵国的鼓琴名师。曾为宋康王的舍人。文献把他当成了仙人。继承涓子、彭祖之术，相传游历冀州、涿郡之间二百余年，后入涿水取龙子，与弟子们相约，某日返回，后来果然按时乘鲤鱼而出，一月后又入水中。

琴彭：明代的好官，永乐年间在地方上当州官，他实行的政策对老百姓、对国家都有好处，人们因此赞扬他。

483 梁丘（liáng qiū）

【寻根溯源】

梁丘复姓源流单一，源自姜姓，以封邑名为氏。春秋时，齐国有大夫据，食邑于梁丘（今山东成武），史称梁丘据，其后人便以梁丘为姓。

梁丘是罕见姓氏。早期活动在山东。汉代以后，扩展到陕西，以冯翊郡（今陕西大荔）为郡望。当今在辽宁仍有分布。

【名人荟萃】

梁丘据：春秋时齐国大夫，很受齐国君主齐景公的信任。他找到梁丘山，便在此地定居，从此以后，他的后世子孙便以梁丘为姓，故为梁丘姓的得姓始祖。

梁丘贺：西汉大臣，今文易学"梁丘学"的开创者。琅琊郡诸（今山东省诸城）人。从京房受《易》，很能领会这本深奥的书，深得老师夸奖。又与施雠、孟喜同学《易》于田何的再传弟子田王孙。后来朝廷让京房先生推荐一名学生到朝廷做官，京房就推荐了梁丘贺。官大中大夫、给事中，至少府。宣帝时，立为博士。

梁丘临：西汉大臣、著名的经学家。梁丘贺之子。受《易》于其父，为黄门郎，甘露中曾奉使问诸儒于石渠。易学精熟，专行京房法。官至少府，其学传于五鹿充宗及邪王骏，为汉《易》梁丘学的重要传人。

484 左丘（zuǒ qiū）

【寻根溯源】

左丘复姓源自地名。春秋时齐国有个地方名叫左丘（在今山东省临淄一带），在这里居住的人便以地名为氏，称左丘姓。

【变迁分布】

左丘复姓是罕见姓氏。以齐郡（今山东淄博）为郡望，古注今来分布不详。

【名人荟萃】

左丘明：春秋时史学家。鲁国（今山东省肥城市）人。相传他双目失明，人称为盲左，曾任鲁太史，大约与孔子是同时代的人。他为春秋作传，成《左氏春秋传》，简称《左传》。左丘明知识渊博，品德高尚。先儒以为左丘明好恶同于圣人，故孔子作春秋为"素王"，左丘明为"素臣"，述夫子之志而作传。因其世传史职，故能搜罗列国之史以传《春秋》，是为《左氏春秋传》。《国语》亦出其手。《左传》既是重要的儒家经典，又是我国第一部完整的编年体史书，在文学上也有很高的成就。《国语》是我国最早的国别史。

485 东门（dōng mén）

【寻根溯源】

东门复姓源流单纯，源出有一，源自姬姓，以祖号为氏。春秋时，鲁庄公有子叫公子遂，字襄仲，任鲁国大夫。因其家住曲阜城东门边，人称之东门襄仲。因其"立庶"为君，遭到当时其他大家族的反对。当鲁宣公死去后，接替襄仲为大夫的其子公孙归父立刻被驱逐出鲁国，公孙归父逃往齐国后，公孙归父及其后代子孙遂以祖号"东门"为姓，称东门氏。

【变迁分布】

东门复姓主要在山东居住。汉代以后，向西南扩展，在河南开封附近形成望族，以济阳郡（今河南兰考县）为郡望。唐代以后，已经很少可见东门氏。当今河南光山仍有分布。

【名人荟萃】

东门云：西汉官员、经学家。学公羊春秋经，官至荆州刺史、文东平太傅，有惠政。曾将《公羊春秋》授给琅琊王，徒众尤盛。

东门京：西汉经学家。善相马，与东汉时的将军马援分别向皇帝进献过"名马式一铜马法"用以铸造铜马。这一铜马模型相当于近代马匹外形学的良马标准型。汉武帝诏令立铜马于鲁班门外，改鲁班门名为金马门。

486 西门（xī mén）

【寻根溯源】

西门复姓源自姬姓，以祖上居地为氏。春秋时，郑国有大夫居住在国都西门，其后代子孙便以西门为姓。

【变迁分布】

郑国都城在河南新郑，早期的西门氏便居住在河南。汉代之后，以豫皖地区为主要居住区，以梁郡（今河南商丘）为郡望。宋代以来，西门氏比较少见。当今北京、山东、上海等地偶有分布。

【名人荟萃】

西门豹：著名的政治家、军事家、水利家，曾立下赫赫战功。战国时期魏国人（故里在今山西省运城市盐湖区安邑一带）。魏文侯时任邺（今河南省安阳市区北）令。魏国君主魏文侯任他为地方官，他去做官的地方常有水灾，那里巫婆就说因为河伯发怒，所以水灾，叫百姓每年把少女投到河里，让河伯娶了亲，就免灾了。西门豹了解情况后很生气，把巫婆丢到河里去。又教百姓开水渠排水和灌溉，为那地方造福千百年，老百姓都很感激他。

西门君惠：汉代道士。王莽时人，喜爱天文谶记，曾对卫将军王涉说："刘氏当复兴。"后来，果然由刘秀建立了东汉。

西门季玄：唐代忠臣。历任神策中尉、右迁神策军佐、右中护军、右监门将军、军容使等。他对朝廷中花言巧语瞒骗皇上的人特别痛恨，人们赞扬他忠心正直。

商牟佘俟　伯赏南宫　墨哈谯笪　年爱阳佟

487 商（shāng）

【寻根溯源】

商姓主要有两种来源。一是源自子姓，是商王族的后裔，以国名为氏。古代有商部族，商汤灭夏后建立商王朝，传至商纣王时被周武王所灭，其子孙便以商为氏，称商姓。二是源自姬姓。战国时，卫国公族之后有卫鞅在秦国主持变法，受封于商邑（今陕西商县），其子孙以邑为氏，称商姓。

【变迁分布】

早期在河南一带，之后扩展到陕西、山东。汉代以后，在河南中部形成望族，以汝南郡（今河南上蔡）为郡望。唐宋以来，已经遍布大江南北，在河北、山东、浙江、上海、广东、福建等地分布，尤以山东、浙江、广东分布密集。

【名人荟萃】

商高：西周数学家。他写了中国第一本数学著作《周髀算经》。约与周公旦同时期人。在公元前1000年发现勾股定理的一个特例：勾三，股四，弦五。早于毕达哥拉斯定理五百到六百年。

商泽：春秋末年鲁国人。字子秀，一作子季，孔子弟子，为七十二贤之一，以涉览六籍为乐。唐代封"雎阳伯"。宋代又封"邹平侯"。明代称"先贤商子"。

商瞿：春秋末年鲁国人。字子木，孔子弟子，比孔子小29岁。商瞿喜好《易经》，孔子就传授《易经》给他。后来商瞿又传给楚人子弘。商瞿的造诣胜过子夏，是孔门传道者之一。

商挺：元初大臣。曹州济阴（今山东菏泽）人。历任同金枢密院事、金枢密院事、枢密副使等职，于元初军政制度多所创建。1272年十月，赴京兆皇子王相府任王相。1278年以王府内讧，株连罢职、籍家。无罪获赦后，隐居不出。死于京城。谥"文定"。能诗赋，兼工书法。著有《藏春集》6卷。

488 牟 (móu)

【寻根溯源】

牟姓源自祝融氏。春秋时，祝融之后受封建立牟子国，地点在今山东莱芜市东部，其后裔以国为氏。

【变迁分布】

早期在山东一带居住。汉代以后，向山西扩展，以平阳郡（今山西临汾）为郡望。宋代以来，在黑龙江、河北、湖北、山东、浙江、重庆、四川等地均有分布。

【名人荟萃】

牟子才：宋代官吏、学者。井研（今属四川）人。进士出身，累官工部侍郎，后被人诬陷，降职使用，后又起为礼部尚书。曾参与修纂国史。有《存斋集》。其子牟巘亦为学者，著有《陵阳集》，其孙牟应龙亦为学者，人称祖孙三才人。

牟应龙：宋末元初学者。元吴兴（今属浙江）人。其先蜀人，后徙居吴兴。祖牟子才仕宋，赠光禄大夫，谥清忠。父牟巘，为大理少卿。牟应龙幼警敏过人，日记数千言，文章有浑厚之气。牟应龙当以世赏补京官，尽让诸从弟，而擢咸淳进士第。牟应龙虽以文章名世，但其书法同时也为时人所重。

牟及：南宋官吏、诗人。台州黄岩（今属浙江）人。咸淳进士，任福州司户参军时，有惠政。宋亡后，隐居山林，并穿丧服终身。著有《乐在稿》。

牟全：元代将领。烟台栖霞铁口（今属山东省）人。元军讨伐日本，其率领头船开道。后赐金牌，授管军千户，升武略将军。

489 佘 (shé)

【寻根溯源】

佘姓由余姓转化而来。古代有余无佘，余转韵读蛇，写作佘，佘氏最早见于唐代，起源地在今江西南昌。

早期在江西南昌起源。宋代至清代，主要在湖北、湖南、江苏、安徽、四川、贵州、福建、广东、云南等南方地区分布。明代时期，以安徽铜陵最为集中。当今在安徽、四川、湖南仍可见到佘氏的踪迹。

【名人荟萃】

佘赛花：北宋女将。亦称杨令婆，封号佘太君，北宋名将杨老令公杨继业之妻，河北义安人。她精通韬略。其八子及一孙，多数殉国。在西夏侵扰时，她已百岁高龄，仍身挂帅印，率领杨家十二寡妇征西，集中地体现了杨家将的爱国精神。她以一老妇人而享有高度的威望，在民间广为流传。

佘可材：明代大臣。历官襄阳府学训导、吏部验封司主事、通政司左通政，人称"佘天官"。

佘翘：明代著名文学家。铜陵（今安徽铜陵）人。诗、古文皆有名。万历举人。屡应会试不第。筑学圃，著书其中。诗文著有《翠微集》《浮斋集》《偶记》等，另有杂剧《锁骨菩萨》，传奇《量江记》等。

490 佴 (nài)

【寻根溯源】

佴得姓情况不详，但从文献记载看，至少在晋代已有佴氏。据说佴姓源于黄帝后裔商汤。至东汉光武帝有左相佴湛为佴氏始祖。得姓原因是：因为皇帝负责设计和制作爵冠，爵冠傍弭珥，皇帝就以此赐姓佴氏。

【变迁分布】

佴姓是罕见姓氏，以滇（diān）国（今属云南省）为郡望，说明佴氏与云南有密切的关系。因资料较少，古注今来佴氏迁移不详。当今在河南、江苏、浙江、安徽、台湾还有少量分布。

【名人荟萃】

佴湛：晋代名士。据《通志·氏族略》记载，晋有佴湛，被佴氏后人奉为佴姓的鼻祖。

佴祺：明代官员。万历年间金榜题名，荣登进士。官至御史、直隶巡按等。

491 伯（bó）

408

【寻根溯源】

伯姓有以下几种来源。一是源自嬴姓。辅佐大禹治水的东夷族首领伯益，其后人以伯为氏。伯益本是黄帝后裔。舜时任东夷部族首领，曾佐大禹治水，立有大功。禹得位后，曾想让位给伯益。伯益推辞不受，躲避到箕山之阳。后来，禹的儿子启得天下，建立夏朝，杀死了伯益。伯益起初在舜的属下做官，以调驯鸟兽出名，受赐姓"嬴"。故伯益也是嬴姓祖先。伯字本意有管理一方的长官之意。益为东夷首领，故称伯益。伯益的后人有的以祖名"伯"字为姓。二是源自姜姓。商代末年，孤竹国君的长子伯夷为古代贤人，其后人也以伯为氏。西周初年武王伐纣时，孤竹国君的两个儿子伯夷和叔齐，曾经扣马进谏，请求停止武力伐纣。武王不听，一举攻灭殷商，建立周朝。伯夷叔齐耻食周粟，隐居于首阳山，采食野菜树果，终被饿死。伯夷是孤竹国君的长子，其后以行次为姓得伯姓。

【变迁分布】

早期在河南、山东地区活动。汉代以后，在山西扩展，并以河东郡（今山西夏县）为郡望。元代时期，蒙古族以伯为名者，杂居中原地区后也以伯为氏。明清以来，已经罕见伯氏踪迹。

【名人荟萃】

伯宗：春秋时期的晋国大夫。贤而好直言。晋景公六年以"鞭之长，不及马腹"谏止晋攻楚。其含义为"虽然晋国强大，也无力战胜楚国"。现代汉语的成语"鞭长莫及"由此而来。每上朝时，妻子常规劝他："您好直言，那些行为不端的人都厌恶您，一定有祸到您身上！"他不听。后来在栾弗忌之难中，果然被进谗言而遭杀害。

伯州犁：伯宗之子，原为晋国贵族，其父伯宗被"三郤"所迫害，奔楚，为楚国太宰。

伯嚭：春秋晚期人，原为晋国公族。伯嚭本是楚国名臣伯州犁之孙。父亲郤宛，是楚王左尹，他为人耿直，贤明有能，深受百姓爱戴，因此受到了少傅费无忌的忌恨进谗，被贪得无厌的楚令尹（国相）子常所杀，并株连全族。但伯嚭竟得侥幸逃离。出亡奔吴，以功任吴国太宰。善于逢迎，深得吴王夫差宠信。吴破越后，他接受贿赂，许越议和，并进谗言杀害伍子胥。伯嚭为人，好大喜功，贪财好色，为一己私利而不顾国家安危，内残忠臣，外通敌国，使吴国在吴越争雄中拥有绝对优势的条件下，丧失有利时机，逐渐走向衰败。吴亡后，降越为臣。

492 赏（shǎng）

【寻根溯源】

赏姓源自春秋时吴国望族。春秋时期，吴国有八大名门望族，号称"吴中八姓"，赏氏为其中之一。另外，北宋时西夏也有赏氏。

【变迁分布】

赏姓是罕见姓氏，以吴郡（治今浙江吴兴）为郡望。主要在江浙地区居住。现在于浙江上虞、诸暨，北京，四川及台湾分布。

【名人荟萃】

赏林：三国时期的孙吴政权句章（今浙江宁波）略长吏。吴中（今江苏苏州）人。

赏庆：南朝时吴中（今江苏苏州）人，曾任车骑将军、郗鉴主簿、江东幕僚。

493 南宫（nán gōng）

【寻根溯源】

南宫复姓主要有两种来源。一是源自姬姓。周武王伐纣灭殷时的重要助手为南宫括，为南宫氏的先祖。二也是源自姬姓。春秋时，鲁国大夫孟僖子的儿子仲孙阅因居住在南面的宫室，也以南宫为氏。

【变迁分布】

早期在河南、山东一带活动。汉代以后，在山东形成望族，以鲁郡（今山东曲阜）为郡望。宋代时期，南宫氏已经迁居到江西，但有关迁移情况并不清楚。当今在吉林、河北、江西、台湾等地有少量分布。

【名人荟萃】

南宫括：又称南宫子。西周贤者。周文王手下有著名的"八士"，其中之一就为南宫括。

南宫适: 又名南宫縚, 字子容, 鲁国人。春秋末期孔子弟子, 七十二贤人之一。孔子称赞他是 "君子"、"尚德" 之人, 并且将自己的侄女嫁给了南宫适。唐开元封 "郯伯", 宋封 "龚丘侯", 后改称 "汝阳侯"。

南宫长万: 春秋时期宋国将领、重臣。宋国人。

494 墨 (mò)

【寻根溯源】

墨姓主要有两种来源。一是源自商代孤竹国之君, 为墨胎氏, 又称墨台氏。相传夏朝时, 夏禹封炎帝的后代于台 (今辽宁省朝阳市), 时称为墨台氏, 而后来简化为墨氏。商朝, 墨台氏的后代建立诸侯国孤竹国 (今河北省卢龙县南), 国君是墨胎, 墨胎有两子, 分别是伯夷和叔齐, 他们因都想让位于兄弟而出外流浪, 后侍于周文王, 但却阻拦周朝伐商, 后因耻于食乱臣之粮, 饿死首阳山。他们的 "贤" 名流传于世, 后人就以墨字为姓, 称为墨氏。二是源自子姓。春秋时, 宋成公的儿子墨台的后人, 以祖字为氏。

【变迁分布】

早期在河北与河南居住。汉代以后, 在河南东部形成墨氏望族, 以梁郡 (今河南商丘) 为郡望。当今在山西广灵、山东惠民、河南卫辉、安徽淮南、甘肃永昌等地均有墨姓分布。

【名人荟萃】

墨子: 战国时思想家、政治家, 墨家创始人。姓墨, 名翟。春秋末战国初期宋国 (今河南商丘) 人, 一说鲁国 (今山东滕州) 人。墨子是历史上唯一一个农民出身的哲学家, 墨子创立墨家学说, 并有《墨子》一书传世。主要内容有兼爱、非攻、尚贤、尚同、节用、节葬、非乐、天志、明鬼、非命等项, 以兼爱为核心, 以节用、尚贤为支点。墨学于当时对思想界影响很大, 与儒家并称 "显学"。

墨麟: 明代大臣。明朝初年的有名人物, 在朝廷当兵部侍郎的高官, 原籍是陕西省高陵, 来自墨姓的名门望族。历官北平府的通判、按察司副使等。

495 哈（hǎ）

【寻根溯源】

哈姓主要是少数民族姓氏。北宋时，中亚布哈拉王族东迁并定居中原。元代时布哈拉王族族裔出镇云南，并在当地留有十三姓，哈为其中之一。蒙古、满族中以哈为名者，汉化后有的以哈为氏。

【变迁分布】

原在我国西部、北部和东北三省地区居住，内附居入中原，在河北、陕西、湖北等地有一定分布。清代时期，河北河间为哈氏集聚区。当今情况不详。

【名人荟萃】

哈麻：元末权臣，西域康里（今不详）人。其母为宁宗乳母，哈麻与其弟雪雪，早备宿卫，顺帝深眷宠之。而哈麻有口才，尤为帝所褒幸，累迁官为殿中侍御史。

哈占：清代将领。伊尔根觉罗氏，满洲正蓝旗人。自官学生授鸿胪寺赞礼郎，累迁兵部督捕理事官。官至兵部尚书。

哈攀龙：清代官员。肃宁县城（今属河北）人，回族，生于武术之家。自幼勤学苦练，武艺超群，膂力过人。乾隆武状元，封乾清门一等侍卫，赐军机处行走。不久调任福建兴化城副将。后晋升为总兵。因母去世，辞官回家。哈攀龙为官清廉，勤俭持家。晚年，捐资修缮原籍清真寺后殿及前殿洞顶，并赠巨匾，亲题"独一无二"，以表对本教之诚。友人曾问有钱何不置办家业，光大门庭。攀龙说："公益之业，匹夫有责。后世子孙，要靠他们自己。"哈攀龙多年征战，积劳成疾。一次进京议事，乾隆帝见其病重，遂令留住京师，后病故。

496 谯（qiáo）

【寻根溯源】

谯姓源自姬姓。周文王之子召公奭有儿子名盛，受封为谯侯，封地在今四川境内，其子孙后代以谯为姓。

【变迁分布】

早期在四川、安徽一带活动。汉代以后，主要以四川为中心，在陕西、安徽发展成为望族，以京兆郡（今陕西西安）、谯国郡（今安徽亳州）为郡望。宋代以来，除在四川分布外，也有谯氏居住在湖南等地。

【名人荟萃】

谯周：三国时期蜀国名士。巴西西充（今四川省阆中市西南）人。精研六经。谯周幼年失父，家贫笃学，做了博学多才的蜀中名儒泰宓的弟子，22岁入仕。官至散骑常侍。他一生著述多达百篇，尤其史学著作，历"两晋"迄于"唐宋"，皆为史家所瞩目。著有《古考史》全书25卷，在唐代，即被誉为"能与《史记》并行于世的史书"。

谯纵：十六国时期后蜀国君。公元405年-413年在位，巴西南充（今属四川省）人，初任东晋安西府参军。义熙元年（405年）据蜀，称成都王，413年兵败国亡。

谯定：宋代学者。涪陵（今重庆长寿）人。人称谯夫子，自号涪陵居士。少喜学佛，后学《易》于郭曩氏，并从程颐闻道于洛，是程颐川籍门人中最杰出的易学家。清康初，召为崇政殿说书。著有《易传》。

497 笪(dá)

【寻根溯源】

笪姓作为姓氏不可考。起源不详。南朝宋时已有笪氏。

【变迁分布】

以建安郡（今福建建瓯）为郡望。清代至今，在江苏句容还有笪氏分布。

【名人荟萃】

笪琛：宋代进士。福建省建州人。古书上记载着他名字。建州笪氏的开山鼻祖就是笪琛。

笪重光：清代画家。江苏省句容人。顺治九年进士，官御史，巡按江西，以劾明珠去官。工书善画，与姜宸英、汪士鋐、何焯称"四大家"。精古文辞，著有《书筏》《画筌》。其人在当时不仅为四大书画家之一，而且有"官御史，有直名"之誉称。

498 年(nián)

年姓主要有两种来源。一是源自姜姓。齐国始祖齐太公的后裔中有一支为年姓。二是明朝时有严氏讹传为年氏者，就将错就错改姓年，如明代官至户部尚书的年富原来就是姓严。

【变迁分布】

早期在山东居住。唐代以前，在宁夏形成望族，并以怀远郡（今宁夏银川）为郡望。明清以来，年氏在东北三省、河北、甘肃、宁夏等北方地区有少量的分布。

【名人荟萃】

年富：明代大臣。安徽省怀远人，先后在地方和中央部门任职，官至户部尚书，不论在哪里，他都能清廉刚正，始终不渝，从而成为一代名臣。年富在他的从政生涯中，很突出的一点，就是比较关心民间的疾苦。

年遐龄：清代康熙朝大臣。历工部侍郎、兵部左侍郎，湖广巡抚，雍正年间封一等公，加太傅衔。名将年羹尧、雍正朝敦肃皇贵妃之父。

年妃：雍正皇帝的敦肃皇贵妃，年妃姓年，湖北巡抚、后加太傅、一等公年遐龄之女，原授一等公、抚远大将军、川陕总督年羹尧之妹。事世宗潜邸，为侧福晋。雍正元年（1723年），封贵妃。雍正三年十一月，妃病笃，进皇贵妃。并谕妃病如不起，礼仪视皇贵妃例行。妃薨逾月，妃兄年羹尧得罪死。谥曰："敦肃皇贵妃。"

年羹尧：清代军事人物。原籍怀远（今属安徽）人。后改隶汉军镶黄旗。康熙进士。官至四川总督、川陕总督、抚远大将军，还被加封太保、一等公，高官显爵集于一身。他运筹帷幄，驰骋疆场，曾配合各军平定西藏乱事，率清军平息青海罗卜藏丹津，立下赫赫战功。雍正二年（1724年）入京时，得到雍正帝特殊宠遇，骄纵揽权，屡干涉朝中及地方事务，军中及川陕用人自专，称为"年选"。奴视同僚，督抚跪道迎送。雍正三年（1725年）遭世宗猜忌，调杭州将军，降闲散章京，旋以九十二大罪勒令自缢。

499 爱(ài)

【寻根溯源】

爱姓主要有以下几种来源。一是源自赐姓。唐代的西域（今新疆）有以游牧生活为主的回鹘（回纥）族，因国内战乱而归顺大唐后被唐武宗赐以爱氏。二是历代以爱为名者，汉化后有的也以爱为氏。

【变迁分布】

主要在北方及西北地区活动。内迁之后，在山西形成望族。宋代以来，在河北、河南、山西、陕西等地有少量分布。

【名人荟萃】

爱申：金代将领。初为虢县镇防军，累功迁军中总领。犯罪当死，留军中效力，受命救秦州城，逐李文秀出秦州，以功迁德顺节度使、行元帅府事正大四年（1231年），元军围城，坚守一百二十个昼夜，城破自杀。

爱鲁：元代将领。唐兀（今陕甘宁及内蒙古西部）人，昔里氏。初袭职大名路达鲁花赤。至元五年（1268年），从云南王征金齿诸部，立有战功。后数年间，累迁广西、云南，历任宣抚使、招讨使、副都元帅、参知政事。二十四年（1287年）改行尚书右丞，从镇南王征交趾，大小十八战，直逼王城，功最多。翌年，感瘴疠而卒，赠平章政事。

爱隆阿：清代将领。隶满洲正黄旗。初为前锋侍卫，累官至正白旗护军统领兼镶白旗蒙古副都统，伊犁参赞大臣。乾隆时先后从征巴雅尔、纳木齐、小和卓木霍集占等叛乱，破敌爱登苏、库车、叶尔羌，军前任领队大臣、参赞大臣。以功封一等轻车都尉兼一云骑尉世职。名列前五十功臣之一。

爱仁：清代大臣。蒙古正红旗人，乌齐格里氏。历任内阁学士、翰林院侍读学士、大理寺少卿、吏部右侍郎、都察院左都御史、工部尚书、兵部尚书。

500 阳(yáng)

【寻根溯源】

阳姓源白姬姓。东周时，周景工姬贵封其小儿了樊丁阳邑（今河南济源市古阳邑），世称阳樊。后为避周乱奔燕，遂以原封邑命姓，成为阳姓一支。另外，春秋时齐国附近有阳国（在今山东境内），后被齐国所灭，其子孙以国为氏。

【变迁分布】

早期在河南、山东一带居住。汉唐之间，在天津、河北等地形成阳氏望族，以右北平郡无终县（今天津市）阳氏最为著名。此外，在辽宁、河南、陕西、四川以及江苏等地均有阳氏分布。宋代以来，在史籍上已经浪少载有阳氏。当今以湖南、广西、江西、四川有较多分布。

【名人荟萃】

阳处父：春秋时晋国大夫，因封邑于阳地（今山西省太谷县阳邑村），遂以阳为氏。晋文公九年（前628年）。楚国派斗章出使晋国，晋国派阳处父到楚国回访，晋楚两国恢复了正常外交关系。

阳休之：南北朝时期北齐大臣。无终（今天津市蓟县）人。北魏秘书著作郎阳尼重从孙。北齐天统年间，官拜吏部尚书。北周武帝年间，官拜州刺史。著有《幽州人物志》。

阳城：唐代官员。陕州夏县（今山西省夏县）人。唐德宗时，他出任道州（今湖南省道县）刺史。在位期间体恤百姓，深受百姓爱戴。后来，民间便把阳城奉为福星，将他塑造成为天官模样，一身朝官装束，一派和颜，充满了福运和财气，这也表达了人民对阳城的崇敬之情。

阳孝本：宋代大学者，学问深而博，品德高贵，隐居在山中读书讲学，朝廷再三叫他做官都不去。当时的学问人都敬重他，苏东坡也佩服他。后来还是被朝廷请去给太子讲学。

501 佟(tóng)

【寻根溯源】

夏代的太史终古为佟氏的始祖。汤王伐夏桀,原夏朝太史终古贤德,世人器重,汤王遂召其入商朝,终古归商后,其子孙去丝为冬姓,且又加人旁为佟姓。所以夏代的太史终古为佟氏的始祖。但一般认为,佟是女真族的姓氏,女真的佟佳氏世居东北三省的木虫江,后来江的名称也就称为佟佳江或佟家江了。佟氏的得姓时间应该是在宋金时期。

【变迁分布】

早期在东北三省地区居住。宋金以后,便以辽东(今辽宁辽阳)为郡望和堂号了。明清至今,佟氏以辽宁、河北、山西等地区为核心居住区,并向周边扩散,但很少迁居于黄河以南,是一个典型的北方姓氏。

【名人荟萃】

佟图赖:清代将领。初名盛年,清代隶汉军镶黄旗,世居开原(今属辽宁铁岭市),后迁抚顺(今属辽宁抚顺市)。袭世职。天聪间,从攻大凌河,进二等参将。崇德间,授右参政。从攻锦州、松山、塔山、杏山。顺治元年(1644年),随多尔衮入关,招降山东诸府州县,移师下太原,招降山西府州县,西进镇压李自成起义军。五年,授定南将军,八年师还,皇帝赐宴,授礼部侍郎,累进三等精奇尼哈番。以疾乞休,加太子太保,死谥"勤襄"。

佟国纲:清代将领。满洲镶黄旗,一等公爵都统,康熙帝舅父,孝康皇后之弟,佟图赖长子,佟图赖死后,由儿子佟国纲承袭爵位,佟国纲很有乃父的遗风,作战勇猛、奋不顾身,以致沙场殉国,他死后康熙非常悲痛,亲自书写祭文,说佟国纲"忠勇兼而有之!不愧满洲世家(佟国纲死于康熙征讨准噶尔部的战争中),追赠太傅"。

佟国维:清代大臣。佟图赖次子,孝康章皇后幼弟,孝懿仁皇后之父。佟家从他这一支派开始走向贵盛。佟国维是康熙的舅舅同时也是康熙的岳丈,佟国维的女儿就是康熙的孝懿仁皇后,佟国维是世袭的一等公佟国纲的弟弟,佟国纲死后,佟国维因为皇后的缘故推恩赏给一等公爵,此后官运亨通,历任议政大臣、领侍卫内大臣,他这辈子最露脸的两件事,一个是早年抓吴三桂的儿子吴应熊,再一个就是晚年参与废太子的活动,这回差点没把康熙给气死,康熙后来在佟国维死了以后,经常骂他,还不给他谥号,直到雍正即位后,看在他儿子隆科多的面子上赠太傅。

第五言福　百家姓终

502 第五（dì wǔ）

第五复姓源流单纯，源出有一，源自田姓。西汉初年，高祖刘邦为削弱各地豪族的势力，而将关东旧贵族数十万人迁移到关中地区。其中，田齐诸支分列第一至第八，其中第五支的后代便以第五为姓。

【变迁分布】

汉代时期，在关中地区居住，尤以"京兆长陵"第五氏最为显赫。唐代以前，扩展于甘肃等地，以陇西郡（今属甘肃）为郡望。元代以前，除陕西外，在河南、山东等地有少量分布。当今山西蒲城、台湾台北、陕西咸阳仍有少量分布。

【名人荟萃】

第五伦：东汉官员。京兆长陵（今陕西省咸阳东北三省）人。光武帝召之，有政见，拜会稽太守。虽为二千石官，亲自锄草养马，妻子为炊。受俸禄仅留一月粮，其余皆助百姓之贫者。后任蜀郡太守。所至皆有政声，举荐贫者为属官，多至两千石。章帝初，代牟融为司空，奏请削弱马、窦等外戚权势。第五伦奉公尽节，言事不阿附；性质悫，少文采，任官以贞洁著称，后来任乡里啬夫，均平徭役，调解怨怼，很得乡里人欢心，当时人们把他比作西汉的贡禹。

第五种：东汉官员。历官高密侯相、兖州刺史。因弹劾中常侍单超及其侄子单匡，屡受陷害。当时人说："清高正直，以第五种为第一。"

第五琦：唐代官员、理财家。京兆长安（今陕西西安）人。曾任户部侍郎，同中书门下平章事等职，因主持金融币制改革而闻名。后为刺史，有惠政。

503 言(yán)

【寻根溯源】

言姓主要有两种来源。一是出自春秋时言偃之后,以祖名为氏。春秋时期,孔子的得意弟子之一名言偃,字子游。言偃才华出众,曾任武城(今山东省费县西南)宰。提倡以礼乐教民,名声很大,他的后代就以其名字中的言字为姓。二源自姬姓,是战国时韩国公族桓叔之后,为韩言复姓所简改。战国时期,韩国公族桓叔的后人中,有以韩言为姓氏的,后有简改为言姓。

【变迁分布】

早期在江所一带居住。汉代以后,在吴地形成名门望族,在河南的东南部扩展,并以汝南郡(今河南上蔡)为郡望。宋代以来,在北京、山东、江苏、湖南等地均有分布。蒙古族也有言氏宗族。

【名人荟萃】

言偃:孔子弟子。字子游,春秋时吴国常熟(今属江苏)人。后人所以称他为"言子",是出于对他的尊敬。言偃出生于吴地,成年后到鲁国就学于孔子,从言偃比孔子年轻45岁来看,他当是孔子晚年的学生。孔子有弟子三千,贤人七十二,言偃即为"七十二贤人"之一。孔子授徒,设有德行、政事、言语、文学等"专业"。这些"专业"中有优秀学生十名,后人称为"十哲"他们分别为:德行:颜渊、闵子骞、冉伯牛、仲弓;言语:宰我、子贡;政事:冉有、季路;文学:子游、子夏。因言偃名列第九,故后人又称为"十哲人中第九人"。又因言偃为孔子学生中唯一的南方人,所以又被称为"北学中国,南方一人"和"南方夫子"。言偃不仅是在文学上出类拔萃,而且是个很有政治才能和领导水平的治国之才。

言友恂:清代名士。任的官职称"教谕"。是位有学问,办事认真的人。

504 福（fú）

福姓主要有三种来源。一是春秋时，齐国大夫福子丹的后代，以祖名"福"为姓。当为福氏之始。二是唐代百济国福富顺氏所改。唐朝时朝鲜半岛上的百济国与新罗国有隙，后百济国被新罗国所灭，百济国中不少人逃难到中原，其中有一支姓福富顺氏的，把自己的姓氏简化为福姓。三是清代满族有富察氏，以福为名者极多，其后裔也有以福为氏者。

【变迁分布】

早期分布并居住在山东。唐代时期，百济（今朝鲜半岛）为福氏郡望，主要分布在朝鲜半岛以及东北三省地区。清代时期，从东北三省逐渐向华北与中原等地扩展。

【名人荟萃】

福寿：元代官员，官至江南行台御史大夫，对朝廷非常忠诚。他文武双全，打仗时奋勇当先，死后皇帝很悲哀，追加他封号为"忠肃"。

福时：明代官员，顺天府东安（今属河北廊坊）人，本姓张，名福时。善骑射，谙韬略。嘉靖中历官漕运参将，晋挂印总兵，总漕务。世宗以"清不过福时、勇不过马芳"称之。后被言官论去。因世宗赐之手敕，皆名而不氏，故改姓福氏，其后代相传姓福。

百家姓终

"百家姓终"这四个字不是姓氏，是《百家姓》结束之意，即全书的结语；用"终"字是为了押韵。有的版本的《百家姓》中，末尾之句为"百家姓续"。